시민정치연감 2019
지역기반교육(community based learning)의 이론과 실천

시민정치연감 2019
지역기반교육(community based learning)의 이론과 실천

초판 1쇄 발행 2019년 12월 20일
초판 2쇄 발행 2020년 8월 5일

지은이   김의영·미우라 히로키 외

펴낸이   김선기
펴낸곳   (주)푸른길
출판등록 1996년 4월 12일 제16-1292호
주소   (08377) 서울시 구로구 디지털로 33길 48 대륭포스트타워 7차 1008호
전화   02-523-2907, 6942-9570~2
팩스   02-523-2951
이메일   purungilbook@naver.com
홈페이지 www.purungil.co.kr

ISBN   978-89-6291-845-8 93340

• 이 저서는 2018년 대한민국 교육부와 한국연구재단의 지원을 받아 수행된 연구임(NRF-2018S1A5A2A03034198).

• This work was supported by the Ministry of Education of the Republic of Korea and the National Research Foundation of Korea(NRF-2018S1A5A2A03034198)

시민정치연감
2019

지역기반교육의 이론과 실천
Community Based Learning

푸른길

차례

제3부_ 시민정치 데이터 연구

서문

　이 책은 한국 정치의 시민정치(citizen politics) 현황과 변화에 관한 연구를 매해 기획·발표하기 위해 출판하는 연감(yearbook)의 성격을 띤다. 잘 알려진 정치학 연감 중 하나로 영국 정치경제대학교의 글로벌 거버넌스 연구소(Global Governance LSE)를 중심으로 지구시민사회연감(Global Civil Society Yearbook)이 출판되어 매해 지구시민사회 관련 주요 주제를 대상으로 일련의 학술적 연구와 지구시민사회 지표와 연혁(chronology)을 발표해 온 바 있다.[1]

　본 연감은 서울대학교 사회혁신 교육연구센터의 기획으로 한국의 시민정치 현상에 관한 주요 연구논문과 사례 및 지표를 지속해서 축적·출판하는 것을 목적으로 한다.

　시민정치는 의회·선거·정당 중심의 제도권 정치와 구별되는 시민의 일상적·직접적·적극적 정치참여 현상을 지칭하며 투쟁적 시민사회의 역사와 전통으로부터 광장의 촛불집회, 중앙 수준의 NGO와 시민운동, 각종 시민 주도의 참여·직접·숙의 민주주의 제도와 사례에 이르기까지 실로 다양한 대상을 아우른다. 그러나 시민정치는 중앙 수준을 넘어 도시, 지역, 마을, 골목 곳곳에서 꿈틀거린다. 본 연감의 주된 관심은 주민들이 자치적으로, 관과 협치(協治)하며 풀뿌리 생

1.　http://www.gcsknowledgebase.org/ 참고.

활정치의 문제를 해결하기 위해 노력하는 일명 '동네 안의 시민정치'에 있다. 이 또한 주민조례제정운동, 주민참여예산제, 주민자치회, 마을공동체 만들기, 지역의 각종 협치위원회와 사회적경제 조직 등 실로 다양한 모습으로 나타난다.

올해는 첫 시도로 지역 기반 시민정치 교육(community based learning on citizen politics)을 다룬다. 현재 사회혁신 교육연구센터의 핵심사업으로 진행 중인 분야이며, 이미 상당한 정도의 교육 및 연구결과가 쌓여 있기 때문이기도 하다. 이와 관련하여 '지역 기반 시민정치 교육의 이론과 효과'에 대한 2개의 연구논문, '지역 기반 시민정치 교육의 실천과 현장연구' 7개, 그리고 시민정치 데이터 연구 1개로 연감을 구성하였다. 앞으로 여러 관련 주제들을 대상으로 연감을 기획·출판할 예정이며, 내년에는 '주민자치회'를 주제로 풀뿌리 수준의 주민자치 제도와 현황에 대한 일련의 이론적·경험적 연구로 연감을 구성할 계획이다.

이번 연감에 실린 2개 연구논문의 주저자들은 그동안 지역 기반 시민정치 교육 관련 일련의 논문과 책을 출판해온 바 있다. 가장 최근의 성과로 2018년 한국정치학회가 전국적으로 실시한 지역 기반 시민정치 교육·연구·실천 프로젝트의 결과물인 수업 매뉴얼과 현장연구, 두 권의 편저를 출판한 바 있다.[2] 두 연구논문은 지역 기반 시민정치 교육의 주요 목표 사이의 긴장 관계에 대한 이론적 논의와 지역 기반 시민정치 교육이 수강생의 정치적·시민적 신뢰에 미치는 영향에 대한 실증적 분석을 다룬다.

7개의 현장연구는 서울대학교 사회혁신 교육연구센터가 기획한 2019년 1학기에 지역 기반 시민정치 수업 프로젝트의 연구결과물이다. 이 7개의 대학 수업 프로젝트를 기획·운영한 교원들은 이미 2018년부터 한국정치학회 프로젝트에 참여한 바 있으며, 이번 2019년 프로젝트의 결과 학부생 41명을 포함하여 총 56명의 저자가 참여하여 각 지역의 현장연구를 수행하였다.

---

2. 2018한국정치학회·서울시마을공동체종합지원센터·서울대학교사회혁신교육연구센터 편. 『Community Based Learning: 대학-지역 연계수업 길라잡이』(서울: 서울대학교 사회혁신교육센터, 2019)과 서울대학교 사회혁신 교육연구센터 편. 『시민정치 현장연구』(서울: 푸른길, 2019) 참고.

마지막에 실린 시민정치 데이터 연구는 2015년 출판된『동네 안의 시민정치』에서 시작되어 최근까지 일련의 연구 용역을 통하여 축적한 지표들을 중심으로 지역 창발력 분석을 시도하고 있다.[3]

시민정치연감이 탄생하기까지 많은 분과 여러 기관의 도움이 있었다. 우선 2018년부터 한국정치학회 시민정치 교육·연구·실천 프로젝트에 참여하고 관심을 보여준 여러 정치학계 동지(同志)들에게 감사의 마음을 전하면서 앞으로도 지속해서 시민정치 인식공동체와 연구플랫폼 구축을 위한 연감 작업에 동참해 주기를 바란다. 이 책 프로젝트는 한국연구재단의 일반공동연구 지원을 받아 수행되었음을 밝힌다. 프로젝트를 주도한 서울대학교 사회혁신 교육연구센터는 SK 기업(행복나래 주식회사와 SK 수펙스추구협의회 SV 위원회의 지원에 힘입어 설립되었다. 마지막으로 이 책의 공편자인 미우라 히로키 박사를 위시하여 연구 및 출판 작업을 위해 애쓴 사회혁신 교육연구센터 연구진에게 감사한다.

2019년 12월

집필진을 대신하여

서울대학교 정치외교학부 교수/서울대학교 사회혁신 교육연구센터 센터장

김의영

3.　김의영 외. 「동네 안의 시민정치: 서울대생들이 참여 관찰한 서울시 자치구의 시민정치 사례」(서울: 푸른길, 2015) 참고. 최근 수행한 지표 관련 연구로 한국정치학회/서울시, SK 사회적가치연구원, 지역균형발전위원회 등의 연구 용역 결과를 참고.

제1부

시민정치 기획연구

제1장

지역 기반 시민정치 교육의 내부적 긴장성 문제
서울대학교 정치외교학부 수업 사례의 분석과 시사점[1]

김의영(서울대학교 정치외교학부)

미우라 히로키(서울대학교 사회혁신 교육연구센터)

I. 들어가면서

최근 대학 수업과 지역사회를 유기적으로 연계시켜 지역의 문제해결과 함께 수강생들의 시민 의식과 실천적 지식의 함양을 동시에 도모하는 혁신적 정치학 교육이 증가하고 있다. 본 연구는 서울대학교 정치외교학부 수업 프로젝트 사례에 대한 분석을 통하여 이와 같은 지역 기반 시민정치 교육(community-based learning on citizen politics, 이하 CBL-CP) 모델 발전을 위한 함의를 제시한다. 특히 민주시민 교육, 문제기반학습(problem-based learning, PBL), 서비스 러닝(service learning), 사회혁신 프로그램 등 복수의 교육 목표 및 방법을 동시에 추구하기 때문에 나타나는 CBL-CP 모델 내부의 긴장·모순 문제에 주목하고 극

---

1. 이 논문은 『한국정치연구』, 27권 3호(2018)에 게재된 논문을 일부 수정한 것이다. 이 연구는 행복나눔재단의 학술연구비 지원을 받아 수행되었다.

복 방안을 모색한다. 구체적으로 이 모델에 내재되는 네 가지 교육 지향점을 기준으로 실제 수행한 각 수업 사례가 어떠한 지향성을 띠었으며 결과적으로 어떠한 문제가 나타났는지 그 구체적 양상을 분석하고 문제해결을 위한 실천적 함의를 제시한다.

Ⅱ장에서는 CBL-CP의 구체적 사례와 확산 현황을 소개하고, 네 가지 교육 지향점을 정리하는 방식으로 모델의 내부적 문제에 대한 분석 틀을 설정한다. Ⅲ장에서는 서울대학교 정치외교학부에서 수행한 일련의 수업 사례를 소개한다. Ⅳ장에서는 사례를 분석 틀에 따라 검토하고 내부적 긴장·모순의 표출 양상과 극복 방안에 대하여 고찰한다.

Ⅱ. CBL-CP의 현황과 기반 프로그램

1. CBL-CP의 기본적 성격과 현황

CBL-CP는 다음과 같은 특징을 공유하는 점에서 기존의 교재학습 중심의 수업과 차별화된다.

- 정치적 삶의 현장에 대한 관여: CBL-CP는 정치적 삶의 현장을 수업 대상으로 하여, 교재학습과 더불어 수강생들의 직접적인 관여(참여, 체험, 조사, 문제해결, 서비스 등)를 중심으로 진행된다. 정치적 삶의 현장이란 현실적인 문제나 갈등의 해결 혹은 이익이나 가치의 추구를 위해 시민들이 자발적, 자율적으로 행동하여 지속적으로 노력하는 지역사회의 현장을 의미한다.
- 통합적 지식 형성 교육: CBL-CP는 지식의 습득과 활용, 창조를 모두 중요시하는 통합적 지식 프로젝트이다. 교재학습 혹은 현장 경험에 의한 지식 습득을 바탕으로 하면서 봉사활동이나 재능기부 등에 의한 지식 활용, 나아가서

지역의 문제해결을 위한 지식 창조를 시야에 둔다. 인간, 시민, 공동체, 사회, 국가 등의 의미나 동태, 문제, 해법에 대한 지식을 통합적으로 탐구하면서 수강생의 지적 역량을 강화하거나 문제의 실제적 해결 혹은 지역사회의 지적 기반 강화에 기여한다.

• **수업 형태나 지향점의 다양성**: 수업은 공통으로 위의 두 가지 조건을 포함하면서 '지역'이나 '지식'의 내용이나 의미, 설정 방식, 목표 수준 등은 개별 수업마다 다양하다. CBL-CP에는 유일한 모델이 있는 것이 아니라 일정 범위 내에서 다양한 방법론이나 지향점이 존재한다.

즉 교재학습을 통한 지식 습득 중심인 기존 수업과 달리 주변에 존재하는 지자체나 마을, 주민자치와 민관협치 등 '손에 잡히는(tangible)' 지역사회의 문제를 대상으로, 수강생들이 이를 직접 조사·분석하거나 문제해결안을 제시·개발하면서 '살아 있는 정치'를 배우고 실천하는 수업이라고 할 수 있다. 지역사회와 연계된 수업, 팀·개인 프로젝트 중심 수업, 수강생들에게 실제적 분석과 제안을 요구하는 실용적 수업으로 정리할 수 있다.

CBL-CP 모델은 다음과 같은 시대적 변화를 배경으로 주목받기 시작했다. 첫째, 대학의 주요 기능으로 교육·연구와 더불어 지역사회에 대한 공헌이 주목받으면서 그동안 상호 관심 밖이었던 대학-지역사회 관계가 개선되었다(김철영, 2013, 67-69). 둘째, 지역이 정치, 경제, 사회 발전의 전반에 있어 중요한 단위로 부상하면서 정부 국책 사업의 방향도 대학-지역의 연계 활성화를 고려하고 있다(이태동 외, 2017a, 7). 셋째, 그동안 미흡했던 교양교육과 시민교육의 방법론이 최근 질적으로 변화하기 시작했다(구원회, 2016, 888). 또한, CBL-CP는 자신이 사는 지역이나 공동체를 수업의 장(場)으로 활용하기 때문에 시민교육의 효과(민주적 정치문화의 함양, 민주주의에 대한 신뢰성 향상, 시민참여의 촉진, 사회적 통합의 촉진)를 더욱 극대화할 수 있다(차재권 외, 2015, 19-20). CBL-CP는 1) 민주적 시민 의식이나 시민적 리더십을 효과적으로 함양하고(학생 개인 수준의 중요성), 2) 교육, 연구, 출판, 정책 자문 등을 통하여 지식·경험의 확산에 유리하며(정보 확산의 기제로서의 중요성), 3) 수업을 통해 실질적으로 지역의 변화, 혁신, 활성화에 이바지(지역발전 차원의 중요성)할 수 있다(김의영 외, 2018, 14-16).

  CBL-CP는 최근 다각적인 확산 동향을 보인다. 첫째, 서울시 마을공동체 종합지원센터는 2015년부터 '대학과 지역사회 연계사업'을 실시하고 있다. 2015년에서 2017년까지 총 17개 대학에서 총 32개 수업을 개설·지원하며, 총 108명의 '지역 매니저'가 각 수업에서 학생들을 코치하여 지역사회와의 연결을 시도하였다(서울시 마을공동체 종합지원센터, 2017, 5-6). 서울대학교 '시민정치론', 연세대학교 '마을학개론', 서강대학교 '정보사회의 정치', 국민대학교 '마을공동체론' 등이 지원을 받아 CBL-CP를 운영했다. 둘째, 서울시 서대문구는 도시 재생정책의 일환으로, 2015년부터 '대학-지역 연계 수업'에 대한 지원사업과 타운홀 미팅 방식의 성과발표회(지역 문제의 분석이나 해결 아이디어의 발표와 토론 등)를 지속해서 개최하고 있다. 연세대, 이화여대, 서강대, 추계예술대의 다양한 학과가 이에 참여하여 신촌지역을 중심으로 새로운 도시재생 아이디어를 창조하고 있다. 셋째, 한국정치학회는 2018년 1·2학기에 '시민정치 교육·연구·실천 프로젝트'를 추진하며 전국의 교수자·수업을 네트워킹시키는 방식으로 서울 소재 대학뿐 아니라 대구대, 조선대, 서원대, 한림대, 인제대 포함 전국 19개 대학에서 20개의 CBL-CP 수업 진행을 지원하고 있다(한국정치학회, 2018). 넷째, 개별 대학 차원에서 경희대학교의 경우 2011년 교양 대학 후마니타스 칼리지를 설립하여 입학한 모든 학생을 대상으로 현장 활동을 의무화한 '시민교육'을 1학기당 40~50개 개설하고 있다. 제주대학교도 2011년에 핵심역량 교양 교과로서 '자기관리와 미래준비'를 개설하여, 현장 활동과 지식 창조를 중심으로 한 수업을 진행하고 있다.[2]

---

2. 미국, 일본 등 해외 대학 경우도 체계화된 유사한 수업 모델이 존재한다. 대표적으로 미국 뉴욕대학교의 캡스톤(capstone) 프로그램, 일본의 교토 지역의 8개 대학 컨소시움이 참고할 만하다. 전자는 지역의 각

이러한 수업 내용을 직접적으로 연구하거나 수업 성과물(학생 연구보고서 등)을 출판한 기존 연구로서는 다음과 같은 것이 있다. 제주대학교 '자기관리와 미래준비'에 대한 사례 연구(권순철, 2013), 경희대학교 '시민교육'의 사례연구(채진원, 2015), 동의대학교 '동의보노보체험활동'의 사례연구(구원회, 2016),[3] 연세대학교 '마을학개론'의 사례연구 및 성과 출판(이태동, 2016; 이태동, 2018; 이태동 외, 2017b), 서울대학교 '시민정치론'과 '글로벌 리더십 연습'의 성과 출판(김의영 외, 2015; 김의영 외, 2016; 김의영 외, 2018) 그리고 연세대, 서울대, 경희대의 수업 비교연구(이태동 외, 2017a) 등을 들 수 있다.

2. CBL-CP의 네 가지 기반 프로그램

CBL-CP는 최근 갑자기 등장한 독자적 수업 모델이 아니라 역사적으로 전개되어 온 다양한 유사 교육 프로그램과 대학-지역사회 연계사업들을 기반으로 하고 있다. 가령 민주 시민교육, 정치교육, 시민교육, 액션 러닝(action learning), 액티브 러닝(active learning), 서비스 러닝, 재능기부 수업, 문제기반학습(PBL), 프로젝트 기반 학습(project-based learning), 캡스톤 디자인(capstone design), 지역사회혁신(regional social innovation) 사업, 사회혁신(social innovation)·사회적 경제(social economy) 특성화 대학·학과 등을 들 수 있다.

이러한 기존 프로그램을 종합적으로 볼 때, CBL-CP는 특히 다음 네 가지 '기반 프로그램'을 바탕으로 모델화된 것으로 이해할 수 있다. 1) 시민으로서의 규범성을 중요시한 민주 시민교육 프로그램, 2) 지역 혹은 사회의 특정 문제와 해법을

종 기관·단체·개인 등이 의뢰자(client)가 되어 대학원생 팀을 중심으로 이들의 요청을 실제 해결하는 형태의 수업이다. 후자는 지자체 차원에서 민간연구기관을 설립하여 각 대학에서 개설된 프로젝트 기반 수업 이수자에게 '지역 공공정책사' 자격증을 부여한다.

3. 보노보란 타자를 살피면서 공동체를 영위하는 유인류의 이름에서 유래하며, 사회기업가 정신의 모델로 이해되고 있다. 해당 수업에서는 지역 문제를 해결하는 액션 러닝을 통해 사회기업가 정신을 배우는 것을 목표로 하고 있다(구원회, 2016, 893-895).

수업 주제나 과제로 하는 PBL 프로그램, 3) 대학이 지역사회와 협업하여 학습자의 봉사, 재능기부, 실습 등을 통해 서비스나 가치의 제공을 지향하는 서비스 러닝 프로그램, 4) 지역사회의 대안적 문제해결을 지향하는 사회혁신 프로그램이다.[4]

1) 민주시민교육 프로그램

민주시민교육은 시민교육, 정치교육, 민주시민정치교육 등의 유사한 이름으로 1960년대부터 논의·실천되고 있다(중앙교육연구소, 1962; 유석렬, 1987; 신정현 외, 1987; 서재민 외, 2013, 3-4). 차재권 외(2015, 23-25)에 따르면 민주시민교육의 발전은 태동기(1960년대 이전), 갈등기(1960-1980년대), 제도화 시기(1990년대), 체계화·활성화 시기(2000년대 이후)로 구분된다.

교육 프로그램의 본질적 성격에 대해서는 다음과 같은 견해가 있다. 차재권 외(2015, 7)에 의하면 각종 민주시민교육 프로그램은 공통으로 개인의 '정치사회화(political socialization)'와 관련되며, 시민 또는 민주 개념을 거시적 범주로, 한 개인이 자신이 선호하는 정치적 가치나 태도를 획득해 나가는 과정이자, 한 세대로부터 다음 세대로 정치문화를 이전하는 과정을 의미한다. 서재민 외(2013, 3)는 민주시민교육의 궁극적인 목적을 "시민 각자가 민주적인 사회생활 또는 정치생활을 하는 데 있어서 방향 감각을 습득하고, 자신의 정체성을 유지하는 데 도움을 주는 것"으로 요약한다. 한국교육개발원(1994)에 따르면 민주시민교육이란 "국가와 사회의 구성원으로 하여금 시민적 자질을 갖추게 함으로써 공동체를 유지하고 발전시키는 데 기여하도록 하기 위한 필수불가결한 기본 수단"으로 정의된다. 보다 구체적으로 이는 "민주주의 사회에서 구성원들에게 민주주의에 대

---

4. 이태동(2016)은 CBL-CP는 목표와 관련하여 민주시민정치교육과 맥락을 함께하고, 방법론적으로 액션 러닝 수법을 활용하며, 추진체계에 있어서는 지역 주체들과의 협업을 중요시한다고 주장한다. 일본의 '지역공공정책사' 프로그램 역시 방법(액션 러닝, PBL), 인재상(높은 시민성), 대상 과제(지역의 실제 과제), 추진체계(지역 협업)와 같이 주요 지향점을 네 가지로 체계화하고 있다(久保, 2013, 183-191).

한 지식을 보급함은 물론, 그것을 실천에 옮기는 절차나 방법을 인지시키고 그를 통해 사회 여러 문제와 공공의 갈등을 해결할 수 있도록 하는 능력까지 배양하는 교육"을 의미한다.

주요 기관별로 1) 국회 의정연수원과 선거관리위원회, 2) 각 행정부처(통일교육원, 한국양성평등교육진흥원, 국가인권위원회 등), 3) 공교육 및 대학, 4) 정당, 5) 시민단체, 6) 언론 등을 중심으로 교육 프로그램이 개발되고 있다(차재권 외, 2015, 26–36). 특히 서울시는 평생교육 형태의 시민교육을 발전시켜 서울시청과 23개의 대학에서 200개 이상의 강좌를 연계하는 서울자유시민대학 사업을 추진하고 있다. 인문 교양 교육을 통한 성찰적 시민 의식 함양, 시민 민주주의와 공동체적 삶의 강화, 세계시민 의식 함양 등을 목표로 한다(유정완 외, 2015).

2) PBL 프로그램

PBL은 문제기반학습, 문제중심학습, 문제해결학습 등으로 불리며 기존의 일방적 혹은 주입식 교육에 대한 '학습자 중심' 교육인 점이 특징이다. 1950년대 캐나다에서 의과대학 교수인 보로우즈(Howard Barrows)에 의해 시작되어, 이후 경영학, 인문학, 교육학, 사회복지 등 분야로 적용되었다(홍순혜·최수은, 2016, 27; 김연정, 2017, 286–287; 김승철·정은실, 2018, 47–48). 수업에서 팀과 같은 소집단을 구성하여, 학생 스스로가 설정한 문제에 대한 해결방법을 창의적으로 찾는 점이 기본적 특징이다. 수업 운영의 구체적 방법론으로서는 팀별의 프로젝트 수행이나 현장 참여, 토론학습, 협동학습 등이 있다(구원회, 2016, 888).

이와 유사한 프로그램으로서 액션러닝, 액티브 러닝, 프로젝트 기반 학습 등이 있는데, 이들은 문제 설정의 현실성이나 학생의 개입 수준 등을 기분으로 인해 구별된다. 예를 들어 실제적 과제를 '실제로' 해결하는 것을 액션러닝으로 보고, 수업의 주제에 따라 통제된 상태로 설정된 문제에 대한 '가상적' 해결방법을 제시하는 것을 PBL로 보는 견해도 있다(장경원·고수일, 2013).

PBL과 액션러닝 모두 국내에서 1980년대에 도입된 이후 대학 수업, 정부 공무원 교육, 병원 간호사 교육 등에서 실무적으로 활용되었으며, 무엇보다도 기업 직원 교육이나 능력개발의 효과적 방법 혹은 초·중·고 교육의 혁신적 방법으로서 2000년대에 급속히 확산되었다. 이영민(2013, 19)에 따르면 "학습자들이 어려워하는 것은 지식을 얻는 것이 아니고 그 지식을 활용하는 것"이기 때문에 이러한 수요를 만족시키는 적절한 교육방법으로 개발되었다. 관련하여 최근에는 학문 분야나 실천 영역을 불문하고, 우수사례집이나 수업 매뉴얼, 러닝 코치(learning coach)의 역할이나 역량 강화 매뉴얼 등이 다수 출판되는 추세다(봉현철, 2006; 천대윤, 2007).

PBL이나 액션러닝의 기본적 성격에 대해서는 다음과 같은 견해가 있다. "현실적으로 복잡한 문제에 책임감을 갖고 관여함으로써 학습이 이루어지는 지적, 감정적, 신체적 발달 수단"(장경원·고수일, 2013, 20), "교육 참여자가 학습 팀을 구성하여 실제 상황에서 실존하는 과제를 해결하며, 그 과정에서 학습이 이루어지는 프로세스"(Marquardt 2000)[5] 등이다.

학습자 중심 수업의 구조에 대해서 장경원·고수일(2013)은 다음 6가지 요소로 체계화한다. 1) 수업 과제, 2) 학습 팀, 3) 실행의지, 4) 지식습득, 5) 질문, 6) 러닝 코치이다. 이 중 특히 수업 과제의 성격이 중요한데, 1) 학습기회 제공(교육용 과제로서의 적합성), 2) 문제 자체의 사회경제적 중요성, 3) 실제성(현실에서 일어나고 있는 문제), 4) 비구조성(과제 내용이나 문제해결 방향에 있어 변화시키기 어려운 구조적 영향을 크게 받지 않는 것)을 적절하게 설계하는 것이 지적되고 있다.

3) 서비스 러닝 프로그램

지역사회에 대한 대학의 사회적 기여에 대해서는 정책 차원과 실천 차원의 프로그램이 있다. 우선, 정책 차원에서는 2000년대에 본격화된 지역균형발전 정

5.　이태동(2016, 125)에서 재인용.

책의 일환으로 각 지역에서 다양한 행위자 간 협업이나 로컬 거버넌스(local governance)를 수립하는 구체적 사업으로 '지역혁신체계'(regional innovation system) 수립이 추진되었고(이기원·김진석 2007), 여기서 '대학의 역할'이 주목받은 것이다(김홍배, 2002; 정재욱, 2004; 신희권, 2007; 조영하, 2008; 김학년, 2013; 정대현 외, 2017a). 지역 산업 활성화나 특산품 개발에 관한 대학 연구소의 역할이 중심이지만, 지역 문화 발전과 대학과 지역주민 관계를 포함 다양한 형태로 대학의 사회적 기여 방법이 탐구 및 실천되었다(이기원·김진석, 2007, 87–91, 297–303). 이후 2010년대에는 지자체 차원에서 대학–지역 연계사업이 등장했으며, 앞에서 언급한 서울시 마을공동체 종합지원센터의 사업이 대표적이다.

한편, 실천 차원에서는 1990년대에 지방 전문대학의 확산과 함께 지역의 사회, 문화, 경제적 발전을 위한 대학의 역할이 부각되었다(이광자, 1999; 한익주, 1998; 함병은, 2001; 박혜자·오주희, 2001). 이후 2000년대에는 다양한 방식으로 각 지역에서 대학의 사회적 기여 방안이 주목을 받았으며 이에 관한 연구가 다수 이루어졌다(이윤호, 2005; 김용서, 2006; 민철구 외, 2011; 손승남, 2015; 박천규, 2016).

이러한 흐름에 놓여있는 프로그램이 서비스러닝, 재능기부, 캡스톤 디자인 등이다.[6] 사회복지, 교육, 문화 관련 학과나 특성화 대학에서는 수강생이 사회적 수요에 대한 직접적인 서비스나 봉사를 실천하는 수업이 광범위하게 도입되고 있으며, 수업 혹은 학생 동아리 차원에서 대학생이 지역사회나 사회취약계층, 초중고 학생 등을 대상으로 봉사하는 프로그램도 다수 운영되고 있다. 한국교양기초교육원에서는 2015년 '인문재능기부단' 지원사업을 시행하여, 전국 10개 대학의 학생팀을 선발해 지역사회 공헌 활동을 지원했다.[7] 캡스톤 디자인에 관해서

---

6. 캡스톤(capstone)이란 피라미드의 최상층부에 올려놓은 돌을 의미하는데, 대학 교육에서는 개별 수업에서 배운 지식을 집대성하여, 종합적, 실천적 과제에 도전하는 프로그램을 의미한다.

7. 사업에 참여한 대구가톨릭대 페다고지팀의 경우, 학생들이 수강한 동대학의 '인문학 프로젝트 수업'에서 배운 내용을 수업 후 수강생 스스로가 청소년복지센터에서 초중고 학생을 대상으로 강의(교육 서비스의 제공)한다. 일종의 변형적인 시민정치교육 모델이라고 할 수 있다(김현주 2016, 44–49).

는 2005년 전후로 한국에 도입되었으며 주로 산업기술이나 도시공학 관련 분야에서 산학협력 방식으로 대학 수업과 기업의 요구를 연계한 프로그램이 실천되고 있다(이경한 2007). 최근에는 정치학 분야에서 지역공동체 재생을 주제로 지자체와 대학이 MOU를 맺어 수업 수강생이 대안을 제시하는 캡스톤 프로그램이 등장했다.[8]

이상 다양한 관련 프로그램들은 공통으로 대학을 지역사회의 '파트너'로 인식하며, 대학이 지역사회에 대한 '지식 생산자', '지식 전달자', '지식 응용 및 활용 주체'로서의 역할을 담당한다고 주장한다(정대현 외, 2017b). 김현주(2016, 62-64)는 지역 기반 서비스 러닝의 성공과 활성화를 위한 과제로써 1) 체계적인 프로그램 기획, 관리, 평가 시스템 구축, 2) 교수자의 역량 강화, 3) 대학과 지역사회(수용 기관, 수요자 등)의 상호보완적 신뢰 관계의 중요성을 지적한다.

4) 사회혁신 프로그램

대학의 사회적 기여 방식과 관련하여 가장 최근의 변화는 2000년대에 새롭게 나타난 이른바 사회혁신 특화 대학이나 학과와 수업의 등장이다. 사회혁신이란 '사회적 필요와 요구를 충족시킴과 동시에 새로운 사회적 관계나 협력을 만들어 내는 아이디어나 서비스 모델'(Mulgan, 2007, 8), '어떤 사회 시스템에 대한 기본 규칙, 관련 자원, 권한의 흐름이나 믿음을 근본적으로 변화시키는 시도나 결과물, 프로세스 혹은 프로그램'(희망제작소, 2011) 등 다양한 수준과 과정으로 인식되는 다차원적 개념이다(Nicholls and Murdock, 2012, 7). 개념의 모호성에도 불구하고, 기존의 정부 정책이나 시장적 기능으로 해결할 수 없는 문제에 대한 대안적이고 혁신적 방법을 탐구한다는 기본적 취지로 사회혁신의 실천과 교육은 2000년대 들어 급속히 발전했다(미우라, 2013, 350-355). 단순히 지역과 연계된 지역사회 파트너라는 입장을 넘어 지역사회 혹은 사회 일반의 혁신적인 문

---

8. 2018년에 숙명여대 정치외교학과 수업과 용산구 간에서 실시된 용산구의 도시재생 사업방안에 관한 캡스톤 프로그램 사례가 있다.

제해결사로 사회적기업가나 사회적 혁신가, 사회적기업, 소셜벤처, 협동조합 등을 육성해 변화를 일으키는 방향으로 대학의 성격 자체가 달라지고 있는 것이다. 구체적으로 2013년 SK그룹 행복나눔재단의 지원 아래 KAIST 내에 사회적기업가 MBA 프로그램이 신설된 것을 시작으로, 한신대 사회혁신경영대학원, 성공회대 사회적경제대학원 마을공동체전공과 협동조합 MBA, 경남과학기술대 협동조합·사회혁신학과, 부산대 사회적기업학과, 경원대 사회적기업학과, 이화여대 대학원 사회적경제 협동과정, 한양대 대학원 글로벌 사회적경제학과와 체인지메이커 캠퍼스 등이 등장한 바 있다. 모두 학과 혹은 전공코스 차원에서 삶의 현장과 직결되는 교육내용을 통해 학생 스스로 혁신적인 대안이나 지식을 창조하는 것을 지향한다.

3. 분석적 틀: CBL-CP의 네 가지 지향점과 지향점 간 긴장성

이상에서 알 수 있듯이 위 네 가지 기반 프로그램은 각각 독자적인 지향점이나 목표를 가지고 있지만, 어느 정도 유사성도 확인된다. CBL-CP는 기본적인 아이디어나 본질적인 지향점에 있어 이러한 각종 기반 프로그램과 정확히 일치하지 않으며 부분적, 혼종적으로 결합하고 있다. 이와 관련하여 다음과 같이 각 기반 프로그램의 특징을 체계화하는 방식으로 CBL-CP를 분석하기 위한 틀을 설정하고자 한다(〈그림 1〉 참조). 또한 각 기반 프로그램과 CBL-CP가 유사한 부분과 차이에 대해서 다음과 같이 생각해 볼 수 있다.

민주시민교육: 교육 목적으로서 시민적 규범성을 지향하는 점에서 CBL-CP와 유사하지만, 교재학습을 통한 지식 습득만으로 수업 범위를 제한하거나 특정 규범만을 강조할 경우, CBL-CP와 차이가 생긴다.

PBL: 지역사회의 구체적 문제를 주제로 하여 지식의 활용과 창조를 지향하는 방법론의측면에서 CBL-CP와 유사하지만, 문제의 설정이나 해결안의 제시방법에

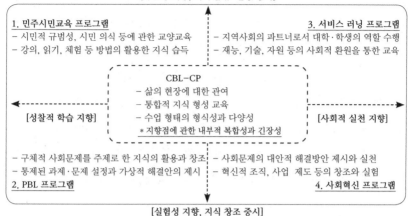

〈그림 1〉 분석 틀: CBL-CP와 각 기반 프로그램 간의 관계

따라 CBL-CP와 차이가 생긴다(예를 들어, 지역성이 명확하지 않은 문제 설정, 특정 가치의 구현만을 지향한 문제 설정, 표면적 수준의 해결안 제시, 단순 리포트 형태의 해결안 제시 등).

서비스 러닝: 삶의 현장에 대한 기여나 봉사 활동을 수행하는 점에서 CBL-CP와 유사하지만, 대학 혹은 학과 차원의 의무적 업무가 되어 시민성 규범에 관한 교육이 미흡해지거나 문제해결에 관한 지식 창조가 수반되지 않을 경우 CBL-CP와 차이가 생긴다.

사회혁신 프로그램: 삶의 현장에 대한 대안 제시나 지식 창조의 측면에서 CBL-CP와 유사하지만, 시민적 규범성에 관한 교육이 부족하거나 특정 문제의 해결에 지나치게 집중할 경우 CBL-CP와 차이가 생긴다.

위 〈그림 1〉의 x 및 y 기축은 각각 '규범성 지향' vs '실험성 지향'의 차이와 '성찰적 학습 지향' vs '사회적 실천 지향'의 차이를 의미한다. 민주시민교육과 서비스 러닝은 공통적으로 보편적 혹은 일반적으로 중요시되는 규범적 가치나 도덕적 정신 혹은 활용해야 할 좋은 기술이나 자원 등으로부터 출발해, 이를 직접 학습하거나 실천을 통한 현실적 문제를 발견하는 것을 지향한다. 한편, PBL와 사회혁신은 공통적으로 '문제'로부터 출발하여, 이에 대한 해결방안의 탐구를 통해 특정 가치의 구현 가능성을 실험적으로 제시한다. 전자는 주로 지식의 습득과 활용이 중심이며, 후자는 지식의 창조를 시야에 두고 진행된다.

민주시민교육과 PBL은 공통적으로 교재나 현장 활동에 대한 수강생 개개인의 성찰적 학습 효과를 중요한 목표로 삼으면서 설계된다. 한편, 서비스 러닝과 사회혁신은 공통적으로 수강생의 성찰뿐만 아니라 서비스의 결과나 파급 효과, 아이디어의 실용성과 같은 현실적 및 사회적 실천 효과를 중요한 목표로 삼으면서 설계된다.

CBL-CP는 이상적으로 두 기축의 중간적 혹은 균형적 위치에 놓여있는 것으로 볼 수 있으며, 각 기축에서 한 방향만으로 치우치거나 일정 수준을 벗어나면 해당 수업은 CBL-CP가 아닌 특정 '기반 프로그램의 사례'에 속하게 된다. 다시 말해 CBL-CP는 네 가지 기반 프로그램의 본질적 성격과 관련된 복합적 긴장 상태를 중요한 내부적 특징으로 가지고 있다. 다른 관점에서 보면, 두 가지 기축은 CBL-CP의 기본 조건인 '삶의 현장에 대한 관여'와 '지식 형성'에 있어 적절한 수준이 유지될 필요가 있다는 점을 시사한다.

이 분석 틀은 개별 CBL-CP 수업의 특성을 파악하고 보완 방안을 탐구하는데 유용할 수 있다. 다양한 대학이나 학과에서 개설된 개별 CBL-CP 수업은 모두 '삶의 현장에 대한 관여'와 '지식 형성'의 두 가지 기본 조건을 만족시키고 있어도 세 번째 조건, 즉 구체적 수업 형태나 지향점에 있어 차이가 생긴다. 이것이 위의 분석 틀 속에서 해당 수업의 특성이자 편향성으로 나타날 수 있으며, 상황에 따라 일정 수준의 범위 내에서 제한적으로 보완하는 것이 해당 수업을 개선하기 위한 과제로 제시될 수 있다.

이하에서는 서울대학교 정치외교학부에서 개설된 일련의 CBL-CP 수업 사례에 이 틀을 적용해 분석·성찰해 본다.

〈표 1〉 수업 설계 개요: 네 개 사례의 평균적 수업 운영 일정

주차	주요 내용
1	• 강의 소개 • 팀 프로젝트 소개, 지역사례 선정 시작
2-4	• 이론 학습(교재 강의 또는 팀별 발표) • 팀별 지역사례 선정 완료. 1차 연구 프로포절(1-2쪽) 발표
5-8	• 이론 학습(교재 강의 또는 팀별 발표) • 전문가 특강 혹은 전체 방문 수업 실시 • 팀별 1-2차 Field Trip 실시
9-10	• 중간고사 • 전문가 특강 혹은 전체 방문 수업 실시 • Field Trip 결과 발표 및 팀별 2차 연구 프로포절 발표
11-13	• 팀별 보고회 실시 • 3-4차 Field Trip 실시
14-16	• 팀별 1-2차 초고 제출 및 발표. 교수의 피드백를 참고로 수정과 보완 • 팀별 최종 보고서 제출

III. 서울대학교 CBL-CP의 사례 개요

1. 수업 개요와 전체적 설계

분석 대상 사례는 2015년 1학기에서 2017년 1학기 사이 서울대학교 정치외교학부에서 개설된 네 번의 CBL-CP 수업이다.[9]

모두 전공과목, 3학점, 절대평가 방식으로 구성되었다. 네 사례 모두 전체적 설계(일정)와 주요 교재는 유사하지만, 구체적 수업 주제와 수강생의 팀 프로젝트 수행에 있어 차이가 있다. 이 중 세 개 사례는 수업 결과물을 편집해 책으로 출판되었으며, 나머지 하나는 연구용역 보고서로서 발표되었다.[10]

---

9. 구체적 강의명은 시민정치론(2015년 1학기 및 2016년 2학기), 글로벌리더십연습(2016년 1학기 및 2017년 1학기)이다.
10. 출판된 책은 다음과 같다. 2015년 1학기 수업(김의영 외, 2015, 『동네 안의 시민정치』), 2016년 1학기(김의영 외, 2016, 『동네 안의 시민경제』), 2016년 2학기(김의영 외, 2018, 『관악구의 시민정치』), 2017년 1학기(김의영 외, 2017, 『시흥형 사회적경제 모델 전략계획연구』). 시흥형 사회적경제 모델 보고서도 곧

우선, 공통적 부분으로 전체적 수업 설계(일정)를 정리하면 〈표 1〉과 같다. 수업은 기본적으로 전반부에 이론 학습을 진행하며, 후반부는 특강, 답사, 발표 등으로 구성된다. 다만, 수업마다 이들의 비중이나 구체적인 일정은 어느 정도 차이가 난다.

2. 이론 학습에 관한 세부 주제

수업 전반부에서는 교재 읽기를 중심으로 강의 혹은 발표 방식의 이론 학습을 진행했다. 네 사례 모두 단일 '교과서'를 지정하는 것이 아니며, 시민정치와 관련된 주요 주제에 대한 대표적 이론·개념을 학습하였다. 각 수업 주제에 따라 적절하게 수정·보완되었으나, 공통으로 주목한 주요 이론 주제와 세부 이론·개념들을 정리하면 〈표 2〉와 같다. 각 주제에 관해 사용한 교재는 부록자료로 첨부하였

〈표 2〉 이론 학습에 관한 주요 주제와 관련 이론들

이론 주제	세부 이론 및 학습의 초점
시민정치, 민주주의	• 민주주의 개념, 역사 • 참여 민주주의(participatory democracy) 이론, 사례 • 지역주민운동의 역사, 생활정치 개념 • 민주주의 혁신론(Democratic Innovations)
거버넌스, 협치	• 거버넌스 개념 • 협력적 거버넌스(collaborative governance) 이론, 사례 • 다층 거버넌스(multi-level governance) 이론, 사례 • 굿 거버넌스(good governance) 이론 • 로컬 거버넌스(local governance) 이론, 사례
사회적 자본	• 사회적 자본(social capital) 개념, 이론, 사례 • 시민사회(civil society) 이론, 사례
사회적경제	• 사회적경제 개념, 역사 • 시민경제 개념, 사회연대경제 개념, 협동조합 개념, 사례 • 사회적경제 거버넌스 이론, 사례, 사회기업가정신 개념, 사례
기타	• 공유자원 관리론, 마을공동체, 참여예산제, UN SDGs(지속가능발전목표) • 사례연구 방법론

책으로 출판될 예정이다.

다. 이 외에도 각 수업 주제에 맞게 전문 서적, 정부간행물, 논문, 인터넷 자료, 통계 데이터, 영상물 등을 사용했으며, 필요에 따라 특강, 주요 관련 기관방문 및 참관, 관련 학술회의 참여 등 연구에 도움이 되는 다양한 방법을 활용하였다.

3. 수업 주제와 팀 프로젝트

2015년 1학기와 2016년 1학기 수업은 각각 '서울의 시민정치', '전국 사회적경제'를 수업 주제로 삼았다. 보다 구체적으로 각각 '서울시 10개 자치구'와 '전국 사회연대경제 지방정부협의회 소속 지자체'가 팀 프로젝트를 수행할 '지역' 대상이 되었다. 이 두 수업에서 연구 대상 단위는 '지자체'가 되었으며, 수강생들은 각 팀 프로젝트를 통해 복수 지자체의 시민정치와 사회적경제를 참여관찰 방식으로 연구하게 되었다. 팀 프로젝트의 진행 과정과 내용, 결과 등을 정리하면 〈표 3〉과 같다.

2016년 2학기와 2017년 1학기 수업은 각각 서울시 관악구의 시민정치와 경기도 시흥시의 사회적경제를 수업 주제로 삼았다. 전자는 서울시 마을공동체 종합지원센터의 '대학과 지역 연계사업'의 지원을 받아 관악구청 및 관악구 시민활동가와의 협력하에 진행되었으며, 후자는 시흥시 사회적경제 지원센터의 연구용역(시흥형 사회적경제 모델 전략계획연구)을 수탁한 결과로 아예 시흥시 사회적경제 모델과 전략 수립을 해당 수업의 명시적인 목적으로 삼은 경우다. 수업 시작시 이미 해당 지자체의 실무자 및 활동가들과의 네트워크가 형성되었기 때문에 이들과 협의하는 방식으로 각 팀 프로젝트를 선정하여, 참여관찰에 대한 자세한 안내도 받았다.

〈표 3〉 팀 프로젝트의 수행 개요 1 : 복수 지자체 대상 수업

수업 주제	서울 시민정치	전국 사회적경제
수행 기간	2015년 1학기	2016년 1학기
대상 지역	서울시 10개 자치구	전국 10개 지자체
수강생	33명	15명
프로젝트의 선정과 진행	• 각 팀이 자발적으로 서울시내 대상 자치구를 선정(1–3주차). 이에 맞추어 해당 자치구에게 협조 요청 공문을 발송. • 개별적으로 현장활동 실시(4주차 이후). • 10개 팀 모두 구청장 인터뷰 실시. • 성북구 마을민주주의 포럼 참석. • 1–2차 프로포절 발표 실시(5, 9주차). • 초고 및 최종 원고 제출(13, 16주차).	• 전국 사회연대경제 지방정부협의회와 협조하여 10개 대상 지역을 선정. 인터뷰, 자료 수집, 현장답사 등도 협조를 받음. • 사례선정 완료(3주차) 및 1–2차 프로포잘 발표(4, 10주차). • 전문가 특강 실시(4주차 이후): 마을학개론(연세대 이태동 교수), 칼 폴라니 연구(홍기빈 글로벌 정치경제 연구소 소장), 협치(유창복 서울시 협치자문관). • 초고 및 최종 원고 제출(14, 16주차).
프로젝트의 기본 내용	• 각 자치구의 시민정치 소사(小史)와 구청의 총체적인 정책 방향 정리. • 각 자치구에 내장되어 있는 대표적인 시민정치 심층 사례들의 미시적 분석.	• 각 지자체의 사회적경제 소사(小史)와 총체적인 정책 방향 정리. • 각 지자체에 내장되어 있는 대표적인 사회적경제 심층 사례들의 미시적 분석.
프로젝트 제목	1. 관악구: 거점치기와 마을짓기 2. 구로구: 엄마, 구로를 부탁해 3. 노원구: 함께 만드는 마을공동체 4. 도봉구: 함께 Green 도봉구 5. 동작구: 동작의 새로운 동작 6. 마포구: 혼자 왔니? 같이 가자, 마포 7. 성동구: 지역 공동체 '뿌리 내리기' 8. 성북구: 관료, 활동가, 주민의 민주주의 9. 은평구: 축제, 너와 나의 연결고리 10. 종로구: 우리들의 서촌	1. 강동구: 사회적경제로 '감동'을 주는 '강동' 2. 금천구: 사회적경제 생태계 만들기의 숨은 힘 3. 마포구: 공동체 관계망 속에서 무럭무럭 자라는 사회적경제 4. 성북구: 사회적경제를 통한 정치의 재발견 5. 은평구: 사회적경제의 지역혁신: 주거, 문화, 여성 사례분석 6. 광주 광산구: 어우러짐의 자치를 통해 사람 내음 나는 사회적경제 '굳히기' 7. 인천 남구: 구도심 문제에 대한 현실적 대안 8. 전북 완주군: 민주주의 학습으로서의 사회적경제와 주민 의식 변화 9. 전북 전주시: 지역 활성화 전략으로서의 사회적경제: 제도·정책·전략을 중심으로 10. 충북 옥천군: 사회적경제는 도덕적 경제다: 지역공동체 실험
결과 발표 및 활용	• 중앙일보 기획기사 '이젠 시민이다'에 각 프로젝트가 게재됨(3회). • 한국정치학회 학술대회 및 세계정치학학생회에서 팀별 발표(일부).	• 한겨레 '서울&'에서 소개됨. • 한국정치학회 학술대회 및 세계정치학회(IPSA) 학술대회에서 팀별 발표(일부).

〈표 4〉 팀 프로젝트의 수행 개요 2: 단일 지자체 대상 수업

수업 주제	관악구 시민정치	시흥시 사회적경제
수행 기간	2016년 2학기	2017년 1학기
대상 지역	서울시 관악구	경기도 시흥시
수강생	33명	15명
프로젝트의 선정과 진행	• 서울시 마을공동체 종합지원센터를 매개로 관악구 주민활동가 5명이 지역매니저로서 수업에 참여. 협의를 통해 6가지 이슈 영역을 미리 결정. 수강생을 배분하는 방식으로 팀을 결성(3주차). • 지역매니저와 함께 팀별 현장활동 실시(4주차 이후). • 1-2차 프로포절 발표 실시(5, 9주차) • 특강 실시: 관악구 현황(각 지역매니저, 11-12주차). • 초고 및 최종 원고 제출(13, 16주차). • 팀별 보고서에 대한 코멘트를 지역매니저 및 지역 실무자, 활동가, 의원 등이 작성했음(공동조사와 공동집필).	• 시흥시 사회적경제 지원센터의 연구용역 수탁. • 시흥시 실무자와의 협의를 통해 5가지 대상 영역을 지정(3주차). 영역별로 소개를 받아 현장활동 실시. • 특강 실시: 시흥시 사회적경제(정동원 시흥시 마을공동체연구팀 연구원, 홍승미 사회적경제 지원센터 사무국장), 서울시 사회적경제 이야기(이은애 서울시 사회적경제 지원센터장), 소셜픽션을 통한 사회적경제 상상하기(이원재 재단법인 여시재 이사). • 1-2차 프로포절 발표 실시(5, 9주차) 및 연구중간보고회 개최(시흥시 실무자 5명 참여, 12주차). • 소셜픽션 워크숍 개최 및 설문조사 실시.(시흥시 활동가 20여 명 참석, 15주차). • 시장 인터뷰 및 실무자-연구팀 워크숍 개최(16주차).
프로젝트의 기본 내용	• 각 이슈에 관한 관악구 현황을 정리. • 각 이슈에서 시민정치의 미시적 사례 분석과 문제해결을 위한 대안을 제시.	• 영역별로 시흥시 사회적경제 현황을 정리하여, 시흥형 사회적경제 활성화안 제시. • 전체 아이디어를 종합하려 워크숍과 토론을 통해 10가지 전략적 과제를 제시.
프로젝트 제목	1. 환경과 시민정치 2. 주민참여예산제와 시민정치 3. 의정감시와 시민정치 4. 사회적기업과 시민정치 5. 도시재생과 시민정치 6. 교육과 시민정치	1. 환경: 바라지에게 바라지 2. 복지: 시흥시 복지 영역의 사회적경제 3. 산업: 청년 일자리 창출과 사회적경제 실현 4. 문화: 문화와 사회적경제가 만나다 5. 도시: 동네관리소의 재정적 자립 방안 연구
결과 발표 및 활용	• 팀별 발표(분석 결과와 대안 제시)에 대해 관악구 시민, 구청장, 실무자, 의원 등이 함께 논의하는 '관악구 시민의 밤' 개최. • 의정감시팀은 관악구 민간단체와 함께 서울시 각 자치구의 의정개방성 조사를 실시. 의회모니터링조례 제정 과정에 관여하여 조례 제정(2017년 10월)에 기여. • 3개 팀 프로젝트 보고서는 논문으로서 한국연구재단 등재 학술지에 게재됨.	• 연구팀-실무자 간 워크숍을 개최하여, 제안 초안에 대한 코멘트를 받아 최종 제안을 작성. • 실무자 및 활동가가 참여하는 최종 보고회를 개최하여, 제안에 대한 팀별 발표. • 제안의 일부를 시흥시 사회적경제 지원센터의 내년도 사업계획에 반영됨.

IV. 사례분석 결과: CBL-CP의 내부적 긴장성과 시사점

1. 각 사례에서 나타난 지향점에 관한 내부적 긴장성

이 장에서는 네 수업 사례의 특징을 II장에서 제시한 분석 틀에 따라 검토·성찰하여 CBL-CP 발전을 위한 이론적·실천적 시사점을 도출해 보고자 한다. 우선 네 사례는 CBL-CP로서의 기본적 성격을 충분히 가지고 있으나, 지향점에 있어

〈표 5〉 사례에서 나타난 내부적 긴장성과 약점

	성찰적 학습 지향 vs 사회적 실천 지향 축	규범성 지향 vs 실험성 지향 축
서울·전국 사례	• 교재 강의 비중이 상대적으로 높으며 자율적인 현장경험을 강조해 지식 습득과 활용을 통한 개별적 및 팀별의 성찰적 학습 효과를 주로 지향했다. • 팀 프로젝트의 단위를 지자체 전체로 설정하여, 전체적 동향과 미시적 사례분석을 동시에 추구한 결과 현황 파악이 중요시되었다. 문제해결을 위한 실천적 제안이나 지식 창조의 측면은 다소 미흡했으며 신문 기획기사와 책 출판을 통한 정보와 지식 제공 수준에 머물렀다.	• 팀 프로젝트는 사회적 자본이나 협치, 마을공동체 등에 관해서 현실적 사례나 문제를 자율적으로 선택하는 것으로부터 출발했다. 각 지자체별로 특정 사업이나 정책의 특징을 심도 있게 분석, 재해석하는 것을 중요시했다. • 문제해결 방안은 연구의 결과로서 실험적으로 제시된 것이며 구체성이나 실현 가능성에 관해서 제한적으로 이루어졌다. 연구 결과를 현장 활동가·실무자들과 공유하거나 실제로 실천하는 기회도 제한적이었다.
관악구 사례	• 지역매니저와의 긴밀한 협조 덕분에 각 팀은 정치적 삶의 현장에서 세부적 문제를 경험함(지식 습득)과 동시에 개별 문제 해결을 위한 대안 제시(지식 창조)도 비교적 조화롭게 달성했다. • 교육과 실천 성과는 '관악 시민의 밤' 행사에서의 대화, 조례 제정, 후속적인 출판, 논문 게재를 통해 구체적으로 나타났다.	• 지역매니저와 협의한 결과, 팀 프로젝트는 지역사회의 문제 현황을 염두에 두면서 체계적으로 설계되었다. • 실제로 대학이 위치하는 지역으로서, 대학–지역사회 간 협업이 이루어지며, 나아가서 연구결과의 공유를 통해 문제해결 방안의 실용성이나 현실적 과제 등이 도출되며, 일부는 지속적 실천으로 이어졌다(조례제정 사례).
시흥시 사례	• 연구용역이라는 틀 속에서 진행된 결과, 개별적 이슈에서 혁신적이며 실천적인 과제 제시(지식 창조)의 측면이 강조되었으며, 이론 학습이나 현장경험은 특정 주제나 이슈에 관하여 제한적으로 이루어졌다. • 중간 및 최종보고회를 실시함으로써 제시한 대안의 실용성을 구체적으로 확인할 수 있었으며, 실제로 시의 사업계획에 반영되었다.	• 사회적경제 지원센터의 협조로, 시흥시에서 실제로 중요시된 영역에 관해서 프로젝트 주제가 설계되었다. 또한 시흥시 실무진 및 활동가들이 참여하는 중간 및 최종 보고회를 개최함으로써 연구 결과의 실용성을 추구할 수 있었다. • 교재학습 차원에서는 사회적경제가 추구하는 '사회적 가치' 구현이 강조되었으나, 개별적 이슈의 현실적 개선방안을 팀별로 연구한 결과, 가치의 구현보다는 구현 방법에 관한 전략적 접근이 상대적으로 부각되었다.

수업마다 미묘한 차이와 약점이 나타난다.

이처럼 수업 내용을 살펴보고 성찰해 보면 수업에 따라 두 가지 축의 지향점에 있어 균형과 편향이 다르게 나타난다. 전체적으로 보면 이와 같은 차이를 만드는 주요 요인은 1) 수업의 주제 설정, 2) 준비 작업과 추진체계, 3) 결과 활용 방식 등으로 보인다. 예를 들어, 수업 주제를 실천적으로 설정하고, 연구용역이라는 추진체계 아래에서 진행되면서, 연구결과로부터 실현 가능한 구체적 정책 제안을 도출하고자 할수록 교육 효과와 규범성의 측면에서 약점이 나타날 수 있다.

또한, 네 사례에서 공통으로 나타난 불균형으로 개별 프로젝트를 통한 실험성 추구에 대한 지향이 강한 반면, 수강생들의 민주시민으로서의 규범성을 추구하는 측면이 상대적으로 약했다고 볼 수 있는 소지가 있다. 즉, PBL, 사회혁신, 서비스 러닝에 대한 지향성이 실질적으로 높으며, 민주시민교육으로서의 지향성이 상대적으로 낮지 않았냐는 점이다. 이는 수업의 주제나 팀별 과제의 초점을 지역 사례의 '성패 요인 분석'에 초점을 두었기 때문일 수도 있고, 거버넌스나 협치, 지역 공동체 형성, 사회적경제 등 '대안적' 정치 과정에 관한 '방법론적 개선'을 상대적으로 중요시했기 때문이라고 볼 수 있다. 이는 고전 읽기나 교재학습을 통해 유권자로서의 책임이나 시민성의 철학적, 역사적 근거 등이 강조되는 전통적인 '민주시민교육'과 분명히 차이가 있을 것이다.

하지만 이는 민주시민교육 자체의 본질적 어려움과 직결된 복잡한 문제이기도 하다. 차재권 외(2015, 40-44)도 한국 시민정치 교육의 과제로서 방법론적 개선과 함께, '철학과 비전의 부재'에 대한 해결 필요성을 강조한다. 보편적 혹은 시대적 철학·사상을 배경으로 한 시민성 개념의 수립과 제시 자체가 어려운 과제임에도 불구하고 이를 적절하게 교육할 수 있는 내용과 방법을 마련할 필요가 있다. CBL-CP 또한 수강생들에게 시민적 규범성을 어떻게 강조하고 효과적으로 교육할 것인가에 대해 더욱 근본적인 고민이 필요하며, 이에 대해서는 다음 실천적 개선을 위한 시사점 부분에서 간략하게 다루고 있다.

2. 사례별 지향점의 시각화: 기반 프로그램들과의 관련성

보다 구체적으로 각 수업 사례의 특징을 네 가지 기반 프로그램과의 관련성에 따라 분석 틀에 반영시키면 〈그림 2〉와 같다.

서울·전국 사례는 기존의 이론적·경험적 연구를 수업 시간을 통하여 분석한 후 현장의 참여관찰을 통해 이론적으로 제기된 문제가 각 지자체에서 어떻게 나타나고 있는지를 분석하고자 했다. 물론 연구결과로부터 정책적·실천적 함의를 도출하여 지역 시민정치의 발전에 이바지하고자 하는 의도가 있었으나, 주요 신문 기획기사와 책 출판을 통하여 일정 정도 정보와 지식의 확산에 치중하는 잠재적·가상적 제안의 성격이었다. 이러한 점에서 두 사례는 결국 시민교육을 지향한 'PBL 프로그램'의 성격이 강했다.

관악구 사례는 우선, 대학과 지역 활동가, 구청 실무자들 사이의 긴밀한 협조를 중요시한 면에서 대학─지역 협업(서비스 러닝과 부분 유사)을 지향한 점이 현실적 특징이다. 또한 모든 팀이 공통적으로 지역매니저들과 긴밀히 소통하여 서울대생 또한 '관악구 지역주민'이라는 인식을 강조한 결과 시민성 규범에 대한 대

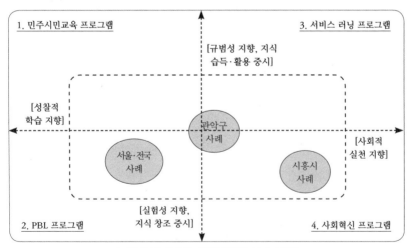

〈그림 2〉 각 사례의 지향점에 관한 이미지 맵핑

안적 학습이 효과적으로 이루어졌다. 나아가서, 각 팀 프로젝트를 지역사회의 현실적 문제이면서 미시적 수준의 분석과 개선 방안 제시로 설정한 것 그리고 연구 결과를 활용할 기회(관악 시민의 밤 행사나 조례 제정)를 마련한 점에서 PBL 프로그램과 사회혁신 프로그램의 균형적 성격을 유지하고 있다고 볼 수 있다.

시흥시 사례는 주어진 과제(시흥형 사회적경제 모델 및 전략 수립)에 대해 창의적인 아이디어를 제시한 점에서 사회혁신 프로그램에 가깝다. 현장 활동을 중시했음으로 PBL의 성격도 어느 정도 있으나 과제의 범위가 교육적으로 통제된 것이 아니었다. 또한, 사회적경제 모델 및 전략 연구가 중심적 주제가 되어, 민주시민적 규범에 관한 심층적이고 포괄적 접근은 상대적으로 미흡했다.

3. CBL-CP의 실천적 개선을 위한 시사점

1) 관악구 수업 사례의 시사점

위 분석 틀에서 볼 수 있듯이 서울·전국 사례와 시흥시 사례는 각각 일정 정도 편향성을 띠고 있지만, 관악구 사례는 네 사례 중 비교적 균형적이라 할 수 있다. 관악구 사례와 관련하여 다음의 두 가지 특징에 주목할 필요가 있을 듯하다.

첫째, 대학 소재지를 수업 대상 지역으로 선택했다는 점이다. 이는 다른 사례들과의 중요한 차이로 관악구는 서울대 소재지이자 동시에 많은 수강생의 거주지거나 일상의 대부분을 차지하는 생활공간이다. 이는 현장 활동의 수월성이라는 실용적 측면에서 큰 도움이 되었을 뿐 아니라 수강생들이 지역 당사자 의식을 심화하고 정치적 주체성과 효능감을 경험할 수 있는 세팅을 제공하였다. 나아가 주민들의 관심과 지역 활동가들의 적극적 참여, 대학과 지역의 밀접한 상호의존적 관계, 향후 지역 발전에 대한 기대와 비전 공유 등 여러 측면에서 수업과 프로젝트 전 과정에 활력을 불어 넣어주는 효과를 가져왔다. 이는 수업의 교육 효과와 실천 효과를 함께 높이는 한편 수업 프로젝트 진행 과정에서 규범적 지향과 실천적 지향을 같이 균형적으로 추구할 수 있는 분위기를 만들었다.

둘째, 지역의 구체적인 '생활정치' 이슈에 초점을 두었다는 점이다. 관악구 수업의 연구 대상은 관악구 내 주민 생활과 구정에 밀접하게 관련된, 작지만 피부에 와닿는 일상의 정치적 사안들로서 집합적인 노력 여하에 따라 실제 개선 가능한 현실적인 문제들이었다. 주민참여예산제도를 활용하여 지역적 요구를 해결하고, 구의회 주민 모니터링을 통하여 민주주의를 실습하고, 사회적기업을 조직하여 취약계층의 자립을 도우며, 환경과 교육 그리고 도시재생 분야에서 주민들의 삶과 직결된 문제를 해결하고자 하는 등 지역의 구체적인 사례들을 지역매니저들의 도움으로 생생하게 참여관찰하고 면밀하게 검토하면서 수강생들은 교육효과와 실천 효과, 규범성과 실험성의 측면에서 비교적 골고루 배울 수 있었다고 보인다.

결국, 보다 균형 잡힌 CBL-CP를 위해 해당 대학 소재지의 구체적인 생활정치 이슈를 대상으로 수업을 진행하는 것이 바람직하다고 할 수 있다. 대조적으로 시흥시 사례는 근접성이 떨어지는 지역에서 '사회적경제 모델 및 전략 수립'이란 비교적 기능적·전문적 연구를 수행하게 되면서 상대적으로 특정 편향성을 띠게 된 경우다.

2) CBL-CP의 시민적 규범성 교육

서울대 수업 사례의 분석 결과, CBL-CP는 수강생들의 시민적 규범성 교육에 있어 상대적으로 약점을 보일 수 있는 것으로 나타났다. 지역 기반 사례와 팀 프로젝트 중심으로 실험적 접근만을 강조할 경우, 자칫 수강생들의 시민성 자각과 함양을 소홀히 할 수 있다는 것이다. 수업 시간의 일정 부분을 따로 시민적 규범성 교육에 할애하는 직접적인 민주시민교육 방식도 유효하겠지만, CBL-CP 나름의 시민적 규범성 교육이 가능하다. 비록 직접적·명시적으로 민주시민교육을 시도하지는 않지만, 수강생들이 대학이 위치한 지역 현장에 관여(engage)하여 대안을 모색하는 과정에서 자신이 바로 지역의 일원이자 지역 정치의 주체라는 점을 자각하고 지역사회 공헌에 대한 책임성과 함께 정치적 효능감을 느끼게 하는 일종의 간접적·잠재적인 방식이 존재한다. 즉 지역 기반 학습을 통하여 수동적 학생(passive students)에서 능동적 시민(active citizens)으로 변화를 끌어내는 것이다. 본 연구의 서울대 수업 사례 중 관악구 사례에 이러한 방식이 비교적 잘 적용되었다고 보인다.

3) 지향점의 균형을 찾기 위한 3자 간 합의

팀 프로젝트를 통해 수강생들은 '외부 연구자', '서비스 제공자', '문제해결사'로 지역사회에 관여하며 그들에게 요구되는 다양한 역할을 어떻게 조율하고 통합할 것인가의 고민에 빠진다. 교수자는 대학 수업이라는 현실적 제한 속에서 이론과 실천, 규범과 실험이라는 상호 긴장 관계에 놓인 교육 목표를 조화롭게 추구해야 한다. CBL-CP에 대한 지역 당사자(stakeholder)들의 선호와 기대도 항상 일치하지 않으며, 이들의 수업 관여 방식도 현장 정보를 단순히 제공하는 수준으로부터 함께 연구하고 문제해결을 도모하는 수준에 이르기까지 다양하다. 이러한 상황에서 결국 중요한 것은 수업 프로젝트에 참여하는 교수자, 수강생, 지역 당사자 3자가 CBL-CP의 교육 목표와 지향점에 대해 인식을 공유하는 것이다. 이를 위해 수업 프로젝트를 위한 사전 설명과 합의 절차를 도입해야 하고, 프로젝트가 진행되면서 상호 신뢰 관계를 구축하고 교육 목표와 지향점에 대한 인식을 공유해가기 위한 노력이 필요하다.

4) 지속적 개선과 수업 간 학제적 네트워킹

또한 CBL-CP 지향점의 균형 모색은 일회성 수업을 넘어 지속적인 개선을 통해 가능하다. 개별 교수자는 후속 수업과 일련의 시행착오 과정을 통하여 자신의 수업 프로젝트를 수정·보완해나갈 수 있다. 특히 특정 지역을 지속적으로 대상으로 삼는 경우, 각 연도별 혹은 학기별 수업을 체계적으로 구상하는 것이 중요하다. 균형적 수업 성과를 장기 프로젝트를 통해 달성할 수 있을 것이다.

나아가서, 뜻을 같이하는 복수의 교수자들 사이의 협업 및 네트워크를 통하여 체계적으로 대응하는 방법도 있을 것이다. 가령 CBL-CP 프로그램과 프로젝트를 학과, 대학, 학회 차원에서 체계화, 제도화, 네트워킹 할 수는 있다. 일개 수업을 넘어 학과 혹은 대학 차원에서 2~4년 정도의 교육과정을 개설하는 방식으로부터 학회와 학계의 협업을 통한 전국 범위의 프로젝트를 생각해볼 수 있다.[11]

정치학 분야에 제한된 CP를 넘어 학제적 관점에서 다양한 'CBL' 수업을 네트워킹하는 방법도 균형적 성과 달성을 위해 유익할 것이다.

실제로 한국정치학회에서는 전국적으로 18개 CBL-CP 수업의 경험을 공유하는 온·오프라인 장을 마련하는 등 다각적 노력을 시도하고 있다. 서울시 마을공동 종합체지원센터와 서대문구청은 정치학을 넘어 기타 전공계열의 CBL을 네트워킹하면서 대학과 지역 연계사업을 종합적으로 추진하고 있다. 각 교수자는 이러한 집합적 노력을 통해 자신의 수업 내용과 방식을 성찰하고 다른 수업과의 네트워킹을 도모하면서 수업의 질적 개선에 노력할 수 있다. 앞으로 CBL-CP는 양적으로 계속 확산될 것이며, 교수자들 간 네트워킹은 CBL-CP 발전에 있어 중요한 과제일 것이다.

V. 결론

본 연구는 혁신적인 정치학 교육 모델로 부상한 지역 기반 시민정치 교육, 이른바 CBL-CP가 다양한 교육 목표를 동시에 조합·조화시키는 것이 쉽지 않다는 문제의식에서 출발했다. 이를 분석하기 위해 우선, CBL-CP의 네 가지 기반 프로그램(민주시민교육 프로그램, PBL 프로그램, 서비스 러닝 프로그램, 사회혁신 프로그램)을 중심으로, 각 프로그램에 내재한 지향점을 분석적 틀로 제시하였다. 다음으로 분석 틀에 비추어 저자가 수행한 복수의 수업 사례의 특징과 문제점에

---

11. 앞서 기술한 2018 한국정치학회의 시민정치 교육연구실천 프로젝트가 한 예다(한국정치학회, 2018).

대한 분석과 성찰을 시도했다. 이 결과 CBL-CP에 있어 복수의 지향점을 조합·조화시키는 것은 내부적 긴장과 편향성의 문제로 인하여 어려움이 있다는 것을 지적했다.

이러한 내부적 긴장과 편향성의 문제를 극복해 가는 것이 CBL-CP의 질적 발전을 위한 중요한 과제로 보고, 본 연구의 수업 사례에 기초하여 몇 가지 실천적 함의를 제시했다. 1) 관악구 사례가 보여주듯이 대학 소재 지역의 구체적인 생활 정치 이슈를 수업의 주제와 대상으로 삼는 것이 바람직하다. 2) CBL-CP 나름의 시민적 규범성 방법을 개발할 필요가 있다. 3) 지향점의 균형 모색을 위한 교수자, 수강생, 지역 당사자 간 합의가 필요하다. 4) 수업 방법이나 구성의 지속적 개선과 CBL 네트워킹이 중요하다.

본 연구의 메시지는 기존 CBL-CP 프로그램 자체에 근본적인 문제가 있다는 것이 아니다. CBL-CP의 복합적, 혼종적 성격상 다양한 수업 형태와 교육적 지향점이 공존하는 것은 당연하다. 또한, 실제 관악구 사례처럼 비교적 균형적인 모습을 보여주는 사례도 존재한다. 결국, 어느 정도의 다양성을 유지하면서 균형성의 강화를 위한 내·외부적 노력을 보완해가는 것이 CBL-CP가 기반 프로그램들과 차별화되면서 독자적으로 발전하기 위한 필수적 과제라는 것이 본 연구의 주장이다. 본 연구는 저자가 수행한 소수의 사례분석에 제한된 것으로, 향후 더욱 많은 사례를 대상으로 본격적인 연구가 이루어지기를 기대한다.

참고문헌

구원회. 2016. "액션러닝을 활용한 대학 교양 수업에서의 학생 변화와 수업 운영에 관한 연구: D대학교 사례를 중심으로." 『학습자중심교과교육연구』 제16권 제1호, 887-908쪽.

권순철. 2013. "액션러닝 기반 핵심역량 교양수업의 효과 분석: J대학교 '자기관리와 미래준
　　비' 사례."『교양교육연구』제7권 제6호, 163–204쪽.

김승철·정은실. 2018. "창의적인 갈등 해소를 위한 문제중심학습(PBL)의 참여형 교육 사례
　　연구."『분쟁해결연구』제16권 제2호, 41–70쪽.

김연정. 2017. "PBL 교수법에 기반 한 대학 창업교육 학습 사례 연구."『한국창업학회지』제
　　12권 제3호, 285–309쪽.

김용서. 2006. "지역사회발전을 위한 대학의 역할: 사례를 중심으로."『사회과학논총』(경기대
　　학교) 제9집, 1–14쪽.

김의영 외. 2015.『동네 안의 시민정치』. 서울: 푸른길.

　　　　. 2016.『동네 안의 시민경제』. 서울: 푸른길.

　　　　. 2018.『관악구의 시민정치』. 서울: 푸른길.

김의영·미우라 히로키·신이수·유지연·이원동·임기홍. 2017.『시흥형 사회적경제 모델 전
　　략계획연구』. 시흥: 시흥시 사회적경제 지원센터.

김철영. 2013. "대학과 지역의 협력을 통한 지역사회 활성화 방향에 관한 연구: 일본의 대학과
　　지역이 연계하는 마을만들기 추진실태를 중심으로."『도시설계』제14권 제5호, 65–78
　　쪽.

김학년. 2013.『지역혁신에 미치는 대학의 영향』. 대전: 한국과학기술정보연구원.

김현주. 2016. "인문교양 수업을 활용한 대학생의 지역 봉사활동에 관한 연구: '인문재능기부
　　단' 활동사례를 중심으로."『교양교육연구』제10권 제1호, 41–70쪽.

김홍배. 2002. "지역혁신을 위한 기업과 대학의 연계."『지역사회연구』제10권 제1호, 57–74
　　쪽.

박혜자·오주희. 2001. "지역문화예술의 진흥과 대학, 기업, 시민사회의 역할."『광주전남행정
　　학회보』제8호, 101–121쪽.

박천규. 2016.『지역사회 일원으로서 대학의 학교교육 참여·협력 사례: 자유학기제 활성화를
　　위한 지역대학의 역할 제고』. 서울: 한국교육개발원.

봉현철. 2006. "러닝 코치(Learning Coach)의 역할과 필요역량."『HRD』통권187호, 94–97
　　쪽.

미우라 히로키. 2013. "사회혁신 담론에서 행위자 개념에 관한 고찰: 유사 개념의 포괄적 분류
　　와 사회생태계적 전망."『한국정치학회보』제47집 제5호, 341–366쪽.

민철구·박시범·정기철·조현대. 2011.『지역혁신을 위한 지역대학 역할정립과 활성화 방
　　안』. 서울: 과학기술정책연구원.

서울시 마을공동체 종합지원센터. 2017.『대학과 지역사회 연계 사업 성과자료집: 마을 펴다

대학을 품다』. 서울: 서울시 마을공동체 종합지원센터.

서재민·정민정·이용재·김동희·정유진·강창진·김은주·유혜리. 2013. 『민주시민정치교육 콘텐츠』. 서울: 중앙선거관리위원회 선거연수원.

손승남. 2015. "지역사회 평생교육기관으로서 대학의 역할과 과제." 『교양교육연구』 제9권 제3호, 71-96쪽.

신정현·신용철·권오정. 1987. 『민주시민교육론』. 서울: 탐구당.

신희권. 2007. "지역혁신체계 활성화를 위한 지방정부와 지역대학간 협력 방안." 『사회과학연구』 제18권, 49-66쪽.

유석렬. 1987. "민주시민교육으로서 한국정치교육의 방향." 『한국정치학회보』 제20집 제2호, 191-208쪽.

유정완·우기동·오정윤·이병태·우대식. 2015. 『개방형 서울자유시민대학 설립 운영방안 마련을 위한 연구』. 서울: 서울시.

이경한. 2007. "한국형 캡스톤 디자인: 서울산업대." 『산학정21』 제253호, 44-45쪽.

이기원·김진석. 2007. 『지역혁신체계: 균형발전정책교본』. 서울: 국가균형발전위원회.

이광자. 1999. "지역사회 발전에 있어서 대학의 역할과 사명." 『논문집』(서울여자대학교대학원) 제7호, 73-94쪽.

이윤호. 2005. "지역발전과 지역대학의 역할: 광양만권과 순천대학교의 사례 연구." 『논문집』(순천대학교) 제24집, 1-21쪽.

이영민. 2013. 『(강사를 살리는)아이스 브레이킹 101』. 안성: 한국리더십센터.

이태동. 2016. "지역기반 시민정치교육의 지향, 방법론, 활성화 구조에 대한 연구: '마을학개론' 사례를 중심으로." 『한국정치연구』 제25집 제2호, 119-143쪽.

_____. 2018. 『우리가 만드는 정치: 동네 민주주의 실천』. 서울: 청송.

이태동·김의영·서정건·유인태·손효동·안정배. 2017a. "대학-지역 연계 수업의 신뢰 영향에 대한 실험 연구." 『한국정치학회보』 제51집 제2호, 5-22쪽.

이태동 외. 2017b. 『마을학개론: 대학과 지역을 잇는 시민정치교육』. 서울: 푸른길.

임동진. 2006. "외국 대학의 캡스톤 디자인(Capstone design) 교육." 『전기의 세계』 제55권, 제9호, 58-61쪽.

장경원·고수일. 2013. 『액션러닝으로 수업하기』. 서울: 학지사.

정대현·김석중·김인중. 2017a. 『강원도 지역혁신과 대학의 역할』 춘천: 강원발전연구원.

정대현·권오영·정용남. 2017b. "지역 대학의 역할과 지식 네트워크 특징에 대한 연구: 3개 지역 비교를 중심으로." 『기술혁신학회지』 제20권 제2호, 487-517쪽.

정재욱. 2004. "지역혁신을 위한 지방대학의 역할과 과제." 『사회과학논총』 제26집 2호, 185-

207쪽.

조영하. 2008. "지역사회의 요구에 부응하는 대학의 역할에 관한 연구: 지역혁신을 위한 산학
협력 관점에서의 이해." 『한국교육』 제35권 제1호, 191-226쪽.

중앙교육연구소. 1962. 『민주시민의 교육: 해인사 여름 세미나를 중심으로 한 연구 보고서』.
서울: 중앙교육연구소.

차재권·이소영·장우영. 2015. 『의회민주주의 발전을 위한 '시민정치교육'의 확대와 소셜미
디어 활용: 해외 우수사례에 대한 비교연구』. 서울: 한국정치학회.

채진원. 2015. "시민교육 교과에서 현장활동의 방법론과 매뉴얼 탐색." 『인문사회 21』 제6권
제1호, 71-101쪽.

천대윤. 2007. 『액션러닝(Action Learning) 매뉴얼』. 과천: 중앙공무원교육원 갈등관리센터.

한국교육개발원. 1994. 『민주시민교육: 민주시민 자질 함양을 위한 한국 교육의 과제』.

한국정치학회. 2018. "시민정치 교육·연구·실천 프로젝트." https://rilla7.wixsite.com/
civicpolitics/syllabus (검색일: 2018. 6. 20).

한익주. 1998. "인천, 부천 지역 내 여자 전문대학의 역할과 기능." 『경인논집』 제5호, 17-31
쪽.

함병은. 2001. "지역사회 개발과 전문대학의 역할." 『교육마당21』 제23호, 52-56쪽.

홍순혜·최수은. 2016. "문제중심학습(Problem-Based Learning)을 활용한 학교사회복지론
교과목 운영에 관한 연구." 『학교사회복지』 제33호, 25-51쪽.

희망제작소. 2011. "한국 사회혁신 둘러보기." http://www.makehope.org/3660 (검색일:
2018. 6. 20).

Marquardt, Michael J. 저. 봉현철·김종근 역. 2000. 『액션 러닝』. 서울: 북21.

Mulgan, Geoff. 2007. *Social Innovation: What It Is, Why It Matters and How It Can Be Ac-
celerated*. London: Young Foundation.

Nicholls, Alex and Alex Murdock. 2012. "The Nature of Social Innovation." In Alex
Nicholls and Alex Murdock eds. *Social Innovation: Blurring Boundaries to Reconfig-
ure Markets*, 1-30. Basingstoke: Palgareve Macmillan.

구보 도모미(久保友美). 2013. "大学と地域の連携による「学びのコミュニティ」形成: 京都
発人材育成モデル「地域公共政策士」の取り組みから." 小田切康彦ほか. 『京都の地
域力再生と協動の實踐』, 181-192. 京都: 法律文化社.

〈부록〉 이론 학습에 활용한 주요 교재

주제	주요 교재
시민정치, 민주주의	• 토마스 커러더즈. 2000. "시민사회에 대한 오해." 조효제 편역. 「NGO의 시대」. • 신명호. 2000. "한국 지역주민운동의 특성과 교훈." 조효제 편역. 「NGO의 시대」. • 박주원. 2007. "한국 민주주의의 또 다른 기원." 「기억과 전망」 17호. • Michael Saward. 2003. Democracy. Cambridge: Polity Press. • Graham Smith. 2009. Democratic Innovations: Designing Institutions for Citizen Participation. Cambridge: Cambridge University Press.
거버넌스, 협치	• 유재원·홍순만. 2005. "정부의 시대에서 꽃핀 Multi-level Governance: 대포천 수질개선 사례를 중심으로." 「한국정치학회보」 제39집 2호. • 김의영. 2011. "굿 거버넌스 연구분석틀." 「한국정치연구」 제20집 제2호. • Chris Ansell and Alison Gash. 2008. "Collaborative Governance in Theory and Practice." Journal of Public Administration Theory and Practice. vol.18. • Carmen Siriani. 2009. Investing in Democracy: Engaging Citizens in Collaborative Governance. Washington, D.C.: Brookings Institution Press. • Archon Fung and Erik Olin Wright. 2003. Deepening Democracy: Institutional Innovations in Empowered Participatory Governance. London: Verso.
사회적 자본	• Robert Putnam. 2003. Better Together: Restoring the American Community. New York: Simon and Schuster.
사회적경제	• 칼 폴라니. 2009. 「거대한 전환: 우리 시대의 정치·경제적 기원」. 서울: 길. • 스테파노 자마니, 루이지노 브루니. 2015. 「21세기 시민경제학의 탄생」. 서울: 북돋움. • 정규호. 2008. "풀뿌리 사회경제 거버넌스의 의미와 역할-원주 지역 협동조합운동을 사례로." 「시민사회와 NGO」 6권 1호. • 정건화. 2012. "민주주의, 지역 그리고 사회적경제." 「동향과 전망」 가을·겨울호 (통권 86호). • John Restakis. 2010. Humanizing the Economy: Co-operatives in the Age of Capital. Canada: New Publishers Societies. • Peter Utting ed. 2015. Social and Solidarity Economy: Beyond the Fringe. London: Zed Books.
기타(공유자원관리, 참여예산제, 사회기업가정신, 생활정치, 사례연구 방법론 등)	• 오스트롬, 엘리노. 2010. 「공유의 비극을 넘어」. 서울: 랜덤하우스. • 데이비드 본스타인. 2008. 「달라지는 세계: 사회적기업가들과 새로운 사상의 힘」. 서울: 지식공작소. • 최문형·김인제·정문기. 2015. "주거환경관리사업에서의 협력적 거버넌스: 길음동 소리마을주민참여형 재생사업을 중심으로." 「한국지방자치학회보」, 제27권 제4호. • 하승우. 2009. "한국의 시민운동과 생활정치의 발전과정." 「시민사회와 NGO」 7권 2호. • Abers, Rebecca. 1998. "From Clientelism to Cooperation: Local Government, Participatory Policy, and Civic Organizing in Porto Alegre, Brazil." Politics & Society. vol. 26. no. 4. • Robert K. Yin. 2009. Case Study Research: Design and Methods. Thousand Oaks, California: SAGE Inc.

제2장

대학-지역 연계 수업의 신뢰 영향에 대한 실험 연구[1]

이태동(연세대학교 정치외교학과)

김의영(서울대학교 정치외교학부)

서정건(경희대학교 정치외교학과)

유인태(전북대학교 국제인문사회학부)

손효동(연세대학교 정치외교학과)

안정배(연세대학교 정치외교학과)

I. 서론

대학-지역 연계 정치학 수업은 지역에서 벌어지는 정치 현상과 정책 결정 과정에 대한 이해를 통해 민주 시민으로서의 역할을 강화하는 데 그 목적을 둔다. 이 수업은 강의실 수업과 동시에 지역 현장에서 벌어지는 다양한 문제들의 원인과 결과, 관련된 이해관계자들의 권력관계와 욕구를 파악하고 당면한 문제들의 해결책을 제시하는 현장 중심형 교육이다. 대학은 민주 시민 교육의 일환으로 지방자치 단체(서울시와 구청)와 중간지원 조직(서울시 마을지원종합센터)들과 함께 대학-지역 연계 수업(Community-Based Learning, 이하 CBL 수업[2])을 진행

1. 이 논문은「한국정치학회보」제51집 제2호(2017)에 게재된 논문이며, 연세대학교 정치외교학과 BK 플러스 사업단, 서울시 마을지원센터 2016년 작은연구, 정부(교육부) 한국연구재단(NRF-2016-S1A3A2925063)의 지원을 받아 수행된 연구임.

2. 'CBL(Community-Based Learning) 수업'에 대해서는 다양한 번역이 가능하다. 본 연구에서 번역한 '대학-지역 연계 수업'이라는 표현과 달리 대표적으로 연세대학교에서는 CBL을 '지역사회 경험학습'으로 표현한다. 대학에서의 다양한 방식의 수업 중 지역사회를 통한 경험을 강조하는 방식의 수업을 포괄적으로 지칭하는 표현이라 할 수 있다.

하고 있다.[3]

　하지만, 아직까지 CBL 수업이 학생들의 인식에 어떤 영향을 주는지에 대한 연구는 드물다. 특히 지역과 현장 중심 수업이 학생들의 신뢰(지역사회에 대한 신뢰와 지역 정치에 대한 신뢰)에 어떤 영향을 끼쳤는가에 대한 연구는 매우 부족하다. 이에 본 연구는 대학–지역 연계 정치학 수업을 수강한 학생과 그렇지 않은 학생들을 대상으로 수업 전–후에 신뢰에 대한 인식이 어떻게 바뀌는지 실험 연구를 통해 밝히고자 한다.

　이러한 시도는 이론적으로 대학 정치학 교육의 효과성에 대한 논의에 기여한다. 즉, 신뢰의 요인을 밝히는 정치학 이론을 바탕으로, 정치학 교육의 신뢰에 대한 영향을 이론화하는 의의가 있다. 또한, 현장 중심의 정치학 교육과 신뢰의 관계에 대한 가설을 실험 연구를 통해 밝히고 있다는 점에서 방법론적으로도 기여할 수 있다.[4] 실험 연구(experimental research)는 다양한 변수를 통제하면서, 실험 전과 후를 실험군과 대조군의 비교를 통해 처치(treatment, 본 연구의 경우는 CBL 수업 수강)의 영향을 직접적으로 살펴볼 수 있는 방법이며, 본 연구에서 차용하는 준실험 연구 디자인(quasi–experimental design)도 이에 포함된다. 아울러 획일화된 강의평가에서 벗어나, 대학 정치학과에서 진행된 수업을 중심으로 새롭게 만들어진 설문문항을 통해 수업효과를 분석함으로써 경험적인 연구에

3.　CBL 수업은 민주시민을 고민하고, 이에 대한 해답으로 '지역'과 '공동체'를 제시하는 다양한 형태의 대학 교육에 개념적으로 포함한다. 대학 수업을 통해 지역에 봉사하는 지역 봉사 학습(service learning)과 지역을 기반으로 하는 다양한 형태의 시민 교육(citizenship education)도 CBL 수업에 큰 범위에서 포함된다고 볼 수 있다. 최근 일본에서 지역–대학 간 제휴(域学連携)의 이름으로 진행되는 활동에서 비롯된 수업들 역시 그 한 부분으로 볼 수 있다. 그러나 본 연구에서는 대학에서 지역을 중심으로 진행하는 다양한 방식의 수업을 포괄하는 개념으로 CBL 수업을 논의한다.

4.　정치학이 아닌 다른 영역에 CBL 수업은 가능하다. 예를 들어, 2016년 상반기 서울시 서대문구에서 진행한 '신촌 도시재생활성화를 위한 대학–지역연계수업'에서는 국문, 정치외교, 지리교육, 건축, 영상디자인, 공간디자인, 산업디자인, 문화예술경영의 전공에서 지역 도시재생 정책에 동력이 될 만한 다양한 형태의 지역 연계 수업을 전개하였다. 또한 2015년 상반기 서울시 마을공동체 종합지원센터에서 진행된 '대학과 지역사회 연계 사업'의 지원을 받은 연세대학교 언론홍보영상학부의 '커뮤니케이션 테크놀로지와 커뮤니티' 수업에서는 "학생들이 지역 내에서 다양한 활동들을 수행함으로써 도시와 커뮤니케이션이 어떻게 연관되는지를 이해하고, 이러한 이해를 바탕을 도시(서울) 문제에 대한 해결방안을 모색"하였다. 서울시 서대문구청 홈페이지, 서울시 마을공동체 종합지원센터 홈페이지 참조.

기여한다.

본 연구는 다음과 같이 구성된다. 서론에 이어, 신뢰에 대한 CBL 수업의 효과성을 논하기 위해, CBL 수업의 의미와 효과성의 의미를 살펴본다. 다음 장에서는, 신뢰의 다양한 요인 중 수업 효과의 관계에 대해 이론적으로 논의한다. 이 장에서는 신뢰의 측면 중 지역사회에 대한 신뢰와 지역 정치과정에 대한 신뢰에 초점을 맞춰 본 연구의 주된 관심사로 논의한다. 이어서, 연구 설계 방법론, 설문으로 수집된 데이터에 대한 설명(descriptive statistics), 데이터 분석에 대해 설명한다. 마지막으로 분석된 데이터를 바탕으로 연구의 의의와 한계를 논한다.

II. 대학-지역 연계 수업과 수업 효과성

1. 대학-지역 연계 수업의 의의와 실제

대학-지역 간의 연계는 지역이 정치, 경제 전반에 있어 중요한 단위로 부상하고 있다는 점과 정부의 국책 사업의 방향이 대학-지역의 연계 활성화를 고려한다는 점에서(양승실·이정민, 2005) 최근 그 중요성이 증가하고 있다. 동시에 본 중요성을 바탕으로 여러 민-관-학 협력의 교육 프로그램이 진행 중이다. (지방)정부 입장에서는 과거 통치자로서의 행정을 넘어서 시민사회의 파트너십을 기대하는 다양한 정책들을 고안하고 있으며(김혜정·이승종, 2006), 이를 위해 대학과 함께 지역사회 역량 증대를 고민하고 해결하고자 한다. 구체적인 사례로 서울시 마을공동체 종합지원센터의 '대학과 지역사회 연계' 프로그램과 서울시 산하 구청을 중심으로 진행되는 CBL 수업 프로그램들이 있다. 이러한 중간지원 조직의 예산 지원(학기당 약 200-300만 원의 수업 진행비)과 마을 참여 프로그램은 학생들의 필드 스터디, 지역 활동가와의 연계, 전문가 특강을 통한 사례 공유 등에 실질적인 도움이 된다. 한편, 지역사회에서는 각 지역사회가 처한 다양한 과제(지역사회 내 풀뿌리 민주주의 정착, 지역사회의 경제적 자생력 확대 등)의 해결을 위해 대학으로부터의 아이디어 제공과 참여 등의 협력이 필요한 상황이다(김민호, 2011). 대학의 입장에서는 대학이 지역사회로부터 점차 괴리되어간다는 비판을 해소하기 위해 특히 교육 영역에서 지역사회와 협력하여 진행하는 수업을 시도하고 있다. 특히 정치학계 내에서는 주로 대학이 지역 기반의 시민 정치교육을 제공하여 지역사회에 공헌하고 지역시민의 자질을 향상시킬 수 있는 방안을 고민하고 있다(김의영, 2015; 이태동, 2016). 본 연구에서는 2016년 대학-지역 연계 수업을 진행한 연세대학교 정치외교학과의 '마을학개론', 서울대학교 정치외교학과의 '시민정치론', 경희대학교 정치외교학과의 '동네 간 시민정치'의 사례를 살펴볼 것이다.

본 실험 장소 중 하나인 연세대학교는 서울의 주요 상권 중 하나인 신촌에 위치하고 있다. 신촌은 상업집약적 지역이면서 동시에 인근에 4개 대학 10만 명 이상의 대학생들이 상시 유동하는 지역이다. 대학-지역 연계 수업으로 진행된 '마을학개론' 수업은 마을, 공동체, 도시정치 등의 이론 강의와 더불어 손에 잡히는 공동체 현장 연구를 포함하고 있었다.

'마을학개론' 수업의 주요 목표는 다음과 같은 질문에 대한 대답을 구하는 것이었다: 마을, 공동체, 도시정치란 무엇인가? 신촌지역과 지역공동체를 증진시킬 수 있는 방안은 무엇인가? 공동체의 문제를 어떻게 분석할 것이며, 어떤 방식으로 대안을 제시할 수 있는가?

'마을학개론' 수업은 강의실에서 수행된 강의를 통해 토크빌(De Tocqueville, 2003)의 협의체 민주주의, 퍼트남(Putnam, 1994; 2001)의 사회 자본, 오스트롬(Ostrom, 1990; 2015)의 공유자원 관리 제도와 협력적 거버넌스 이론을 학생들에게 전달하고, 이어서 도시재생, 에너지, 사회적 경제, 공간과 관련된 정치 등 현장 기반 사례를 공유하였다(손효동·이태동, 2016). 특히, 수업의 전반부는 지역사회와 거버넌스 이론을 중심으로 대학 인근 지역에 대한 관심과 지식을 증진시키는 데 주력하였고, 중반 이후부터는 구체적인 이슈에 대한 설명과 함께, 학생들이 관련 주제를 선정해 참여관찰 방법을 중심으로 신촌지역 현장에 직접 개입하며 연구할 수 있도록 설계하였다.

수업의 후반부 절반은 강의실 강의와 현장연구가 병행되었는데, 각 현장연구 주제는 교수와 학생들이 함께 진행한 브레인스토밍을 통해 도출되었다. 각 주제별 현장연구팀은 각각 3~5명으로 구성되었으며, 학생들은 자신이 맡은 주제에 관한 현장연구를 위해 설문조사, 참여관찰, 인터뷰 등의 연구방법을 사용하였다. 선정된 현장연구 주제는 다음과 같다: 장애인과 비장애인을 위한 장애물 없는 (Barrier-free) 공간; 신촌지역 대학생 모임 조직; 1인가구를 위한 사회적 경제; 열린 캠퍼스를 위한 대학-지역 파트너십; 신촌의 장소정체성; 신촌의 광장; 도시 프랜차이즈; 젠트리피케이션; 도심 유휴공간 활용이다.

서울대학교 '시민정치론' 수업(2016년 2학기)은 교과서 위주로 교실 안 교육에 머무는 기존 대학 강의의 한계를 뛰어넘고자 했다. 대학이 위치하는 지역으로 지적 고민을 확장하고 지속적인 현장 방문 및 소통을 통해 '살아 있는 지식'을 습득할 수 있도록 기획·진행되었다. 교육·연구·실천 및 사회적 기여를 목표로 학생들에게 시민정치에 대한 교육을 진행하고, 참여·관찰 방식으로 연구하며, 지역사회의 현안 해결에 도움이 될 방안을 제안하는 새로운 방식을 시도하였다.

이러한 문제의식과 기획의도에 따라 이 수업은 '관악구의 시민정치'를 연구대상으로 설정했고, 사전 준비 단계부터 관악구 지역활동가와 협업하였다. 15년 이상 지역현안에 천착해 온 지역활동가들과의 라운드테이블에서 관악구가 풀어야할 문제들을 전반적으로 논의하여 여섯 가지 주제(참여예산제, 환경, 교육, 도시재생, 사회적 경제, 의정감시)를 선정하였고, 활동가들은 멘토이자 네트워크 허브로서 학생들의 연구에 실질적인 도움을 주었다. 또한 '시민정치론' 수업은 서울대학교 글로벌사회공헌단이 지원하는 '전공연계 사회공헌 과목'으로 선정되어 지원을 받았으며, 서울시 마을공동체 종합지원센터 사업단 역시 본 수업을 지원하였다.

수업 전반부에는 시민사회, 집단행동, 사회적 자본 등 시민정치를 구성하는 기본적인 요소들에 대한 학습이 이루어졌고, 풀뿌리 민주주의, 마을공동체, 생활정치의 개념과 배경에 대한 이해도를 높였다. 아울러 결사체 민주주의, 로컬 거버넌스, 사회적 경제, 참여예산제 등에 대한 이론적 논의와 경험적 연구들을 검토하였다. 유엔의 지속가능개발목표(SDGs)들을 활용하여 관악구의 현안을 해결할 수 있는지에 대한 가능성을 타진하기도 하였다.

학생들은 4주차 수업 전 관심 있는 영역과 사례를 선정하여 3~4명이 팀을 이뤄 사전문헌조사를 시작했다. 서울시 자치구 마을공동체 실태조사, 행정자치부 자료, 각 구청 자료, 기존 연구·분석 논문 등 각종 지표와 2차 자료에 기초하여 관악구의 기본적인 현황을 분석하였고, 5주차부터 주민/마을활동가 면담, 간담회, 관악구청장 인터뷰 및 주민설명회 참가 등 현장연구와 활동을 개시했다. 이 과정에서 학생들은 기존에 진행해 왔던 관악구 내의 대표적인 시민자치 모델을 분석하였고, 관악구의 시민참여 제도·정책·실천을 평가하였다.

학기말 수업이 종료되고, 이미 학점을 받은 후에도 한 학기 동안의 연구성과물의 완성도를 높이기 위한 노력이 지속되었다. 6개의 팀은 각각의 주제에 대한 최종 결과보고서를 제출했을 뿐 아니라, 이를 단행본(『관악구의 시민정치』)으로 출간하기 위한 작업을 진행하고 있다. 또한 '시민정치론' 수강생과 지역주민, 관악구청이 함께 '관악구 시민정치 워크숍'(2017년 5월 예정)을 개최할 것이다. 학생들이 연구결과를 발표하면, 관악구민과 공무원들이 현장에서 피드백을 주고 종합토론을 진행하는 등 학생들 교육과 연구, 실천과 사회적 기여가 현실화되는 장이 될 것으로 보인다.

'시민정치론' 수업은 이처럼 '살아 있는' 정치학 교육을 통해 학생들을 민주적 시민이자 리더로 양성하며, 장기적으로 지역시민정치에 활력을 불어넣을 수 있도록 설계되었다.

2016년 2학기에 경희대학교에 개설된 '동네 간 시민정치' 수업은 '동네 안 시민정치'의 비교정치적 확장판이다. 립셋(Lipset, 1997)의 명언을 차용하자면 "한 동네만 알고 있으면 그 동네를 제대로 알고 있다고 할 수 없다." 어느 한 지역에만 집중된 이해와 경험은 그 원래 의도에도 불구하고 불완전할 가능성이 크기 때문이다. 우리 지역의 장점과 단점은 대부분 다른 지역과의 비교를 통해 명확해지는 경우가 많고, 지역 간 비교 탐구를 통해 지역 정치의 개혁 방향까지 합리적으로 제시할 수 있다. 또한 현실적 관점에서 볼 때 지역과 지역 간 상호 의존 및 영향 무시하기 어려우며, 옆 동네와의 협력 없이는 해결되기 어려운 현안들이 허다하기 때문이다. 옆 지역의 정책이 의도치 않게 우리 지역에 긍정적/부정적 영향을 미치는 경우도 적지 않다. 다른 동네의 성공적 정책 운영 사례를 우리 지역에 도입하자면 비교 연구가 선행되어야 한다. 따라서 '동네 안 시민정치'가 민주적이고 효율적이기 위해서는 '동네 간 시민정치'에 대한 이해가 필요하다는 맥락에서 '동네 간 시민정치' 수업이 설계되었다.

수업 진행은 최근 독립학습을 장려하고 있는 후마니타스 칼리지의 교양 강좌 형식을 빌었다. 대부분의 대학 행정이 그렇듯 새로운 전공 강의가 학사행정으로 허가되는 데 시간이 걸리기도 했고, 파일럿 형식의 수업에 대한 실험적 성격과도 연관이 있었다. 소규모 수업에 대한 필요에 의해 11명의 경희대학교 정치외교학과 학생들로 수강 신청을 마감하였다. 11명 모두 국제정치, 비교정치 등 기존의 정치학 수업을 통해서는 우리 주변의 동네 정치에 대한 갈증을 풀 수 없었던 경험의 소유자들이었다.

11명의 학생들은 4개의 팀으로 나누어서 각각의 관심사를 토론하고 한 학기 동안의 연구 주제를 설정하였다. 이를 위해 동네 시민 정치 분야 선도 연구자들의 특강을 마련하였고 동네 정치 및 시민 참여 관련 다양한 정치학적 개념 및 이론적 틀에 대해 공부할 기회를 가졌다. 그리고 동대문구 지역 활동가들 4명과의 만남을 통해 실제적이고 구체적인 동네 시민 정치 프로젝트들에 접할 기회를 가졌다. 그 결과 4개 팀은 1) 동대문구와 성북구의 시의회 의원 활동 비교, 2) 강남구와 동대문구의 장애인 학교 설립 비교, 3) 대학 주변 안전을 위한 학생 순찰 프로그램의 대학간 비교, 4) 지하철역 환경 개선을 위한 동대문구 지하철역 비교 등의 주제를 결정하였다. 이후 각 팀은 지도교수와의 정기적인 만남을 통해 인터뷰 대상 및 관련 문헌들에 대해 구체화 작업을 진행하였고, 지도교수는 인터뷰 성사를 위해 협조 공문을 작성, 전달하였다.

'동네 간 시민정치' 수업을 통해 학생들이 거둔 성과는 매우 다양하다. 중앙 정치에 대해서만 배우고 생각하던 틀에서 벗어나 실제로 동대문구와 성북구 구의원들을 동행하며 지방 자치를 체감해 본 팀은 중앙-지방 정치에 대한 새로운 학습동기를 가지게 되었다. 동대문구의 장애인시설 설립 무산 이유와 배경에 대해 알고자 강남구와의 비교 연구를 진행한 팀은 우리 사회 공동체 전반에 대해 새로운 문제의식을 가지게 되었다. 대학 주변에 살며 본인들이 직접 느꼈던 안전 문제와 관련 대학별로 다른 대응 방식을 비교해 본 팀은 현장의 문제를 해결해 보고자 하는 새로운 목적의식을 가지게 되었다. 동대문구 관내 8개 지하철역을 일일이 탐방해 보고 안전 및 복지 시설을 점검해 본 팀은 시민적 요구 사항을 수립하게 되었고, 특히 동대문구 지역구 국회의원에게 직접 민원을 제기하고 개선을 약속 받음으로써 새로운 정치 효능감(efficacy) 및 신뢰를 가지게 되었다.

2. 대학-지역 연계 수업의 효과성

수업의 효과성(effectiveness)을 진단하는 것은 수업을 객관적으로 판단하여 추후 수업 발전을 위한 준거를 마련하기 위해 필요하다. 이런 필요성은 CBL 수업에서도 예외는 아니다. CBL 수업은 대학과 대학을 둘러싼 지역사회를 배경으로 '손에 잡히는 (tangible)' 교육 방법을 통해 기존 강의실 위주 수업의 한계를 보완하고자 한다. 특히, CBL 수업은 지역사회와 공동체(local society and community)에 대한 강조와 더불어 학생들이 지역사회 속에서 교과내용을 깊게 이해하고 실제 적용할 수 있도록 하는 기회를 제공하는 것을 목표로 한다. 기본적으로 기타 수업 평가나 수업 효과성 측정과 마찬가지로 CBL 수업도 관련 교과에 대한 교과내용 이해를 증진시키고 학습내용을 실제에 적용할 수 있는 능력을 키우는 것을 목적으로 한다.

그렇지만 CBL 수업은 지역을 기반으로 한다는 점에서 수업 목표에 수강생이 지역사회의 민주시민으로서 자질을 함양하고 공동체에 대해 신뢰하며, 이를 통해 지역사회에 더욱 더 많이 참여할 수 있도록 하는 목표를 추가한다. 여기서 '지역'은 특정한 지리적 범위로 국한된 물리적 개념보다는, 지역사회와 지역정치의 공간이라는 사회적 정치적 장소이다. 따라서 CBL 수업의 직간접적 목표는 수강생들이 특정 공간에 나가 수업하는 것을 넘어서 해당 지역의 사회와 공동체에 대한 이해를 바탕으로 시민적 책임감을 증진시키고 시민 참여(civic participation)를 장려하는 것이다(Melaville, et al., 2006). CBL 수업의 교육 목표 중 하나인 민주시민의 자질함양은 실제 교육기본법 제1장 제2조의 교육이념에서 "자주적 생활능력"과 동시에 "민주시민으로서 필요한 자질을 갖추게" 하는 목표와 부합한다. 위에서 언급한 CBL수업의 효과성을 진단하게 하는 수업의 두 목표(학습내용의 실제 적용가능성 향상, 민주시민으로서의 제 자질함양)는 단순히 학생들의 지식을 측정하는 것을 넘어서서, 지역사회의 기반이 될 수 있는 학생의 지역 신뢰도, 지역 정치 효능감, 지역 참여도의 측정을 포함해야 함을 보여준다.

CBL 수업이 대학과 지역의 연계를 통해 대학생들의 지역사회 대한 이해와 관심도, 궁극적으로 지역사회와 정치에서 스스로 '주체'로 이해하는 민주시민인식과 그에 합당한 자질을 제고하는 것을 목적으로 하고 있음에도 불구하고, 이를 바탕으로 구체적인 수업 효과성을 다룬 논문은 극히 드물다. 한국 학계뿐 아니라 미국정치학회(American Political Science Association, APSA)의 경우에도 CBL 수업을 포함한 시민적 관여(civic engagement) 분야의 연구에서 수업 효과성을 실험의 방법으로 정량적으로 파악한 연구는 많지 않으며, 특히 대학 교육을 통해 지역사회의 구성원으로서 학생들의 인식과 자질을 판단한 관련 연구는 드물었다(Bennion and Dill, 2013). 본 연구는 이러한 필요성에서 시작되었다. CBL 수업의 효과에 대한 정량적 분석은 특정 학교에서 진행된 단일 수업뿐만 아니라, CBL 수업의 본질을 유지하는 다양한 수업의 분석을 통해 높은 일반화 가능성을 담보할 수 있을 것이다.

본 연구는 CBL 수업이 지닐 수 있는 다양한 효과의 지표 중에서 (지역) 신뢰에 주목한다. 지역사회와 지역 정치과정에 대한 신뢰는, 정치 지식(political knowledge), 정치 참여(political participation), 정치적 효능감(political efficacy)과 더불어 수업을 통해 얻을 수 있는 중요한 시민 덕목이다. 각 수업 간의 비교를 위해 본 연구에서는 신뢰를 중심으로 수업 효과의 영향을 이론화하였다. 즉, 연구는 구체적으로 '대학과 지역사회과 연계되어 진행하는 수업(들)이 이를 수강하는 학생들의 지역(공동체)에 대한 신뢰에 영향을 끼치는가?' 라는 질문의 답하고자 한다.

Ⅲ. 대학-지역 연계 수업의 효과로서 신뢰

신뢰(trust)의 사전적 의미는 '믿고 의지함'이며, 일반적으로는 다른 이들/것들에게 그들/그것의 확실성(reliability), 진실성(honesty and integrity)에 기반한 평판으로부터 가지는 경향과 기대를 뜻한다(Moreno, 2011; Kotz and Steenekamp, 2011). 신뢰는 정치학을 비롯한 경제학, 심리학, 언론학, 사회학, 행정학 등 다양한 학문 분야에서 폭넓게 논의되어 왔다. 신뢰는 '어떤 주체가 무엇에 대해서 신뢰하는가'에 따라 그 모습이 달라지며, 심지어 같은 학문 분야에서도 시각에 따라 쓰임이 다양하다. 본 연구에서는 신뢰의 개념을 CBL의 범위에 맞도록 우선 지역사회(community) 수준을 중심으로, 신뢰의 범주 역시 지역사회 신뢰와 지역정치 신뢰에 한정한다. 본 구분은 정치적 신뢰(political trust)와 상호 간 신뢰(interpersonal trust)로 구분하는 민주주의를 위한 신뢰의 일반적 구분법과 본질적으로 큰 차이가 없다(Kotz and Steenekamp, 2011).

지역사회 신뢰는 일반적인 신뢰 연구에서 말하는 '일반신뢰'와 관련이 깊다. 신뢰의 측정은 정치교육의 주된 관심사인 정치 참여, 효능감에 비해서 상대적으로 어려운데, 이는 일반신뢰가 갖는 모호성 때문이다. 일반신뢰는 불특정 다수를 대상으로 하는 신뢰로서 구체적인 정보에 의존하는 신뢰와 구별된다(조기숙·박혜윤, 2004).[5] 또한 지역사회 신뢰는 사회적 자본(social capital)과도 관련이 깊다. 사회적 자본에 대해 정의한 다양한 학자들이 존재하지만, 퍼트남은 특히 상호성(reciprocity)을 중심으로 신뢰를 설명하고 있다. 여기서 신뢰는 네트워크(networks) 및 규범(norm)과 함께 사회적 자본의 중요한 구성 요소이다. 상호성에 기반하는 신뢰가 높아지면 국가나, 지역에 대한 소속감을 바탕으로 상호 주고받는 관계가 지속될 가능성이 높아진다. 이는 궁극적으로 상호간의 이익을 위한 협력에 유리한 조건이 된다는 것을 의미한다(Putnam, et al., 1994). 지역사회 신뢰 측정을 위한 설문조사는 지역에 대한 전반적인 인식과 소속감뿐 아니라, 지역의 일원으로서 도움을 받을 수 있는지 여부와 사회적 자본의 측정에 사용되는 안전의 감지가 포함될 수 있다(소진광, 2004). 본 연구에서는 특히 사회적 '자본'으로 신뢰를 소속감과 구분하여 분석한다.

반면 지역정치 신뢰는 (지역의) 정부 생산(output)에 대한 평가와 관련이 있으며, 정부/정치인이 얼마나 업무를 잘 처리하는가 또는 정책결정과정이 얼마나 믿을 만한가와 관련이 있다(가상준, 2007, 110). 즉, 정부에 대한 근본적인 평가적 또는 감성적 태도와 관련이 있다고 할 수 있다. 이는 정치인에 대한 신뢰를 뜻하기도 하며, 대개 정책과정과 그 결과에 대한 신뢰를 포함한다.

기존의 정치교육에서의 신뢰 연구는 두 가지 경향이 있었다. 첫째, (정치적) 신뢰에 대한 논의를 전개함에 있어서 신뢰가 (정치) 참여나 효능감 등에 끼치는 영향이 분석되었다(가상준, 2007; 박혜영·김정주, 2012; 민병기 외, 2013; 김명정, 2016). 이들 연구는 신뢰를 독립변수로 두고, 정치인과 정치과정에 대한 구체적인 신뢰가 어떻게 다른 변수에 영향을 주는가에 주목한다. 둘째, 기존의 정치학에서의 종속변수로서의 신뢰 연구가 다른 나라와의 신뢰 비교 또는 협력의 수단으로서 신뢰를 강조하는 기조 아래 신뢰 지수 정도를 비교하여 분석한 연구들이

---

5. 그렇지만 지역사회 신뢰는 그 지역적 범위가 비교적 작으므로 때로는 구체적 정보가 존재할 수는 있다.

있었다. 신뢰 연구에서 중요한 관련 연구는 사회적 자본에 관한 연구와 관련이 있었다(Paxton, 2002). 관련 연구의 경우 역시 정치교육에 대한 강조하고는 있지만, 교육 자체에 초점을 맞춘 것은 아니었다.

또한, 신뢰는 실제 지역 참여 등과 함께 민주시민의 자질 중 한 요소이다. 그러나 지역의 주민과 학생을 대상으로 그들이 지역사회에서 과연 무엇을 학습하는지, 지역을 기반으로 하는 대학의 교육이 넓은 의미의 신뢰에는 어떤 영향을 주는지에 대한 학문적 관심은 부족하였다(김문호, 2011). 신뢰는 지역사회에서 지역참여와 정치 효능감을 높일 수 있는 매개의 역할을 한다(Campbell, 2000). 그런데 신뢰를 사회적 자본의 한 요소로 볼 경우, 신뢰 자체가 지역사회에 대한 인식 제고와 시민적 역량 향상을 위한 CBL 수업의 한 목표가 될 수 있다. 즉, 지역사회와 지역정치에 대한 신뢰 연구가 그 자체로 정치교육 연구에서 의미를 가질수 있는 것이다. 하지만 현재까지는 매우 소수의 연구만이 지역사회 내에서 교육과 사회적 자본의 관계에 대해 다루어왔다(박진영, 2006; 정혜령, 2009). 본 연구는 CBL이라는 지역 중심의 수업 방식이 실제 학생들의 지역 신뢰에 어떤 영향을 주는지는 교육의 효과성 측면과 정치교육을 통한 지역사회의 역량 강화라는 측면에서 연구한다는 점에서 그 의미가 있다고 할 수 있다.

IV. 실험 설계 및 데이터

본 연구는 준실험 연구 설계(quasi-experimental research design)를 통해 제기된 가설을 검증하고자 한다. (준)실험 연구는 연구자가 선택한 변수들의 인과관계를 최소한의 편향과 오류 속에서 추론할 수 있게 해준다는 장점이 있다(Oehlert, 2010, 2). 실험설계를 위해 대학생들을 실험단위로 하였으며, CBL 수업을 수강한 학생(실험군)과 수강하지 않은 학생(대조군)으로 분류하였다. 캠벨과 스텐리(Campbell and Stanley, 1966)의 사전-사후대조군 실험설계에 따라,

연구진은 대학 정치학과에 개설된 두 전공과목의 수강생들을 실험대상으로 선택해 본격적인 수업이 시작되기 이전인 학기 초와 해당학기 수업이 모두 완료된 학기 말에 동일한 질문으로 구성된 설문조사를 실시하는 실험을 설계하였다. 실험에 참여한 학교는 연세대와 서울대이다. 실험군으로 분류된 총 학생은 189명과 대조군 학생 203명이 실험참여에 동의했으며, 학기 전후의 두 시점에서 실시된 설문조사를 완료했다.[6] 연세대학교에서 실험군으로 분류된 학생 40명 중 29명(72.5%)과 대조군 학생 99명 중 60명(60.6%)이 실험참여에 동의하였다. 서울대학교에서는 실험군으로 분류된 학생 34명 중 33명(97%)이, 그리고 대조군 학생 48명 중 38명(79%)이 실험참여에 동의하였다. 본 실험에 참여한 모든 학생들은 피실험자의 권리와 실험을 통해 수집된 데이터의 윤리적 사용에 대해 사전에 고지받았으며, 자발적으로 실험 참여에 동의하였다.

지역사회 및 지역정치에 대한 대학생의 신뢰에 영향을 끼칠 것이라고 가정한 CBL 수업의 영향력을 다른 요인들로부터 분리하려면, 무작위 할당(random assignment)이 중요하다(Druckman et al., 2011). 이를 위해 연구진은 정치외교학과에 등록된 전공수업을 수강한 학생들로 연구대상을 한정함으로 비교적 동질적인 실험대상을 확보하고자 하였다. 또한 선택평향(selection bias) 및 성숙효과(maturation effect)와 같은 외생변수를 통제하기 위해, CBL 수업인 마을학개론과 시민정치론의 수강생을 실험군으로 CBL 인증 수업이 아닌 국제법과 정치학방법론 수강생을 대조군으로 분류하여, 학기 초기에 두 집단의 차이를 확인하였다. 이를 통해, 특정 수업 수강이 실험 참여자들의 지역사회 및 지역정치에 대한 신뢰에 서로 다른 영향을 끼쳤는지 확인할 수 있었다. 실험 효과의 입증, 즉 특정 수업 수강의 영향을 입증하기 위해서는 수업 전 실험군과 대조군 사이에 차이점이 발견되지 않아야 하고, 수업 후 실험군과 대조군 사이에 뚜렷한 차이점이

---

6. 경희대학교 정치외교학과와 서강대학교 정치외교학과에서도 대학-지역 연계 수업을 진행하였으나, 실험군의 사례 수가 적고(각 11명, 8명), 대조군이 설정되지 않았기 때문에 본 데이터 분석에는 활용하지 않았다.

발견되어야 한다.

본 연구진은 우선 실험군과 대조군 사이의 수업 전후 설문조사 결과를 비교해 두 그룹 사이의 차이 유무를 확인함으로써 실험 결과의 타당성을 검증했다. 결과의 강건성(robustness) 검토를 위해 다변량 순서화 로짓 모형(ordered logit model)을 차용했다. 이 모델을 통해, 수업 효과 이외에 수업 후 설문조사 결과에 영향을 끼쳤을 가능성이 있는 다른 요인들을 통제할 수 있었으며, 본 연구가 실험설계를 통해 발견한 결과를 재확인할 수 있었다.

본 연구의 초점은 지역사회와 지역정치에 대한 학생들의 신뢰도가 CBL 수업 수강 이후 어떻게 변화되었는지 확인하는 것이다. 즉, 지역사회에 대한 신뢰와 지역정치에 대한 신뢰라는 두 개의 종속변수를 측정하기 위해, 본 연구진은 실험군과 대조군 학생들에게 수업 전후 서면 설문조사를 통해 다음과 같이 질문하였다:

각 문항에 대해 당신의 신뢰 정도를 표시해 주십시오.
– 나는 ○○○ 지역사회의 일원으로서 언제든지 도움을 받을 수 있다. (사회적 자본으로서의 신뢰, 이하 사회적 자본, 괄호의 설명은 설문지에 불포함)
– 나는 ○○○ 지역사회의 일부라고 느낀다. (지역사회 소속감)
– ○○○구청의 정책 결정 과정 (구청 정책결정과정)
– ○○○구 의회의 정책 결정 과정 (구의회 정책결정과정)

모든 설문 질문은 4단위 리커트 척도의 답안 중 하나를 선택하도록 설계되었다. 구체적인 답안 선지는 "매우 동의하지 않음 / 매우 신뢰하지 않음 (1로 코딩)", "동의하지 않음 / 신뢰하지 않음 (2로 코딩)", "동의함 / 신뢰함 (3으로 코딩)", "매우 동의함 / 매우 신뢰함 (4로 코딩)"으로 구성되었다.

본 연구의 핵심 독립변수는 CBL 수업, 즉 마을학개론과 시민정치론 수업의 수강이다. 따라서 본 연구진은 CBL 수업을 수강한 학생들을 1로 코딩하고, 수강하지 않은 학생들을 0으로 코딩하였다. 또한, 본 연구는 CBL 수업 효과 이외에 종속변수에 영향을 줄 수 있는 비실험 효과를 통제하기 위해 대학생 개개인의 기본 요소인 성별(남성: 1, 여성: 0)과 학년을 통제변수로 포함시켰다.[7] 추가로 본 연구진은 정치학 전공자의 경우, 지역사회 및 지역정치에 대한 신뢰가 보다 현격히 증진될 수 있다는 가정하에 정치외교학과 전공 여부(전공: 1, 비전공: 0)를 통제변수에 포함시켰으며, 수업효과와 무관하게 지역시민단체 활동 경험이 있을 경우 지역사회 및 지역정치에 대한 신뢰도에 영향을 끼칠 수 있다는 가정 하에 지역시민단체 활동 경험(개월수) 역시 통제변수에 포함시켰다.[8]

V. 분석 및 결과

〈표 1〉은 본 연구의 종속변수인 지역사회 신뢰 및 지역정치 신뢰수치를 실험 전후 실험군과 대조군으로 나누어 나타낸 것이다. 먼저, 지역사회 신뢰를 보여주는 변수인 사회적 자본 변수에서 사후 평균값과 사전 평균값의 차이가 대조군에서는 0.03(2.29-2.26)인 반면, 실험군에서는 0.34(2.50-2.16)으로 높게 나타나는 것을 확인할 수 있다. 지역사회 신뢰 변수에 속하는 지역사회 소속감 변수 역시 실험군에서의 사전-사후 수치 차이(0.31)가 대조군(0.13)보다 높게 나타난다. 그러나 지역정치에 대한 신뢰를 나타내는 **구청 정책결정과정** 변수와 **구의회 정책**

---

7. 한 심사자가 지적했듯이 학생의 성취도 혹은 학습의지가 신뢰를 나타내는 변수에 영향을 미칠 수 있다는 것을 저자들도 인식하고 있다. 그러나 현실적으로 학생의 성취도, 학습능력, 혹은 학습의지를 측정하기란 쉽지 않은 면이 있다. 우선 객관적인 성적 증명은 학기말에 나오지만, 설문은 익명으로 이루어지기 때문이다. 둘째, 설혹 교수가 학기 중에 학생의 성취도를 평가 할 수 있다 하더라도, 이는 그 학생에 대한 학업 수행 평가에 왜곡을 줄 수 있는 윤리적 위험을 내포한다. 마지막으로, 학생의 성취도를 측정할 지수 자체가 가지는 문제다. 교육학에서 오랫동안 씨름해왔듯이 성취도 측정은 또 다른 논쟁의 여지를 줄 수 있으며, 향후 전문가와의 협업이 필요한 부분이다.
8. 지역시민단체 활동 경험이 있는 학생이 수업에서 차지하는 비율은 그다지 높지 않다고 할 수 있다. 총 조사 학생 중에 93.68%가 경험이 전혀 없는 것으로 조사되었으며 5% 정도의 학생이 최소 6개월 이하의 활동 경험이 있으며, 나머지 2% 가량이 12개월 이상의 활동 경험이 있는 것으로 조사되었다.

<표 1> 종속변수 데이터 통계

변수	그룹 (사후-사전)	시기	응답수	평균	표준편차
사회적 자본	대조군 (0.03)	사전	133	2.26	0.62
		사후	119	2.29	0.61
	실험군 (0.34)	사전	69	2.16	0.68
		사후	70	2.50	0.58
지역사회 소속감	대조군 (0.13)	사전	134	2.41	0.69
		사후	117	2.54	0.64
	실험군 (0.31)	사전	69	2.54	0.72
		사후	70	2.84	0.65
구청 정책결정과정	대조군 (0.12)	사전	132	2.65	0.58
		사후	116	2.78	0.48
	실험군 (0.02)	사전	69	2.68	0.47
		사후	70	2.70	0.49
구의회 정책결정과정	대조군 (0.13)	사전	132	2.58	0.62
		사후	118	2.71	0.51
	실험군 (−0.07)	사전	69	2.62	0.49
		사후	70	2.56	0.53

결정과정 변수에서는 대조군 및 실험군의 평균 차가 오히려 반대로 나타났다. 즉, 실험군에서의 평균차가 대조군에서보다 더 줄어들었다. 이러한 액면타당도의 차이는 본격적인 통계 분석에 진입하기에 앞서 본 연구가 설정한 두 종류의 종속 변수(지역사회 신뢰 및 지역정치 신뢰)에 대한 실험효과가 어떤 방향으로 나타날 수 있다는 예상을 가능하게 한다.

한 가지 염두에 두어야 할 점은 지역사회 신뢰 변수들의 응답분포이다. 사회적 자본 변수에서 두 그룹의 응답 평균값은 2.16~2.50에 분포하고 있는 반면, **지역 사회 소속감** 변수는 대조군과 실험군 모두에서 최소 평균값이 2.41로 **사회적 자본** 변수보다 높게 위치하고 있다. 이는 대학 인근 지역에 대해 대학생들이 해당 지역에 소속되었다는 느낌은 상대적으로 많이 혹은 쉽게 가지는 반면, 구체적으로 도움을 주고받을 수 있다는 믿음에 대해서는 상대적으로 보수적이거나 부정적이라고 추정할 수 있다.

실험 효과를 입증하려면, 사전조사에서 실험군과 대조군이 통계적으로 상이하지 않아야 하고, 반대로 사후조사에서는 두 그룹이 통계적으로 상이해야 한다. 이를 파악하기 위해 각 변수별 ANOVA 검정을 실시하였다. 검정결과, 네 개의 종속변수 모두 사전조사에서 실험군과 대조군 사이에 차이가 없었으나, 사후조사에서 사회적 자본, 지역사회 소속감, 그리고 구의회 정책결정과정 변수에서 실험군과 대조군 사이의 통계적 상이함(기준근거 $F < 0.05$)이 발견되었다. 그러나 구청 정책결정과정과 관련해서는 실험군과 대조군 학생들 간에 통계적으로 유의미한 차이를 보이지 않았다. 즉, 본 연구의 실험설계를 통해 CBL 수업을 수강한 학생들과 수강하지 않은 학생들 사이에 지역사회 신뢰 및 지역정치 신뢰 수준에 차이가 있음을 알 수 있다(〈표 2〉 참조).

〈표 2〉 실험군과 대조군의 사전-사후 ANOVA 검정 결과 요약

변수	사전조사		사후조사	
	자승합/평균자승	F 통계량	자승합/평균자승	F 통계량
사회적 자본	0.42	0.31	2.02	0.02
지역사회 소속감	0.72	0.22	4.06	0.00
구청 정책결정과정	0.04	0.71	0.25	0.30
구의회정책결정과정	0.07	0.64	1.05	0.04

자유도: 1

이어서 〈표 3〉은 네 가지 종속변수에 영향을 끼친 변수들의 영향을 확인하기 위해 실험 후, 실험군과 대조군을 샘플로 한 다변량 순서화 로짓 모형(ordered logit)모형 분석 결과를 요약한 것이다. 분석 결과는 모든 종속변수에서 CBL 수업 효과가 나타났음을 보여준다. 그러나 이 결과는 CBL 수업이 지역사회에 대한 신뢰와 지역정치에 대한 신뢰에 매우 상이한 방향으로 작용할 수 있다는 시사점을 제공한다.

〈표 3〉 다변량 순서화 로짓(ordered logit) 분석 결과 요약

	사회적 자본	지역사회 소속감	구청 정책결정과정	구의회 정책결정과정
CBL	0.708**	0.889**	−0.687*	−0.939***
	(0.327)	(0.362)	(0.368)	(0.357)
성	−0.463	−0.501	−0.320	−0.490
	(0.356)	(0.363)	(0.403)	(0.368)
학년	−0.0668	−0.123	−0.315	−0.202
	(0.215)	(0.215)	(0.251)	(0.227)
전공	−0.0441	0.130	−0.439	−0.166
	(0.332)	(0.368)	(0.395)	(0.369)
지역 시민단체 활동경험	−0.0214 (0.0415)	−0.0942*** (0.0354)	0.100*** (0.0283)	0.0263 (0.0495)
c				
절사점상수1	−3.573*** (0.931)	−3.466*** (0.941)	−6.182*** (1.316)	−5.483*** (1.080)
절사점상수2	0.0269 (0.838)	−1.020 (0.853)	−2.801*** (1.038)	−2.072** (0.917)
절사점상수3	4.150*** (1.122)	2.447*** (0.802)	2.865** (1.256)	3.708*** (1.238)
유사 R^2	0.028	0.049	0.040	0.036
로그 가능도	−132.9	−147.4	−103.0	−113.8
카이제곱통계량	7.040	14.71	18.45	8.121
N	155	154	154	155

괄호 안은 표준오차. * $p < 0.1$, ** $p < 0.05$, *** $p < 0.01$.

　　구체적으로 사회적 자본과 지역사회 소속감 변수에서 CBL 수업을 수강한 학생이 해당 수업을 수강하지 않은 학생보다 수강 후 지역사회의 일원이라고 인식하는 경향이 증가하였다. 이 결과는 실험군과 대조군의 사전−사후 평균차를 통해 예상한 결과 및 ANOVA 검정을 통해 통계적으로 파악한 실험 결과의 타당성을 뒷받침한다. 즉, 지역사회에 대한 관심과 지식을 증진시키고, 지역의 현안에 참여하며 관찰하는 현장연구를 포함하는 CBL 수업을 수강할 경우 지역사회와의 유대와 지역사회에 소속되었다는 인식이 증대될 수 있다. 추가로 지역시민단체

활동 경험이 적을수록 지역사회에 대한 소속감이 증대되는 것으로 나타났다.

그러나 동시에 CBL 수업을 수강할수록 구청과 구의회의 정책결정과정에 대한 신뢰 수치는 오히려 감소할 수 있음을 〈표 3〉은 보여주고 있다. 이러한 반직관적 (counterintuitive) 결과는 지역사회에 대한 인식과 지역 정치에 대한 인식의 형성에 서로 다른 메커니즘이 작용할 수 있다는 사실을 시사하며, 그러한 차이가 CBL 수업에 포함된 현장연구를 통해 지역사회 현안에 참여하고 관찰하면서 습득되었다고 예상할 수 있다. 학생들은 CBL 수업을 통해 실제 해당 지역의 현안과 관련 정책을 다루는 지역의 다양한 이해당사자를 만나면서, 지역의 제도적 정치구조가 지역 현안을 해결하는데 효과적이지 못하다는 현실인식을 갖게 되었을 수 있다. 또는 학생들 자신들의 경험의 부족에서 기인하는 의사결정과정에 대한 충분한 이해의 부재가, 그들로 하여금 지역의 제도적 정치구조를 신뢰한다고 답하는 데 보다 더 신중하게 만들었을 수도 있다. 즉, 해당 지역에 대한 지식정보의 증가가 곧바로 지역의 제도적 정치에 대한 신뢰 등의 인식에 항상 긍정적인 영향을 끼치는 것이 아니라, 지역사회 현장경험을 통해 습득된 지식이 비로소 지역사회 및 지역정치에 대한 비판적 판단을 가능하게 할 가능성이 있다는 것이다. 그 결과로서 학생들은 지역사회 및 지역정치에 대한 보다 정확한 인식을 형성하게 할 수 있다.

이 경우 사전조사 응답의 높은 신뢰도는 향후 적극적 시민참여로 발달할 수 있는 믿을 만한 측정결과라기보다는 구체적인 근거를 바탕으로 실질적 판단을 할 수 없는 상태에서 측정된 데이터로 볼 수 있다. 이와 같은 보다 정밀한 인과 메커니즘은 일반적으로 이루어지는 단순신뢰도 조사의 빈자리를 드러내 후속 연구의 가능성을 열어준다. 예를 들어 지역에 대한 신뢰도가 높게 나타난 지역이라 할지라도 시민적 자질의 하나인 시민참여가 높게 나타나지 않을 수 있으며, 지역에 대한 신뢰도가 다소 낮게 나타난 지역이라 할지라도 해당 조사대상자들이 지역에 대한 높은 수준의 지식과 정보를 바탕으로 응답한 경우 그러한 신뢰도가 시민참여의지라는 보다 높은 수준의 시민적 인식과 더 높은 상관관계를 가질 수도 있다.

그렇다면, 지역사회와 지역정치를 다루는 네 가지 변수 중, 유독 사회적 자본에 대한 인식과 지역사회 소속감에 대한 CBL 수업 수강생들의 인식변화가 두드러진 이유는 무엇일까? 우선, CBL 수업의 설계에서 그 원인을 발견할 수 있을 것이다. 본 연구에서 실험군으로 선정된 연세대학교 '마을학개론' 수업은 구청이나 구의회를 중심으로 이루어지는 정책입안과 추진과 같은 제도적 활동보다 지역사회의 다양한 이해당사자를 만나고, 지역 현안에 대한 이들의 활동에 주로 참여하면서 지역사회에 대한 인식과 관심을 갖게 하는 데 보다 초점을 맞추었다. 서울대학교 '시민정치론'과 경희대학교 '동네 간 시민정치' 수업 또한 지역사회의 현안을 중심으로 설계되었기 때문에, 수강생들은 지역의 (제도)정치적 현상보다 지역사회의 의제와 논의에서 현안을 파악하고, 해결책을 찾는 데 보다 더 큰 가치를 부여했을 수 있다. CBL 수업의 효과는 수업이 영향을 끼칠 수 있는 범주와 이슈에 따라 제한적으로 나타날 수 있다고 추론할 수 있다.

VI. 결론

CBL 수업은 대학의 정치학 교육에 새로운 접근 방식과 내용을 제공하고 있다. 본 연구에서는 연계 수업이 교육에 그치는 것이 아닌 연구의 영역, 그 중에서 교육의 효과성을 실험을 통해 연구 주제로 심화 확장될 수 있음을 보여준다. 교육-연구-봉사(지역사회)가 통합적으로 고려될 때, 지역을 중심으로 한 정치학 교육을 확산할 수 있을 것이다(이태동, 2016).

경험적 통계 분석을 통해 본 본 연구의 결과는 흥미롭다. CBL 수업을 통한 지역에 대한 지식습득과 현장참여가 지역에 대한 신뢰 전반에 긍정적 영향을 끼치는 것이 아니라, 지역사회에 대한 신뢰와 지역정치에 대한 신뢰에 다르게 작용할 수 있다는 것을 보여준다. 무엇보다, CBL 수업 이후 지역 정치에 대한 신뢰에 부정적으로 영향을 끼칠 수 있다는 것은 예상을 벗어난 결과이다. 앞서 밝혔듯이, 수업을 통해 기존 정치 과정과 정치 행위자(구청과 구의회)의 구체적인 사실을 직접적으로 알게 되었고, 이는 학생들의 비판적 사고과정에 영향을 끼쳐 결과적으로 신뢰 인식에 부정적인 영향을 끼칠 수 있음을 보여주고 있다. 그러나 이는 CBL 수업이 시민적 자질과 시민활동에 부정적인 영향을 끼친다는 의미라기보다는, 수업을 통해 얻은 지식과 경험이 지역 현상에 대한 보다 비판적인 판단을 가능하게 하도록 역할 한다는 것이다. 이러한 정밀한 인과 메커니즘은 향후 지역시민들의 인식 및 시민적 자질 함양을 위한 교육의 설계와 운영에 도움을 줄 것이다. 예를 들어, 제도적 정치(구청과 구의회)에 대한 직간접적 지식의 습득을 강조하는 교육 설계는 CBL 수업의 다른 효과를 예상할 수 있게 한다. 마을학개론 수업이나 시민정치론 수업에서 시행하고 있는 제도 정치와의 타운홀 미팅식의 대화와 소통이 수업 중에 이루어진다면, 지역 정치 과정에 대한 신뢰 향상도 제고될 수 있을 것으로 기대한다.

지역사회에 대한 신뢰 분석에서는 각기 다른 신뢰의 요소(지역사회 소속감 및 사회적 자본) 에 따라 학생들이 느끼는 신뢰도에 차이가 있다는 것이 평균값 비교와 회귀분석에서 동시에 나타났다. 구체적으로 본 실험에서는 사회적 자본과 지역 소속감이라는 신뢰의 두 측면이 CBL 수업 이후 증가하였지만, 본 연구에서 측정되지 않은 기타 다른 신뢰 측면에서는 다른 결과가 나타날 수도 있다. 이러한 차이는 수업 기간, 강의 내용, 현장연구 방법 등이 포함된 수업 설계에 의해 한 효과로 분석된다. 따라서 향후 여러 측면에서의 지역사회에 대한 신뢰 및 지역 정치 과정과 주체에 대한 신뢰에 긍정적인 영향을 끼치는 교육 방법은 무엇일까 고려해야 할 것이다.

본 연구는 이론적으로 교육효과의 신뢰에 대한 이론적 논의, 방법론적으로 실험 연구의 적용, 경험적으로 교육의 신뢰에 다층적 영향을 살펴봄으로써 관련 연구에 기여하고 있다. 그러나 경험적 연구범위가 두 대학 사례에 머물고 있다는 한계가 있다. 향후 연구에서는 보다 종합적인 CBL 수업의 효과를 파악하기 위해 더 많은 대학의 CBL 수업 데이터(대학과 학생 수)를 추가하여 사례를 확장할 필요가 있다. 이 경우, 좀 더 일반화 할 수 있는 연구 결과를 도출할 수 있을 뿐 아니라, CBL 수업 영향력의 대학 간 비교가 가능해 질 것으로 기대한다. 또한, CBL 수업이 신뢰 이외의 다양한 변수들, 예를 들어 정치적 지식이나 정치적 효능감에 어떤 영향을 끼쳤는가를 연구하는 것도 앞으로 연구가 진행해야 할 방향일 것이다. 마지막으로, 본고의 초점은 대학 교육과 지역사회 연계를 통한 학생들의 시민으로서의 자질의 변화를 측정한 것이며, 대학교육이 가지고 있는 지역사회에 대한 영향력 측면에 연구 중점을 두었다. 향후에는 지역사회의 대학교육에 대한 영향력과 그 둘 간의 상호 작용에 관한 연구로 확장될 것이다. 그럴 경우, 정치학의 교육-연구-봉사 패러다임이 각 지역을 중심으로 확산될 수 있을 것으로 기대한다.

참고문헌

가상준. 2007. "정치 효능감 및 신뢰감 함양을 통한 민주시민교육." 『한국민주시민교육학회보』 12권 1호, 109-127쪽.
김명정. 2016. "수능 선택률과 고등학교 정치교육." 『한국정치학회보』 50권 2호, 31-50쪽.
김민호. 2011. "지역사회기반 시민교육의 필요성과 개념적 조건." 『평생교육학연구』 17권 3호, 193-221쪽.
김의영. 2015. 『동네 안의 시민정치』. 서울: 푸른길.
김혜정·이승종. 2006. "지역시민사회의 역량과 지방정부의 정책혁신." 『한국행정학보』 40권 4호, 101-126쪽.
민병기·김도균·한상헌. 2013. "대전지역 대학생의 정치의식과 정치참여." 『사회과학연구』 24권 1호, 77-103쪽.
박진영. 2006. "지역인적 자원개발에 대한 사회적 자본 관점에서의 분석 및 과제-광주광역시를 중심으로." 『평생교육학연구』 12권 1호, 23–52쪽.

박혜영·김정주. 2012. "사회적자본이 지역주민의 만족도와 공동체의식에 미치는 영향 분석." 『한국거버넌스학회보』 19권 3호, 47–66쪽.

소진광. 2004. "사회적 자본의 측정지표에 관한 연구." 『한국지역개발학회지』 16권 1호, 89–117쪽.

손효동·이태동. 2016. "거버넌스 다중이해당사자의 목적합치성과 참여: 도시 에너지 전환 '에너리' 사업을 중심으로." 『공간과 사회』 26권 4호, 159–189쪽.

양승실·이정민. 2005. "한국 대학의 지역협력 현황과 그 유형화 가능성 탐색." 『교육행정학연구』 23권 4호, 299–320쪽.

이태동. 2016. "지역기반 시민정치교육의 지향, 방법론, 활성화 구조에 대한 연구: '마을학개론' 사례를 중심으로." 『한국정치연구』 25권 2호, 119–143쪽.

정혜령. 2009. "평생교육에서 사회적 자본 논의의 비판적 탐색." 『평생교육학연구』 15권 2호, 53–75쪽.

조기숙, 박혜윤. 2004. "신뢰의 측정." 『한국정치학회보』 38권 2호, 95–116쪽.

Bennion, Elizabeth A., and Hannah M. Dill. 2013. "Civic Engagement Research in Political Science Journals: An Overview of Assessment Techniques." In *Teaching Civic Engagement: From Student to Active Citizen*, eds. Alison Rios Millett McCartney, Elizabeth A. Bennion and Dick W. Simpson: American Political Science Association.

Campbell, David E. 2000. "Social Capital and Service Learning." *PS: Political Science & Politics* 33 (3): pp.641-646.

Campbell, Donald T., and Julian C. Stanley. 1966. *Experimental and Quasi-Experimental Designs for Research*. Chicago: Rand McNally.

De Tocqueville, Alexis. 2003. *Democracy in America*. Vol. 10: Regnery Publishing.

Druckman, James N., Donald P. Green, James H. Kuklinski, and Arthur Lupia. 2011. "Experiments: An Introduction to Core Concepts." In *Cambridge Handbook of Experimental Political Science*, eds. James N. Druckman, Donald P. Green, James H. Kuklinski and Arthur Lupia: Cambridge University Press.

Kotze, Hennie, and Cindy L. Steenekamp. 2011. "Social Capital." In *International Encyclopedia of Political Science*, eds. Bertrand Badie, Dirk Berg-Schlosser and Leonardo Morlino. Vol. 1: Sage.

Lipset, Seymour Martin. 1997. *American Exceptionalism: A Double-edged Sword*. (New

York: W.W. Norton & Company)

Melaville, Atelia, Amy C. Berg, and Martin J. Blank. 2006. "Community-Based Learning: Engaging Students for Success and Citizenship." *Partnerships/Community* 40.

Moreno, Alejandro. 2011. "Trust, Social." In *International Encyclopedia of Political Science*, eds. Bertrand Badie, Dirk Berg-Schlosser and Leonardo Morlino. Vol. 1: Sage.

Oehlert, Gary W. 2010. *A First Course in Design and Analysis of Experiments*.

Ostrom, Elinor. 2015. *Governing the Commons*. Cambridge University Press.

Paxton, Pamela. 2002. "Social Capital and Democracy: An Interdependent Relationship." *American sociological review* 67 (2): 254-77.

Putnam, Robert D. 2001. *Bowling Alone: The Collapse and Revival of American Community*. Simon and Schuster.

Putnam, Robert D., Robert Leonardi, and Raffaella Y. Nanetti. 1994. *Making Democracy Work: Civic Traditions in Modern Italy*. Princeton university press.

서울시 서대문구청 홈페이지 http://www.sdm.go.kr/index.do

서울시 마을공동체 종합지원센터 홈페이지 http://www.seoulmaeul.org/

제2부

시민정치 교육과 현장 연구

제3장

대구대학교
갈등과 해결 세미나

수업 개요

수업 명	대구대학교 국제관계학과 〈갈등과 해결 세미나〉		
교수자명	이소영	수강 인원	18명
수업 유형	전공선택	연계 지역/기관	대구 경북 지역

수업 목적

지역사회에서 일어나는 다양한 갈등을 찾아보고 그 양상을 이해하며, 학생들 스스로가 다양한 방법으로 이를 해결하기 위한 대안을 모색함.

주요 교재

김영임 외. 2016. 『갈등과 소통』. 지식의 날개.
신용인. 2019. 『마을공화국, 상상에서 실천으로』. 한티재.
윤찬영. 2019. 『줄리엣과 도시 광부는 어떻게 마을과 사회를 바꿀까? – 더 나은 세상을 꿈꾸는 30가지 사회
　　혁신 실험』. 바틀비.
이창언 외. 2014. 『갈등을 넘어 협력사회로 – 로컬 거버넌스 시대의 지방의제21과 지속가능한 지역공동체』.
　　살림터.
홍두승 · 설동훈. 2012. 『사회조사분석』. 다산출판사.

수업 일정

제1주: 강의소개 및 팀 구성 / 브레인스토밍: 지역사회의 다양한 문제 및 갈등적 상황에 대한 자유 토론 (읽
　　기: 김영임 외)
제2주: 문제(관심이슈) 발굴하기: 각자의 자료를 기반으로 이슈에 대해 조별 토론 후 전체 토론을 통해 공유
　　(읽기: 윤찬영, 이창언 외)
제3주: 연구문제 설정 방법에 대한 강의 및 조별 프로젝트 주제 정하기(읽기: 윤찬영, 이창언 외, 강의 교재:
　　홍두승 · 설동훈)
제4주: 주제 관련한 지역의 문제에 대하여 원인과 핵심적인 이슈 분석(읽기: 윤찬영, 이창언 외)
제5주: 조사방법(설문, 인터뷰, 참여관찰)에 대한 개략적 이해 및 조별 프로젝트 계획 수립 (과제 제안서) /

백 (강의 교재: 홍두승·설동훈)

제6주: 조사(관찰)대상 및 조사(관찰)방법 구체화 (읽기: 윤찬영, 이창언 외)

제7주: 서론 작성(개인 및 조별) / 피드백 세션 별도 (읽기: 윤찬영, 이창언 외)

제8주: 조사(관찰) 방법에 따라 조별로 자세한 계획 세우기, 인터뷰 및 설문의 질문 문항 작성
　　　(강의 교재: 홍두승·설동훈)

제9~10주: 조사(관찰) 수행 / 보고서 II장 초안 작성 / SPSS 세션(읽기: 신용인)

제11주: 조사결과 분석 / 조사결과 분석을 위한 SPSS 세션 (읽기: 신용인)

제12주: 중간발표 / 갈등 및 문제의 해결책과 대안 모색 (읽기: 김영임 외, 신용인)

제13~14주: 보고서 초안 작성 및 1, 2차 피드백

제15주: 결과 발표 및 토론 / 프로젝트 수행 과정의 문제점 공유 / 조별 최종 피드백 및 최종보고서 완성
　　　교재는 주별로 읽기 과제로 나가며 소감문 제출 후 수업시간 토론

프로젝트 개요 및 결과

3~4명이 1개 팀을 구성하여 지역공동체가 직면한 갈등적 상황이나 문제점에 대해 해결책을 모색하는 프로젝트로서, 학생들이 직접 문제제기부터 해결까지의 과정을 설계하고 조사를 실행하여 대안을 찾아내도록 디자인되어 있다.

팀1) 대구대학교 외국인 유학생이 느끼는 문제점과 해결방안: 대구대 재학 중인 외국인 유학생들에 대한 설문조사와 인터뷰를 실시하여 그 결과를 바탕으로 외국인 유학생들이 느끼는 문제점과 그 해결방안을 구체적으로 제시함.

팀2) 20대는 왜 정치에 참여하지 않을까: 20대의 저조한 정치참여율이 청년정책 부족으로 나타난다는 문제의식에서 출발하여 20대(특히 대구경북 20대)에 대한 설문조사를 실시하고 청년의 정치무관심 및 낮은 참여율의 원인과 해결방안을 제시함.

팀3) 대구시 소상공인 상권 활성화를 위한 정책 제안 – 대학생 서포터즈 프로그램: 대구시 소상공인, 대구시 정책담당자, 대학생들에 대한 인터뷰와 설문을 실시하고 여러 지방정부들의 소상공인 지원 프로그램을 조사하여 대구시 소상공인 서포터즈를 제안함.

팀4) 대구대학교 기숙사의 문제점과 해결방안: 전국 및 대구권 대학들의 기숙사 관련 자료들을 조사하고 대구대 기숙사들에 대한 설문조사 및 기숙사 행정담당자 인터뷰 실시, 그 결과들을 바탕으로 기숙사 개선방안을 모색하여 기숙사에 제안함.

팀5) 대구시 인구유출의 원인과 해결방안: 대구시 인구유출 문제와 관련한 다양한 자료를 탐색하고 전문가 인터뷰와 대구시민에 대한 설문조사를 바탕으로 인구유출 문제해결을 위한 방안을 제안함.

지역공동체의 다양한 문제의 원인과 해결방안에 대한 모색

대구대학교 국제관계학과 교수 이소영

Ⅰ. 수업의 목표와 진행방식

이 수업은 지역사회에서 일어나는 다양한 갈등을 찾아보고 그 양상을 이해하며, 학생들 스스로가 이를 해결하기 위한 대안을 모색하는 수업이다. 이를 위해 이 수업은 문제해결을 위한 기본적인 방법론을 소개하고 이를 바탕으로 학생들이 직접 문제제기부터 해결까지의 과정을 설계하고 조사를 실행하여 대안을 찾아내도록 디자인되어 있다. 학생들이 직접 조사해보는 과정을 통해 지역사회의 갈등과 문제점에 직접 다가감으로써 지역사회의 문제와 이를 해결하기 위한 다양한 방법의 모색에 대한 관심을 높일 수 있다.

지역사회는 학생들이 졸업 후 삶의 기반을 제공하는 곳으로서 미래의 더 나은 삶을 위해 학생들은 지역 공동체가 직면하는 문제들에 적극적으로 참여하여 해결하려는 의지와 능력이 필요하다. 이 교과목은 지역사회에 대한 학생들의 관심과 지역사회 문제에 대한 적극적인 참여와 해결의지를 제고하고 문제해결의 능력을 배양하는 것을 우선적인 목표로 한다. 또한 어떠한 영역에서도 팀을 기반으로 일을 해야 하기 때문에 협업 능력 또한 필수적인 덕목이기도 하다.

교수의 일방적 강의를 중심으로 진행되는 강의형식은 이러한 필요를 충족시키기에는 매우 부족하므로 기존의 틀을 벗어나 학생들이 스스로 주도하고 진행하는 강의형식이 필요하다. 학생 주도의 강의에서 교수는 학생들을 일방으로 이끄는 대신 조력자의 역할을 하게 된다. 본 강좌에서 교수의 역할은 학생들에게 지역공동체 문제와 해결에 대한 여러 가지 시각 및 방법과 관련한 문헌을 읽고 토론하게 하고(읽기와 토론), 기본적인 리서치 방법에 관한 지식을 제공하며(강의), 학생들의 연구 과정에서 길을 제대로 못 찾고 있는 학생들에게 조언과 도움을 제공하는 역할을 하는데(피드백), 기본적으로는 학생들이 주도하는 수업으로 갈 수 있도록 개입을 최소화하는 것을 목표로 한다. 다만 이러한 방식이 성공하기 위해서는 교수의 학생들의 연구 과정에 대한 지속적인 관심과 피드백이 필요하므로 이 과목에서는 교수의 역할이 매우 크다.

II. 프로젝트의 진행

프로젝트는 다음과 같이 진행된다.

① **문제 발굴과 연구주제 선정**: 학생들은 프로젝트 주제가 될 만하다고 생각하는 지역 문제들에 대한 자료들을 수집하여 수업시간에 팀별 토론을 진행하고 팀별로 주제를 2가지로 압축한다. 이 2가지 주제로 전체 토론을 전개하고 이를 바탕으로 최종 주제를 선정한다.

② **연구범위 설정**: 연구 주제를 구체적으로 어느 범위에서 연구할 것인지에 대한 팀별 조사와 토론이 진행된다. 이 단계에서는 자료 및 조사대상 접근 가능성과 관련하여 교수의 적절한 지도가 필수적이다.

③ **조사방법 구체화와 과제제안서 작성**: 조사방법(설문, 인터뷰, 참여관찰)을 이해하고 조별 프로젝트 계획을 수립하여 과제제안서를 작성한다. 이를 토대로 서론을 작성하며, 조사된 문헌자료를 바탕으로 보고서 II장을 작성한다. 보고서

진행에 대해 교수는 매 수업시간 체크하고 내용에 대한 피드백을 제공한다.

④ **조사수행**: 조사방법에 따라 팀별로 자세한 계획을 세우고, 인터뷰 및 설문의 문항을 작성한 후 조사를 수행한다. 설문, 인터뷰, 관찰 대상에 대한 교수의 상세한 피드백이 요구되며, 대상에 대한 학생들의 접근성이 떨어지는 경우 교수의 도움이 필요하다.

⑤ **조사결과 분석**: 수행한 조사결과를 팀별로 분석하고 이를 전체 학생들과 공유한다. 대부분의 팀에서 일차적으로 설문조사를 실시하기 때문에 이에 대한 분석을 위해 SPSS 세션을 수업과 별도로 가진다.

⑥ **중간발표와 보고서 초안 작성**: 조사결과를 바탕으로 팀별 중간발표를 진행하고 문제에 대한 해결책과 대안을 모색하기 위한 팀별 토론 및 전체 토론회를 진행한다. 이를 바탕으로 보고서 초안을 작성한다.

⑦ **최종발표 및 보고서 완성**: 보고서에 대한 피드백 과정과 최종 발표회를 가진 후 보고서를 완성한다.

III. 프로젝트 개요와 성과 및 문제점

제목	대구대학교 외국인 학생들이 느끼는 문제점과 해결방안
개요	대구대학교 내 외국인 유학생들이 느끼는 불편함을 구체적으로 조사하고 파악하여 해결방안을 제안하고 연구결과를 대구시 외국인 센터, 다문화센터, 대구대학교 국제처에 알림.
방법론	설문 및 인터뷰 – 대구대학교 재학 중인 외국인 학생들을 대상으로 설문조사를 실시하고 이 중 일부 학생들에 대해 심층 인터뷰를 실시함. 외국인 학생들의 한국어 능력을 고려하여 설문은 영어와 한국어 두 가지로 진행함.
성과 및 문제점	급속히 늘어나고 있는 대학 내 외국인 학생들이 직면한 문제들을 구체화하여 외국인 학생들을 케어하기 위한 지원방안과 전용부서 마련 등 실질적인 정책적 제안을 함. 그러나 한국어 또는 영어에 대한 이해가 완전하지 않은 학생들을 대상으로 하는 설문에 어려움이 있었고 질문들에 대한 적절한 응답이 제시되지 못한 경우들이 있었음.
제목	20대는 왜 정치에 참여하지 않을까
개요	20대의 정치에 대한 무관심과 낮은 참여율의 원인을 분석하고 그 해결방안을 모색함.
방법론	20대 청년들을 대상으로 설문조사를 실시함

성과 및 문제점	20대의 한국 정치에 대한 인식과 정부에 대한 낮은 만족도가 정치에 대한 낮은 관심의 원인을 제공하는 것으로 파악함. 특히 20대는 청년실업과 경제에 대한 불안감이 크고 빈부갈등과 남녀갈등을 우리 사회의 가장 핵심적인 갈등으로 여긴다는 점에서 다른 세대와 차이를 보이며 이러한 인식이 20대만의 정치인식을 유도하는 요인이 되고 있음을 발견함. 그러나 전체 한국사회를 설명하기에는 설문대상자 수가 부족하여 조사의 대표성에 문제가 있으며, 기존 인식조사와의 차별성이 크게 없다는 점이 문제점으로 지적됨.
제목	**대구시 소상공인 상권 활성화를 위한 정책 제안 – 대학생 서포터즈 프로그램**
개요	대구시 소상공인이 경영활동에 어려움을 겪는 상황과 요인을 파악하여, 이들에게 도움이 될 수 있는 정책으로서 대학생 서포터즈 제도를 제안함.
방법론	설문 – 대구지역 대학생들을 대상으로 서포터즈 제도 및 참여도에 대한 설문조사 인터뷰 – 대구지역 소상공인 및 대구광역시 정책관계자 대상 인터뷰 사례분석 – 소상공인 지원 프로그램 사례 분석.
성과 및 문제점	대구시 소상공인이 직면한 문제들을 현장에서 직접 청취하고 그 문제들을 해결하기 위한 대학생으로서 할 수 있는 현실적인 대안을 찾아 대구시와 아이디어를 공유함으로써 연구의 현실적용 가능성을 높임. 문헌조사, 사례분석, 설문, 인터뷰 등 다양한 방법론적 접근을 통해 다각도로 연구를 진행하여 학생들에게 좋은 경험을 제공하였다고 평가됨. 다만, 서포터즈를 시범 적용까지 해보고자 했던 처음의 계획이 시간의 제약으로 제도 제안까지만 머물러 아쉬움이 남으나 한 학기 수업으로 할 수 있는 많은 것을 하였고 지역문제해결에 대한 좋은 트레이닝의 경험이었다고 평가됨.
제목	**대구대학교 기숙사의 문제점과 해결방안**
개요	3,000명 이상의 학생들이 거주하는 대구대학교 기숙사의 문제점을 조사하여 그 해결방안을 모색하고 기숙사에 제안함.
방법론	설문 – 대구대학교 기숙사 거주 학생 인터뷰 – 대구대학교 기숙사 행정실장 사례조사 – 타대학 기숙사 사례조사
성과 및 문제점	기숙사의 다양한 문제들에 대해 광범위하게 조사하고 그 해결방안을 구체적으로 제안함. 특히 학교에서도 큰 과제로 인식하고 있는 RC 프로그램에 대해 타대학 기숙사 사례조사와 학생 설문조사를 통해 개선방안을 제안하였음. 다만, RC 프로그램이나 기타 프로그램에 대한 교육학적 접근까지 시도한 것은 아니므로 제안이 다소 피상적인 수준에 머물러 있음.
제목	**대구 인구유출의 원인 및 해결방안**
개요	심각해지고 있는 대구시 인구유출의 원인을 파악하고 그에 대한 해결방안을 모색하여 이를 대구시 정책팀과 공유함.
방법론	설문 – 대구시민 대상 설문조사 인터뷰 – 대구시 정책관계자 인터뷰
성과 및 문제점	대구시 인구유출의 구체적인 문제점과 이에 대한 시민 인식을 파악하는 것에 더해 실제 대구시가 시행하고 있는 인구정책에 대한 시민들의 인지도와 인식을 조사함으로써 정책에 실질적 도움을 제공함. 이를 바탕으로 대구대학교 캡스톤디자인 경진대회에서 우수상을 수상함. 그러나 인구유출의 원인에 대한 조사가 다소 피상적이고 일반적인 수준에서 이루어져서 보다 심도 있는 연구가 더해졌으면 더 현실적인 해결방안을 모색할 수 있었을 것이라는 아쉬움이 있음.

IV. 총평

이 수업을 통해 학생들은 지역이 직면한 문제들을 함께 찾아내고 직접 조사하여 그 해결방안을 모색함으로써 평소에는 큰 관심을 두고 있지 않았던 지역공동체에 대한 관심을 제고하고 문제해결력과 협업의 능력을 기를 수 있었다고 평가된다. 또한 직접 현장을 조사하고 관련 전문가 및 인물들을 접촉하여 인터뷰를 진행하면서 당면한 문제들에 대해 스스로 해결해 내는 과정을 학습함으로써 자신감을 높이는 계기가 되었다. 대다수 학생들은 주도적이고 자발적인 참여의 경험이 많지 않기 때문에 이 수업의 경험은 학생들이 미래 직업인으로, 사회인으로 살아가는 데 크게 도움이 될 것으로 보인다. 특히 스스로가 지역공동체의 주체임을 인식하고 지역의 정치과정에 능동적으로 참여하는 시민으로서의 삶에 바탕이 될 것으로 기대된다.

다만, 이 수업이 지역의 갈등적 문제들에 대해 직접 조사하고 해결방안을 찾아내도록 디자인된 만큼 지역공동체의 다양한 영역에 직접 참여하여 관찰하는 참여활동이 많은 부분을 차지할 수 있기를 기대하였으나 이러한 참여활동이 활발히 이루어지지 못한 점은 아쉬운 점이다. 가장 큰 이유는 대구시에서 상당히 떨어져 있는 경산에 위치하고 있어 시공간적으로 참여활동에 제약이 많이 있었다는 점을 들 수 있다. 향후의 수업에서는 경산시에 주목하여 지역활동에 참여하는 프로젝트를 진행하거나 집중 참여 주를 정하여 시공간적 여건을 개선할 필요가 있다 하겠다.

대구 인구유출의 원인 및 해결방안

대구대학교 국제관계학과

박정훈, 응웬티녹화이, 이병훈, 최별

I. 들어가며

한국에서 수도권으로의 인구집중은 사회의 많은 문제들의 중요한 원인을 제공하고 있어 핵심적인 사회 문제가 되었다. 특히 비수도권 지역은 수도권 지역으로의 지속적인 인구유출로 머지않은 미래에 심각한 결과가 예측되고 있어 그 대책이 시급히 요구되고 있다. 과거 인구유출의 문제는 농·어촌 지역으로 한정되어 있었지만 지금은 도시까지 그 문제가 확대되고 있다. 대구 또한 지속적인 인구유출과 인구감소 상황으로 지방소멸에 위기에 처해 가고 있는 도시이다. 최대 인구였을 때와 비교하여 약 6만여 명이 빠져나갔으며 2013년 소멸위험 '보통' 수준에서 소멸 '주의' 단계로 위험 수치가 상승하였다.

대구의 순 유출인구는 2016년 약 9천 명과 2017년 약 1만 2천 명, 2018년 약 1만 4천 명 등 3년간 약 3만 5천 명이며,[1] 해가 갈수록 증가 추세에 있다. 특히 20~

---

1. 경북일보, "3년간 경북·대구인구 5만 명 유출…지방소멸 현실화."

30대 젊은 층의 유출이 전체의 65.4%로 가장 많은 것으로 나타났다. 반면 수도권 지역은 2019년 2월 기준 경기 약 1만 1천 명, 세종 약 3천 명, 서울 약 3천 명 등 순유입이 증가하고 있다.[2] 대구는 20~30대의 유출로 인해 생산 가능인구 비율이 줄어들고, 고령화지수 14.1%로 고령화가 가속화되고 있다. 합계출산율은 1명대가 붕괴되고 지속적인 감소를 보이고 있어 5년 이내에 지방 소멸 고위험 지역에 포함될 것으로 예상된다.

일반적으로 대구 인구유출의 가장 큰 이유는 일자리 문제로 인식되고 있다. 실제로 대구는 여타 지역에 비해 취업기회 자체가 적은 실정이다. 대구의 고용률은 수도권 평균에 비해 약 2.5%포인트 낮고, 특히 상용근로자 고용률에서 수도권과 비교하여 약 10%포인트의 큰 격차를 보이고 있다.

이 글은 대구광역시의 인구유출을 막기 위한 대책을 모색하기 위해 대구 인구유출의 심각성을 전문가의 인터뷰와 다양한 대구 시민의 설문을 통해 조사한다. 이 과정에서 대구시가 현재 시행하고 있는 다양한 인구 정책에 대한 대구시민의 인식과 인지도도 함께 조사해 본다. 이를 통해 인구유출의 원인을 밝혀내고 그 원인에 따른 대책을 토론을 통해 마련하고자 한다. 또한 인구가 증가하고 있는 예천군과 경산시의 인구 정책을 조사해서 대구 인구유출 대책과 비교하고 연계해 본다.

이 연구가 대구의 인구유출을 방지할 수 있는 실효성 있는 결과를 낳을 것인가에 대한 예상은 어렵다. 하지만 우리의 연구가 대구 인구유출 문제에 대한 관심을 제고하고 현재 이루어지고 있는 인구정책에 대한 관심도 및 인지도를 조명해 볼 수 있는 기회가 될 것으로 기대한다. 지역사회의 관심을 바탕으로 신선한 효과 있는 대책을 만들어 대구 인구 문제에 기여한다면 대구는 기업유치, 일자리 창출이 활발한 지역이 될 것이다.

2.　아시아투데이, "2월 국내 인구이동 70만 2000명…전남 순유출 최대."

II. 대구 인구유출의 현황과 원인

대구는 현재 인구가 계속 줄어들고 있다. 줄어드는 이유 중에 가장 주된 이유는 교육목적의 수도권으로 이동, 일자리 구직을 위한 이동, 자연환경, 인프라, 자연적인 출산율 감소가 있다. 한국에서 내로라하는 대부분의 일명 명문대학교는 경기 수도권에 집중되어있다. 명문대학교에 입학하려면 수많은 경쟁을 뚫고 수능에서 꽤 높은 점수를 받거나 학교 내신이 꽤 높아야 가능하다. 그래서 대구를 비롯한 전국의 학생들은 대구 경북 내 대학교는 쳐다도 보지 않은 채 치열한 경쟁을 통해 수도권으로 가기 위해 노력한다. 대구 경북 내 대학교도 학생이 부족한 건 아니지만 국민들은 수도권 대학교에 비해 경쟁력이 낮고 수준이 낮다고 생각한다.

〈그림 1〉에 의하면, 더 나은 양질의 교육과 직업을 구하기 위해 2008년부터 계속 타지로의 특히 수도권으로의 인구유출이 증가하고 있다. 교육 때문에 수도권으로 유출되는 인구의 규모보다 직업을 구하기 위해 유출되는 인구의 규모가 훨씬 크다. 현재 대구 청년 인구는 일자리를 구하기 위해 수도권으로 많이 쏠리고 있다. 대구는 다른 지역에 비해 취업기회가 적고 고용률은 수도권 평균에 비해 지속적으로 큰 격차로 낮아지고 있다. 대구는 다른 지역에 비해 임금 수준이 낮고 근로시간이 많고 일자리의 질적 여건이 부족하다. 이렇게 질적 여건이 부진한

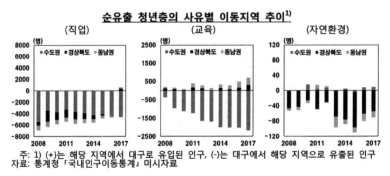

주: 1) (+)는 해당 지역에서 대구로 유입된 인구, (-)는 대구에서 해당 지역으로 유출된 인구
자료: 통계청 「국내인구이동통계」 미시자료

〈그림 1〉 순유출 청년층의 사유별 이동지역 추이

것은 대구지역 산업구조 문제이다.

〈그림 2〉에서 나타나듯이, 대구 지역 산업구조는 생산성이 비교적 낮은 서비스업과 노동집약적 제조업의 비중이 높다. 대구는 세계 최고의 기업 중 하나인 삼성의 기원이 된 제일모직의 발원지이다. 하지만 삼성은 서울로 본사를 옮겼다. 이후 대구에는 대기업 유치가 줄어들고 남은 중소기업도 입지가 줄어들어서 청년들은 더 질 좋은 직장을 찾기 위해 수도권으로 이동했다.

〈그림 3〉을 보면 대구에는 중소기업의 규모에 비해 대기업의 규모가 너무 작다. 대구 근로자 월 임금은 수도권과 6개 광역시 평균보다 훨씬 적고 그 격차는 점점 더 커지고 있다. 그리고 월 근로시간은 수도권과 6개 광역시 평균보다 훨씬

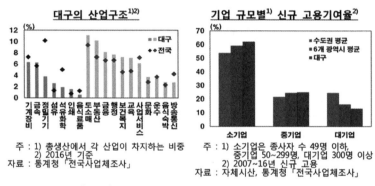

〈그림 2〉 대구의 산업구조 및 기업규모별 신규 고용기여율

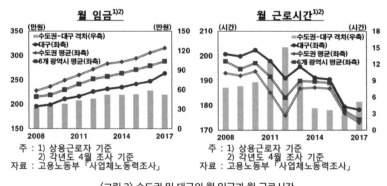

〈그림 3〉 수도권 및 대구의 월 임금과 월 근로시간

많고 2013년에 격차가 줄어들긴 했지만 아직도 격차가 크다. 현 정부는 중소기업에 대한 여러 정책을 시행 중이다. 하지만 국민들의 중소기업에 대한 인식이 안좋다. 중소기업은 일 많고 돈 적고 힘들다고 한다. 물론 대기업이나 공기업에 비해 상대적인 것도 있다. 그리고 상대방의 인식에 중소기업을 다닌다고 하면 무시하고 자존심 때문에 중소기업을 다닌다고 말을 하지 못한다.

　요컨대, 대구의 근로 조건은 다른 지역보다 열악하다고 할 수 있다. 한국의 청년 인구유출은 수도권을 제외한 대부분 지역에서의 공통된 특징이기는 하지만 대구의 청년 인구유출은 16개 시·도 중에서 호남지역 다음으로 낮은 수준이다.

　〈그림 4〉에서 알 수 있듯이, 대구는 다른 연령층에 비해 청년층의 인구유출 비율이 매년 2배 이상 많다. 이렇게 청년층의 유출이 점점 늘어나게 되고 전체적인 인구가 점점 줄어들게 되면 대구에는 청소년층과 노년층만 남아서 생산가능 인구가 거의 없어질 것이다. 특히, 〈그림 5〉를 보면 대구는 청년층 순 이동률이 16개 시·도 중에서 호남 다음으로 가장 많다.

　〈그림 6〉에 의하면, 보면 대구 구·군별 중구, 달성군을 제외한 모든 지역에서 청년층 역외유출이 발생했고 중구와 달성군은 2012년 인구 유입 이후 지속적으로 증가하고 있다. 중구는 대구의 중심지역으로써 동성로, 중앙로 등의 번화가가 밀집해 있고 식당, 유흥, 오락거리 등의 다양한 분야의 가게가 들어서 있다. 도심 공동화 현상으로 도시재생 사업 추진되고 있어서 전 연령층 인구가 전반적으로

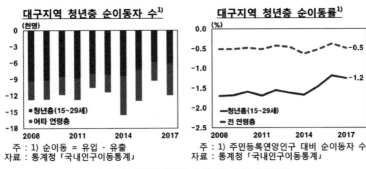

〈그림 4〉 대구의 청년층 순이동자 수 및 순이동률

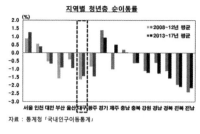

〈그림 5〉 지역별 청년층 순이동률

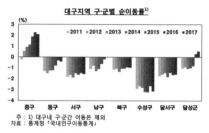

〈그림 6〉 대구지역 구군별 순이동률

유입된 것으로 추정된다. 달성군은 현풍, 화원 등의 도시에서 과학기술 관련 연구기관, 대학, 대기업 등을 유치하며 주거, 교육, 문화시설과 함께 신도시(테크노폴리스)를 조성한 효과로 인구가 유입되고 있다고 추정된다.

한편, 동북지방통계청의 2019년 2월 발표에 의하면, 2018년 취업자 수는 대구 122만 6천 명, 경북 142만 7천 명으로 1년 전보다 각각 1만2천700명, 2만 명 큰 폭으로 줄었다. 실업률은 대구가 4.4%로 전국 평균(3.8%)을 크게 상회했다. 반면, 대구의 물가 상승률은 전국 대비 비교적 높은 편에 속했다. 소비자물가지수는 전년보다 1.7% 올라 전국 평균(1.5%)과 비슷했다(대구신문, 2019/2/20).[3]

III. 인구유출 방지를 위한 현 정책

1. 대구에서 시행하고 있는 인구유출 방지 정책

대구는 인구유출 방지를 위해 다양한 정책을 시행 중이다. 그 중 대표적인 5가지에는 청년 Pre-job 지원사업, 청년 행복 주택 사업, 4차 산업혁명 청년 체험단, 대구형 청년수당, 대구 스타벤처육성이 있다.

---

3. 대구신문. "작년 경제지표 대구 '한숨' 경북 '비명'."

Pre-job 지원사업은 대구 청년에게 전공과 적성을 고려한 업무 경험의 기회를 제공해 직무역량을 강화하고, 구직활동과 연계하기 위한 지역 주도형 청년 일자리 사업이다. 선발된 청년은 취업 청년층의 선호도가 높고, 취업 전 쉽게 경험할 수 없는 대구도시철도공사, 대구환경공단, 엑스코 등 지역 10곳의 공사·공단 및 출연기관에서 근무한다. 만 18세 이상 34세 이하 대구시에 주민등록 되어있는 사람은 누구나 참여 가능하고 학력 제한은 없다. 대학 재학 중인 사람은 안 되고 사업기간 동안 대구시에 주민등록을 유지해야 한다.

청년 행복 주택 사업은 수성알파시티, 동대구로 창업지원 주택, 북구 복현지구, 서구 미래 비즈니스 발전소, 수성구 대공원 5개를 2025년까지 총 632가구를 지원하는 청년층 주거 지원사업이다. 이 사업은 대중교통이 편리한 국공유지에 주택을 지어 대학생, 사회초년생, 신혼부부 등의 주거안정을 지원하는 것이다.

4차 산업혁명 청년 체험단은 글로벌 진출과 신기술 탐색 등에 관심 있는 대구 청년들에게 세계 최대 전시회인 CES2018과 실리콘밸리 체험기회를 마련하는 것이다. 청년 창업자, 대학생, 일반인 총 30명을 선발한다.

대구형 청년수당은 교육 및 진로 탐색과 일 경험 프로그램 참여 청년에게 주는 일종의 사회진입 활동 지원금이다. 상담연결형은 다양한 생활 상담 및 정보제공이 필요한 청년에게 30만 원을 지급한다. 진로탐색 지원형은 진로 탐색 프로그램 수료자에게 3개월간 50만 원씩 활동비를 지급하고 일 경험 지원형은 청년기업에서 5개월간 인턴을 마친 청년에게 150만 원을 지원한다. 대구 거주자 만 19~34세 청년을 대상으로 기준중위소득 150% 이하이어야한다.

대구 스타벤처육성은 스타트업의 성장단계에서 이루어지는 일자리 창출과 매출증대효과를 높이기 위해 창업기업의 스케일업 전략이 절실하다고 판단하여 올해부터 대구시와 대구혁신센터에서 추진하는 사업으로 지역 투자펀드와 연계하여 성장가능성이 큰 기술창업기업을 선발하고 집중육성하는 프로그램이다.

2. 타 지역에서 시행하고 있는 인구유출 방지 정책

한국의 출산율은 현재 0에 가깝고 고령화가 진행되고 있다. 동시에 과학기술이 발전하면서 단순한 제조업, 위험한 직업은 기계가 대체하게 되어서 일자리도 감소하고 있다. 이에 청년들은 직업을 구하기 더 어려워졌고 경쟁도 강해졌다. 그래서 대구 이외의 지역에서도 인구유출 방지를 위해 다양한 정책들을 내고 있다.

대구·경북보다 청년층 순 이동률이 더 높은 호남지역에서 전북 부안군은 '인구활력으로 생동하는 부안'이라는 비전과 함께 5개 분야 15개 추진전략에 따른 30개 사업을 제시한다. 주요 인구정책과제로 영유아 플라자 신축, 여인숙거리 활성화, 무장애 여행환경 조성, 시니어 문화살롱, 스마트빌리지, 통합경로당 운영, 고령친화기업 육성, 귀농귀촌 일자리이음 지원, 부안새만금ICT수상플로팅 팜 조성, 무인이동체 종합 규제자유특구 지정, 새만금 한중사업협력 전시관 조성 등을 시행하고 있다.

그리고 전남 영광군은 '인구 늘리기'에 사활을 걸고 기초자치단체에서는 드물게 올해 인구 관련 사업에만 1300억 원 이상을 쏟아붓는다. 올해 중점적으로 추진될 사업은 '주민 삶의 질 향상'과 직·간접적으로 연관된 3개 분야 80개 사업이다. 전체 사업비만 '1334억 5500만 원'이 확보된 가운데, 복지·문화 분야 259억 원, 일자리·청년 분야 834억 5700만 원, 정주여건 조성분야에 240억 8800만 원이 투입된다. 복지·문화 분야는 저출산·고령화에 대응한 출산 인프라 확충에 집중한다.

최근 새롭게 등록된 세종시는 순유입 인구수와 1인 가구 비중이 증가함에 따라 세종시의 소형 주택이 주목받고 있다. 세종시의 인구 '자연 증가율(1천 명 당 출생자 수−사망자 수)'은 8.2명으로 전국 최고였다. 30~40대 젊은 부부가 많고 주민들의 소득 수준이 높고 출산 장려금·공공 어린이집 등 관련 정책이 잘 시행되고 있기 때문인 것으로 해석된다. 〈그림 7〉을 보면 세종시의 출산율은 다른 지역에 비해 월등하게 비율이 높다.

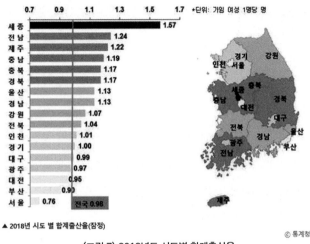

0.7 0.9 1.1 1.3 1.5 1.7 +단위: 가임 여성 1명당 명

세종	1.57
전남	1.24
제주	1.22
충남	1.19
충북	1.17
경북	1.17
울산	1.13
경남	1.13
강원	1.07
전북	1.04
인천	1.01
경기	1.00
대구	0.99
광주	0.97
대전	0.95
부산	0.90
서울	0.76

전국 0.98

▲ 2018년 시도 별 합계출산율(잠정)

ⓒ 통계청

〈그림 7〉 2018년도 시도별 합계출산율

　대구와 마찬가지로 인구유출이 가장 많은 경북지역도 다양한 인구유출 정책을 시행하고 있다. 경상북도는 지역 내 마을자원을 활용해 청년들의 창업모델 발굴을 유도·지원하는 '청년마을일자리 뉴딜사업'을 시행한다. 지금까지 '청년마을일자리 뉴딜사업'은 도 자체 시범사업으로 추진해 오다가 행정안전부 공모사업인 '지역주도형 청년일자리사업'에 선정돼 올해부터는 국비가 지원된다.

　경북 영천시는 지난해 대비 인구 980명이 늘어나면서 2년 연속 증가추세를 나타냈다. 귀농·귀촌인과 육군3사관학교 생도 등의 실제 주소지 이전을 위한 노력이 인구증가에 기여한 것으로 조사됐다.

　경북 안동시는 신 도청 조성 이후 지속적으로 감소하던 인구가 2년여 만에 증가세로 돌아섰다. 안동시 저출산 고령사회 정책지원 조례 제정, 시민 알권리 제공을 위한 안내서 배부, 인구정책 아이디어 공모사업 추진, 인구정책 공동협업을 위한 인구정책실무추진단 구성 등을 시행 중이다.

　경북 예천군에서는 경북도청 신도시에 포함된 예천군 호명면이 예천읍 인구를 추월하며 예천에서 가장 인구가 많은 읍면에 등극했다. 게다가 올 초 2천여 가구에 달하는 대단지 아파트들이 잇따라 준공됨에 따라 인구수는 더욱 늘어날 전망이다.

IV. 조사 결과 분석

1. 조사방법

1) 설문조사

본 설문조사는 2019년 4월 20일부터 2019년 4월 27일까지 일주일간 진행되었다. 설문조사는 대구의 10대부터 60대 남녀를 대상으로 진행하였으며 남자 144명, 여자 120명, 총 264명이 참가하였다. 설문조사는 구글 설문조사 프로그램을 통해 모바일과 웹으로 진행하였다.

2) 인터뷰

본 인터뷰는 2019년 5월 22일에 진행되었다. 인터뷰는 대구 시청 청년정책과 과장과 진행하였다. 인터뷰는 대구 시청 청년 정책과 회의실에서 진행하였으며 인터뷰를 진행하기 일주일 전 미리 작성한 인터뷰 질문지를 전송하였다.

2. 설문조사 결과 분석

본 설문조사는 계속되는 대구 인구유출의 원인을 시민들에게 직접 물어보고, 그 심각성이 어느 정도인지 알아보기 위해 진행되었다. 이번 설문조사를 통해 가장 먼저 알아보고자 한 점은 대구의 지속적인 인구유출의 원인이다.

설문조사 결과, 전년 대비 대구 인구의 약 9300명이 감소한 이유로 약 45.8%의 사람들이 직업으로 인한 수도권 이동을 꼽았으며 두 번째로 42.8%의 사람이 적은 일자리를 선택했다. 반면, 저출산이라고 응답한 사람은 9.5%에 불과하였다. 이를 통해 일자리 문제를 대구 인구감소의 가장 큰 원인으로 생각한다는 것을 알 수 있었다.

또한 〈표 2〉을 통해 알 수 있듯이 대구 인구유출의 가장 큰 원인 역시 일자리

<표 1> 대구의 인구감소 원인에 대한 대구시민의 인식

원인	빈도	퍼센트
저출산	25	9.5
적은 일자리	113	42.8
직업 때문에 수도권으로 이동	121	45.8
사망	4	1.5
귀농	0	0
이민	1	0.4
합	264	100

<표 2> 대구 인구유출의 원인에 대한 대구시민의 인식

원인	빈도	퍼센트
일자리가 부족해서	208	78.8
교통 및 인프라 부족 때문에	14	5.3
환경이 쾌적하지 못해서	10	3.8
양질의 교육이 부족해서	5	1.9
주택 문제	2	0.8
복지 및 기타 혜택이 부족해서	6	2.3
기타	19	7.2
합	264	100

부족이라고 대답한 인원이 응답자의 약 78.8%로 가장 많았다. 이를 통해 대부분의 사람들이 대구 인구유출의 가장 큰 원인은 일자리 문제로 생각한다는 것을 알수 있었다.

대구에 거주하고 있는 시민들의 자세한 의견을 듣기 위해 설문조사 참여 인원 264명 중 대구에 거주하고 있는 204명을 대상으로 추가적인 설문을 진행하였다. <표 3>을 보면 대구에 거주하고 있는 204명 중 50% 이상의 사람이 대구를 벗어날 의향을 가지고 있다. <표 4>에서는 대구 시민들이 타 지역으로의 이주할 의향이 있는 이유는 32.6%의 사람이 일자리 구직을 위해서라고 답을 하였다. 이를 통

<표 3> 대구에서 타 지역으로 이주할 의향 유무

	빈도	퍼센트
이주 의향이 있다	133	50.4
이주 의향이 없다	71	26.9
현재 대구에 거주 안함	60	22.7
합	264	100

<표 4> (이주 의향 있는 경우) 타 지역으로 이주할 의향을 가진 이유

	빈도	퍼센트
일자리	86	32.6
교통 및 인프라 부족	9	3.4
쾌적한 환경	11	4.2
양질의 교육 부족	4	1.5
주택 문제	3	1.1
복지 혜택 부족	2	0.8
기타	17	6.4
X	130	49.2
합	264	100

해 대다수의 사람들이 일자리를 위해 대구를 이탈한다는 결과를 도출해 낼 수 있었다.

이 설문조사 결과는 대구 인구유출은 일자리 문제가 가장 핵심적인 원인이라는 것을 확인시켜 주고 있다. 일자리가 부족하기 때문에 구직을 위해 타 지역으로의 유출이 지속적으로 일어나고 있다는 것이다. 대구시는 이러한 인구유출 현상을 막기 위해 다양한 인구유출 방지 대책을 실행하고 있다. 본 설문조사에서는 대표적인 대구시의 인구유출 방지 대책을 제시하고 이 대책들에 대한 시민들의 인지 여부에 대한 조사를 진행하였다.

대구시가 진행하고 있는 인구유출 방지 대책은 약 50가지이다. 하지만 조사 결과 58%에 달하는 사람이 이러한 정책들을 전혀 알지 못했다. 1개만 아는 사람이

〈표 5〉 대구시가 수행하는 인구유출 방지 정책에 대한 인지도

	빈도	퍼센트
4개 이상 안다	2	0.8
3개 안다	9	3.4
2개 안다	36	13.6
1개 안다	63	23.9
전혀 모른다	154	58.3
합	264	100

<대구시가 진행하고 있는 대표적인 인구유출 방지 대책>

① 청년 Pre-job 지원사업
공공기관에서 일할 기회를 제공
② 청년 행복 주택 사업
청년들에게 대중교통이 편리하거나 직장과 가까운 곳에 청년 행복 주택 공급
③ 4차 산업혁명 청년 체험단
실리콘밸리 글로벌 기업 방문과 CES 행사 참관 등의 기회를 제공
④ 신진예술가 육성(Ten-Topic-Project)
스튜디오 및 창작지원비 지원, 성과전 개최 등을 지원
⑤ 대구 스타벤처 육성사업
지역의 글로벌 창업기업 육성을 위해 사업비 지원

약 24%이고 2개 아는 사람은 약 14%, 3개 이상 알고 있는 사람은 응답자의 4.2%에 불과했다. 또한 〈표 6〉을 참고해 보자면 이러한 정책을 실행하는 것을 시민들은 거의 체감하지 못하고 있었으며, 인구유출 해결 가능성 또한 매우 낮게 평가하고 있었다. 대구시가 실시하고 있는 정책의 효과를 잘 체감한다고 응답한 사람은 약 0.8%에 불과했으며 약 7.6%의 시민들만이 그 정책들의 효과를 조금이라도 체감하고 있는 것으로 조사되었다. 또한 〈표 7〉에서 알 수 있듯이, 이 인구유출 방지 정책을 통해 얼마나 인구유출을 막을 수 있을 것인가라는 질문에 대해 약 36%만이 효과에 대한 기대감을 보여주고 있다.

이러한 결과들을 종합해 보자면, 먼저, 대구시민들은 대구시에 다양한 일자리가 부족하여 타 지역으로 이주하고 있다. 또한 현재 남아있는 시민들도 타 지역으로의 이주를 원하고 있는 상황이다. 그래서 대구시에서는 50가지 이상의 인구

<표 6> 대구시의 인구유출 방지 정책 효과 체감도

	빈도	퍼센트
잘 체감하고 있다	2	0.8
조금 체감하고 있다	18	6.8
별로 체감하지 못하고 있다	111	42
전혀 체감하지 못하고 있다	133	50.4
합	264	100

<표 7> 대구시 인구유출 방지 정책의 인구유출 방지 가능성[4]

	빈도	퍼센트
반드시 해결할 수 있다	3	1.1
어느 정도	92	34.8
별로 해결하지 못할 것이다	137	51.9
전혀 해결하지 못할 것이다	32	12.1
합	264	100

유출 방지 대책을 실행하고 있다. 하지만 대다수의 사람들이 정책에 대해서 알지 못했으며 그 효과 또한 체감하지 못하는 것으로 나타났다.

3. 인터뷰 결과

설문조사를 통해 대구 인구유출에 대한 심각성을 피부로 느끼게 되었고 대부분 비슷하게 생각했던 결과라서 대구 인구유출의 현실이 심각하다는 것을 깨달았다. 설문조사만으로 인구유출 방지 대안에 대한 충분한 정보를 가질 수가 없었기 때문에 전문가와 인터뷰를 진행했다. 인터뷰를 통해 대구시가 인구유출을 막기 위해 어떠한 정책을 실행하고 있는지, 앞으로 어떤 정책을 구축해 나갈 것인

---

4. 위 정책들을 활용하였을 때 대구 인구유출을 얼마나 막을 수 있다고 생각하십니까?

지를 알아보았다.

본 인터뷰는 대구시 청년정책과 김＊＊ 과장과 진행되었다. 인터뷰를 통해 대구시가 인구유출을 막기 위해 어떠한 정책을 실행하고 있는지, 앞으로 어떤 정책을 구축해 나갈 것인지를 알아보았다. 현재 대구시뿐만 아니라 서울 경기를 제외한 모든 지장에서 인구유출 현상이 나타나고 있다고 말하며 그 심각성과 원인에 대해 설명하는 것으로 인터뷰가 시작되었다.

"현재 대구시뿐만 아니라 서울 경기를 제외한 모든 지장에서 인구유출 현상이 나타나고 있고 한국의 대부분의 자원과 일자리는 수도권에 밀집되어 있어서 결국 많은 사람들이 일자리를 찾기 위해 서울로 이주하는 것이다"라고 언급했다. 또한 "연령대별로 이주 지역과 특징이 상반되게 나타나고 있다. 20대의 경우, 첫 일자리에 대한 높은 기대감과 대학으로 인한 전·출입, 새로운 곳에서의 삶 등을 원하여 서울로의 유입이 많다. 반면 30대의 경우 이미 일자리를 찾았거나 서울에서의 경력을 바탕이 있기에 부모님 곁으로 돌아오거나 물가와 집값 등의 문제로 경기도 혹은 고향으로의 유턴이 많이 나타나고 있다."

〈인터뷰 문답〉
① 문: 20대(생산 가능 인구)의 지속적인 유출에 대해 어떻게 생각하십니까?
　답: 20대의 유출을 부정적으로만 생각하지는 않는다. 20대의 경우 다양한 경험을 해보며 새로운 것에 도전하는 것이 올바른 방향이다. 그렇기에 유출되는 대구 인구를 무조건적으로 잡아두기보다 현재 남아있는 20대들에게 필요한 정책을 실행하며 청년이 살기 좋은 대구를 만들어 인구 유입을 늘리는 것이 목표이다.

② 문: 청년 인구 유입을 위해 대구시가 진행하고 있는 프로그램에는 무엇이 있습니까?

답: 현재 대구시는 청년을 위한 약 50가지의 정책을 실행하고 있다. 서울을 제외한 시·도 중 대구는 청년 보장제를 유일하게 실행하고 있다. 그 중 대구시의 가장 심각한 문제인 일자리 문제를 해결하기 위해 온·오프라인을 통해 다양한 시도를 하고 있다. 대구시는 온라인에서 대구 청년 커뮤니티 '젊프'를 개설하고 오프라인에서는 청년 응원카페 '빈둥빈둥'과 '다모디소'를 개설하여 지원금 및 다양한 직장선배와의 멘토멘티를 지원하고 있다. 또한 대구 '청년주간'이라는 프로그램을 통해 연예인 초청 및 공연 행사 없이 청년들이 직접 전시 등 행사를 준비할 기회를 주며 다양한 경험을 할 수 있도록 지원하고 있다. 이뿐만이 아니다. 대구시는 대구 청년들을 위해 청년과 기업을 잇는 '예스 매칭' 사업을 진행하고 있다. 청년이 CEO인 사업장에 직원의 3분의 2 이상을 청년으로 고용하는 것이다. 이 정책은 대학 졸업 후 생기는 공백 기간을 채워주며 그동안 일에 대한 경험을 쌓고 향후 진로를 모색할 수 있도록 지원하는 사업이다. 마지막으로 청년 CEO가 성장할 수 있도록 청년 특화거리를 조성하여 창업의 공간을 제공하고 있다.

③ 문: 설문조사 결과, 대다수의 사람들이 대구의 일자리 문제로 인하여 타 지역으로 이주를 생각하고 있다. 이에 대한 대처 방안은 무엇이 있습니까?

답: 대구시는 타 지역에 비해 급여가 낮고 다양한 일자리가 부족하며 위계적인 기업문화로 많은 청년들이 타 지역으로의 취업을 꿈꾸고 있다. 이에 대해 대구시는 대구에 새로운 사업을 유치하였다. 물, 전기자동차, 의료, 로봇, 스마트 시티가 대표적인 예시이다. 대구시는 4차 산업혁명시대에 발맞춰 새로운 일자리를 만들기 위해 다양한 사업을 추진하고 있다. 그리고 대학의 이미지와 질을 향상시켜 대학생들이 대구에서 지속적인 생활을 할 수 있도록 휴스타 사업을 진행하고 있다. 대구는 기업문화가 위계적이고 보수적이다 라는 이미지를 탈피시키기 위해 '꼰대탈출'이라는

타이틀로 많은 노력을 기울이고 있다.

④문: 많은 정책을 실행하고 있지만 대구시의 청년들은 이러한 정책을 잘 알지
　　못하고 있다. 정책홍보는 어떤 방법으로 진행되고 있습니까?
　답: 대구시의 가장 큰 고민은 정책 홍보 방법이다. 이 많은 정책들을 홍보할
　　방법이 부족하다. 대구 시청 홈페이지지만으로는 그 파급력이 부족하며 유
　　튜브 채널을 개설하더라도 많은 조회 수가 나오기 어렵다. 따라서 대학
　　생들의 의견이 필요하다. 어떠한 방법의 홍보가 청년들에게 가장 효과적
　　인지 알아내야 하는 것이 과제이다. 인터뷰를 마치며 청년이 살기 좋은
　　도시를 만드는 것이 가장 중요하며 대학생들의 적극적인 참여와 의견 표
　　출이 필요하다.

본 인터뷰를 통해 대구시 인구유출의 심각성과 그 이유에 대해서 자세히 알 수
있었으며 대구시가 진행하고 있는 정책에 대해서도 자세히 알 수 있었다. 대구시
는 앞으로도 청년을 위한 다양한 정책을 진행할 것이며 청년들 또한 이러한 정책
에 관심을 가지고 참여해야 할 것이다.

V. 요약 및 해결방안의 모색

우리 조는 자료조사와 인터뷰, 그리고 설문조사 결과를 통해 대구의 인구유출
이 생각했던 것보다 더 심각하다는 것을 파악하게 되었고 특히 대구의 인구유출
에는 청년층 세대가 많이 차지한다는 것을 알게 되었다. 청년(15~29세) 세대의
유출이 다른 연령층의 유출보다 매년 2배 이상 많은 것으로 집계되고 있고 대부
분이 수도권으로 이동한 것으로 나타났다. 그 핵심적인 원인은 주지하듯이 교육
과 일자리 문제라고 할 수 있다.

이러한 상황에 대해 대구 청년들에게 설문조사를 통하여 원인과 대구를 떠날 의향과 대구시가 하고 있는 인구유출방지 대책에 대해 알고 있는 지에 대하여 물어보았다. 현재 대구 시민들은 인구유출의 가장 큰 원인으로 직업 때문에 수도권으로의 이동과 일자리 문제를 지적하였다. 또한 타 지역으로 이주할 의향을 가지고 있다고 응답한 사람들이 204명 중 50%가 넘는 것으로 보아 현재 설문조사에 참여한 한 대구 시민들의 반은 떠날 생각을 가지고 있다는 것이다.

더불어, 대구시가 진행하는 인구유출 방지 대책에 대해 대구 시민들은 낮은 정책 체감도를 보였는데 약 58%가 정책을 알지 못하고 있었고, 동시에 효과를 체감한다는 응답 비율 또한 7.6%로 낮았다. 이를 통하여 대구시의 정책들이 제대로 홍보가 안 되고 있다는 것을 알 수 있었으며, 홍보뿐 아니라 정책의 실효성에서도 재고가 필요하다는 것을 알 수 있었다.

이러한 설문조사 결과를 토대로 대구시 청년정책과 과장과 인터뷰를 진행하였다. 인터뷰를 통해 대구시에서도 청년 유출문제에 대해 많은 관심과 노력을 하고 있다는 것을 알 수가 있었다. 특히 청년정책문제에 대해서는 홍보가 부족하다는 것을 인식하고 노력을 하겠다고 했는데 인구유출뿐만 아니라 일자리 문제는 스마트도시 등 여러 가지 분야로 대구시가 노력하고 있다는 점들을 확인할 수 있게 되었다.

대구의 인구유출 문제는 날이 갈수록 심각해지고 있으며 이러한 문제를 해결하기 위해서는 무엇보다도 실효성 있는 청년정책과 일자리 창출 정책이 마련되어 시행되어야 할 것이다. 그러나 이러한 정책이 마련된다고 하더라도 인구유출 문제와 방지 대책에 대한 시민들의 무관심은 정책의 효과를 떨어뜨리는 요인이 될 것이다. 따라서 대구시가 이미 시행하고 있는 많은 정책을 어떻게 홍보하여 정책의 효율성을 극대화시킬 수 있느냐에 대한 문제는 대구시와 시민들이 시급히 그리고 지속적으로 고민해야 할 문제일 것이다. 대구의 인구유출 문제가 해결되지 않고 지속될 경우 대구시의 존폐에 관련이 될 수 있는 큰 문제라고 생각하고 대책을 마련해야 하겠다.

대구는 광역 대도시로서 행정적으로 지리적으로 매우 중요한 곳이다. 예전부터 대구는 의류, 안경, 자동차 부품 등의 공장제 산업 발달로 크게 성장했지만 3차 산업혁명 이후 IT산업의 발달로 대구 산업들은 줄줄이 쇠퇴하고 있고 수도권으로 이전하고 있는 실정이다. 그 결과 현재 대구에 살고 있는 청년들이 매우 힘든 상황이고 일자리 부족으로 취업에 어려움을 겪고 있다. 대구가 산업을 부흥시키고 광역시로서의 경제 발전을 이루기 위해서는 국가와 대구시의 효과적인 정책이 있어야 할 것이고, 이를 위해서는 대구시민이 지역사회에 큰 관심을 가지고 정책 결정과정에 영향을 미칠 수 있어야 할 것이다.

현재 대구시는 다양한 인구유출 방지 대책을 시행하고 있다. 하지만 홍보와 마케팅 문제로 대부분의 대구시민들이 정책들에 대해 모르고 있다. 홍보를 위해서 대구시에서 활동하는 NGO나 SNS기자단, 대학교 동아리 및 대외활동에서 인구유출 정책에 대해 열심히 다루고 지인이나 다른 시민들에게도 이러한 정책의 혜택들을 전파해야 할 것이다.

대구의 청년들을 위한 정책의 홍보를 위해서는 지하철 안내 메시지, 대구시청 등 여러 기관과 협조를 통해 홈페이지, 유관기관을 통한 각종 채널 리스트와 협업을 통한 홍보, 대학과 협조를 통해 대학에 현수막 배치와 포스터 제작, 버스에 광고 등을 통하여 정책 홍보가 가능하다. 뿐만 아니라 1인방송의 영향력이 큰 만큼, 유튜브 스타를 활용하여 유튜브로 정책을 홍보하거나 아프리카의 1인방송사를 통한 정책 홍보 등도 적극 이용할 것을 제안한다.

한편, 대구는 교육으로 인하여 20대 청년들이 많이 이동하는데 한국의 교육여건과 현실을 고려하면 교육을 위해 떠나는 학생들을 모두 붙잡기는 힘든 상황이다. 오히려 대구에 남아있는 청년들을 위한 정책이 필요하며 이 청년들이 더이상 떠나지 않게 할 수 있는 대안이 필요하다. 현재 청년들을 위한 수많은 정책들이 있지만 사실상 그 효과에 대한 체감도가 매우 낮은 형편이다. 이 정책들의 실효성을 조사하여 정책을 수정하고 효과가 낮은 정책은 과감히 폐기할 필요가 있다. 예를 들어, 대구시 정책은 아니지만, 현재 경북대 상주캠퍼스에서는 재학생들을 상주로 이끌어내기 위하여 본적이 다른 지역으로 되어있는 재학생에게 입학 후 6개월 내 전입신고를 하면 20만 원을 주는 정책을 시행하고 있다. 그러나 이러한 정책은 단기적인 효과만 있을 뿐 인구유출 방지 효과는 크지 않을 것이다. 가장 효과가 있는 정책들을 대구의 핵심 청년정책으로, 또 인구유출 방지 정책으로 만들어 적극적인 홍보를 통해 정책의 효과를 극대화할 필요가 있어 보인다.

대구는 일자리 문제를 해결하기 위해 스마트도시 프로젝트를 실시하고 있는데 현재 대구 수성구 대흥동 수성알파시티라는 스마트도시를 건설 중이다. 5대분야인 교통, 안전, 생활, 에너지, 도시 기반 관리와 13개 서비스 지원을 위한 플랫폼을 구축하며, 기업들이 본격적으로 정착되는 2020년에는 경제파급효과 약 9조 9000억 원과 고용 창출 4만 7000여 명을 실현가능할 것으로 보여진다. 하지만 이러한 고용창출 효과가 대구시민에게 체감될 수 있도록 하기 위한 보다 적극적인 고용 정책이 필요해 보인다. 예를 들어, 고용 창출 4만 7000여 명 중 대구시민 고용 비율을 약 30~40% 정도 필수적으로 고용할 수 있게 할 필요가 있겠다.

대구시는 현재 일자리 창출을 위하여 지역사회간접자본(SOC)을 포함한 총 221개 사업에 사업비 1조 5천 원을 투입하여 일자리를 만들고 있다. 민간부분에서 일자리 약 4만 2천 개를 만들기 위하여 기업의 고용시책을 지원하며 일자리 복지안전망 차원에서 5만 8천 개 일자리를 지원하는 일자리 유지정책을 추진하고 있다. 또 일자리 정책의 실효성 확보를 위해 청년층, 자동차부품, 소상공인 3개 분야 사업을 중심으로 추진, 산업·기업·고용 3대 경제혁신을 통한 '대구형 청년 일자리 창출사업'을 본격화하고, 완성차 판매 부진에 따른 자동차부품업계 활력 제고 방안, 소상공인 경영부담 완화를 위한 금융지원·일자리 지원사업 등을 펼친다. 이러한 대책들이 효과가 있기 위해서는 시민들의 적극적인 관심과 지지, 그리고 감시가 필요하다. 그렇지 않으면 다양한 정책에도 불구하고 대구의 인구유출은 지속될 수밖에 없다.

이번 활동을 통해 대구 인구유출이 얼마나 심각한지 피부로 느끼게 되었고 지역사회 문제에 더욱 관심을 가지게 되었다. 평소에는 관심이 없던 분야라서 지역사회가 이렇게 큰 문제를 안고 있는지 몰랐지만 활동을 통해 많이 배우게 되었다. 대구는 지금 시행하고 있는 인구 정책을 점검하고 지속적으로 수정하며, 시민들과의 소통을 통해 보다 나은 인구유출 방지 정책을 마련해야 할 것이다. 또한 이러한 정책이 효과를 거두려면 다양한 방식으로 적극적인 홍보를 해야 할 것이다. 더불어, 청년 일자리 증가를 위한 실효성 있는 사업도 많이 시행함으로써 더이상 떠날 이유가 없는 도시를 만들어 나가야 할 것이다.

참고문헌

경북일보. 2019년 2월 11일. "3년간 경북·대구인구 5만명 유출…지방소멸 현실화." http://www.kyongbuk.co.kr/?mod=news&act=articleView&idxno=1053050.

아시아투데이. 2019년 3월 27일. "2월 국내 인구이동 70만 2000명…전남 순유출 최대." http://www.asiatoday.co.kr/view.php?key=20190327010016504

대구신문. 2019년 2월 20일. "작년 경제지표 대구 '한숨' 경북 '비명'." http://www.idaegu.co.kr/news/articleView.html?idxno=270518.

대구광역시 소상공인 상권 활성화를 위한 정책 제안: 대학생 서포터즈 프로그램

대구대학교 미디어커뮤니케이션학과

김경민, 박정섭, 양인철

Ⅰ. 서론

경영 환경의 불확실성이 증가하는 가운데 미래의 변화를 예측하고 대응하는 것이 점점 어려워지고 있다.[5] 2015년 기준 한국은 GDP대비 사업체수 OECD 중 1위를 기록하며 자영업의 천국이라 불린다. 하지만 가파른 최저임금의 상승, 임대료 및 물가 상승, 소비의 심리의 위축 등 여러 요인으로 인하여 자영업자들은 불경기를 맞이하고 있다.[6] 국세청의 2018년 고용동향에 따르면 지난해 대구지역 자영업자 신규 등록 인원은 4만7천293명, 이중 폐업등록 인원은 3만6천325명으로 자영업자 10곳이 문을 열면 7.6곳은 폐업을 한다. 이처럼 한국은 자영업의 천국이라 불리지만 현실은 녹록하지 않다. 또 상권을 흡수하는 대형 쇼핑몰, 마트,

---

5. 한국생산성본부, 2015, 「한눈에 보는 기업가정신2015」.
6. 국세청, 2018, "국세통계-폐업자 현황II, 신규사업자현황IV."

음식점 등의 등장으로 대구지역 자영업자 중 소상공인 및 전통시장의 영세 상인들은 더욱 더 경쟁력을 잃고 있다. 자영업자들의 가장 큰 어려움이라 뽑히고 있는 것은 경영악화. 경영에 대한 전문적인 교육 및 경험의 부족으로 인하여 불경기 속 많은 점포들이 폐업을 하고 있다.

이러한 상황 속 정부는 소상공인 경제를 살리기 위해 많은 정책과 예산을 편성하고 있지만 뚜렷한 성과를 내지 못하고 있다. 이는 과거와 달리 자영업이 유행과 트렌드에 매우 민감하게 반응을 보이는 상황에서 단순 예산 지원을 통해서는 지속적으로 살아남을 수 없는 형태로 변하였기 때문이다. 본 연구가 초점을 맞추고 있는 대구광역시는 지역 소상공인을 대상으로 경영활동에 필요한 교육지원, 상담지원, 자금 지원, 경영지원 등 다양한 정책적 지원을 제공하고 있다. 특히 전반적인 경영전략, 마케팅 전략 및 기술 전수 등 여러 분야의 전문 인력을 활용해 컨설팅을 진행하며 소상공인의 지속적인 경영이 가능하도록 경쟁력을 키우기 위해 노력하고 있다. 하지만 성공적인 마케팅을 수행하기 위해서는 제품 개발 및 제작, 시장조사, 브랜드 전략, 광고·홍보물 제작 등을 진행할 수 있는 실무적인 능력을 갖춘 전문 인력이 필요하지만, 인력 수급 부족 및 높은 임금에 막혀 이를 제대로 수행하기 어려운 실정이다. 따라서 자영업자의 지속적이고 성공적인 경영을 위해서는 단순 예산을 통한 물질적 지원뿐 아니라 업종을 고려한 차원에서 각 업종의 요인들을 재분석하여 자영업자들이 실제 어려워하는 부분을 정책으로 보완해야 할 필요성이 절실히 요구된다.

본 연구는 대구의 자영업자들 중 소상공인의 현황과 정부의 정책을 살펴보고, 소상공인이 경영활동에 어려움을 겪는 실질적인 상황과 요인을 파악하여, 대구시 소상공인에게 도움이 될 수 있는 정책을 제안하고 실현하는 데 목적을 두고 있다. 이를 위해 본 연구는 소상공인에 대한 인터뷰를 통해 현실적인 어려움을 구체적으로 파악한다. 또한 지방정부들에서 소상공인의 실무능력을 제고하는 것을 목표로 활용하고 있는 프로그램 사례를 분석하며 이 프로그램의 대구시 적용가능성을 다각도로 고찰한다. 이 과정에서 대구광역시 정책관계자와 인터뷰를 실시하고 대학생들을 대상으로 설문조사를 실시하며, 이러한 과정들을 바탕으로 대구시 소상공인 지원을 위한 새로운 정책을 제안하고, 그 시행 가능성 등을 파악하여 최종적으로 소상공인에게 실질적인 도움이 될 수 있는 정책 실현을 목표로 한다.

II. 대구시 소상공인 현황과 지원 정책의 문제점

1. 대구광역시 소상공인 현황 및 문제점

1) 대구광역시 소상공인 현황

2016년 기준 대구 지역 자영업자의 수는 약 580명 규모를 이루고 있으며 전국 7개 특별·광역시 가운데 자영업자 비중이 22.8%로 전국 1위에 속한다.[7] 이중 기업체 기준 대구 지역의 소상공인은 166,883명으로 전체의 약 29%를 차지하고 있다.[8] 통계적으로 대구는 자영업자는 물론 소상공인 역시 전국 7개 특별·광역시 가운데 상위권에 속하며 많은 비율을 차지하고 있다. 하지만 이들 3곳 중 1곳은 1년 안의 폐업 및 휴업을 생각한 적이 있는 것으로 나타났다.[9] 이들은 경기 침체에 따른 판매 부진으로 인해 자영업 운영의 어려움을 체감하여 휴업 및 폐업을 고려했던 것으로 나타났다. 또한 같은 조사에 의하면, 폐업이나 휴업 후 향후 계획을 묻는 답변에서는 '아무 계획 없다'가 전체의 36.3%로 가장 많았다. 이처럼 자영업자를 비롯한 소상공인들이 경영의 어려움을 이기지 못하고 아무런 계획 없이 폐업이 진행되어 대구광역시 소상공인의 규모는 점차 작아지고 있다.

---

7. 통계청, 2016, "대구지역 취업자 비중."
8. 소상공인시장진흥공단, 2019, 「소상공인 현황 2000-2016」.
9. 중소기업중앙회, 2018, "소상공인 경영실태 및 정책과제 조사."

2) 대구광역시 소상공인의 문제점

대구지역 소상공인들의 업종은 요식업과 소매업의 형태가 주를 이룬다. 이는 어느 연령대나 쉽게 창업이 가능하고 사람들에게 가장 많이 노출된 업종으로 자금만 있으면 쉽게 점포를 운영할 수 있어 많은 사람들이 이 업종을 선택한다. 하지만 업종과 상품, 거리 및 시장에 대한 구체적인 조사 없이 입소문과 광고만을 통하여 창업이 이루어지다 보니 사업의 지속성이 매우 낮다.

게다가, 2019년 기준 최저임금의 상승률은 우리나라 1인당 국민소득을 고려할 때 OECD 27개 회원국 중 7위를 기록하며 가파른 상승률을 나타내 이로 인한 인건비에 대한 부담이 가중되고 있다.[10] 이 밖에도 원재료 가격 상승 및 임차료 상승, 지속한 경기 침체 등 다양한 악조건 속 사업체의 운영은 충분한 자료 조사를 통한 창업을 했음에도 불구하고 지속적인 운영이 어려운 현실이다. 현재 대구시에서 옷 가게를 운영하고 있는 A씨는 "작년 3월에 오픈을 했는데 초창기 개업 효과로 수익이 올라간 이후 계속 수익이 떨고 있다"며 "수익은 떨어지고 있는데 최저임금이나 임대료 상승으로 지출만 끊임없이 늘어나 가게 경영이 어렵다"고 말했다. 2017년 중소기업중앙회가 대구시 소상공인 518명을 대상으로 '2016년 경영 실태 및 2017년 전망 조사'를 실시한 결과로 조사 대상 중 75.9%가 작년 대비 올해 체감경기가 악화했다고 응답했다. 결과적으로 대구 시민들의 소득은 올라갔지만 현실상 대구시 소상공인의 소득은 감소했으며, 그들의 경영 환경은 그 어느 때보다 불확실한 상황에 놓였다.

2. 대구광역시 소상공인 지원 정책 및 문제점

1) 대구 8개 구·군청 소상공인 지원사업 '골목상권'

대구광역시는 소상권인 지원사업으로 도시의 골목을 살리는 골목상권 프로젝

---

10. 한국경제연구원, 2019년 5월, "OECD 회원국의 1인당 국민총소득 대비 최저임금을 비교·분석한 결과."

〈그림 1〉 대구 북구 동대구시장 내 청춘장 먹자골목

출처: 매일신문. "대구 북구 대현동 동대구시장 내 청년상인들의 특화거리인 '청춘장 먹자골목'."

트를 시행하고 있다. 구역별로 골목의 고유의 문화를 살려 골목상권의 부활과 함께 기존의 있던 소상공인을 지원하기 위한 사업이다.

〈그림 1〉은 대구 북구의 동대구시장 내 청년상인들의 특화거리인 '청춘장 먹자골목'이다. 이와 같이 대구의 자치구들은 나름대로의 골목상권 살리기 사업을 진행하고 있는데, 이들 사업 중 중구청의 '김광석 거리', '근대골목투어', '서문야시장' 등은 대표적인 골목상권 성공 사례라 할 수 있다. 지역 고유의 문화와 역사를 살려 특색 있는 골목상권으로 리뉴얼되면서 '김광석 거리'와 '근대골목'은 각각 연간 방문객 140만 명 이상이 찾아가는 대구의 대표적인 관광명소가 되었다.[11]

또한 '서문 야시장' 역시 누적 방문객 2천만 명 돌파와 함께 경제적 파급효과 4천 500억 원을 기록하며[12] 대구시의 대표적 소상공인 지원사업으로 남아있다.

하지만 골목상권 사업이 항상 성공적인 것은 아니다. 대구시 중구에서 음식점을 운영하는 소상공인 B씨는 "가게를 운영한 지 3년째가 되어 가는데 매출이 점점 떨어지는 것이 확연히 보인다"며 "시간과 노력을 전부 쏟아붓고 있지만, 매출

---

11. 노컷뉴스, "올해도 인기, 대구 근대골목, 2년 연속 관광객 200만 명 다녀가."
12. 매일신문, "대구 서문야시장 누적방문객 2천만 명 돌파…경제적 파급효과 4천500억."

은 그에 반비례해서 계속 떨어지고 있어 매우 힘들다. 자신뿐 아니라 다른 가게 또한 비슷한 상황이다"고 인터뷰에 응답하며 현 소상공인의 현황을 나타냈다.

민간사업뿐만 아니라 정부에서 시행한 골목상권 사업 역시 난항을 겪었다. 대표적인 실패한 사업 예로 서구청이 진행 한 '오미가미 거리'를 들 수 있다. 2015년 서구청은 총사업비 60억 원을 들여 오미가미 거리를 조성한다. "오며 가며 맛을 느낀다"에 의미를 담고 있는 골목은 골목상권 활성화에 맞춰 먹거리 골목으로 새롭게 육성된 골목이다. 과거 서부 시장의 먹거리 골목에서 새롭게 변화를 하며 공방, 음식점 등 60여 곳의 점포들이 들어섰지만 2019년 현재 골목은 곳곳에 임대 현수막이 붙으며 침체기를 맞이하고 있다. 이 밖에도 남구청이 진행한 '바다 맛길' 중구청의 '교동 도깨비 야시장' 역시 억 단위의 사업비가 투자되었지만, 지속적인 매출 감소와 방문객 부족으로 인해 쇠퇴기를 맞이하고 있다.[13]

2) 대구광역시 소상공인 지원정책의 문제점

대구광역시는 그동안 대구지역의 소상공인을 대상으로 경영 지원을 하지만 대구시의 소상공인 정책은 성과가 저조한 상황이다. 이는 사업 자금을 비롯한 종합적인 지원, 즉 정책적 방향성은 좋으나 실질적으로 소상공인 상권의 불황에 대해 명확히 파악하지 못했기 때문에 '소상공인 상권 활성화'에 대한 뚜렷한 성과를 보지 못하고 있다.

이에 대구광역시는 중소기업과 소상공인을 대상으로 경영 지원을 위한 정책 자금을 지원하는 정책을 시행했다. 시중은행 협력자금의 2차 보전율은 1.3~2.2%로 낮은 보전율로 이용할 수 있는 이점을 가지고 있는 정책 자금은 2019년 기준 약 7,000억 규모로 조성돼 2018년 대비 2,500억 원으로 증대시켜[14] 증액을 통해 경기침체 등 어려움을 겪고 있는 중소기업, 소상공인을 확대 지원한다는 방침이다.

---

13. 영남일보, "먹거리 골목, 수십억 예산 투입했지만 결과는 '썰렁'."
14. 뉴시스, "대구시, 중소기업·소상공인 정책자금 7600억 원 지원."

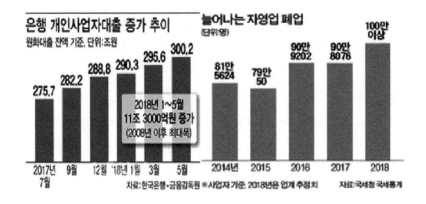

〈그림 2〉 개인사업자 대출 증가 추이 및 자영업 폐업 추이

하지만 이 같은 대출의 형태의 지원은 오히려 부정적인 효과로 나타나고 있다. 본 연구진의 인터뷰에 응했던 대구시 중구에서 맥주 가게를 운영하고 있는 C씨는 '대구시에서 시행하는 소상공인 상권 활성화를 위한 정책에 대해 어떻게 생각하는가?'라는 연구원의 질문에 대해 "자영업자 저금리 대출이라는 것을 알고 있다. 과거 신청을 하기 위해 인터넷에 접속했지만, 신청이 되지 않아 전화 문의를 했더니 2분 만에 신청 인원이 마감되었다는 답변을 들었다"며 "신청하려고 해도 신청 조건이 매우 까다로워 혜택을 받기 어렵다"고 답했다. 또한 같은 골목에서 음식점을 운영하는 D씨는 "저금리 대출이라 채무를 만들지 않기 위해 노력하고 있지만 조건이 신청이 어려워 다른 은행권에서 대출을 받을 수밖에 없다"고 응답했다.

〈그림 2〉에서 나타나듯이, 한국은행에서 발표한 2018년 기준 자영업자들의 대출 잔액 현황을 보면 지속해서 대출이 증가하고 있는 것을 확인할 수 있으며, 같은 해 국세청의 국세통계에 따르면 지속적으로 자영업자들의 폐업도 증가하고 있음을 보여주면서 소상공인의 불황을 명백히 보여주었다. 종합적인 상황을 분석한다면 지속적인 소상공인 지원 정책에도 불구하고 소상공인들의 채무만 증가할 뿐 결국 폐업이 늘어나는 현상을 볼 수 있다.

이는 소상공인의 불확실한 경영 환경에 대한 정부 및 지자체가 소상공인을 대상으로 시행한 정책들이 그들에게 효과적으로 이루어지지 않고 있음을 암시하며 결론적으로 그들의 경영 환경에 맞는 새로운 정책의 필요성을 야기한 계기가 됐다.

소상공인은 5인 미만의 작은 사업체를 의미한다. 말 그대로 작은 사업체이다 보니 경영에 대한 전문적인 지원과 마케팅 및 시제품 개발 등 실무적인 부분의 지원이 매우 부족한 실정이다. 즉, 정부 및 지자체의 경제적 부분을 중심으로 한 지원은 소상공인에게 지속적인 사업 운영의 가능성을 제시할 수 있지만 실질적인 매출 및 가게의 운영에 필요한 실무적 지원이 많이 부족한 상황이다. 본 연구에서는 이러한 상황을 극복하기 위해 지자체가 실시했던 프로그램 중 대학생들의 역량을 적극적으로 활용함과 동시에 대학생들의 실무역량을 향상시키는 데 크게 일조했다고 생각되는 부산시의 프로그램을 소개하고자 한다. 대구시와 소상공인 상권 현황이 비슷했던 부산시의 소상공인 현황과 소상공인 상권 활성화를 가능하게 한 정책을 살펴봄으로써 대구의 소상공인들을 위한 정책적 가능성을 모색해 본다.

Ⅲ. 유사 사례 및 대구시 대학생 서포터즈 제안

1. 부산광역시 '소상공인 경영지원 대학생 서포터즈'

1) 2016년 부산광역시 소상공인 현황

2016년 부산광역시는 부산경제진흥원과 함께 경영 관련 지식이 부족하거나 판로개척에 어려움을 겪는 중·소상공인들을 지원하는 정책을 시행해, 경영 상황이 어렵거나 고용유지에 노력하는 중·소업체와 (재)창업자를 대상으로 경영애로 해소 컨설팅 지원, 경영 환경개선 지원, 마케팅 판로개척 지원, 고용 지원(4대

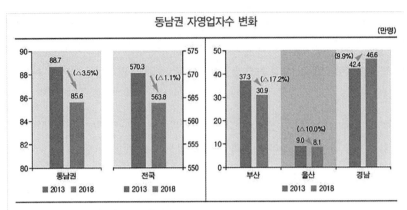

주 : 1) (   )내는 2013년 대비 2018년 증감률
자료 : 통계청(경제활동인구조사)

〈그림 3〉 동남권 자영업자 수 변화

보험, 임금 지원) 등 4개 사업을 추진했다.[15]

　전문 경영컨설턴트가 사업을 방문해 1 대 1 면담과 현장진단 등 맞춤형 컨설팅으로 소상공인들에게 개선방향을 수립하는 등 경영개선을 지원했지만, 부산의 소상공인들의 성장률은 미비했다.

　BNK금융경영연구소 동남권연구센터가 지난 4월 1일 발표한 〈그림 3〉의 동남권 자영업 현황 자료에 따르면 부산지역 자영업자는 지난해 309,000명으로 5년 전인 2013년보다 64,000명 줄었으며 동남권 내에서 가장 높은 17.2%의 감소율을 보였다고 발표했다. 부산광역시의 지원 정책에도 불구하고 5명 중 1명꼴로 폐업을 하는 것을 나타나 부산광역시는 소상공인의 상권 활성화를 위해 기존과는 다른 새로운 방안의 필요성을 체감했다.

---

15. 서울경제, "부산시, 중·소상공인 경영환경개선·고용인력 자금 지원한다."

2) 부산광역시 대학생 서포터즈의 성과 및 한계

(1) 대학생 서포터즈 사업 실시

부산광역시는 소상공인 상권 활성화를 위한 새로운 방법으로 2018년 1월부터 12월까지 '부산광역시 행복재생창업 지원사업-소상공인 경영지원 대학생 서포터즈'를 실시했다. 소상공인 경영지원 대학생 서포터즈 사업은 광고, 경영, 건축 등 그동안 대학교에서 다양한 전공을 가진 166명의 대학생들과 경영·마케팅 전문가로 구성된 10명이 함께 대학생들의 다양한 전공을 활용해 소상공인 상권 활성화에 나서는 프로그램이었다. 즉, 대학생들의 전공을 현재 소상공인 상권에 접목시켜 상권 불황의 문제점을 찾고 개선방향을 제시하여 부산시 소상공인 상권을 활성화시키고자 한 것이다.

(2) 대학생 서포터즈의 성과 및 한계

대학생 서포터즈는 온·오프라인 마케팅·홈페이지 및 모바일웹·UCC 동영상 제작 등의 광고와 경영 환경개선 및 매출 관리·입간판 제작 등의 경영관리 지원 그리고 전단지·설문지 배포 및 플리마켓 등 각종 축제 기획 및 운영을 실시했다.

예를 들어, 부산시 남구 문현동 목공 골목에 참여한 서포터즈팀은 예약 시스템을 갖춘 목공 골목을 갖춘 골목 홈페이지 플랫폼과 모바일 웹을 제작하여 목공 골목을 알리는 드론 영상을 촬영하여 소개했다. 중구 대청로 99번길 골목활력증진 사업에 참여한 팀은 SNS 채널을 활용한 온라인 마케팅과 개별 소상공인에게 대청로 99번 길 로고가 새겨진 명함을 만들어 전달했으며, 골목상권 페스티벌에 참여해 '추억의 거리'라는 콘셉트로 교복 체험 이벤트·홍보 전단지 배포·99번째 손님 경품 이벤트 등을 실시했다.[16]

그 결과, 부산 소상공인 업체 중 크레이지서퍼즈(패들보드업체)는 UCC 동영

---

16. 파이낸셜뉴스, "대학생과 손 잡고 매출 3배 쑥… 부산 골목상권 살리는 젊은피."

① 네이버 스마트 플레이스 점포 등록

　스마트폰이 보편화되면서 잠재적 구매자들은 인터넷을 통해 정보를 검색하고, 점포를 선택하기 때문에 장소 등록이 안되어있는 업체들을 네이버 스마트 플레이스 서비스를 통해 점포를 등록하고 홍보를 하였다.

② 페이스북 페이지 개설

　페이스북의 페이지를 개설을 하게 되면 특정 상품이나 브랜드, 유명인, 기업에서 제작, '친구'가 아닌 '좋아요'를 통한 '팬'을 무한대로 만들 수 있었다. 공개적으로 운영하기 때문에 '팬'이 아닌 사람도 페이지 포스팅을 볼 수 있기에 페이스북 페이지를 개설하여 홍보를 하였다.

③ 인스타그램 채널 개설

　사진과 해시태그라는 간편한 방법으로 많은 이들과 소통을 할 수 있고 점포, 기업 등에서 고객관리 및 판촉 용도로 많이 활용하고 있기에 인스타그램 채널을 개설하여 홍보를 하였다.

(출처 : 부산광역시)

〈그림 4〉 부산광역시 대학생 서포터즈 활동

상, 적극적인 SNS 활동, 대학교 오픈 부스 운영 및 홍보 이벤트로 매출 200% 상승했고 프라하993(수제맥주업체)은 할로윈 파티 기획, 수제 맥주 페스티벌 참여, 전단지 및 판촉 홍보 진행, SNS 마케팅으로 가장 매출 비중이 낮은 화요일 매출이 40만 원에서 120만 원으로 증가하며 이틀간 600만 원의 매출을 올렸으며 지현이네 건강식(도시형 소상공인 지원업체)은 온·오프라인 홍보(카드 뉴스 및 쿠폰 제작, 대학가 시음회 개최), 구매 유도를 위해 판매 개척 아이디어 제안으로 신규 유입 증가, 업주 만족도 증가, 월 400만 원가량 매출 증가의 성과를 보였다.

〈그림 4〉처럼 부산광역시에서 대학생 서포터즈를 접목한 사업을 진행했지만 추진 중 소상공인과 대학생 서포터즈에 대한 문제점이 발견됐다.

구체적으로, 소상공인과 관련하여 다음과 같은 문제가 발생했다.
① 사업 진행 프로세스 이해에 대한 어려움
② 소상공업체와 서포터즈 팀 간 필요성과 역할에 대한 미스매치
③ 지속적인 서포터즈 콘텐츠 및 지원 문제
④ 서포터즈 팀 중도 이탈 시 지원을 받을 수 없는 상황 발생

또한 대학생 소상공인 서포터즈에서는 다음과 같은 문제가 발생했다.
① 서포터즈 활동이 잘 이루어지고 있는지에 대한 파악 어려움
② 다양한 서포터즈 성공사례 부재
③ 역량 강화와 교육 콘텐츠의 다양한 필요성
④ 컨설턴트가 소상공인 업종에 대한 이해도가 다소 떨어짐

위에서 살펴본 소상공인 경영 지원을 위한 부산광역시 대학생 서포터즈 사업의 사례의 성과와 한계를 바탕으로 본 연구는 대구 소상공인 지원을 위한 대학생 서포터즈 사업을 제안한다.

2. 대구 소상공인 서포터즈 프로그램 제안

1) 필요성 및 기대효과

본 글에서는 대구시와 현황이 비슷한 부산광역시에서 시행한 '소상공인 경영 지원 대학생 서포터즈' 정책을 대구시에 알맞게 개선하고 접목시킨 '대구광역시 소상공인 서포터즈'를 소상공인 상권의 활성화를 위한 대안으로 제안한다.

부산시에서의 대학생 서포터즈가 대구시에 접목시킬 수 있는 이유는 먼저, 대구광역시 소상공인 상권과 부산광역시 소상공인 상권은 경제적 불황이라는 전체적인 공통점을 제외하고 시장 크기, 형태 등이 매우 유사하기 때문이다.

〈표 1〉에서 알 수 있듯이, 2017년 대구 소상공인 시장 크기는 대형시장 2.5%, 중대형시장 1.7%, 중형시장 30.5%, 소형시장 65.3%이고 부산 소상공인 시장 크기는 대형시장 2.3%, 중대형시장 3.4%, 중형시장 33%, 소형시장 61.4%로 전체적으로 두 도시에는 비슷한 규모의 시장이 조성되어 있다. 또 대구광역시의 소상공인 시장 형태는 상가건물형시장 55.1%, 상가주택복합형시장 44.9%이며 부산광역시는 상가건물형시장 56.3%, 상가주택복합형시장 43.8%로 크기와 더불어 형태 역시 비슷한 면모를 보인다.

다음으로, 부산광역시와 부산경제진흥원과 함께 경영 관련 지식이 부족하거나

〈표 1〉 서울, 부산, 대구의 시장 형태 및 규모 비교

지역별 (1)	2017					지역별 (1)	2017				
	전체 (개)	상가건물형시장 (%)	노점형시장 (%)	정목형시장 (%)	상가주택복합형시장(%)		전체 (개)	대형시장 (%)	중소형시장 (%)	소형시장 (%)	소형시장 (%)
전체	1,450	51.0	1.6	11.4	36.0	전체	1,450	1.5	2.3	33.1	63.1
서울	211	51.2	0.9	1.9	46.0	서울	211	5.7	3.8	32.7	57.8
부산	176	56.3	–	–	43.8	부산	176	2.3	3.4	33.0	61.4
대구	173	55.1	–	–	44.9	대구	173	2.5	1.7	30.5	65.3

출처: 소상공인시장진흥공단 대구북구센터

관로개척에 어려움을 겪는 중·소상공인들을 지원하는 정책을 시행했던 것처럼 대구시에서도 지역 여건에 맞는 지역 특화사업, 컨설팅 지원, 소상공인 경영관리 교육 등 다양한 정책을 시행하여 소상공인 상권의 활성화를 위한 움직임을 보였다. 결론적으로, 지금까지의 여러 정책들이 크게 성과가 없었기 때문에 실질적인 성과를 가지고 올 수 있는 정책과 사업이 필요한 상황에서, 시장의 규모와 형태가 유사한 부산시에서 시행한 소상공인 경영지원 대학생 서포터즈를 대구시에 접목시키는 시도는 의미가 있는 시도라고 생각된다. 부산시에서 시행했을 때의 문제점을 개선하여 대구시 소상공인을 대상으로 서포터즈 프로그램을 시행한다면 의미 있는 성과를 보일 것으로 예상된다.

2) 소상공인 인터뷰 결과

대구광역시 소상공인 서포터즈 프로그램 제안을 위해 현재 대구시에서 가게를 운영하고 있는 소상공인 6명을 대상으로 인터뷰를 실시했다. 이들은 앞서 논의한대로 소상공인 자영업자로서의 어려움을 상당히 크게 실감하고 있었고 특히 지원정책에 대해 부정적인 시각을 보였다. 이들은 "현재 대구시에서 시행하고 있는 지원프로그램은 너무 조건이 까다로워 신청이 어렵다. 현 정책을 제외하고 또 다른 정책의 시행이나 사업 혹은 프로그램이 시행되어야 한다"며 새로운 정책, 사업, 프로그램의 필요성을 언급했다.

본 연구자들은 대학생 서포터즈 프로그램에 대한 소상공인들의 의견을 조사하기 위해 "대구광역시 소상공인 서포터즈 프로그램이 진행된다면 사업에 신청할 의사가 있는가?"라는 질문을 했다. 이 질문에 대해 인터뷰 응답자들 대부분이 "당연히 있다. 가게의 매출이 점점 감소하는 마당에 그런 좋은 프로그램이 있다면 무조건 신청한다"고 응답했다. 또한 "가게를 운영에 대해서 홍보나 여러 가지 방법을 찾게 된다. 하지만 매출을 고려하여 홍보나 여러 방법에 투자하는 것이 아주 어렵다"며 "대구광역시 서포터즈를 통해 가게에 도움을 받을 수 있다고 한다면 마다할 이유가 없다"고 하며 소상공인 서포터즈 프로그램의 참여에 상당한 의욕을 보였다. 이처럼 대구광역시 소상공인 서포터즈는 그 취지와 내용이 잘 전달된다면, 홍보와 마케팅에서 특히 어려움을 겪고 있는 대구시 소상공인의 적극적인 참여가 예상되며 골목상권 활성화에 의미 있는 성과를 보일 수 있을 것으로 기대된다.

3) 대학생 설문조사 결과

서포터즈 프로그램 활성화를 위해 대구시 20대 대학생 중 남성 38명, 여성 32명 등 총 70명을 대상으로 한 구글 폼 설문조사를 통해 현 소상공인 상권 활성화에 어떠한 문제점이 있는지, 만약 대학생들의 전공을 연계해 소상공인 문제를 도울 수 있는 프로그램이 있다면 참여 의사가 있는지에 대한 의견 등을 조사했다.

〈그림 5〉에서 알 수 있듯이 대학생들은 대구 소상공인 상권 비활성에 있어서 가장 문제가 되는 요인으로 마케팅 부족(43.5%)을 선택했다. 이어 노동 임금 상승(37.7%), 경영 지식 부족(33.3%) 등을 대구 소상공인 상권 비활성화의 문제로 생각하고 있는 것으로 나타났다. 마케팅이 가장 높은 수치로 나타난 이유는 여러 가지 가능성이 있지만, 무엇보다 IT기술의 활용과 관계가 깊을 것이다. 현대는 통신 기술이 발달해 사람들은 어디에서나 IT서비스를 이용할 수 있다. 특히, IT기술

3. 대구·경북 소상공인 상권 비활성화에 있어서 가장 문제가 되는 요인은 무엇이라 생각합니까? (복수 선택 가능)

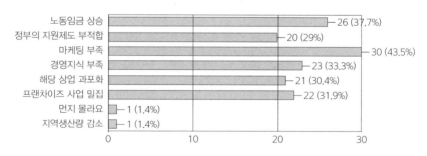

〈그림 5〉 대구시 소상공인 상권 비활성화의 가장 큰 요인(복수선택 가능)

6. 대학생들의 다양한 전공을 활용하면 소상공인 상권 활성화에 도움을 줄 수 있다고 생각하십니까?

7. 대학생들의 전공을 연계하여 소상공인 문제를 도울 수 있는 프로그램이 만들어진다면 참여할 의사가 있으십니까?

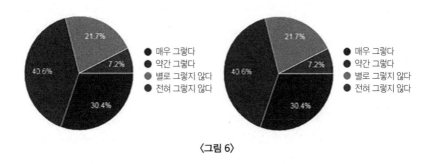

〈그림 6〉

의 발달로 사람들 누구나 휴대용 전화기를 가지고 다니며 Facebook·Instagram 등을 포함한 SNS(Social Network Service)를 많이 이용하며 수시로 광고에 노출된다. SNS 광고는 수시로 SNS를 이용하는 사람들을 대상으로 광고를 노출시켜 사람들의 흥미를 끌고, 보통의 광고보다 훨씬 큰 광고 효과를 얻는다. 하지만 SNS 광고는 소상공인이 이용하기에 금전적으로 큰 부담이 되고 사람들의 흥미를 이끌기 위해 많은 사람들의 관심사가 무엇인지 계속해서 조사를 해야 하며, 홍보의 지속성을 위해 꾸준히 새롭게 업데이트를 해주어야 하기 때문에 SNS와 홍보에 대한 지식이 없다면 큰 효과를 보지 못한다는 단점이 있다. 따라서 대학교에서 전문적인 지식을 습득한 대학생과 경영·마케팅 전문가로 구성된 서포터즈 프로그램을 통해 소상공인의 현황에 맞는 '맞춤형 지원'을 실시해야 한다.

〈그림 6〉에서 알 수 있듯이, '만약 대구 소상공인 서포터즈 프로그램 시행한다면 참여할 의사가 있는가?'라는 질문에 대해 응답자 중 78.3%가 서포터즈 프로그램 시행이 소상공인 상권 활성화에 도움을 줄 수 있다고 응답하였다. 더불어, '대학생들의 다양한 전공을 활용하면 소상공인 상권 활성화에 도움을 줄 수 있다고 생각하는가?'라는 질문에 대해서는 71%가 대학생들의 전공을 연계한 서포터즈 프로그램이 만들어진다면 참여를 하겠다고 밝히고 있다. 즉, 대학생들은 서포

터즈 프로그램이 정책적으로 시행된다면 많은 관심을 가지고 참여할 의사가 있으며 자신들이 배운 전공 분야를 활용해 대구 소상공인 상권 활성화에 앞장서겠다는 의사를 표명했다. 설문조사에 응한 응답자는 대학교에서 배운 전공 분야를 활용해 실무능력을 향상시킬 수 있는 기회가 되어 더 좋은 것 같다며 의견을 덧붙였다.

4) 유사 사례 문제점 개선방안

위에서 언급했듯이 부산시 소상공인 대학생 서포터즈는 총 8가지의 문제점이 발견됐다. 따라서 문제점 개선을 위해 대구광역시 소상공인 대학생 서포터즈는 다음과 같은 개선책이 필요할 것으로 보인다.

① 각자의 역할에 대한 메뉴얼을 배포하여 서포터즈와 소상공인에 대한 구체적 가이드라인을 정함

② 선정 방식을 개선하여 서포터즈에게 활용계획을 주고 소상공인에게는 필요 사항에 따른 활용계획을 사전에 주어 자신들의 상황과 필요에 맞게 선발하여 상호 간 미스매치 해결

③ 사업의 지속성을 위해 프로그램 기간 연장 및 활동 규모 확대 등을 추진하여 프로그램 기간 만료 이후 소상공인이 관리를 할 수 있는 역량을 키움

④ 서포터즈 팀 중도 이탈 시 지원을 받을 수 없는 환경개선을 위해 일대다 매칭 다시 말해 소상공인 한 명에 여러 서포터즈팀을 매칭하여 팀 중도 이탈 시에도 소상공인이 지원을 받을 수 있게 함

⑤ 경영지원팀과 서포터즈팀 간의 정기 간담회를 열어 서포터즈의 방향성을 수시 점검

⑥ 부산 서포터즈팀과 모임을 통해 성공한 사례와 실패한 사례의 조언 및 노하우를 전수 받는 소통의 장을 마련하여 서포터즈팀 자체적으로 활동의 방향성을 잡음

⑦ 서포터즈를 대상을 콘텐츠 교육과 저작권 강의 등을 실시하여 서포터즈 역

량 강화

⑧ 각 업종에 걸맞은 전문성을 가진 컨설턴트를 경영지원팀에 위촉하여 정확한 진단과 솔루션을 제시

이와 같은 개선 방안을 바탕으로 '대구광역시 소상공인 대학생 서포터즈' 프로그램을 실시함으로써 대구 소상공인 상권이 보다 활성화될 수 있을 것으로 전망한다.

IV. 인터뷰: 대학생 서포터즈 가능성 및 방향

우리 조는 우리가 제안하는 대학생 서포터즈 프로그램의 실현 가능성과 효율적인 방향 설정을 위해 대구시 청년정책과 김＊＊ 과장과 인터뷰를 진행하였다.

1. 골목상권 브랜드화를 위한 마케팅·홍보 집중 필요성

현재 일본에서는 지역 대학과 연계하여 상권이 크게 활성화된 사례가 있다. 일본 동경도 도요시마구 스가모역을 중심으로 하는 780미터 정도 되는 거리에 200여 개의 점포가 모여 있다. 이 지역의 상권을 살피기 위해서 도요시마구는 지역 '다이쇼 대학'과 연계를 통해 '고우간지'라는 유명한 절을 중심으로 대학생들의 사회 및 지역공헌활동으로 스가모 거리를 홍보하고 브랜드화시켜 지역 상권을 활성화에 큰 기여를 하고 있다. 본 연구를 위한 인터뷰에 응한 대구시 청년정책과 김＊＊ 과장은 "일본의 사례에서 엿볼 수 있듯이 골목상권 활성화에 가장 효과적으로 기여할 수 있는 방안은 대학생들의 창의적인 아이디어를 활용한 홍보 및 마케팅이다"라고 말하면서 "대학생 자원을 활용하여 골목상권의 특색에 맞게 골목상권을 브랜드화시키는 작업이 중요하다"고 덧붙였다.

또 김 과장은 "현재 대구시는 올해부터 골목경제권 조성 사업을 본격 추진하고 있으며 2022년까지 상점 20곳 이상 밀집지역 대상으로 골목경제권 30개소를 구축하는 것을 목표로 하고 있다"며 "주요 사업은 골목 특성과 자원을 활용하여 문화예술 스토리텔링 개발, 환경개선 등의 사업을 민간 전문가 및 지자체 간 협력을 통해 사업을 진행할 계획"이라고 밝혔다. 김 과장은 "상권 활성화에 중요한 요소는 골목의 스토리를 발굴하고 효과적인 홍보를 통해 문화·관광 사업 시너지 효과를 극대화 시키는 것이다"며 "현재 진행되고 있는 대구시의 사업과 맞물려 대학생 소상공인 서포터즈가 사업에 투입되는 활용 방안을 제안한다면 대학생 소상공인 서포터즈 프로그램은 소상공인들의 경영안정과 상권성장의 마중물 역할을 할 수 있을 것이라 기대된다"고 말했다.

2. 대학생 실무역량 강화

대구광역시청 청년정책과 김** 과장은 "대학생들의 가장 큰 장점 중 하나는 대학생들은 유연한 사고를 바탕으로 새롭고 기발한 아이디어 창출이 가능하다는 것이다"고 말했다. 그는 청년 실업문제의 심각성을 이야기하면서 현재 청년들은 취업을 준비하는 과정에서 자신의 가능성을 뒤로 한 채 획일화된 스펙을 쌓는 것에만 집중하고 있어 취업시장에서 경쟁력을 상실하고 있다는 점을 지적하였다. 청년들이 취업시장에서 경쟁력을 갖추기 위해선 새로운 경험과 전문성이 필요하며, 그 방법으로 학생들이 자신이 가진 아이디어를 사업화할 수 있는 소셜벤처와 같은 새로운 비즈니스 모델의 개척과 다양한 청년들과의 교류와 소통 활동을 통해 취업 경쟁력을 강화시키는 것이 하나의 대안이라고 말했다.

현재 대구시 청년정책팀에서는 지역 내 대학생들의 아이디어를 사업화할 수 있는 '청년 리빙랩'과 같은 프로그램을 운영하고 있으며, '젊프'라는 청년 커뮤니티 포털을 통해 청년들의 역량을 키울 수 있는 청년 교류의 장을 조성하고 있다. 특히 지방에 있는 청년들은 수도권에 있는 대학생들과는 스펙을 쌓을 수 있는 인프라(Infrastructure) 자체가 다르기 때문에 경쟁에서 많이 뒤처지고 있기 때문에 이러한 프로그램 참여는 대학생들의 경쟁력 강화에 큰 도움이 될 것이라 언급했다. 김 과장은 "대학생 소상공인 서포터즈와 같은 프로그램은 단순히 대학생 자원을 활용한 봉사의 개념을 넘어 소상공인의 상권 활성화뿐만 아니라 대학생의 실무능력 향상에 큰 도움이 될 것이라 판단되며, 이는 사회적 문제해결과 이윤창출을 동시에 할 수 있는 소셜벤처 비즈니스 모델로 발전 가능하며 새로운 지역청년 일자리 창출을 할 수 있을 것"라고 말했다.

V. 결론

본 연구는 구조적으로 취약한 대구 지역 소상공인의 경쟁력 제고를 위해 "대학생 소상공인 서포터즈" 프로그램의 필요성을 도출하고, 대학생들의 참여를 유도하는 한편, 소상공인 상권 활성화를 달성하기 위한 정부 정책제안을 목적으로 하고 있다.

발표된 통계 및 보도자료 등을 확인해본 결과 대구시의 소상공인들은 다양한 문제점에 직면하고 있다, 첫째, 대구지역 소상공인들은 지속되는 불경기 및 소비 감소에 어려움을 겪고 있으며, 둘째, 도소매·음식숙박업·개인서비스업 등 전문성을 요구하지 않는 분야에서 과당경쟁이 일어나고 있다. 셋째, 창업비용이 증가하는 추세로 투자에 대한 부담금이 커지고 있으며, 사업자들의 고령화가 진행되고 있고, 사업체 경영 노하우가 부족하여 낮은 영업력을 보유하고 있는 점들이 문제점들로 발견되었다.

대구시는 구조적으로 취약한 소상공인의 경쟁력 제고를 위해 재정적 지원을 추진하였지만 소상공인에 대한 정책의 접근방법이 '생계유지'에 초점을 둔 정책인 자금 지원 정책이 주로 수행되고 있었으며, 지역의 고유의 문화와 역사를 살려 '오미가미 거리'와 '교동 도깨비 야시장' 등 골목상권 활성화를 위한 사업을 시행하였지만 지원의 결과는 소상공인들의 창업과 폐업을 반복하는 불안정한 영업환경의 고착화와 사업체의 생존율 하락으로 이어지고 있다.

대구 소상공인의 상권에 활기를 불어넣기 위해 본 연구에서는 부산시의 소상공인 시장의 크기 및 형태가 대구시 소상공인 시장과 유사하다는 점을 착안하여 현재 부산시에서 시행하고 있는 소상공인 서포터즈 사례를 발굴하여 프로그램의 성과와 한계점을 파악하고 프로그램 분석을 통해 새롭게 대구시에 적용할 수 있는 방안에 대해 정리하였다. 대구시 대학생 소상공인 서포터즈의 성공적인 성과를 유도하기 위해서는 결론적으로 부산시에서 실시한 바 있는 대학생 소상공인 서포터즈 프로그램 운영방식을 개선하여 보다 높은 수준의 지원과 매뉴얼이 수반되는 새로운 서포터즈 프로그램이 필요할 것으로 보인다. 대학생들과 소상공인 사이의 커뮤니케이션 증진, 서포터즈 역량강화를 위한 전문교육, 프로그램 만료 이후 소상공인 자립 역량 강화 등 단계별 지원 로드맵을 구축하는 것이 중요할 것이다.

대구지역 대학생들을 대상으로 실시한 대구 소상공인 서포터즈 선호도 자체 설문 결과에 따르면 "대구 소상공인에 대한 정부의 정책이 잘 이루어지고 있다고 생각하십니까"라는 질문에 61.9%가 "그렇지 않다"라고 응답했으며, "소상공인 서포터즈 프로그램 참여가 대학생 취업 경쟁력 강화에 도움이 될 것이라 생각하십니까?"라는 질문에 81%가 "그렇다"라고 응답을 하였다. 이와 같은 결과로 보아 홍보만 제대로 이루어진다면 대구지역 대학생 소상공인 서포터즈의 비즈니스 모델 구축을 위한 대학생들의 참여가 충분히 활발하게 이루어질 수 있을 것으로 예상된다. 대학생들의 적극적인 참여는 정부 입장에서 보면 정부의 정책 운영 방식을 바꾸고 새로운 소상공인 지원 모델을 확립할 동기를 제공할 것이다. 결론적으로 대학생 소상공인 서포터즈 프로그램은 우수한 대학생 자원을 활용하여 소상공인 상권 활성화를 촉진시키고 상권 활성화를 통한 대구시의 경제적 이득과 지역 경제 성장을 꾀할 수 있을 것으로 기대한다.

참고문헌

권병석. 2018년 12월 4일. "대학생과 손 잡고 매출 3배 쑥… 부산 골목상권 살리는 젊은피."
『파이낸셜뉴스』. http://www.fnnews.com/news/201812041805251135.

국세청. 2018. "국세통계-폐업자 현황II, 신규사업자현황IV."

류연정. 2018년 11월 29일. "올해도 인기, 대구 근대골목, 2년 연속 관광객 200만명 다녀가."
『노컷뉴스』. https://www.nocutnews.co.kr/news/5068431.

소상공인시장진흥공단. 2019.『소상공인 현황 2000-2016』.

장성현. 2019년 3월 25일. "대구 서문야시장 누적방문객 2천만명 돌파…경제적 파급효과 4천
500억."『매일신문』.http://news.imaeil.com/RealEstate/2019032517544633573.

정태우. 2019년 3월 13일. "먹거리 골목, 수십억 예산 투입했지만 결과는 '썰렁'."『영남일보』.
http://www.yeongnam.com/mnews/newsview.do?mode=newsView&newsk
ey=20190313.010090737560001.

정창오. 2019년 1월 13일. "대구시, 중소기업·소상공인 정책자금 7600억원 지원."『뉴시스』.
https://www.msn.com/ko-kr/news/national.

조원진. 2016년 8월 4일. "부산시, 중·소상공인 경영환경개선·고용인력 자금 지원한다."『서
울경제』. https://www.sedaily.com/NewsView/1L00F614YU.

중소기업중앙회. 2018. "소상공인 경영실태 및 정책과제 조사."

통계청. 2016. "대구지역 취업자 비중."

한국경제연구원. 2019년 5월 "OECD 회원국의 1인당 국민총소득 대비 최저임금을 비교·분
석한 결과."

한국생산성본부. 2015.『한눈에 보는 기업가정신2015』.

제4장

건국대학교
시민정치론

수업 개요

수업 명	건국대학교 정치외교학과 〈시민정치론〉		
교수자명	이현출	수강 인원	32명
수업 유형	전공선택	연계 지역/기관	서울시 광진구

수업 목적

- 대학과 지역을 잇는 지역연계 수업을 통하여 풀뿌리 차원에서 살아있는 시민정치 현상을 실제 보고, 배우고, 분석하는 데에 목적이 있음.
- 광진구 마을공동체, 사회적 경제(협동조합, 사회적기업 등)에 대한 참여관찰을 통하여 광진구의 마을민주주의 특징과 성공과 실패 요인을 분석함.
- 마을공동체와 협동조합 등이 지역사회에서 지속가능한 발전을 할 수 있는 창의적 대안을 모색하여 지역사회에 실천적 기여를 할 수 있는 방안을 탐색함.

주요 교재

김의영. 2018. 「관악구의 시민정치」. 푸른길.
김의영. 2015. 「동네안의 시민정치」. 푸른길.
김의영. 2016. 「동네안의 시민경제」. 푸른길.
서울특별시. 2017. 「2017 서울협치백서: 같이 만드는 협치서울」.
유창복. 2014. 「도시에서 행복한 마을은 가능한가: 마을과 행정 사이를 오가며 짱가가 들려주는 마을살이의 모든 것」. 휴머니스트.
이태동. 2017. 「마을학 개론」. 푸른길.

Michael Edwards 저, 서유경역. 2018. 『시민사회』. 명인문화사.
Siriani, Carmen. 2009. *Investing in Democracy: Engaging Citizens in Collaborative Governance*. Washington, D. C.: Brookings Institution Press.
Elinor Ostrom 저, 윤홍근·안도경 역. 2010. 『공유지의 비극을 넘어』. RHK.
Robert D. Putnam 저, 안청시 외 역. 2000. 『사회적 자본과 민주주의』. 박영사.

수업 일정

제1주: 강의 개요 설명 및 팀 구성 안내
제2주: 지역기반 시민정치교육의 의의 및 분석틀 설명
　　　 교재: 이태동 『마을학 개론』
제3주: 시민사회의 이해(결사적 삶으로서의 시민사회/좋은 사회로서의 시민사회/공공영역으로서의 시민사회) 강의
제4주: 정치이론으로 보는 마을공동체(하버머스/퍼트넘/오스트롬 등) 강의
제5주: 광진구의 협치전략과 시민정치 특강/ 팀구성 및 주제 선정 강사: 광진구 기획경제국장
제6주: 참여관찰 연구 방법론 소개 및 선행사례 토론. 교재: 김의영 『관악구의 시민정치』, 『동네안의 시민정치』
제7주: 광진구의 시민정치 진단과 과제 강의 특강: 광진마을공동체 센터장
제8주: 중간고사
제9주: 시민정치 선행연구 검토(관악구/서대문구/광진구 사례)
제10주~제13주: 팀별 참여관찰 연구 시작(6개 조) 및 관찰일지 작성
제14주: 참여관찰 결과 중간발표
제15주~제16주: 팀별 참여관찰 겨레 피드백 및 후속 현장조사 실시
학기말 이후: 최종 결과물 검토 및 보완작업

프로젝트 개요 및 결과

광진구의 마을민주주의 특징과 성공/실패요인

－ 6개 팀이 광진구의 마을공동체와 사회적 경제 등의 사례를 연구하였음.

1. 광진구의 풀뿌리 마을교육공동체 운영사례 분석: 마법방과후와 해오름사회적협동조합 사례를 중심으로
2. 광진구 구의2동 마을공동체에 대한 평가와 활성화 방안 모색
3. 학교 밖 청소년 문제해결을 위한 민관협치: 광진구청소년상담복지센터·광진구청소년지원센터 꿈드림을 중심으로
4: 협동으로 만들어가는 사회, 광진구의 사회적 경제: '도우누리' 사례를 중심으로
5: 마을공동체의 고령화 사회 대응 사례 분석: '광진레츠' 사례를 중심으로
6: 광진구 마을공동체 사례 연구: 문화예술교육 협동조합 '함께누리'를 중심으로

△ 수업결과는 교수자의 리뷰 후 2019년 2학기 중 단행본으로 출판 예정

광진구의 시민정치

건국대학교 정치외교학과 교수 이현출

I. 수업의 취지와 주제

『시민정치론』수업은 2018년도 1학기부터 개설된 건국대학교 정치외교학과에 개설된 전공선택 과목이며, 연 1회 개설된다. 이 과목은 대학과 지역을 잇는 지역연계 수업(CBL: Community Based Learning)을 통하여 풀뿌리 차원에서 살아 있는 시민정치 현상을 실제 보고, 배우고, 분석·평가하는 데에 목적이 있다. 지역사회 내의 주민자치와 협치, 마을만들기, 사회적 경제 등 다양한 사례를 발굴하여, 지역사회 공간에서의 정치를 익히도록 설계되었다. 2018학년도 1학기에는 6월 13일 실시되는 지방선거를 계기로 광진구 지역사회의 지방선거라는 정치과정에서 지역의 문제해결형 아젠다를 발굴하고, 토론과 연구를 통하여 지역문제해결방안을 찾고, 이를 지방선거 후보자들에게 공약으로 제시함으로써 "대학생이 만드는 풀뿌리 민주정치"를 몸으로 체험하는데 주안점을 두었다.

2019년 1학기 수업에서는 건국대학교가 소재한 '광진구의 풀뿌리 차원에서 살아 있는 시민정치 사례를 발굴하여 조사·분석'하는 데 주안점을 두었다. 지역사회 내의 주민자치와 협치, 마을공동체, 사회적 경제 등 다양한 사례를 발굴하여,

학생들이 스스로 교육과 연구의 주체로서 참여하고, 지역사회에 의미 있고 실효성 있는 정책대안을 제시하는 과정에서 민주시민으로서의 덕성을 함양하는 데 목적이 있다.

2019년 1학기에는 두 번째로 개설되는 수업임에도 불구하고 32명이 수강신청을 하여 높은 관심을 보여주었다. 지난해 많은 학생이 수강신청 후 이탈한 사례와 비교하면 수업에 대한 이해도와 관심이 증가한 것을 반영한 것이라고 할 수 있다. 수업의 대상은 주로 정치외교학과 학생을 대상으로 하지만 여타 사회과학 전공 학생으로서 기존의 '비교과 학습'(드림학기제 등)에 관심 있는 학생들이나 구청·시민단체 등에서 인턴십 경험이 있는 학생들이 참여하여 관심도를 반영해 주었다. 특히 서울시 자치구에서 협치 협력관으로서 경험을 갖춘 학생이 참여하여 학생들에게 손에 잡히는 경험을 공유하는 계기가 되기도 하였다.

II. 수업진행 및 주제선정

수업은 크게 이론, 현장조사, 발표의 세 부분으로 진행하였다. 이론수업은 주로 시민정치 기본개념의 이해를 위하여 대의민주주의, 참여민주주의, 결사체민주주의 등에 대한 이해와 정치이론으로 보는 마을공동체의 개념을 정립하기 위하여 하버마스, 퍼트넘, 오스트롬 등의 이론을 강의하였다.

중간고사 이전까지는 이론 강의와 함께 지역사회 현장조사를 위하여 팀 구성, 주제 선정, 조사방법 등 연구설계를 진행하였다. 이러한 바탕 위에 팀별 주제를 선정하고, 조사방법론을 모색하였다. 학생들의 이해를 돕기 위하여 서울대학교와 연세대학교 학생들의 선행연구사례를 읽고 발표하는 시간을 가졌다. 『동네 안의 시민정치』, 『관악구의 시민정치』, 『마을학 개론』 등의 사례연구를 공유하면서 다양한 주제에 대한 접근방법을 고민할 수 있었다. 아울러 2018년도 건국대학교 학생들이 수행한 연구결과도 함께 공유하면서 사고의 지평을 확장할 수 있었다.

이 과정에서 지역사회에 대하여 학생들의 이해가 부족하여 광진구 공무원과 마을공동체지원센터장 등 시민활동가들의 조력을 통하여 광진구의 시민정치 수준과 주요 연구사례 선정을 위한 도움을 받았다. 광진구 마을공동체지원센터장과 사무총장을 맡고 있는 시민활동가들이 참여하여 학생들에게 지역사회의 다양한 마을공동체 사례를 소개하고 학생들의 관심사항에 대한 질의응답 시간을 가졌다. 광진구 기획경제국장이 수업에 와서 광진구의 협치 발전방향과 경과 등에 대해 소상한 설명을 해주었고, 학생들과 질의응답하는 시간도 연구주제 발굴에 도움을 주었다.

중간고사 이후에는 각 팀별 현장조사를 실시하고, 그 결과를 보고하는 중간보고 자리를 만들어 학생들 간 현장조사 방법에 대한 한계와 대안을 공유하도록 하였다. 현장조사 기간에는 학계의 전문가와 관련 부서 공무원, 시민단체와 이해관계자 등의 의견을 청취하고, 온오프라인 조사를 통하여 주민들의 의견을 수렴하는 등 합리적이고 창의적인 대안을 모색하도록 유도하였다. 각 주제별 선행연구 관련 논문이나 보고서 등을 검색하여 학생들에게 현장에 나가기 전에 읽도록 하였다. 현장조사의 편의를 위하여 공문을 만들어서 방문지에 면담협조를 요청할 수 있도록 지도하였다. 사회적 경제 업체 등 인력이 부족하고 바빠서 면담에 응할 수 없다는 곳에 대해서는 관련 공무원들의 도움을 받아 면담을 성사시키기도 하였다.

학생들이 선정한 주제는 다음 여섯 개이다. △ 광진구의 풀뿌리 마을교육공동체 운영사례 분석: 마법방과후와 해오름사회적협동조합 사례를 중심으로, △ 광진구 구의2동 마을공동체에 대한 평가와 활성화 방안 모색, △ 학교 밖 청소년 문제해결을 위한 민관협치: 광진구청소년상담복지센터·광진구청소년지원센터 '꿈드림'을 중심으로, △ 협동으로 만들어가는 사회, 광진구의 사회적 경제, △ 마을공동체의 고령화 사회 대응 사례 분석: 광진레츠 사례를 중심으로, △ 광진구 마을공동체 사례 연구: 문화예술교육 협동조합 '함께누리'를 중심으로.

첫 번째 주제는 현 공교육의 문제를 제도 밖 마을교육공동체가 해결을 도울 수 있는 대안으로써의 가능성을 가지고 있는지, '해오름사회적협동조합'과 '마법방과후' 두 마을교육공동체 사례를 통해 살펴보고자 하였다. 해오름사회적협동조합은 프리랜서 강사들의 협동조합으로서, 4차 산업혁명 시대 흐름에 맞춘 아동·청소년 진로 체험 프로그램을 진행함으로, 공교육이 담지 못하는 학습을 학생들에게 제공한다. 마법방과후는 부모와 교사, 아이들이 함께 만들어 나가는 생활교육 공동체로서, 돌봄의 부재를 함께 해결하고, 아이들은 방과후 시간에 사교육이 아닌 공동체 생활을 통해 삶을 살아가는 방식을 배운다. 본 연구는 교육에서의 진정한 민관학 거버넌스를 위해 그 단체들이 지속가능한 발전을 이루기 위한, 그들의 가치와 공동체성을 지켜나갈 수 있게 하는 마을교육공동체 양성에 노력해야 함을 제시한다.

두 번째 주제는 광진구 구의2동의 마을공동체를 분석 단위로 하여 지역에서 마을공동체가 어떻게 발전해왔고 이를 어떻게 평가할 수 있는지를 밝히는 데 목적이 있다. 아울러 연구의 말미에는 광진구 구의2동의 마을공동체를 어떻게 더욱 발전시킬 수 있을지에 대한 제안도 덧붙이도록 하였다.

세 번째 주제는 학교밖 청소년 문제해결을 위한 민관 거버넌스 발전방안을 모색하기 위하여 '러빙핸즈'와 '광진청소년 상담복지센터'참여관찰을 실시한 것이다. 학교와 관이 학교밖 청소년 문제해결에 겪는 애로사항 및 한계를 검토하고 대안의 하나로서 지역에 소속된 건국대학교와 대학생의 역할 방향을 아울러 모색하고자 하였다.

네 번째 주제는 광진구의 대표적인 사회적 경제 조직을 선정하여 분석하고, 경제적 가치와 사회적 가치를 함께 추구하는 사회적 경제의 특성을 분석한 것이다. 경제적으로 충분하게 수익이 나타나는지 혹은 경제적인 이윤을 충분히 창출해내고 스스로 유지할 수 있는 동력이 만들어질 수 있는지, 마을에서의 욕구를 반영하여 기여하고 있고, 공공의 가치가 있고, 공공의 가치를 생산하여 사회에 기여하고 있는지, 관의 지원은 적절하게 이루어지고 있는지를 고찰하면서 사회적

경제 조직의 활성화 및 저해 요인을 알아본다.

다섯 번째 주제는 고령화 사회에서 노인들이 주체적으로 참여하여 지역의 문제를 해결하는 마을공동체 모델을 분석한 것이다. '광진레츠'를 중심으로 노인 일자리 사업 등 추진과정에서 노인문제와 지역사회 문제를 해결할 수 있는 공익형·시장형 모델을 연구하여 노인문제 해결을 위한 대안을 모색하는 데 의의가 있다.

마지막 주제는 협동조합과 마을공동체가 결합하여 성공한 사례로서 문화예술교육 협동조합 '함께누리' 사례를 연구한다. 이를 통하여 마을공동체가 협동조합으로 성장한 사례를 통하여 자생력이 있는 마을공동체의 요건을 고찰하고, 지속가능한 마을공동체 모델을 연구한다.

III. 총평

이번 수업은 '시민정치론'이라는 수업을 개설한 이후 두 번째 실시한 것으로 지역사회의 마을공동체나 협동조합 등의 사례를 지역밀착형으로 심층적 분석을 시도하였다. 우선 대학생들이 학습자가 아니라 스스로 연구자의 입장에서 창의적 연구를 시도할 수 있었다는 점에서 보람을 줄 수 있었다. 이를 통하여 강의실에서 강의를 통해서만 배우는 이상의 현장 학습을 통한 지식의 습득도 큰 지적 자극을 주었다고 판단된다. 아울러 학생들이 단순한 학습자·연구자의 위상을 넘어 지역사회 발전을 위한 하나의 대안을 제시한다는 점에서 실천적 보람을 안겨 줄 수 있었다.

교수자의 입장에서 보면, 대학원 학생들이 부족하여 교수자가 직접 모든 연구팀의 주제선정, 연구설계, 현장조사 지도 및 지원, 조사결과 검토 등을 담당해야 한다는 점에서 많은 부담을 있었다. 특히 학생들의 현장조사 기간의 부족으로 기말고사 후 방학기간에도 미진한 현장조사를 진행함에 따라 방학 중에도 지도를 계속하여야 하는 어려움이 있었다.

사회혁신교육연구센터로부터의 지원은 학생들의 현장조사 활동을 위한 거마비와 지역활동가 초청 사례비 등으로 활용할 수 있었다. 2018년도 수업 시에는 외부 연구비를 확보하여 세미나를 개최하여 학생들의 연구결과를 발표할 수 있는 계기를 마련할 수 있었으나, 이번 학기에는 그러한 기회를 갖지 못한 아쉬움이 있다.

남은 기간 동안 학생들의 조사결과를 충분히 검토하여 2019년 2학기 중 단행본으로 출판할 계획으로 준비 중에 있다. 학생들의 연구업적이 출판되면 향후 수업에 대한 인센티브로 작용할 수 있을 것으로 본다.

광진구의 풀뿌리 마을교육공동체 운영사례 분석
- 마법방과후와 해오름사회적협동조합 사례를 중심으로 -

건국대학교 정치외교학과

김종호, 문진주, 박주영, 장유진

Ⅰ. 연구소개

1. 연구의 필요성 및 목적

최근 우리 사회는 경쟁 위주로 치닫고 있고 교육도 이를 반영하여 공교육과 사교육 모두 아이들을 서로 입시 위주의 경쟁 구도 속에서 키우고 있다. 경쟁으로 인해 아이들 간의 협력적 삶은 찾아보기 힘들어졌고, 경쟁 스트레스로 학업 포기, 자살, 학교 폭력과 같은 여러 사회적 문제가 야기되고 있다. 실제로 대한민국 청소년의 행복지수는 OECD 국가 평균을 훨씬 밑돌고 있고, 특히 삶에 대한 만족도는 최하위권을 기록하고 있는 것이 현실이다(양선아, 2019). 이러한 상황에서 해결을 위하여 일부 지역에서는 기존의 교육 패러다임과는 반대로 서로 협력하며 자발적으로 살아갈 수 있는 공동체 활동을 실천하고 있다.

공동체는 공통의 생활양식 혹은 공간 안에서 상호교류를 통해 연대감이나 소속감을 공유하고 있는 집단이다. 공동체는 개인이 공동체에 속함으로써 동반 성장이 가능하다는 인식을 바탕으로 구성원들 간 상호작용을 통해 연대의식을 가지는 집단이다. 또한 공동체의 구성요소는 지역의 구성원으로서 느끼는 소속감, 욕구의 충족, 연대의식, 지역사회와의 일체감, 구성원들과의 정서적 친밀감 등으로 분류할 수 있다.[1]

교육의 주체인 학생들을 불행하게 만드는 현재의 교육 방식에는 분명한 변화가 필요하다. 과도한 경쟁으로 인해 스트레스가 가중되고 있는 문제를 해결하기 위해서는 우리가 속한 공동체, 즉 지역사회나 마을에서 교육의 책임을 분담해야 한다. 본 연구에서는 기존의 교육 및 공동체 관련 연구들에서 제시한 많은 이론들을 토대로 분석하고, 기존 연구에서 보여준 한계를 극복하기 위하여 현장 참여관찰을 통해 새로운 개념들을 도입하고자 한다. 또한 광진구의 마을교육공동체에 필요한 구성요소와 문제점 등을 체계적으로 정리하고, 광진구의 마을교육공동체의 실천 방안을 도출해보고자 한다. 이를 통하여 공교육이 학교에서만 이루어진다는 통념을 깨고, 지역사회가 아이들의 교육 문제에 적극적으로 참여하여 마을이 중심이 된 교육생태계 구축을 위한 대안을 제시하고자 한다.

본문의 구성은 제II장에서 이론적 배경 및 선행연구 분석을 통해 본 연구의 기본적인 개념과 이론들을 소개한다. 그리고 제III장에서는 연구설계에 대한 내용으로 연구사례의 선정이유와 각 사례를 평가하는 지표에 대한 소개를 담고 있다. 다음 IV장에서는 각 사례를 본 연구의 평가지표를 통해 분석할 결과를 보여주며, 마지막 장에서는 본 연구가 갖는 의의와 시사점을 최종적으로 제시한다.

---

1. 이태동. 2017. 「마을학개론: 대학과 지역을 잇는 시민정치교육」. 푸른길. 43쪽.

Ⅱ. 이론적 배경 및 선행연구 분석

마을교육공동체 활동체제를 분석하고 이해하기 위한 이론적 기본으로서 마을 공동체와 마을교육공동체의 개념과 지향에 관한 선행연구를 살펴보고자 한다.

1. 마을교육공동체의 이해

1) 마을공동체

마을공동체는 공동체의 특성을 가지는 동시에 마을의 특성을 가진다. 고전적 의미에서의 지역공동체나 과거의 농촌공동체는 '지리적으로 한정된 일정한 공간에서의 자신들이 거주하고 있는 장소에 대해 상호간에 사회적, 심리적 유대를 가진 사람들'로 정의된다. 지역공동체는 '한정된' 물리적 공간과 경계 내에서 거주지로서의 성격이 강조되기 때문에 주거지를 제외한 다른 생활공간에 관한 필요와 욕구를 충족시켜 주기에는 한계가 있을 수 있다. 반면, 마을은 물리적 공간의 경계를 넘어 '네트워크'가 구성되는 집단이기 때문에 주거지를 포함한 다양한 생활공간에서 형성될 수 있으므로 지역공동체에 비해 공간적인 제약에서 자유롭다.

각 개인은 다수의 생활공간에서 자발적 선택을 통해 네트워크를 형성하고 커뮤니티를 구성할 수 있으며, 복수의 공동체에 속할 수 있다. 또한 생활환경을 주민들이 스스로 구성하고, 마을공동체를 이루어 가며 공동의 문제를 고민하고 해결해 나가는 과정에서 책임감 있게 참여하는 주민들이 생겨나며 마을공동체가 형성된다. 마을공동체는 행위자들이 네트워크에 기반을 두면서도 인정(人情)으로만 연결망을 형성하는 것이 아니라 필요로부터 연결망을 자발적으로 만들어 가는 결사체의 형태를 띤다.[2]

---

2. 이태동. 2017. 44쪽.

2) 마을교육공동체 개념

마을교육공동체는 지역사회를 기반으로 한 교육공동체를 나타내고 있지만, 명확하게 마을교육공동체에 대한 정의는 없다. 또한 학술적으로도 마을교육공동체에 대한 명확한 개념이 정립되어 있지는 않다. 하지만 사업으로 명명되고 있는 경기도 교육청의 '마을교육공동체 사업', 서울시 교육청의 '서울혁신교육지구 사업' 등을 통해 마을교육공동체의 활동이 중요하게 다루어지고 있다. 마을교육공동체의 의미를 탐구하는 데 가장 중요한 것은 '마을'과 '교육공동체' 사이의 관계에 있다.[3]

경기와 세종의 경우 학생의 교육활동을 지원하는 데 주안점을 두고, 광주의 경우 학교 교육력 제고와 더불어 지역사회 발전에도 초점을 맞추고 있다. 이렇게 마을교육공동체는 "보편화된 교육 현상을 개념화한 용어라기보다는 미래 교육의 지향점을 내포하고 있는 규범적 용어"라고도 볼 수 있다. 따라서 위와 같이 정책적 지향점에 따라 마을교육공동체의 의미가 다양하게 해석된다.[4]

〈표 1〉 각 지역 조례에서 나타난 마을교육공동체에 대한 정의

「광주광역시 어린이·청소년 친화적 마을교육 공동체 조성에 관한 조례」 [시행 2015.5.15.] [광주광역시조례 제4523호, 2015.5.15., 제정] 제2조(정의) 이 조례에서 사용하는 용어의 뜻은 다음과 같다. 2. '마을교육공동체'란 학교 교육력 제고와 지역사회 발전을 위하여 지방자치단체, 학교, 시민단체, 주민 등이 협력·지원·연대하는 공동체를 말한다.
「경기마을교육공동체 활성화 지원에 관한 조례」 [시행 2015.11.4.] [경기도조례 제5078호, 2015.11.4., 제정] 제2조(정의) 이 조례에서 사용하는 용어의 뜻은 다음 각 호와 같다. 4. '마을교육공동체'란 마을 내 학생, 교직원, 학부모, 마을주민 등이 함께 학생의 교육활동 지원을 위해 자발적으로 참여하는 공동체를 말한다.
「경기마을교육공동체 활성화 지원에 관한 조례」 [시행 2015.11.4.] [경기도조례 제5078호, 2015.11.4., 제정] 제2조(정의) 이 조례에서 사용하는 용어의 뜻은 다음 각 호와 같다. 4. '마을교육공동체'란 마을 내 학생, 교직원, 학부모, 마을주민 등이 함께 학생의 교육활동 지원을 위해 자발적으로 참여하는 공동체를 말한다.

출처: 최지인(2017: 2). 마을교육공동체의 운영 현황 및 개선 과제. 국회입법조사처. 서울.

---

3. 김미라. 2018. 「마을교육공동체의 활동체제 분석:문화·역사적 활동이론 관점에서」. 전남대학교 석사학위논문. 10쪽.
4. 김정현. 2019. 「'마을교육공동체' 사업 네트워크 구조와 성격에 관한 연구-경기도 S시 혁신교육지구사업을 사례로」. 서울대학교 대학원 석사학위논문. 11쪽.

2. 마을교육공동체 선행연구

본 연구는 마을교육공동체, 특히 광진구의 운영사례 분석을 다루고 있는바, 관련 마을교육공동체 선행 사례연구는 연구의 수행에 있어 필수적이었다. 노원구의 마을교육공동체 사례를 중심으로 한 마을교육공동체 구축을 위한 실천방안 연구에서(박경민, 2015)는 마을교육공동체와 관련한 여러 연구에서 더 나아가 현실적인 실천방안에 대한 고민을 하였다. 마을교육공동체의 핵심 요소로 양질의 교육 프로그램, 논의의 장소이자 교육활동의 장소로서의 공간, 관계망 형성을 꼽았다. 이러한 핵심 요소를 시스템화한 결과물을 플랫폼이라 보고 여러 플랫폼을 제시한다. 하늬교육마을을 중심으로 한 연구(박제명, 2014)는 질적 사례연구를 통해 하늬교육마을 형성의 배경과 과정을 조사·분석하여 독특한 특징적 현상, '공교육의 발전', '대안교육의 촉진', '교육공동체 형성 논의' 측면에서의 교육적 함의를 도출했다. 또한 최근 교육개혁의 흐름에 따라서 마을교육공동체에서 부각되는 주민자치에 대한 연구[5]에서는 경기도와 서울시 사례를 바탕으로 주민자치에 대한 이론적 준거틀을 만들어 앞으로 등장할 주민자치 사례에 적용할 수 있도록 하였다. 한편, 기존에는 마을교육공동체 구성에 있어 네트워크의 중요성을 강조하는 반면 네트워크에 대한 직접적인 분석과 연구가 부족했기에 김정현(2018)의 연구에서 노드와 연결을 통해 S시의 혁신교육지구 사업의 네트워크 구조의 형태를 시각적으로 분석하였다.

본 연구에서 분석틀은 ① 네트워크 ② 조직안정성 ③ 영향력을 사용하였다. 먼저 네트워크는 여러 선행연구에서 다뤄졌지만, 연구마다 네트워크의 정의, 범위, 구조면에서 연구방법이 달랐다. 김정현(2018)의 연구에서는 노드를 통해 네트워크 구조를 중앙집중구조, 탈집중구조, 분산된 구조의 3가지로 나눠 네트워크에서 구조적인 측면에 집중하였다. 본 연구에서는 네트워크의 정의적 측면만

---

5. 홍지오. 2017. 「마을교육공동체의 효율적 구축을 위한 주민자치 실천방안 탐색연구」. 한국외국어대학교 교육대학원 석사학위논문.

선행연구에서 차용하고 본 연구에 맞게 변형하여 네트워크의 하위 평가지표로 공간, 자원, 협력이라는 지표를 사용하였다. 엄기형(2003)은 교육공동체를 참여자들이 교육현장을 매개로 결합한다고 하여 공간을 중요 요소로 다뤘다. 박경민(2015)의 연구에서는 마을교육공동체 분류 준거에서 네트워크의 개방성의 쌍방향적 관계가 이뤄지는 완전연결단계의 개념을 차용하여 협력지표에 참고하였다. 조직 안정성의 하위 평가지표로 민주성, 자립도, 전문성을 사용하였는데 민주성에서는 홍지오(2017)의 연구에서 '풀뿌리적 실천'의 주민자치를 강조하며 조직의 안정도와 상당부분 관련성이 있음을 강조한 데 기인하여 민주성을 도입하게 되었고, 전문성은 Sergiovanni가 제시한 학교교육공동체 유형을 참고하여 교사들이나 구성원들이 조직에서 얼마나 지속적으로 전문성을 개발하는지를 보고자 하였다. 마지막으로 영향력은 기존 연구들에서 주로 다루지 않았던 지표였으나, 본 연구지역의 특성상 중간지원조직이 미비하고, 민과 관의 협력이 덜 되어 있는 상태에서 영향력은 앞으로의 광진구 마을교육공동체의 발전을 위해 필수적인 평가지표로 고려되어 타 논문과 저술을 통해 개념을 차용하였고, 영향력을 현재 기여도와 미래 가능성으로 분류하여 사례분석을 통해 현 상황과, 앞으로 타 단체, 관과의 관계에서 영향력을 평가하였다. 또한 박제명(2014)의 연구에서 사례 조사를 할 때 형성의 배경과 과정을 조사·분석한 것처럼 본 연구에서도 분석틀뿐만 아니라 마법방과후와 해오름협동조합의 형성의 배경과 과정을 심층면담법을 사용하여 분석하고자 하였다.

Ⅲ. 연구설계

1. 연구사례 선정

광진구 내에 교육 관련 여러 공동체 조사 과정에서 우리의 연구 목적인 교육공동체 성공 요인을 평가할 수 있는 두 단체인 '마법방과후'와 '해오름사회적협동조합'을 선정하게 되었다.

마법방과후는 '즐거운 어린이집'이라는 공동육아 협동조합에서 시작하여 '산들 어린이집'으로 합쳐져 이후 '마법방과후'라는 생활교육 공동체로 발전해온 단체로, 지속가능한 교육공동체로 성장해 조사할 가치가 충분하다고 판단된다. 특히, 교육이라는 특성상 학부모의 자녀가 어린이집에서 초등학교로 진학함과 동시에 산들 어린이집에서 마법방과후로 바뀌는 과정 속 아이들의 생활패턴, 학부모들의 참여 방식, 운영방식을 알아볼 수 있는 단체이다.

해오름사회적협동조합은 프리랜서 강사 협동조합으로, 광진구의 다양한 프로그램으로 활동을 하고 있는 방과후 강사와 마을 강사들이 양질의 교육프로그램을 개발하기 위해 자발적으로 결성한 조직으로, 2016년 1월 교육청에서 인가를 받았다는 점과 교사들의 연합체로 전문성을 평가할 수 있는 조직이라는 점등을 고려하였을 때 민관협치의 차원에서 조사할 가치가 충분하다고 여겨졌다.

2. 연구 지표

1) 네트워크
네트워크 평가지표를 공간, 자원, 협력으로 나눠 살펴볼 수 있다.

(1) 공간

공간은 두 가지 측면에서 중요한 역할을 한다. 하나는 마을교육공동체를 구축하는 과정에서 참여자들의 논의의 장소가 될 수 있다는 점이다. 특정 공간을 중심으로 사람들이 모이고, 현안에 대해 토론하고, 그 과정 속에서 구성원들끼리 유대감을 높일 수 있었다. 다른 측면으로는 교육활동의 장소로서의 공간이 필요하다. 마을에서 이루어지는 교육활동 자체가 '학교 밖' 교육이기에 마땅한 공간을 확보하지 못해서 양질의 프로그램이 있더라도 공간의 부족으로 인해 운영에 어려움을 겪기도 한다. 교육 장소로서의 마을교육공동체 활동이나 공동육아중심의 마을교육공동체 활동에서는 공간 그 자체가 결정적인 역할을 하기도 한다. 교육활동의 장으로서 공간을 어떻게 확보하고 활용할 것이냐가 마을교육공동체 구축의 주요한 성공 요인이 될 수 있다.

(2) 자원

자원은 문언적 의미 그대로 인적 자원, 금전적 자원과 같은 일방적인 자원 제공을 의미한다. 마을교육공동체를 형성하는 데에는 양질의 자원 제공이 필요하다. 학교와는 별도로 하나의 교육 조직으로서의 그 역할을 하기 위해서는 학생들에게 도움이 되는 교육 프로그램을 갖춰야 하는데, 이를 위해서는 일정한 정도의 자원이 요구되기 때문이다. 대다수의 경우가 관이 민에게 각종 자원을 제공하는 관-민 형태이지만, 사회적 협동조합과 같이 중간 조직 단계 정도의 크기를 가진 시민단체와 시민단체 사이의 민-민 자원 제공 형태도 존재한다. 자원 제공의 범위에는 인력의 제공, 보조금의 제공 외에도 행정적 지원이 있다. 행정적 지원의 경우 사무적 기능 제공뿐만 아니라 일종의 관과 주민의 소통 기능을 담당하기도 한다.

(3) 협력

협력은 일방적인 자원의 제공과는 다르게 쌍방향적인 성격을 가진다. 하나의 조직이 하나의 완결된 마을교육공동체 역할을 수행할 수도 있겠지만, 그렇게 되면 그 조직은 하나의 섬으로 존재할 수밖에 없다. 현실적으로 완전무결한 마을교육공동체 조직을 구축하는 것은 불가능할뿐더러 구축할 수 있다 하더라도 많은 비용이 필요하다. 따라서 안정적인 마을교육공동체를 구축하기 위해서는 각 단체 간의 상호보완적 협력이 요구된다. 마을 내에 여러 조직이 있고 그 조직들 간 다른 영역에서 교육활동이 이루어지고 있다면 교육 프로그램의 교환이 이루어질 수도 있을 것이고, 공동의 프로그램 연계나 교재 및 교본의 출판도 가능할 것이다.

2) 조직안정성

민주성, 자립도, 전문성은 조직안정성의 평가지표로 적용된다.

(1) 민주성

민주성은 공동체의 안정에 있어 필수적인 요소이다. 공동체가 지향하는 목적 자체가 보이는 결과보다는 자발적인 구성원들이 주인의식을 갖고 스스로 난관을 해결해 나가는 '민주적인 협동과정'에 있기 때문이다. 공동체는 관계와 공감을 통한 자율과 자립성 성장을 목적으로 해야 한다. 공동체 구성원의 신뢰와 호혜성, 의사결정구조의 수평적 관계는 조직이 자율적이고, 지속할 수 있는 자립 기반을 만들어 구성원들의 사회적 안전망을 이룰 수 있다. 하버마스는 신뢰를 구축하는 민주적 의사결정 조건으로 다음 세 가지 원칙을 제시했다.[6] '그 결정에 영향을 받을 사람이 가능한 한 모두 참여하였는가?' '그 결정에 따른 유/불리에 대한 충분한 정보를 제공하였는가?' '참여자들이 어떠한 강제와 강압에 의하지 않고 '예/아니오'를 표명할 수 있었는가?'이다.

---

6.   Jurgen Habermas, 1987, "Theorie des kommunikativen handelns," p.58.

(2) 자립도

자립도는 공동체가 유지되기 위해서 필요한 것으로 외부의 도움 없이 공동체 안에서 웬만한 경제, 교육, 의료, 문화 등의 문제가 해결되어야 한다는 의미이다. 자립은 자율적 논의와 합의를 전제로 이루어진다. 그 중에서도 가장 주가 되는 것은 경제적 안정성으로 예산을 지방자치단체에서 지원을 받는지의 여부나 조합원들이 조합비를 내고 이것이 안정적으로 잘 유지되고 있는지의 여부에 따라 경제적 안정성이 결정된다. 경제적 안정성이 높을수록 조직의 재정상태가 양호하다고 평가되는 반면, 경제적 안정성이 낮을수록 조직의 재정력이 빈약한 것으로 평가되고 있다.[7] 한 조직의 재정은 가능한 한 자체 조달될 수 있어야 이상적이라 할 수 있겠으나, 100% 자체조달은 현실적으로 가능하지도 않을 뿐만 아니라 바람직한 현상도 아니다. 100% 자체조달은 관의 지원을 전혀 받지 않고 스스로의 노력으로 재정을 운영한다는 것을 의미하지만 조합원의 부담이 커지며 관과의 네트워크가 없다는 것을 의미하기 때문이다.

(3) 전문성

전문성은 한 조직에서 구성원들이 지속적으로 전문적인 가치를 추구하고 개발하는 것을 의미한다.[8] 전문성을 측정하기 위해 '교사의 전문적 지식과 효능감'과 '공동체의 조직 체계성을' 평가하여 공동체의 전문화된 정도를 평가하고자 한다. '교사효능감'은 학습자의 학습에 교사가 긍정적인 영향을 미칠 수 있을 것이라는 교사 자신의 능력에 대한 기대나 믿음을 말한다. 교사효능감이란 교사의 효율성 혹은 효과성에 대한 교사 자신의 평가에 기초한 일종의 신념체계로서, 교사들 스스로가 효과성 내지 효율성을 스스로 평가한 결과이다.[9]

---

7. 박익수. 2002. 「지방재정자립도 측정방식의 개발에 관한 연구 = (The) study on the development of measuring the degree of local finance independence」. 경기대학교 대학원 박사학위논문. 70쪽.
8. 박영란. 2018. 「마을교육공동체 운영사례분석: 고산향교육공동체 사례를 중심으로」. 25쪽.
9. 전혜미. 2010. 「초등교사가 인식하는 교직전문성이 교사효능감, 교직헌신도에 미치는 영향」. 고려대학교 교육대학원 석사학위논문. 4쪽.

3) 영향력

(1) 현재기여도

현재기여도는 마을교육공동체가 형성되는 과정에서 지역사회를 바탕으로 지역의 인프라 구축 및 각 단체의 교육활동을 통해 살펴볼 수 있다. 여기서 말하는 지역의 인프라는 지역 교육의 다양성, 지역의 사회적 자본, 지역애(愛), 지역 문화 형성이 포함된다. 마을교육공동체가 지역사회에 미치는 영향이 긍정적인지, 부정적인지에 대한 평가와 교육 분야에서 지역 주민이 가지는 문제점을 해결했는지가 평가 지표로 적용된다. 구체적으로는 공교육의 문제, 지역 내 교육의 문제, 돌봄의 문제를 해결했는지 혹은 평생교육의 대안점을 마련했는지 등이 있다.

(2) 미래가능성

미래가능성은 마을교육공동체가 학생들이 그 지역사회 발전의 훌륭한 사회적 자원이 될 수 있도록 미래진로 역량을 키워주는 활동을 얼마나 수행했는지를 평가한다. 마을이라는 공동체 안에서 교육활동을 통해서 자라난 아이들은 지역의 인재가 되어서 다시 지역으로 돌아와 지역을 위해 일하면서 지역의 발전과 공동체를 위해 일함으로써 교육의 선순환이 일어나게 되는 것이다.[10] 즉, 지역 내의 자체적인 교육 인프라를 통해 학습한 대상이 훗날 지역에 미칠 영향력과 가능성을 가늠해보는 것이 목적이다.

3. 자료 수집 및 분석 방법

1) 문헌연구

문헌분석은 마을과 마을공동체, 마을교육공동체에 대한 개념적 접근과 실천

---

10. 홍지오. 2017. 「마을교육공동체의 효율적 구축을 위한 주민자치 실천방안 탐색연구」. 한국외국어대학교 교육대학원 석사학위논문. 16쪽.

사례 분석을 위한 준거틀을 도출하고, 실천사례에 대한 구체적이고 다양한 자료를 분석하기 위하여 진행하였다. 이를 위해서 교육공동체, 마을교육공동체, 마을교육공동체 준거틀, 민주적 의사결정 조건에 대한 하버마스의 선행 연구를 분석하였다. 문헌은 국내외 논문과 학술지, 연구보고서, 서적, 뉴스기사 등을 포함하였다. 문헌분석을 통해 마을교육공동체를 구축하는 과정에서 나타나고 있는 운영사례 분석, 주제학습의 효과와 한계점, 연구 대상에 대한 논리적이고 분석적인 준거 틀을 파악할 수 있게 되었으며 본 연구의 중요성을 파악하는 데 도움을 받을 수 있었다.

2) 참여관찰을 통한 심층면담

면담은 크게 개인 면담과 집단 면담으로 실시하였고, 심층 면담을 위한 방법으로서 반구조화된(표준화된) 면담, 비구조화된 면담, 일상적인 대화로서의 면담을 사용하였다. 개인 면담의 대상은 연구 대상 중 특정 인물과 심층적인 면담을 나누는 것이 필요하다고 판단되는 경우 실시하되 필요에 따라 1~2회 집중 면담을 실시하였고, 집단 면담은 구성원들 간의 동질성을 바탕으로 의사소통에서의 상호작용 및 시너지효과가 발생할 수 있을 경우 실시하였다. 면담에 참여한 주요 제보자들은 다음과 같다.

순번	이름	나이	성별	직위	면담 구분
1	김○주	50대	여	해오름협동조합이사장	일반
2	김○홍	50대	여	마법방과후교사	일반
3	김○주	40대	여	마법방과후교사	일반
4	김○연	8세	여	마법방과후학생	일반, 집단
5	박○은	9세	남	마법방과후학생	일반, 집단
6	양○온	9세	여	마법방과후학생	일반, 집단
7	양○든	9세	남	마법방과후학생	일반, 집단
8	조○우	11세	남	마법방과후학생	일반, 집단
9	정○영	30대	여	마법방과후학부모&담당자	일반

IV. 해오름사회적협동조합 사례 연구

1. 사례 개요

해오름 사회적 협동조합은 프리랜서 강사 협동조합으로, 광진구에서 다양한 프로그램으로 활동을 하고 있는 방과후 강사와 마을교사들이 아동과 청소년들의 교육의 질과는 상관없이 자신들의 이익과 편의 위주로 바뀌어 가는 교육의 흐름을 안타까워 하던바, 아이들의 미래를 고민하며 양질의 프로그램을 개발하여 교육에 참여하고자 설립하였다. 그렇기에 이들은 강사들 간의 정보 공유를 넘어, 방과후 학교, 직로직업체험, 사회적 경제인재 양성교육, 창의 특기 적성 교육, 성인 대상 교육 등 폭넓은 활동을 하고 있다.

2016년 1월 교육청으로부터 인가를 받았으며, 형성 초기 구성원이 주로 과학 선생님, 컴퓨터 관련 전공자들이었고, 당시 4차 산업이 중요한 이슈로 떠오를 시기였던 것이 맞물려, '4차 산업에 맞춰 어떤 진로 교육이 필요할지, 어떤 전문성이 필요할지'에 대한 고민부터 시작되었다. 그래서 다른 교육공동체들보다 IT 관련 전문성이 높은 편이다.

이사회가 구성되어있고, 회계 관리, 홍보 영업, 외부 네트워킹을 위한 협력 사업, 교육 총 네 팀으로 구성되어있다. 이사회에서 결정하는 바는 거의 없으며, 조합원 전체 회의를 통해 단체의 의사결정을 한다. 따로 상근자를 두고 있지 않아, 행정 사무는 조합원들이 본업인 강사활동을 하고 난 후 나누어 분담하고 있다. 운영 비용은 조합원들의 조합비와 단체 연계 활동 참여 시 지불하는 수수료로 충당한다. 현재 광진구 사회적 경제 네트워크 (이하 광사넷)에 속해있어, 광사넷 소속 교육 관련 마을공동체와 '아름다운 사람들'이란 이름으로 사업을 진행하기도 한다.

2. 사례 분석

1) 네트워크

(1) 공간

해오름 사회적 협동조합(이하 해오름)은 광진구 소재 건물의 1층에서 사무실을, 지하에서 강의실을 활동거점으로 가지고 있다. 그들이 마련한 공간의 임대료 및 관리비는 조합원들의 조합비와 소속 강사들이 단체와 연계된 강의활동에 참여하게 될 때 납부하는 수수료로 충당한다.

해당 공간의 1층 사무실에서는 조합원들이 행정 사무 및 회의를 진행하고, 지하 공간은 청소년을 대상으로 한 강의를 할 때 사용하는데, 주택가 사이에 위치하고 있어 접근성이 좋지 않은 편이며, 지하에 강의를 위한 공간은 다소 협소한 공간이라서, 많은 학생들을 대상으로 한 강의나 체험활동을 동반한 교육은 진행하기 어려운 점이 있다. 또한 학습 교구 등 용품을 따로 보관할 공간이 마땅치 않아 불편을 겪고 있다. 해오름 이사장은 인터뷰에서 만일 관에게 도움을 받을 수 있다면 특히 공간 지원을 원한다고 밝힌 바 있다.

(2) 자원

해오름은 형성 초기부터 외부와의 네트워크를 통해 인력 및 재정 지원을 받은 바가 있다. 단체를 만들자고 모인 사람들이 당시 대부분 과학 선생님, 컴퓨터 전공자들이었으며, 4차 산업혁명이 주요 흐름으로 대두되었기에, 관련 분야를 집중적으로 진행해야겠다는 판단을 하였고, 이를 위해 조합원 전체가 코딩 교육을 받아야 할 필요성을 느꼈었다. 그러나 구성원 내부에는 전체를 교육할 만큼의 역량을 가진 사람이 없었다. 그래서 광사넷에 요청하여 교육을 진행할 지원금을 받았고, 광진구 소재 동부여성발전센터에서 강사를 섭외 받아 교육을 진행한 바가 있다.

또한 해오름은 아동 청소년 진로 교육, 방과후 교육, 마을 강사 활동, 성인 강좌 프로그램 등을 진행하고 있는데, 이 중에는 구청에 게시된 공모사업에 선정되어 참여한 것들도 존재한다. 광진구 이웃 만들기 사업에 협력하여 창의계발지도사, 드론항공지도사, 생명/실험과학지도사, 3D지도사 등 10여 개의 지도사 과정을 운영하기도 했다. 광진진로박람회, 광진마을 한마당 등 관내 행사 부스를 진행하였고, 2017년부터 3년 연속 성동광진교육청에서 주최한 '청소년 직업체험 LTI 프로그램'을 위탁 운영하였다. 그 외에도 이번년도에는 성인 대상 교육, 지도자 양성 교육의 강화된 역량을 기반으로, 50+ 인생 이모작 사업에 선정되었다. 다만 관과 연계된 사업을 진행할 때에는 보조금의 규모와 무관하게 요구되는 행정적 서류의 양이 많아, 공모사업을 꺼리게 될 때도 있다고 한다.

(3) 협력

해오름은 아동·청소년 교육을 넘어, 관의 성인 대상 평생교육, 사회적 경제, 마을공동체 사업에서도 함께하는 바가 있기에, 강사 조합이지만 교육지원과뿐만 아니라 일자리정책과와 함께하기도 한다. 관뿐만 아니라 외부 단체들과의 협력이 두드러지는 편인데, 광진구는 다른 자치구들과 비교했을 때 단체들 간의 네트워크가 활성화되어 있는 편이다. 해오름은 사회적경제영역에서 광진협동사회경제 네트워크, 광진교육운동네트워크, 사회적협동조합연합회과 연계되어있으며, 그 중 광사넷에서는 교육 관련 기업들이 '아름다운 사람들'이란 이름으로 교육 분과 사업을 따로 진행하고 있다. 일자리정책과와의 협업을 통한 지역특화사업으로 통일 캠프, 사회적 경제 인재 양성이 대표적 사업이다. 또한 김현주 해오름사회적협동조합이사장은 광사넷의 임원이면서, 광진교육운동네트워크의 공동대표이기도 하기에, 해당 네트워크들과의 소통 및 정보 공유가 원활한 편이다. 또한 교육연구기관인 방과후프로그램 교육연구소, 한국창의성 계발교육연구회, 코딩24, 창의교육연구회, 삼원청소년문화진흥원과 연계하고 있으며, 건국대 커뮤니티 비즈니스센터와 사회적 경제면에서 협력한 바 있다.

2) 조직안정성

(1) 민주성

해오름은 조합비 납부 여부에 따라 조합원과 예비 조합원으로 나눈다. 현재 조합원은 13명, 예비 조합원은 30명이며, 조합원은 의사결정 권한이 있고, 예비 조합원은 의사결정 권한은 없지만 그 외에 정보 공유, 프로그램 활동 참여에서 둘 간의 차등을 두지 않는다. 별도로 이사회가 조직되어 있으나, 단체의 의사결정이 필요한 경우, 거의 모든 사항은 조합원 전체 회의를 통해 결정한다. 설립 초기 프리랜서 강사들의 자발적인 모임에서 시작한 만큼, 소수의 조합원이 모든 의사결정에 참여하고, 모든 업무를 자발적으로 분담한다.

(2) 자립도

해오름의 조합원은 조합비 100만 원을 내며, 연 50만 원의 회비를 낸다. 그리고 해오름과 연계된 사업을 진행할 때에는 해당 강사에게 강사 활동 수수료를 받고 있다. 그러나 그 수수료를 납부하는 방식은 자발적 형태를 가지고 있어 비착취적 구조를 띠고 있다. 조직 운영 자체에서는 외부의 도움을 받고 있지 않다. 다만 조합원들의 회비와 수수료로는 임대료를 포함한 운영상의 고정 비용만을 낼 수 있는 정도이기에 재정상 불안정함을 느끼고 있는 실정이다. 또한 활동가 개개인의 행정적 부담이 크지만, 금전적으로 별도의 상근자를 두기 어려운 상황이며, 여기에 교육의 방향을 설정하기 위해 필요한 연구도 병행하고자 하니 더 부담이 큰 편이다.

(3) 전문성

자체 교구 및 교육 프로그램 개발, 지역사회와 연계한 아동·청소년 방과후 교육 및 진로·직업체험교육 제공, 성인을 대상으로 한 지도자·강사 양성 평생교육, 광진구 교육의 미래 방향 설정을 위한 세미나·포럼 참여 등 폭넓은 활동을 하고 있는 해오름의 가장 큰 장점은 전문성이라고 볼 수 있다. 십여 년간 강사활동을 해온 분들의 모임이기에 이들의 교사로서의 전문적 지식과 능력은 높은 편이다. 또한 그들 간의 정보 공유 및 사례연구로 조합원들의 전문성은 강화되고 있으며, 이러한 역량 강화의 성과로 성인을 대상으로 한 전문가 양성 교육 과정도 현재 진행하고 있다. 여성인력개발센터 및 평생교육원 방과후 아동지도사, 수학/과학지도자 강사 양성과정을 운영한 것이 그 예시이며, 이번 년도 50+ 인생이모작 사업에 선정된 것도 이러한 기반에서 이루어진 것이다. 또한 주 사업으로 삼고 있는 아동·청소년 교육에서도 자체적으로 교구를 개발하고 현 시점에 아이들에게 실질적으로 필요한 프로그램을 직접 기획한다. 창의 융합 캠프에서 초, 중학생을 대상으로 언플러그드코딩, 3D 펜 이용 입체 만들기, 오조봇 활용 코딩 등 4차산업 관련 전문성을 보여주는 프로그램을 진행한 바 있다. 이러한 융합과학분야뿐만 아니라 창의 수학, 토론 논술 등 창의체험교과분야, 공예, 에코디자인, 요리 등 특기적성분야 교육도 방과 후 학교 프로그램으로 진행하고 있을 만큼의 역량을 가지고 있다.

또한 현 공교육에서의 코딩 교육의 문제점을 지적하고 이에 필요한 대안을 마련하고자 자체 연구를 진행하고 있다. 이사장은 인터뷰에서 "한국에서는 4차 산업에 대한 해석이 잘못된 방향으로 가고 있다. 컴퓨터가 반드시 있어야 한다고 생각하고, 기술적인 측면에서의 코딩 교육을 하고 있다. 그러나 해외 사례를 연구해보니 특히 일본의 경우 인문학적 측면에서 접근하고 있다. 중요한 것은 기술적 접근만이 아닌 컴퓨팅적 사고력이며 이는 창의력과 적응력을 키우는 게 관건이다"라고 밝힌 바 있다. 관에서 기획한 청소년 교육 프로그램을 3년간 진행한 바 있는데, 그 LTI 사업을 진행할 때도 이러한 고민을 담아, 환경, 인문학, 창의력을 위주로 한 4차 산업 대비를 방향으로 잡았다고 한다.

그리고 소수의 조합원이지만, 회계 관리, 홍보 영업, 외부 네트워크(협력사업), 교육 총 4개의 부서와 이사회로 체계적 조직 구성을 가지고 있다. 한 부서에 세명 정도의 활동가가 속해있으며, 자신의 본업인 강사활동 외의 시간에 해당 부서 일을 나누어 부담하고 있는 형태이기에 1인당 업무 부담률이 높은 편이지만, 그만큼 단순한 강사들의 조합을 넘어서 관련 사항들에 적절히 대비할 수 있는 전문적 체계를 갖추고 있음을 보여준다.

3) 영향력

(1) 현재기여도

해오름은 3년간 '청소년 직업체험 LTI 프로젝트' 사업에 참여하는 등 관과 연계된 아동·청소년 진로 관련 행사를 운영하고 있으며, 마을강사로서 아동·청소년 방과후 교육, 진로 체험 프로그램을 진행하고 있다. 공교육은 주어진 커리큘럼 내에서 진행되어야 하며, 교사 한 명이 많은 학생들을 보아야 하는 구조이기에, 현시대 흐름에 즉각적으로 반응하기 어렵다. 그렇기에 해오름은 현시대 흐름에 맞춘 진로 프로그램, 아이들의 학습 욕구를 채울 수 있는 다양한 교육들, 또한 방과후 돌봄의 부재를 보완할 방과후 교육 프로그램을 진행하고 있다는 점에서, 광진구 마을교육공동체로서 광진구 공교육을 보완, 발전시켜가는 단체라고 볼 수 있다.

광진구 이웃 만들기 사업에 협력하여 창의계발지도사, 드론항공지도사, 생명/실험과학지도사, 3D지도사 등 10여 개의 지도사 과정을 운영하였고, 성인들의 정서적 안정과 삶의 질 향상을 위한 힐링 프로그램으로써 가죽공예와 타피스트리 교육 프로그램 등, 아동·청소년뿐만 아니라 성인을 대상으로 한 평생교육도 진행하고 있다. 역량이 강화된 강사들은 자체적으로 강사 양성 프로그램을 진행하고 있는데, 올해는 50+ 인생 이모작 공모사업에도 선정되어 해당 프로그램을 기획하고 있는 단계이다. 이러한 프리랜서 강사 양성은 경력단절여성의 재교육과 일자리 제공에도 기여하며, 점차 시기가 당겨지고 있는 퇴직과 연장되고 있는 수명 사이에서의 혼란을 겪고 있는 세대들에게 새로운 직업적 전문성을 키울 수 있는 방안을 제시해준다.

(2) 미래가능성

4차 산업혁명 시대를 살아갈 현세대 아이들에게, 지금의 공교육은 일방적인 하달의 형태를 띠고 있어, 아이들의 사고력과 창의력 증진에 도움을 주지 못하고 있다. 그러나 조직적이고 제도적으로 체계화된 공교육은 현 사회 흐름을 즉각적으로 수용하기 어려운 구조이므로, 학교 밖 교육과의 연계가 절실한 상황이다. 이런 상황에서 해오름은 단체 스스로 교육에 대한 비전을 제공하고, 이를 아동 청소년에게 제공하고자 하고 있으며, 밖에서 정규과정의 한계를 지적하고, 세미나와 포럼 등을 통해 해당 사항을 함께 논의하고자 한다. 당장은 구체적 비전과 실천 방향 및 프로그램이 기획된 바는 아니지만, 해당 논의를 관과 학교, 여타 교육공동체들과 함께함으로써 보다 바른 방향의 교육을 설정할 수 있게 한다는 지점에서 기대되는 바이다.

3. 분석 결과

1) 긍정적 평가

해오름의 가장 큰 장점은 전문성이다. 처음에는 아동·청소년 교육이 위주였지만, 소속 강사들의 다양한 전문 분야와 단체 내에서의 역량 강화로 인해 진로 체험 프로그램, 성인 강사 자체 양성 교육까지 발전해나갔다.

또한 교육에 대한 문제의식과 비전 설정 또한 해오름의 중요 특징이다. 해오름은 올바른 교육을 하고 싶다는 강사들의 생각이 모여져 만들어진 단체이기에, 바른 교육이 무엇인가에 대해 끊임없이 토론하는 공간이다. 김현주 이사장은 인터뷰에서 자신이 본 교육 관련 영상들 중 가장 인상 깊었던 말은 '19세기 교실에서, 20세기 교사들이, 21세기 아이들을 가르치고 있는 것이 우리나라 교육의 문제점'이라고 하였다. 현 공교육의 일방적이고 하달 방식의 문제점을 지적하고, 현 시대 흐름에 맞춘 창의적 사고력을 갖춘 아이들을 키워내기 위해 무엇이 필요한지 고민하고, 실제 대책을 마련하고자 하는 지점에서 여타 마을공동체와의 차별성을 보여준다.

사업뿐만 아니라 광진구 교육의 방향을 고민하는 자리에 함께하여 함께 비전을 설명하는 일에도 힘쓰고 있다. 김현주 해오름사회적협동조합이사장은 광진구청과 서울시교육청이 주최하고 서울시립 광진청소년수련관이 주관한 '제1회 광진구 청소년 진로교육 정책토론회'에 발제로 참석하였고, (가칭)미래 교육 센터를 만들자는 외부와의 논의, 관련 논의를 위한 포럼 및 간담회도 개최한 것들은 그러한 고민을 보여주는 행보이다.

또한 여타 강사 조합 및 기업들과 달리, 소속 강사들의 납부의 자발성을 존중해주는 구조, 그러면서도 정보나 여타 프로그램에서 소속원들에게 차등을 두지 않는 개방성이 인상적인 지점이다.

2) 한계점

해오름은 지금까지의 행보를 보면 관의 공모사업에 적극적으로 지원하는 편이라고 보여진다. 그러나 요즘은 행정적 부담이 커서 구청 공모사업을 꺼리는 편이라고 한다. 단체가 구청에 공고로 올라온 사업을 보고, 그에 맞춰 기획한 바를 형식에 따라 제출하고, 선정되면 보조금을 지급해주는 형태로 진행하는데, 사업의 규모와 무관하게 이에 필요한 행정 절차상 서류가 많고 복잡하다고 한다. 해오름은 상근자가 없고 사무국을 별도로 마련하고 있지 않기에, 조합원이 시간을 따로 내어 이 요구되는 서류들을 틈틈이 작성해야 한다. 국가 예산을 다루는 일이기에 이는 매우 중요한 일이지만, 지원해주는 인력도 없는 상황에서 아예 공모사업 자체를 망설이게 된다고 한다.

행정 사무 측면에서의 인력뿐만 아니라, 연구활동에서의 인력 부담도 큰 실정이다. 올바른 교육이 무엇인지에 대한 방향성을 잡고자 포럼, 간담회도 개최하기도 했으며, 특히 해오름은 빠르게 변해가는 4차 산업혁명의 속도에 맞춰가지 못하는 공교육의 한계를 극복하고, 기술적 측면을 넘어선 인문학적 능력과 분석을 필요로 한다는 문제의식하에 관련 해외 사례 조사 등 심도 있는 연구를 하고자 한다. 그러나 부족한 인원 탓에 시간이 오래 걸리고 구체적 비전을 세우지 못하고 있는 지점에서 아쉬움을 표하고 있다.

V. '마법방과후' 사례 연구

1. 사례 소개

마법방과후는 중곡동 아차산 자락에 위치하여, '즐거운 어린이집'이라는 공동육아 협동조합으로 시작하여 그곳에 다니던 아이들이 초등학교에 진학하자 초등학생 아이에게 알맞은 방과후 프로그램을 제공하기 위해 새롭게 창설되었다. 현재 '즐거운 어린이집'은 이후 생긴 '산들 어린이집'으로 합쳐져 현재는 산들 어린이집으로 통합되어 운영 중이다. 마법방과후의 기본 형태인 공동육아 협동조합은 오늘날 맞벌이 부모들이 아이가 하교한 후 어디에서 무엇을 할 것이며, 간식은 어떻게 챙겨줄지, 휴교일에는 어디에 맡겨야 할지 등 현실적인 고민에서 출발하였다.

마법방과후는 부모와 교사, 아이들이 함께 만들어 나가는 생활교육 공동체로서 '터전'이라는 공간에서 숙제도 하고 놀이도 하고 간식도 먹으며, 나들이를 나가기도 한다. 원장이 운영하는 학원의 형태가 아닌, 부모로 구성된 조합원들이 직접 소유하고 직접 운영하며 모든 의사결정과정에 참여한다.

단오제, 바자회, 모꼬지, 들살이, 긴나들이 등 다양한 외부활동 역시 진행함으로써 아이–부모 간의 친밀도를 높이며, 최근에는 4차 산업혁명이라는 새로운 교육 물결 속에서 그들만의 방법을 통해 아이들에게 적합한 교육을 제공한다. 사교육 금지라는 원칙을 세워 '창의융합형 인재'를 키워낼 방법을 도모한다. 의사소통(Communication), 협력(Collaboration), 비판적 사고(Critical Thinking), 창의력(Creative)이라는 4Cs를 함양할 수 있도록 한다.

현재 오후 7시까지 아이들을 돌보면서 돌봄과 간식을 제공하고 방학에도 운영하여 시간당 4천 원의 합리적인 교육비로 부모들이 아이들을 마음 놓고 맡길 수 있다.

2. 사례 분석

1) 네트워크

(1) 공간

마법방과후의 경우 '터전'이라는 공간개념이 존재한다. 설립 초기에는 자급자족이라는 특성상 적당한 터전을 찾기 위해 잦은 이사가 있었다고 한다. 현재의 시설 역시 수도, 전기, 도배 등의 수리 작업을 직접 조금씩 해나가면서 유지보수 중이기는 하지만 근본적으로 열악한 조건 탓에 한계가 있다. 전체적인 리모델링 혹은 새로운 터전으로의 이주가 가장 이상적인 방법이지만 금전적인 측면에서 어려움이 있다. 특히 아이들이 이용하는 시설이기 때문에 안전보장의 측면이 매우 중요하지만 통학로에서도 경사가 과도하게 가파르고 인도가 부분부분 설치되어 있지 않아 매우 위험한 상태이다. 관의 지원이 가장 필요한 부분 역시 공간 지원이지만 현재 관과의 협력이 거의 없어 난항을 겪고 있다.

한편 터전 밖에서 실시하는 단오제, 바자회 등과 같은 행사와 관련해서는 인접한 동의초등학교와의 협력 체계가 잘 구축되어 있다. 동의초등학교 학부모로 구성된 조합원의 특성상 학교 측에서도 적극적으로 운동장 등을 대여해주면서, 좋은 협력 관계를 유지 중이다.

(2) 자원

마법방과후를 운영하는 데 필요한 자원은 재정적인 측면과 인력자원적인 측면으로 나뉜다. 먼저 재정적인 측면에서는 현재 조합원들이 직접 조합비를 납부하여 운영하는 형태로 운영되고 있다. 따라서 조합원의 수가 늘어날수록 안정적인 재정자원의 확보가 가능한 상태이다. 즉 재원을 확보할 수 있는 조합 외적인 네트워크가 전혀 구비되어 있지 않다는 뜻이다. 구청 혹은 교육청 등에서 실시하는 사업에 참여하거나 민관학 간의 중간지원 조직으로부터 받는 예산이 전혀 없어 재정적인 차원의 네트워크는 미비하다고 볼 수 있다.

인력적인 측면은 아이들을 담당하는 교강사의 충원을 통해 살펴볼 수 있다. 현재 교사 1명당 담당하는 아이의 수가 10명을 넘다 보니 어려움이 있을 것이라고 느껴질 수도 있으나, 요일별 프로그램을 진행할 때에 근처에서 외부 강사를 초빙함으로써 아이들에게 전문적인 교육을 진행하고 있다는 점이 높게 평가된다. 특히 광진구 어린이대공원역 근처에서 택견 도장을 운영 중인 전문가를 섭외한다거나 하는 방식을 통해 지역 전문가들과의 협력을 꾸준히 쌓아가고 있다.

(3) 협력

현재 마법방과후는 상설형태의 협력 구조는 갖추고 있지 않다. 공동육아 방과후 공동체와의 교사나 조합원들의 개인적인 네트워크는 있으나 지인 수준에 머물고 있다. 또한 마법방과후가 주최하는 행사에 조합원이 아닌 마을주민들이 참여를 가능하게 하고 있으나, 그 참여율이 저조한 것으로 알려져 있다. 다만 행사를 진행할 때에 동의초등학교와의 협력망이 잘 구축되어 있고, 단오제와 바자회를 진행할 때에는 '아름다운 학교' 및 '광진사회네트워크'와 협력하기도 하며 2019년 6월 공동육아 사회적 협동조합이 창립 예정되어 있어, 기대되는 바다.

2) 조직 안정성

(1) 민주성

마법방과후의 '민주성'은 '구성원 간의 신뢰'와 '관계의 수평성'을 통해 분석할 수 있다. 먼저 신뢰의 측면에서 보면, 아이들이 어린이집을 다닐 때부터 긴 시간을 함께하면서 생활공동체가 형성되었다고 볼 수 있다. 구성원들은 가족 단위의 조합이기 때문에 1차집단에 가까우며, 구성원 간의 신뢰도는 자연스럽게 높아졌다. 또한, 주기적인 모꼬지(MT), 나들이 활동 등을 통해 쌓아온 높은 친밀도를 바탕으로 부모와 부모, 부모와 아이, 아이와 아이의 모든 관계의 유대감 역시 매우 높다.

한편 마법방과후의 관계의 수평성은 그 의사결정 구조를 통해 알아볼 수 있다. 기본적으로 모든 의사결정 구조는 직접 민주주의의 형태를 띠고 있으며 한 달에 한 번 운영위원 4명과 교사대표 1명이 참여하는 운영위원회를 실시하여 전반적인 일정과 예결산안 등을 처리하고 있다. 또한 가구당 1명씩 총 18명과 교사 2인이 참여하는 방모임(전체모임)을 실시하여 운영위원회의 회의 내용을 전달함은 물론 다양한 의견을 수렴함으로써 수평적인 의사결정 구조를 구축해 나가고 있다. 운영위원직은 모든 조합원이 순차적으로 담당하며 운영비 역시 모든 조합원이 공평하게 분담하고 있다. 또한, 아이들만의 의사결정 구조 역시 매우 수평적이고 독특하다. 아이들은 모둠회의를 실시하여 직접 주계획을 수립하고 프로그램의 세부 활동들을 결정한다. 일례로는 바자회를 실시한 후 수익금을 기부하는 과정에서 아이들이 직접 회의를 통해 기부단체를 설정할 정도로 아이들에게도 민주성을 함양할 기회가 주어지고 있다. 이외에도 구성원들이 각자의 별칭을 정해 이름을 부르거나 높임말을 사용하지 않고 친근하게 다가감으로써 관계의 수평도를 높이고 있다.

(2) 자립도

마법방과후의 조직 자립도는 경제적 안정성과 참여자들의 주인의식 측면에서 분석할 수 있다. 먼저 마법방과후의 경제적 안정성은 높다고 보기 어려운 상태이다. 운영에 필요한 모든 비용을 조합원들이 직접 충당하기 때문에 개인의 부담이 크고 부담을 줄이기 위해서는 현재로서 조합원의 증가만이 유일한 해결책이기 때문에 운영비 조달 구조에 변화가 필요한 상태이다. 당장의 재정적 안정도가 낮진 않지만, 조직의 지속적인 운영을 위해서라도 더욱 그러하다.

반면 마법방과후 참여자들의 주인의식은 매우 높게 평가된다. 마법방과후의 설립 과정을 살펴보면, 즐거운 어린이집과 산들어린이집이 그 시초라고 할 수 있다. 공동육아 협동조합의 설립 목적이 맞벌이 부부 증가로 인한 돌봄의 부재라는 점과 그 운영방식에 있어서 모든 것을 부모조합원들이 직접 행동하고 있다는 점으로 미루어 보았을 때 참여자들의 주인의식은 자연스럽게 높아졌다고 볼 수 있다. 실제로 시설의 유지보수는 물론 의사결정 역시 모든 참여자들이 참여하도록 유도하며 '월별 아마(아빠엄마)'라는 제도를 통해 일일교사의 역할을 수행하기도 한다.

(3) 전문성

마법방과후의 전문성 정도는 교사의 전문적 지식과 효능감, 그리고 공동체의 조직 체계성을 통해 살펴볼 수 있다. 먼저 교사들은 현재 짧게는 7개월 길게는 16년간 근무하면서, 매월 운영위원회에 참여하고 신입 교사의 경우 연수를 받아 교사로서 갖추어야 할 지식을 교육받는다. 또한 1년에 총 4번 공동육아 교사 간의 회의를 진행하는데, 이때 2번은 공동육아 어린이집의 교사들도 참여하여 공동육아 공동체와 커리큘럼의 발전 방향을 모색한다. 교사들의 주된 업무는 단순 교육뿐만이 아닌 아이들의 안전관리와 자기주도성 함양에 있다. 아이들이 자신의 생각을 직접 개진할 수 있도록 조력하기 위해서 교사들은 아이들의 눈높이에 맞춰 수평적인 관계로 다가가며, 존칭을 강요하지 않는다.

이러한 과정을 통해 교사들이 느끼는 효능감 역시 매우 높다. 아이들의 강점을 높은 민주성과 자기주도성으로 꼽으면서, 동아리 활동에서 서로 멘토멘티를 자청한다거나 자연스럽게 교육과 학습의 원리를 이해하기도 하는 등 민주적 의사소통 방식에 있어서 뛰어난 모습을 보인다고 말한다. 졸업 후에도 중학교, 고등학교로 진학하여 사교육 없이 스터디그룹과 같은 자기주도 학습을 계속해 나가는 등 '특별히 다르진 않지만 특별한 아이들'로 자라나는 모습을 보며 뿌듯함을 느낀다고 말한다.

공동체의 조직 체계성 측면에서 바라본 마법 방과후는 다소 양면적이다. 운영위원회는 운영위원장, 운영 이사, 재정 이사, 시설 이사, 교사대표로 구성되어 있으며 민주적인 구조를 갖추고 있다. 하지만 현재 아이들의 수가 3학년은 0명이라는 점에서 알 수 있듯이 매년 신입생의 수가 늘어나고 있지 않고, 공동육아 어린이집 출신이 아닌 아이들은 거의 들어오지 않고 있어, 지속적인 조직 발전을 위해서 규모의 확대가 필요할 것으로 보인다.

3) 영향력

(1) 현재기여도

마법방과후는 10년 이상 운영을 지속하면서 이 시대의 맞벌이 부모들이 갖는 고민을 해결하는 데서 시작하였다. 현시점 마법방과후가 지역사회에 가장 크게 기여하고 있는 것도 바로 그런 것이다. 아이들은 방과 후에 학원으로 가는 것이 아닌 친구들이 있는 놀이 공간이자 생활공간으로 모여 함께 간식을 먹고 공부를 한다. 별거 아닌 것처럼 느껴질 수도 있지만, 아이들은 간식을 무엇을 먹을지 어떻게 먹을지도 직접 회의를 통해 결정하며, 간식 도우미를 맡아 간식을 나르고 정리한다. 놀이 활동 역시 아이들의 진지한 토의 결과이며 모든 프로그램 하나하나에 아이들의 의견이 적극 반영되어 있다. 아이들이 직접 만들어나가는 시스템은 아이들에게 그 어떤 것보다 효과적인 정치 교육을 담당하고 있다.

(2) 미래지향성

마법방과후가 현재 가장 크게 기여하고 있는 바가 아이들의 효과적인 정치교육이라면, 그것은 결국 미래에는 아이들의 올바른 민주적 시민의식 함양으로 이어질 가능성이 높다. 작은 산동네에서 아이들은 현재의 공교육 시스템이 최우선 목적으로 하고 있지만 쉽게 성공하지 못하고 있는 교육 목표를 놀이를 통해, 토론을 통해 이루어 내고 있다. 지향하는 가치는 분명히 긍정적이고 현재로서 그 가치를 잘 실현하고 있긴 하지만, 미래에도 이러한 가치실현을 계속하려면 조직의 지속가능성을 높여야 한다. 그렇기에 현재의 폐쇄적인 구조나 높은 진입장벽은 조직이 미래로 나아가는 데 걸림돌이 될 수도 있다. 만일 현재 마법방과후가 실현 중인 다양한 가치를 보다 많은 지역주민들의 참여를 통해 지역사회 전반으로 넓혀나갈 수 있다면, 미래지향적 인재 양성에 큰 기여를 할 수 있을 것으로 기대된다.

3. 사례 분석 결과

1) 긍정적 평가

종합해보면 마법방과후의 가장 큰 장점은 조직의 민주성이다. 부모조합원들부터 아이들의 모둠회의까지 모든 의사결정 기구는 직접 민주주의 형식을 통해 조직의 운영방식을 결정한다. 관계는 수평적이며 덕분에 구성원들 간의 친밀도와 신뢰도 역시 매우 높다.

이러한 분위기는 아이들에게 고스란히 전해진다. 아이들은 나이답게 행동하지만, 절대로 나이답지 않은 모습 역시 보여준다. 누가 시켜서 하는 것은 거의 없으며 직접 먹을 것, 놀러 갈 곳, 나아가 이번 주에는 무엇을 할지, 기부는 어디에 할지와 같은 것들을 단순히 정하고 우기기보다 진지하게 서로의 의견을 듣고 민주적으로 결정한다. 덕분에 자연스럽게 민주적 의사소통 방식이 무엇인지 깨닫게 되며, 서로가 서로에게 배우고 가르친다.

이와 같은 모습은 아이들과의 인터뷰에서도 발견할 수 있었다. 보통 이 나이대의 아이들은 무엇을 물어보면 질서 없이 대답하거나 주장에 근거를 두지 않곤 한다. 하지만 이 아이들은 무엇이 좋은지에 모두 이유가 있었고, 발표할 때에는 발언권을 얻어야 한다는 것이 몸에 배어 있었다. 모든 것이 모둠 회의를 통해 직접 결정한 사안이다 보니 아이들의 추억으로 깊게 자리 잡고 있었다.

자기 주도적이고 창의적인 학습이 무엇인지까지 주입식으로 교육하는 시대에서 아이들이 작은 산동네에서 누구보다 자연스럽게 가장 이 시대가 요구하는 융합인재로 거듭나고 있는 곳이 바로 마법방과후였다.

2) 한계점

조직이 실현하고 있는 가치는 매우 의미 있다고 평가되지만, 여러 가지 현실적인 한계점 역시 존재한다. 노후화된 터전은 조금씩 일일이 수리해야 하며, 아이들이 통학하는 길 역시, 곳곳에 위험한 요소가 자리 잡고 있다. 아이들과의 인터뷰에서도 가파른 경사와 빠르게 다니는 자동차들이 불편하다는 이야기가 많았다. 또한, 아이들이 초등학교를 졸업하고 중학교에 진학하였을 때 근처에 중학교가 거의 없어, 지역을 떠나 이사를 하거나 뿔뿔이 흩어지게 된다는 점 역시 부모 조합원들이 아쉬운 점으로 꼽는 부분이었다.

네트워크 구축 역시, 아직은 상설형태의 연결망이 구축되어 있지 않고 최근의 흐름인 민관학 거버넌스의 모습 역시 아직은 찾아보기 힘들다. 구성원들 역시 동의초등학교의 학생과 학부모들로만 이루어져 있어 마을 전체의 참여율이 낮은 편이다. 참여율의 저조는 곧 금전적인 부담으로 이어진다. 조합원들이 조합비를 자체적으로 충당하고 있는 시스템상 조합원의 수가 곧 재정적 안정도와 비례하게 된다. '사교육 절대 금지'라는 원칙으로 인해 타 학부모들은 가입을 주저하게 되고, 조합 차원에서도 타협점을 찾기 위해 노력 중이다.

모든 풀뿌리 조직이 그러하듯 재원의 확보는 쉽게 해결할 수 있는 상황이 아니다. 관의 협력을 받게 된다는 것은 곧, 사업의 주도권을 어느 정도 내려놓아야 한다는 것이기 때문에 자립적인 생태계를 구축하기 위해서도 관의 협력을 선뜻 받아들이기 힘든 상황이다.

VI. 의의 및 시사점

위의 지표별 분석을 통해 살펴본 해오름사회적협동조합과 마법방과후의 사례는 각기 다른 긍정적인 측면과 한계를 보였다. 두 단체의 성격 차이로 인해 생긴 장단점의 차이는 있었으나 두 단체를 통해 광진구 마을교육공동체가 갖는 공통적인 의의와 시사점 역시 발견할 수 있다.

먼저 두 단체는 이 시대가 요구하는 공교육의 가치를 실현하면서, '지역사회의 교육과 돌봄에 대한 고민'을 해결할 수 있는 적절한 대안을 제시하였다는 데에서 가장 큰 의의가 있다. 4차 산업혁명 시대에 필요한 융합인재 양성, 고령화시대에 따른 평생교육 활성화 등과 같은 교육 목표를 실현하고, 합리성이 지배하는 삭막한 현대사회 속에서 민주적 의사소통 방식을 탑재하고 민주시민 의식을 함양한 미래 인재를 키워나감으로써 마을공동체를 키워나간다. 또한, 교육으로 인해 끊임없이 고민하고 있는 많은 사람들이 모여 직접 고민을 해결한다는 점에서 풀뿌리 차원의 민주주의를 발전하는 데에도 큰 기여를 하고 있다. 이러한 실천들이 더 많은 지역사회로 확대되고 더 높은 차원의 영역으로 이어져 나간다면 다양한 사회문제와 병폐를 해결하는 데에도 앞장설 수 있을 것으로 기대된다.

하지만 이러한 비전을 실현하고 확장해 나가기 위해서 해결해야 할 과제 또한 존재한다. 그중 광진구 마을교육공동체가 당면한 가장 보편적인 어려움은 '관과의 협력'이다. 단순히 연결고리를 찾지 못한다거나 협력할 만한 사항이 없는 것은 아니다. 재정적인 부분이나 사업 진행 전반에 걸쳐 민과 관이 협력할 수 있는 부분은 다양하다. 민은 관의 지원을 받고, 관을 그를 통해 다양한 수확을 얻을 수 있다고 일반적으로 생각할 수 있으나, 오히려 민은 관의 지원을 꺼려하는 경향이 있다. 재정지원을 한번 받는 데에 필요한 서류와 절차는 매우 복잡하며, 그 금액은 매우 미미한 수준이다. 혹여 지원을 받게 되었을 때에는 사업의 방향성이나 주도권이 관에 의해 좌지우지되는 경우가 많다. '관' 측에서는 예산을 투입하여 일정 수준의 가시적인 결과물을 만들어 내는 것을 중요시할 수밖에 없기 때문에 과정을 우선시하는 '민'의 비전과 괴리가 발생한다. 이러한 괴리 현상을 극복하기 위해서 가장 필요한 것은 체계적인 중간지원조직과 상호 신뢰일 것이다. 현재 광진구에는 교육분야에서 민과 관을 연결해 줄 수 있는 이렇다 할 중간지원조직이 존재하지 않는다. 다양한 네트워크 단체가 존재하지만 사업의 주도권을 놓고 민과 관은 서로 접촉을 기피 하고 있다. 기존의 다양한 네트워크와 공동체 연합은 '민'의 비전을 관에 충분히 전달하여 공동체의 생태계를 파괴하지 않는 선에서 지속가능한 발전을 도모할 필요가 있다. 나아가 역량의 범위가 큰 '관'은 다양한 조직을 새로이 연결하고 지원함으로써 새롭고 보다 발전된 마을교육공동체 조성에 힘쓴다면 비로소 시대의 흐름에 걸맞은 '민관학 거버넌스 체제' 구축이 가능할 것이다.

참고문헌

김미라. 2018. 「마을교육공동체의 활동체제 분석: 문화·역사적 활동이론 관점에서」. 전남대학교 석사학위논문.

김정현. 2019. 「'마을교육공동체' 사업 네트워크 구조와 성격에 관한 연구−경기도 S시 혁신교육지구사업을 사례로」. 서울대학교 대학원 석사학위논문.

박익수. 2002. 지방재정자립도 측정방식의 개발에 관한 연구 = (The) study on the development of measuring the degree of local finance independence」. 경기대학교 대학원 박사학위논문.

박영란. 2018. 「마을교육공동체 운영사례분석: 고산향교육공동체 사례를 중심으로」. 전북대학교 교육대학원 석사학위논문.

양선아. 2019. "아이들 '주관적 행복지수' OECD 꼴찌 수준…언제쯤 오를까?" 『한겨레신문』 2019. 5.14. http://www.hani.co.kr/arti/society/society_general/893814.html

이태동. 2017. 『마을학개론: 대학과 지역을 잇는 시민정치교육』. 푸른길.

전혜미. 2010.「초등교사가 인식하는 교직전문성이 교사효능감, 교직헌신도에 미치는 영향」. 고려대학교 교육대학원 석사학위논문.

최지인. 2017.『마을교육공동체의 운영 현황 및 개선 과제』. 국회입법조사처. 서울.

홍지오. 2017.「마을교육공동체의 효율적 구축을 위한 주민자치 실천방안 탐색연구」. 한국외국어대학교 교육대학원 석사학위논문.

Jurgen Habermas. 1987. "Theorie des kommunikativen handelns."

부록

〈인터뷰 개요〉
인터뷰 대상자: 김현주 해오름사회적협동조합 이사장
참석자: 문진주, 장유진
일시: 2019년 5월 22일 수요일 11:00~12:30
장소: 서울특별시 광진구 광나루로 35길 29

인터뷰 대상자: 정진영 마법방과후 학부모 및 담당자
참석자: 김종호, 박주영
일시: 2019년 5월 23일 목요일 13:00~14:00
장소: 서울특별시 광진구 구의2동 662 아차산한라아파트 자택

인터뷰 대상자: 김주연 외 4인 마법방과후 학생
참석자: 김종호, 박주영
일시: 2019년 5월 23일 목요일 15:00~15:30
장소: 서울 광진구 자양로50길 76

인터뷰 대상자: 김연홍, 김현주 마법방과후 교사
참석자: 김종호, 박주영
일시: 2019년 5월 23일 목요일 15:30~16:30
장소: 서울 광진구 자양로50길 76

1. 해오름 현장 방문 사진

2. 마법방과후 현장 방문 사진

마을공동체와 협동조합의 만남: 문화예술교육 협동조합
- '함께누리'를 중심으로 -

건국대학교 정치외교학과 류명하, 신유정, 홍푸름
건국대학교 응용생물과학과 구본경
건국대학교 철학과 이윤하

Ⅰ. 들어가는 말: 광진구와 함께누리

  광진구는 1995년 성동구로 분구되어 2019년 현재까지 24년간 지방자치를 실행했다. 현재 약 35만 명의 주민이 거주하고 있으며 어린이대공원과 건국대학교, 세종대학교, 장로교신학대 등 세 개의 대학교를 가지고 있다. 또한 동화축제, 대학축제 등 다양한 주민 콘텐츠를 가진 자치구로 성장했다. 특히 학생들이 많이 거주한다는 특징으로 주민의 평균 연령은 서울시 평균 42.3세보다 0.8세 어리다.

  이러한 광진구의 젊고 활력 있는 주민 구성을 바탕으로 광진구청은 마을공동체 사업에 2012년 초기부터 참여하여 지속적인 확장을 이루어 왔다. 그러나 마을공동체와 관련된 곳이 서울시 자치구 평균에 비해 약 25개 정도 부족한 실정으로 시민참여에 대한 관심이 부족한 것으로 나타났다. 이에 민선7기 광진구의 행정은 2018년부터 마을공동체–사회적경제–민관협치 부문에 본격적인 성장을 이루기 위해 사업을 추진하고 있다.

한편 중앙 정부는 2012년부터 사회적 경제 영역에 관한 제도화와 사회적경제 조직에 대한 인증과 예산지원을 추진하고 있다. 이를 통해 복지 및 보건, 일자리 사업 등에 있어서 기존에 중앙정부가 해결하기 어려웠던 문제들을 지역사회 단위에서 유연하게 대응하고 지방정부가 주도적으로 역할 수행할 수 있도록 분권화를 추진하고 있다. 이에 광진구는 민선 7기의 시작인 2018년부터 사회적경제 조례제정과 행정 조직개편을 통해 지원체계를 확장했다.

함께누리는 마을공동체로서의 특징과 사회적 경제 조직의 특징을 동시에 갖춘 독특한 사례이다. 본 연구에서는 마을공동체 성격을 바탕으로 발전한 협동조합인 광진구 '함께누리 협동조합'(이하 함께누리)에 대해 주목하고자 한다. 함께누리는 5년 전 학부모들의 모임으로 출발하여 마을공동체 – 사회적 경제협동조합으로 성장했다. 협동조합 정관을 통해 보자면 문화예술활동과 학생과 주민의 바른 먹거리 확보를 통해 사회공헌과 삶의 질 향상을 추구한다. 구체적으로 이 조직의 사업추진 방식은 참여 학생들에게 문화예술교육을 제공하고, 학생들의 지역 공연활동을 통해 지역에 다양한 문화콘텐츠를 제공한다. 한편, 협동조합의 주 구성원인 어머니들이 중심으로 샌드맘을 결성하여 어린이와 청소년들을 위해 안전 먹거리를 판매하고, 지역행사등에 케이터링 서비스를 제공하는 등의 수익 활동을 추진한다. 이로써 함께누리는 다양한 계층이 문화를 생산하고 소비하는 데 기여하며, 한편으로 공공차원의 문화예술 활동을 통해 문화 예술인들의 안정적인 활동을 지원한다. 또한 바른 먹거리 문화 사업을 통해 모든 계층에게 바른 먹거리 서비스를 제공함으로 안전한 먹거리 문화 발전에 기여한다.

이러한 함께누리의 성장과정은 광진구뿐만 아니라 전국의 마을공동체가 자생력을 가진 조직으로서 어떻게 성장해야하는지에 대한 충분한 응답이 될 수 있다. 이에 본 논문에서는 참여관찰기법으로 마을공동체로서의 함께누리와 사회적 경제 측면에서의 함께누리를 살펴보고 논자들의 분석틀을 바탕으로 함께누리의 조직과 활동을 평가하고 그 성공요인을 분석하고자 한다.

Ⅱ. 선행연구 검토

기존 마을공동체 연구와 사회적 경제 영역의 연구는 분절적으로 연구되었다. 이는 시민사회의 발전과정 초기에 다양한 주체들을 발굴하기 위해 그 주체가 가진 양상과 성격을 구체화하기 위한 과정이었다. 우선 민-관 협치, 민-민 협력 그리고 마을공동체 등의 기존의 시민사회의 영역의 다양한 모습을 정의내리는 다양한 시도들을 살펴볼 수 있다. 그중 시리나이(2009)는 협력적 거버넌스 모델을 제시한다. 이것은 8개 핵심원칙으로 민관의 공공재 공동생산, 지역자산동원, 전문지식 공유, 공적심의 촉진, 지속적인 파트너십 구축, 전략적 네트워크 확보, 정부의 제도적 문화변혁, 상호 책임성 강화를 제시했다. 한편 Fung and Wrigh(2003)는 EPG모델을 제시하여 사회문제에 관한 이해관계 당사자인 시민들이 자발적으로 참여하여 상호 토론 및 설득을 통한 문제해결을 지향하는 것을 출발점으로 삼았다. 나아가 이 과정에서 의사결정 및 정책 집행에 대한 실질적인 권한을 중앙정부에서 지방정부로, 지방정부에서 시민으로 이전하되, 기존 조직이 심의 집단으로 재편성되어 올바로 기능할 수 있도록 민관 차원의 감시와 조정을 통해 상호 책임성을 강화한다는 것이 기본디자인이다. 한편 스미스(2009)는 민주주의 혁신사례를 비교 평가하기 위해 6가지 요소를 제시했다. 이는 구체적으로 포괄성, 시민의 권한, 숙의에 의한 판단, 투명성, 효율성, 확장성으로 살펴볼 수 있다. 이들 연구는 시민의 참여를 토대로 국가 운영방식의 재고에 대하여 논했다는 점에서 민-민, 민-관의 운영방식에 대해 고민을 했다는 특징을 지닌다.[11]

그렇다면 무엇을 위해 마을은 공동체가 되었고, 민-관은 무엇을 위해 협력을 하는가? 이에 대해 유창복(2015)은 행정 일방의 힘만으로 해결될 수 없는 복잡

---

11. 한편 오수길(2017)은 한국의 역사적 특수성을 강조하면서 협력적 거버넌스(collaborative governance)와 거버넌스(governance)를 양자는 동일시할 수 없다고 주장한다. 나아가 협력적 거버넌스는 민-관이 협력의 의의를 공유하고 토대와 신뢰를 구축해가는 것이 필요하다고 강조한다.

다양한 사회적 문제들을 해결하기 위해 시민사회의 협력을 강조한다. 이처럼 사회적 위기와 시민사회의 대응이란 모델은 사회복원력 개념을 통해서 구체화 시킬 수 있다. 본래 복원력(resilience)이란 생태학에서 나온 개념으로 시스템 내 외부 충격으로 인해 발생하는 불안정성을 극복하여 시스템 기능을 복원하는 능력을 의미한다(Folke, 2006; 최석현, 2015). 이는 Holling(1995)에 의해 생태학 복원력이라는 "위기로부터 초래되는 혼란을 흡수하고 피해를 최소화하는 시스템 능력"으로 정의되어 Kofinas(2003)와 Ganor(2003)에 의해 '사회 복원력'과 '공동체 복원력'이란 개념으로 확장되어 갔다. 그리고 최석현(2015)은 복원력의 구성요소로 "내구성(Robustness), 가외성(Redundancy), 신속성(Rapidity), 자원부존성(Resourcefulness)"으로 체계화하였으며 그 특징을 〈표 1〉[12]과 같이 정리했다.

〈표 1〉 복원력의 구성요소

구성요소	생태계의 주요 특징
내구성(Robustness)	충격흡수, 완충장치, 분산성, 모듈성
가외성(Redundancy)	여력, 다양성, 적응적 의사 결정 등
신속성(Rapidity)	빠른 자원 동원 협업과 소통, 사회적 자본
자원부존성(Resourcefulness)	풍부한 대안, 임기응변, 창의성, 혁신성

자료: 전대욱 · 최인수(2014))

이렇게 사회문제 해결을 위해 모인 마을공동체는 무엇을 기반으로 하고 있을까? 마을공동체는 기본적으로 사회적 자본의 토대 위에 자리 잡고 있다. 사회적 자본 개념은 퍼트넘[13]에 의해 정리되었다. 그에 의하면 신뢰는 사회적 자본을 구성하는 가장 기본적인 요소로 개인과 단체생활, 공공활동에서의 행태, 태도, 성

---

12. 최석현. 2015. 「자유세션 1: 사회통합; 사회적경제와 지역의 사회복원력」. 『한국사회보장학회 정기학술 발표논문집』, 2호: 1058.
13. Putnam, Robert D. 1995. "Bowling alone: America's declining social capital." *Journal of democracy*. Vol.6 No.1. pp.65-78.

162   시민정치연감 2019

향에 기초가 되는 통합된 개념이다(Putnam, 1993a; 박희봉, 2000에서 재인용). 사람이 사람을 믿고, 사람이 조직을 믿고, 조직이 조직을 믿는 '신뢰'는 한 사회를 존속시키는 핵심적 자본이다. 이러한 신뢰는 '사회성원들이 공동체 혹은 조직에서 공동의 목적을 달성하기 위해 함께 일할 수 있는 능력'을 의미하는 사회적 자본의 핵심적 구성요소가 된다. 일반적으로 신뢰는 일반적으로 한 사회의 공공이익에 이바지하는 것으로 여겨지기 때문에 대표적 사회적 자본으로 여겨지는 것이다. 따라서 마을공동체는 사회적 신뢰라는 토대 위에서 지역사회문제를 해결해나가는 주된 행위자인 것이다.

그렇다면 마을공동체가 현실적으로 자립하기 위해서는 무엇이 필요할까? 한국의 마을공동체는 개념적으로는 마을이 자발적으로 모여 사회적 문제해결과 지역 내 네트워크를 강화를 위해 활동해왔다. 하지만 정부의 예산에 의존해서 사업을 운영할 수밖에 없기 때문에 경직된 사업운영과 주민 피로도 및 행정 피로도 증가의 결과를 낳게 되었다. 때문에 보다 자유로운 사업운영과 지속가능한 마을공동체가 되기 위해서는 행정의 예산에 의존하지 않는 재정적 독립의 필요성이 재기된다.

함께누리는 보다 자율적인 사업운영과 가능성을 모색하기 위해 사회적 경제 협동조합으로 변모했다. 사회적 경제란 사회적 목적을 성취하기 위해 수행되는 모든 경제적 활동을 총칭하는 개념이다. OECD는 사회적 경제를 사회적 혁신과 해결책을 제공함은 물론 경제적 발전을 창출한다고 정의했다. 이처럼 사회적기업은 기존 영리 추구의 기업의 역할과 동시에, 사회적 목적을 우선적으로 추구하는 중간 형태로 자리한다. 사회적기업육성법에서는 이러한 사회적 목적에 대해 '취약계층에게 사회서비스 또는 일자리를 제공'하고 '지역사회 공헌함으로써 지역주민의 삶의 질 개선'하는 것으로 정의 내린다. 이는 영리기업이 주주나 소유자 개인을 위한 이윤 추구를 목표한다는 점과 차이를 가진다.

그럼에도 불구하고 사회적기업이 가지는 가치적 목표뿐만 아니라 수익을 창출하는 기업으로서의 측면을 배제시킬 수 없다. 이러한 점에서 한세억(2017)은 사회적기업의 지속가능한 성장에 주목했고 성공한 사회적기업의 예시를 밝히고자 했다. 그리고 이들을 평가하기 위해 '가치창출 욕구', '행위자의 범주', '행위자의 이해관계', '행위자의 상호작용', '혁신 및 창출결과', '시장흐름과 고객 욕구 파악' 등의 구체적인 기준을 제시했다. 그래서 지속가능성을 가진 사회적 경제 기업은 공동가치창출의 기준과 요소를 충족시키며 사회적 문제해결과 가치창출을 해냈다는 점을 밝힌다.

Ⅲ. 분석틀

앞서 간략히 논한 바와 같이 광진구 함께누리의 성장은 이제까지의 시민사회 조직과 다른 양상을 보인다. 함께누리는 하나의 정체성으로 그들을 규정하지 않고, 문화예술과 교육이라는 주제를 중심으로 성장하고 질적–양적인 발전을 이끌어 왔다. 그리고 이러한 발전 모델은 시민사회 성장의 긍정적 사례가 될 수 있으며, 앞으로 지속가능한 마을공동체를 구성하기 위한 좋은 표본일 될 수 있다. 그래서 본 연구는 고정적인 대상의 정체성을 고정하고 분석하는 기존연구의 틀에서 벗어나 새로운 시민사회의 모델인 광진구 함께누리의 사례를 분석하고자 한다. 이를 통해 본 연구에서는 선행연구를 계승하는 한편, 광진구 함께누리의 특색을 반영할 수 있는 연구 분석틀을 마련했다.

이에 논자들은 마을공동체로서의 함께누리를 살펴보기 위해 우선 (1) 참여[내적민주성]와 (2) 연대성의 개념을 평가의 지표로 삼았다. 양자는 조직의 내적 평가와 외적 평가로 구분할 수 있다. 우선 (1) 참여[내적민주성] 부분에서는 조직 내부의 민주성을 평가한다. 크게 참여–심의–책임성의 분류로 조직의 내적 충원방식, 비조합원의 사업 참여방식, 민주적 심의과정, 평가와 문제해결의 민주성을 살펴볼 것이다. 이어 (2) 시민사회와의 연대성 부분에서는 최석현[14]이 정리한 사회적 복원력의 신속성 측면에 주목한다. 신속성은 빠른 자원동원과 협업과 소통

평가 지표	항목	질문
참여 (내적 민주성)	〈조직 내적 충원방식의 민주성〉	시민들 누구나가 조합원이 될 수 있는가?
	〈민주적 사업 참여방식(비조합원)〉	비조합원(일반참여자)들은 어떻게 참여하는가?
	〈심의 과정의 민주성〉	조합원들 사이의 민주적 의사결정이 이루어지는가?
	〈내부적 평가와 문제해결방식〉	사업의 평가와 문제점 해결은 민주적으로 이루어지고 있는가?
외부 시민 사회와의 연대성	〈시민과의 연대(민-민)〉	민간에 어떤 도움을 주었는가 함께누리의 활동은 민간에 어떤 기여를 하였는가?
	〈행정과의 협업(민-관)〉	함께누리의 활동은 행정의 어떤 고민을 해결주었는가? 행정은 함께누리에 어떤 도움을 주었는가?
	〈행정과의 협업(민-학)〉	함께누리는 지역의 대학교와 어떤 협업을 했는가?
지속 가능성	〈사회적 자본〉	사회문제해결을 통해 시민사회의 신뢰를 얻었는가?
	〈내부조직력 강화〉	조합원의 독려하기 위해 어떤 방법을 사용했는가? 자발적 참여를 위해 어떤 방법을 사용했는가? 참여자 확보를 위해서 어떤 방법을 사용했는가?

그리고 사회적 자본 등의 특징을 포괄한다. 이 개념은 문제해결을 위한 조직의 외적 연계에 주목한다. 그래서 조직이 발굴해낸 사회문제(의제)를 어떻게 공론화시켜서 문제해결에 기여했는 지를 논한다. 더불어 서론에서 밝힌 바와 같이 광진구에 대학교가 2곳이 위치해 있다는 특수성을 고려하여 민-학의 측면에도 주목하고자 한다. 이에 따라 '민-관' '민-민' '민-학' 사이의 협업과 연대를 주된 평가의 대상으로 삼는다.

끝으로 함께누리의 (3) 지속가능성을 평가하기 위해 이 조직이 가진 사회적 자본 축적과 내부조직력 강화를 위한 활동을 살펴본다. 양자의 연구는 새로운 시민 조직이 어떤 방식으로 성장해갈 수 있는지 방향을 제시해줄 수 있다. 그래서 본 연구에서는 참여자의 양적 증가에 주목하며, 어떤 사회적 신뢰를 구축하였

---

14. 최석현. 2015. 「자유세션 1: 사회통합; 사회적경제와 지역의 사회복원력」. 『한국사회보장학회 정기학술 발표논문집』. 2호. 1053-1069쪽.

는지 살펴볼 것이며, 수익활동에 주목하고자 한다. 한세억[15]이 제시한 6가지 분석틀('가치창출 욕구', '행위자의 범주', '행위자의 이해관계', '행위자의 상호작용', '혁신 및 창출결과', '시장흐름과 고객 욕구 파악' 등)와 조직 구성원 및 행사 참여자의 증가 추이를 통해 양적 평가를 진행할 것이며, 동시에 사회적 문제해결과 구성원의 동기부여를 어떤 방법으로 합치시키고 균점을 이루었는지에 대한 질적 평가를 겸하고자 한다.

Ⅳ. 참여(내적민주성) - 함께 만들고 나누고 누리는 세상, 함께 누리

1. 자발적 참여

함께누리는 설립 초기 '아이들의 인성교육'이라는 엄마들의 공통된 관심사와 고민에서 출발했다. 매일 사교육과 시험, 성적으로 내몰리는 아이들이 조금이나마 정서적인 자극을 통해 문제해결능력, 협동심 등을 기르기를 원했던 몇몇 엄마들이 작은 동아리 활동을 시작했다. 이러한 설립 초기의 문제의식에 관해 신혜정 이사장은 다음과 같이 설명한다.

"우리나라 아이들이 '학습'이라는 한 방향으로만 나가는 교육적 불균형이 잘못되었다는 생각에서 아이들에게 인성, 감성적인 도움이 될만한 활동을 찾고자 했다. 이에 적합한 뮤지컬의 형태에 '영어'라는 교육적 목적을 추가한 영어뮤지컬을 시작하기로 하였고, 아이들과 엄마들의 재능을 구현하고 엄마들이 자발적으로 자신이 잘 아는 분야에 대해 아이들에게 교육하면서 하나의 공동체 활동으로

15. 한세억. 2017. 「사회적기업의 성공요인과 시사점 친환경 사회적기업 사례분석을 중심으로」. 『사회적경제와 정책연구』. 7권 1호. 115-154쪽.

나아가기 시작했다.”

이렇게 결성된 동아리 활동을 하면서 엄마들과 아이들은 긍정적인 변화를 보였다. 같은 동아리 활동을 하다 보니 대화 자체가 “학원 다녀왔니”, “숙제했니” 와 같은 형식적인 주제를 벗어나, 공감대 형성을 기반으로 한 대화가 이루어지게 되었고, 이는 부모와 자녀 간의 관계개선으로 이어지기도 했다. 또한 긍정적인 내면과 정서를 기반으로 오히려 학교 성적이 오른 아이들도 많았다. 이러한 긍정적인 영향을 바탕으로, 활동을 꾸준히 이어나가고자 협동조합을 결성하게 되었다. 이렇듯, 함께누리는 철저하게 자발적 참여로 만들어졌다.

이와 같은 초기 설립과정의 논의를 통해 보았을 때 협동조합 구성원 및 청소년 참여자의 자유롭고 자발적인 참여는 긍정적으로 평가할 수 있다. ‘아이들의 인성 교육’이라는 뚜렷한 동기에서 비롯되어, 철저하게 자발적 참여로부터 시작되었다. ‘영어’를 접목시켰기에, 아이들이 학업으로부터 완전히 자유롭지 못한 것이 아닌가 하는 의문이 있을 수 있지만, 아이들이 피할 수 없는 학업에 ‘문화·예술’ 이라는 정서적 자극을 더하여, 인성을 함양하면서도 즐겁게 언어를 습득할 수 있도록 했다. 애초에 ‘영어교육’이 아닌 ‘인성함양’이라는 목적이 뚜렷했기 때문에, 참가자를 모집할 때도 ‘영어교육’을 위해 참가하고자 하는 학부모와 학생들은 받지 않는다는 점을 분명히 했다.

그러나 이와 같은 뚜렷한 목적과 자발적 참여와는 다르게 설립 초기 함께누리

〈그림 1〉 춘향전 영어뮤지컬 공연　　　〈그림 2〉 광진구 광나루 어울마당 공여 참가

는 동아리에서 협동조합으로 전환하는 과정에서 참여율이 떨어지는 현상을 겪기도 했다. 왜냐하면 일정한 금액을 지불하고 들어온 엄마들이 함께누리를 학원개념으로 오인하는 경우가 생겨나기 시작했기 때문이다. 금액을 지불한 것에 대해 학원과 같은 체계적인 교육 서비스를 제공받고자 한 것이다. 함께누리는 수익사업을 하는 학원이 아니라, 협동조합으로서 실제로 조합운영비로 최소한의 금액만을 받고 있었기에 일부 학부모들의 이러한 태도는 활동의 어려움으로 작용할 수밖에 없었다. 결국 함께누리 활동이 '영어교육'이 아닌 '인성함양'을 주목적으로 한다는 점을 아무리 분명하게 한다 해도 참여자 충원과정에서 이러한 내적 동기를 구분하기란 사실상 쉽지 않다.

2. 심의과정의 민주성

함께누리의 의사결정방식을 논하려면 이 조직의 구성에 대해 살펴봐야 한다. 2017년 전문예술인들이 조합원으로 들어오면서 함께누리는 크게 문화예술팀과 먹거리팀으로 이원전문화되었다. 양자는 업무적으로 독립성을 갖추어 활동하며, 각 팀은 각자 다른 전문성을 확대할 수 있었다. 문화예술팀의 경우 자유로운 창작활동을 보장받을 수 있었다. 또한 활동과 업무에서는 팀을 전적으로 신뢰하고, 상호존중하는 태도를 갖추되, 서로 도움이 필요한 경우 적극적으로 도왔다. 업무적으로는 독립성을 보장하되, 필요한 경우 상호협력 또한 적극적으로 이루어질 수 있게 한 것이다. 예를 들면 문화예술팀의 공연에 관하여 먹거리팀은 무대구성, 극본, 캐릭터 선정 등에 관하여 전혀 간섭하지 않는다. 그러나 무대의 소품 준비가 필요한 때에 먹거리팀 엄마들이 나서 재능을 발휘하여 직접 의상 또는 소품을 제작한다.

한편 이원전문화된 각 팀은 서로의 독립성을 유지하며 팀내 갈등해결을 위해 규칙을 정하여 해결하고자 했다. 모든 공동체 활동에서는 갈등이 일어나기 마련이다. 함께누리도 예외는 아니었다. 협동조합으로 전환하고 일년 정도 꾸려가다

168

보니 내부적으로 갈등이 나타나기 시작했다. 이웃상의 관계에서 함께 사업을 하는 관계가 되니 각자의 다른 색깔과 가치관이 나타나기 시작한 것이다. 함께누리는 이러한 내부 갈등을 해결하기 위해 정기적인 미팅을 갖고, 내부에서 발생한 일을 절대 외부로 누설하지 않는다는 원칙을 만들었다. 내부갈등이 외부로 새어나가 여러 사람의 구설에 오르게 되면 정확한 사실확인이 되지 않은 채, 자의적으로 해석하여 감정이 상하는 일이 빈번하게 발생할 수 있기 때문이다.

이러한 의사결정방식 및 갈등해결 방식을 통해 보았을 때 함께누리의 양 팀은 상호 독립을 보존하며 팀 내 민주성을 바탕으로 문제를 해결했다. 지금까지 함께누리가 정기모임을 통해, 내부갈등을 해결해왔다는 것은 그만큼 조합원들 간의 신뢰가 두터우며, 갈등을 원만하게 해결하고자 하는 조합원들의 의지가 높다는 것을 의미한다. 갈등이 발생했을 때, 조합원 모두가 모여 정기모임을 가짐으로써 조합원 한 사람도 빠짐없이 갈등상황에 대해 인지했으며 이를 해결하고자 하는 노력에 모두가 동참했다는 점에서 함께누리의 갈등해결방식은 높이 평가할 만하다.

하지만 조합원들의 이러한 방식의 문제해결법에는 최악의 상황을 고려할 수 없다는 것이 가장 큰 문제이다. 왜냐하면 조합원끼리의 갈등을 해결하고자 "조합 내부에 관한 사항은 반드시 정기모임에서만 다룬다"는 나름의 규칙을 정했으나, 이는 단지 조합원들 간의 신뢰감에 기반하고 있을 뿐 이를 위반했을 경우 패널티도 없으며 큰 강제력을 갖지 않기 때문이다. 공동체 내에서 갈등은 존립 여부까지 연결될 수 있을 정도로 아주 중대한 문제인데, 이를 신뢰감에만 의존하는 것은 위험 감수의 부담이 있으며 함께누리의 조직적 충원이 대규모로 이루어질 경우 의사결정이 매우 어려워질 수 있다는 비판점이 존재한다.

3. 참여인원 충원방식

함께누리는 조합원 및 비조합원의 다양한 참여를 기반으로 운영되고 있다. 우선 비조합원(지역주민, 학생 등)의 충원과 참여는 높은 개방성을 가진다. 함께누리의 모든 행사와 사업은 지역 주민 누구에게나 열려있다. 문화예술 공연의 경우 모든 사람들이 와서(지역주민이 아닌 경우에도) 무료로 공연을 관람할 수 있고, 공연 이외에 재능 나눔과 같은 프로그램에도 원하는 누구나 참가할 수 있다. 특히 함께누리 '우리동네 재능 나눔' 행사의 경우 지역주민들이 배우고자 하는 활동에 대해 신청을 받고, 이와 관련된 지역 예술가 또는 재능 있는 지역 주민들이 강사로 참여할 수 있도록 하여, 일반 시민들에게 참여자이자 주체자로서의 기회를 부여한다.

〈그림 3〉'우리동네 재능 나눔' 캘리그라피 수업   〈그림 4〉'우리동네 재능 나눔' 팝아트 수업

 다음으로 조합원 충원방식은 조직의 정관을 통해 살펴볼 수 있다. 함께누리는 조합원을 충원하고자 할 때 주요사무소 등에 공고를 내고, 조합원이 되고자 하는 사람은 가입신청서를 제출하여 공식적으로 통지를 받은 때에 조합원이 될 수 있다.[16]

 그런데 이 조합원 신청서 제출과 공식적 통지 사이에 약간의 간극이 존재한다. 함께누리는 약 1년간 유예기간을 두고 판단하는 예비조합원 제도를 두고 있다. 신청서를 제출한 참여자는 약 1년간 예비조합원으로서 활동을 하고 함께누리의 취지와 특성을 살펴볼 수 있게 된다. 한편으로 기존 조합원들은 신규 조합원과 함께 활동하면서 신규 조합원 교육과 친목을 쌓을 수 있다. 잘 맞는다고 판단되

---

16. 제11조(조합원의 가입) 조합원의 자격을 가진 자가 조합에 가입하고자 할 때에는 가입신청서를 제출하여야 한다. – 함께누리 사회적협동조합 정관

면 정식 조합원으로 가입시키는 것이다.

이러한 개방적 활동 참여와 예비조합원 제도의 도입을 통해서 몇 가지 긍정적인 지점을 발견할 수 있다. 사회적 협동조합은 그 설립 목적상 지역주민들의 권익·복리 증진과 관련된 사업을 수행하거나 취약계층에게 사회서비스 또는 일자리를 제공해야 하는 등 비영리 목적을 실현해야 한다. 함께누리는 사회적 협동조합으로서, 이러한 목적을 실현하고자 지역주민들이 참여할 수 있는 사업과 행사를 기획해내고, 참여의 개방성을 보장하고 있다.

또한 조합원 충원방식에서 예비조합원 제도를 둔 것은 참여의 책임성을 확보하는 데 있어서 긍정적으로 평가될 수 있다. 무분별한 조합원 가입과 탈퇴의 반복으로 조합 내의 분위기를 흐리는 것을 사전에 방지하는 기능을 한다고 볼 수 있다. 또한 이를 통해 함께누리의 설립목적과 사업운영방향에 대해 깊이 이해하는 시간을 가지면서 참여의 책임성을 확보할 수 있다.

특히 '우리 동네 재능 나눔'이라는 사업의 경우 지역예술가들과 재능을 가진 주민들에게 나눔과 일자리의 기회를 줌으로써 함께누리가 문화예술 학습공동체로서 역할을 하는 것을 보여주었다. 이는 지역주민들이 단순히 공연을 보는 수동적 참여자가 아니라, 직접 강사로 참여할 수 있는 기회를 부여함으로써 문화예술 활동의 주체가 될 수 있게 한다.

함께누리는 아이들에게는 긍정적인 정서적 변화를, 예술가에게는 공연과 활동의 기회를, 주민들에게는 일상 속에서 예술을 즐기며 이웃과 소통할 수 있는 기회를 줌으로써 마을에서 문화환경을 조성하는 플랫폼 역할을 하고 있다.

하지만 양 제도는 다음과 같은 부정적인 지점을 가지고 있다. 성공적인 공연의 성과로서 자연스럽게 시민들의 관심과 참여가 증대되는 양상이 나타나기는 하나, 홍보의 부족으로 인해 평소 참여 인원의 변동이 크지는 않다. 특히 뮤지컬 활동의 경우 한번 활동을 시작하면 오랜 기간 이어지기 때문에, 인원의 조정이 쉽지 않다. 또한 지역주민이 참여하는 일시적인 행사의 경우에도, 관 차원에서의 적극적인 홍보가 부재한 경우 참여 인원은 평소 마을활동에 관심이 있는 사람들

안에서 이뤄진다. 함께누리 자체의 홍보가 부족한 것도 사실이지만, 지역행사를 개최함에 있어 관 차원의 대대적인 홍보 또한 제대로 이루어지지 않고 있다. 여전히 '함께누리'의 존재조차 모르거나, 정보가 부족한 지역주민들이 '함께누리'에 진입하기란 쉽지 않을 수 있다. 결국 광진구 전체로 봤을 때, 참여의 편재성이 나타난다고 볼 수 있다.

끝으로 홍보부족의 문제점에 관해 신혜정 이사장은 다음과 같이 이야기한다.

"홍보에 관해서는 마을공동체 활동하시는 모든 분들이 고민하고 있는 점이에요. 많이 부족하죠. 아무리 좋은 행사. 프로그램을 준비한다고 해도 사람들이 모이지 않는다는 것이 가장 큰 숙제에요. 아마 모든 마을활동하시는 분들이 가지고 있는 공통과제일 거에요. (중략) 저는 관(구청)에게 한 가지 바람이 있다면, 홍보를 기존의 구태의연한 방법으로 하지 말고, 좀 더 창의적으로 홍보를 해줬으면 좋겠어요. 어떤 행사가 열리면 그 콘텐츠를 원하는 수요층이 있는 곳에 구체적인 홍보를 해주었으면 좋겠어요. 사람들이 몰라서 안 온다는 것이 가장 안타까워요."

〈표 3〉 함께누리 활동 프로그램 및 참여 인원

프로그램	내용	참여자 수
어린이극단 '리틀무이'	여러 장르를 결합한 통합예술활동으로 진행하며 지역 활동 공연에 참여	8명
영어뮤지컬	유치부들로 구성, 일 년에 한 번 정기공연	9명
성인뮤지컬	주부들로 구성된 광진 라라랜드 뮤직드라마 진행	8명
K-POP 댄스 3팀	초급, 중급, 고급반으로 구분하여 진행	27명
브런치시네마	브런치-시네마-토크를 통해 힐링하는 문화감성 프로그램	12명
소셜다이닝	함께 만들기 하면서 남남 토크를 통해 소통하고 힐링하는 시간	10명
우리동네 재능나눔	지역예술가와 주민예술강사 참여로 진행되는 다양한 주제와 형식으로 커뮤니티 진행	10명
이웃랄랄라	분기별 지역의 여러 계층이 모여 이웃만남 프로젝트 진행	70~80명

V. 외부 시민사회와의 연대성 - 지역사회와 함께하는 함께누리

1. 함께누리의 민-민 협업

함께누리는 앞서 언급한 바와 같이 설립당시부터 한국 아이들이 학습에만 치중된 교육현실에서 벗어나 그들의 인성과 감성을 키워주고 싶은 광진구의 어머니들이 자발적으로 모여 조직된 단체이다. 즉, 함께누리는 설립과정에서부터 광진구 지역사회와의 강력한 연대성을 갖고 출범하였음을 알 수 있다.

함께누리의 주력사업 중 하나인 샌드맘은 '지역사회 어머니들이 만들어 안전한 음식'이라는 강점을 바탕으로 광진구에서 진행되는 각종행사에 샌드위치, 도시락 등 다양한 음식 등을 납품하고 있다. 더 나아가 최근에는 '문화 먹거리'라는 구호 아래 지역의 네트워크파티를 하면 문화 예술 쪽으로 워크숍형식으로 진행을 할 때 아이들이 공연을 하고, 엄마들이 케이터링 부페를 차리기도 한다. 이렇게 함께누리의 수익구조 모델의 근간인 샌드맘 또한 지역사회와 강력하게 연결되어 있음을 알 수 있다.

함께누리는 광진구 내에 존재하는 타 마을공동체들과 협력하여 여러 가지 활동들을 진행하고 있다. 또한 함께누리의 지역 네트워크 협력구조는 광진구 마을공동체끼리의 연합인 '나루토 마을넷'과 광진구의 사회적기업들 간의 연합인 '광사넷' 파트로 나누어진다. 함께계누리는 이 둘 모두에 소속되어있는데, 나루토 마을넷이는 주로 샌드맘파트 어머니들이 그리고 광사넷에는 대외협력 업무를 맡는 이사장이 주로 참여하고 있다.

이를 통해 보았을 때 함께누리의 민-민 협업은 다음과 같은 긍정적인 평가를 내릴 수 있다. 함께누리를 통해 지역사회의 어머니들은 그들이 갖고 있는 재능을 영어뮤지컬, 샌드맘 등 다양한 활동 등을 통해서 기부하며 한 구성원이 "함께누리를 통해 더이상 전업주부가 아닌 진짜 나의 자아를 찾았다"라고 이야기할 정도로 그들의 자아를 찾고 실현하는데 함께누리가 매개체의 역할을 톡톡히 수행하고 있다. 특히 함께누리의 주력활동인 영어뮤지컬에 대한 부모와 아이들의 만족도가 매우 크다. 실제 이사장님과의 인터뷰를 통해 문화 예술 활동을 통해서 아이들의 새로운 모습을 발견하고, 어머니도 어머니로서 그들의 자아 또한 발견하였다. 현재 동아리가 이전보다 많이 알려져서 지역사회의 많은 부모와 아이들이 영어뮤지컬 등외 활동들이 참여하기 위해 모이고 있어 오디션을 볼 정도이다.

또한 함께누리는 매우 다양한 광진구 내 네트워크에 속하여 매우 다양한 활동들을 함께 연대하여 진행하고 있다. 광진구 내 문화예술단체들이 모여 있는 네트워크가 다락에서는 1년에 한 번씩 정기공연을 할 때, 함께누리도 다른 단체들과 협업해서 공연을 한다. 이외에 리플리 희망공자과 같은 다른 마을공동체들과도 여러 가지 협력을 진행하고 있다. 리플리는 공연, 문화나눔이 있을 때, 같이 연합해서 활동하기도 한다. 또한 다락의 건대입구 버스킹 공연인 '청춘뜨락' 외 1년에 1~2회 함께누리가 다락과 협력하여 시장, 상인회와 연합해서 공연도 하며 행사를 진행하기도 한다. 이런 점을 미루어보아 함께누리와 지역 마을공동체 네트워크와의 연대성을 매우 크다고 볼 수 있다.

하지만 여기에는 한계점 또한 상존한다. 함께누리가 지역사회의 가족들 마을공동체들 다양한 행상들과 큰 연대성을 갖고 있음에도 그 외 일반 지역주민들의 참여와 관심은 아직 부족한 실정이다. 신혜정 이사장은 다음과 같이 이야기한다.

"시민들의 참여는 가장 어려운 부분이에요, 주민센터, 문화센터 등등…. 좋은 프로그램은 많이 준비하고 있거든요. 그런데 사람들이 모이지 않는다는 것이 가장 큰 숙제예요. 저희도 마찬가지예요. 그래도 저희는 지역 엄마들의 모임이 있어요. 작년에 저희 마을밥상에서 진행할 때도요. 거리와 더불어서 커뮤니티 활동도 했고요. 그것은 어디나 가지고 있는 공통과제예요. 그래서 아무튼 홍보를 제대로 해야 해요. 연극을 하게 되면 사람들이 많이 모여요. 무료예요."

2. 함께누리의 민-학 협력

함께누리는 건국대학교 링크플러스 사업단과 음식을 제공하는 케이터링 그리고 링크플러스사업단에서 지역사회적기업과 연계하여 진행하는 문화예술 활동에 지원하기도 하였다. 이 활동은 학생들에게 학점까지 인정해주는 프로그램이었다. 함께누리에서의 초기 기획은 건국대학교 학생들의 축제에 함께누리가 연대하여 공연에 함께 오르는 것이었다. 이외에 건국대학교 부지 내에서 활동하는 사경한마당 축제에 함께누리가 입점하여 여러 가지 음식 외 물품들을 판매하고 공연에도 참여했다.

이러한 점에서 함께누리의 민-학 협력은 첫 단추를 잘 끼웠다고 볼 수 있다. 함께누리가 광진구 내에 위치한 건국대학교와 어느 정도 연대할 수 있는 장들이 준비되어 있다. 링크플러스 사업단이나 사경한마당 축제를 통해 함께누리의 활동들이 건국대학교내로 연대 가능성이 엿보인다.

하지만 이러한 연계활동들이 제대로 홍보되지 않아 실제로는 건국대학교와의 연대정도는 매우 미비하다고 볼 수 있다. 함께누리에서 신청했던 안들은 학점이 인정되는 연계형 프로그램임에도 학생들의 신청이 부족하여 폐지되었고, 사경한마당 축제 또한 부지가 건국대학교일 뿐 학생들이 함께 참여하는 경우는 매우 미비한 정도였다.

3. 함께누리의 민-관 협업

함께누리는 현재 광진구와 다양한 방식으로 연결되어 있다. 기존 다른 구 같은 경우는 마을공동체와 사회적경제기업을 따로 분류해서 활동하는 반면 광진구는 두 종류를 함께 연합해서 활동하고 있는 굉장히 좋은 케이스이다. 이에따라 광진구의 사회적기업 네트워크는 서울시의 다른 구에서도 모범 케이스로 보고 있다. 함께누리는 관에서의 행사에도 참여하고 있다. 함께누리는 교통행정과에서 교육차원의 교통안전 뮤지컬을 1년에 4회를 진행한다. 아이들에게 말로써 교육하기보다, 뮤지컬로서 보여주면서 느끼게 함에 그 의의가 있다고한다. 이러한 점에서 함께누리의 민-관 협력은 대체로 원만하다고 볼 수 있다.

이처럼 광진구청은 사업 수행을 통한 행정적인 지원과 사회적경제 영역 우선구매제도를 통한 실질적인 지원을 아끼지 않고 있다. 특히 민선7기 이후로 광진구청은 시민사회 영역의 성장을 기획하고 있다는 점에서 매우 고무적이다. 그러나 이에 반해 민-관협력의 부족한 지점도 발견된다.

신혜정 이사장은 다음과 같은 문제점을 지적한다. 첫째로 광진구 지역축제의 콘텐츠 다양성 부족이다. 장한평에서는 1년에 한 번씩 세계춤축제를한다. 그곳 또한 사회적경제기업이나 마을공동체가 연합해서 시작하여 현재는 국내에서 매우 유명한 행사로 자리매김하였다. 광진구에서도 이와 비슷한 형태로 비보이팀과 연계해서 활동하기도한다. 하지만 광진구청의 공무원들이 이를 적극적으로 축제의 컨텐체로는 확장시키지 않아 그 다양성에 있어 한계가 있다.

둘째로 지적되는 문제는 행정의 경직이다. 즉, 공무원들의 바뀌지 않으려는 관습 또한 문제이다. 문재인 정부의 출범 이후 사회적경제기업을 육성사업이 시작되었다. 이에 따라 최근에는 각 지자체가 사회적경제기업의 서비스를 필수적으로 이용해야 하는 할당량이 떨어졌고 공무원들이 오히려 사회적경제기업을 찾게 되었다. 하지만 이전까지는 사회적기업들이 먼저 공무원들과의 협력을 제안해도 받아들여지는 경우가 많았다.

나아가 행정의 연속성 및 전문성 부족 또한 문제시된다. 즉 행정 직원들이 너무 잦게 교체되어 민-관의 연대가 연속성을 갖기 어렵다. "매일 바뀌어요. 뭔가 친해질 만하면 담당자가 1-2년마다 바뀌어요. 그게 너무 싫어요."

VI. 지속성 - 지속가능한 발전을 추구하는 함께누리

1. 사회적자본으로서의 함께누리

함께누리 협동조합은 초기 6명의 엄마들이 모여 이룬 동아리로 출발한 단체로서 엄마로서 자녀의 고민을 공유하던 이들이 아이들을 위해 작은 일들을 하나씩 함께 진행해나가게 되었다. 함께누리의 구체적 사업으로는 문화놀이 품앗이성격의 어린이 영어 뮤지컬이 대표적이라 할 수 있다. 이렇듯 함께누리의 문화예술교육 사업은 현재까지 계속 성장해오고 있다. 2015년 어린이 영어 뮤지컬을 시작으로 어린이 극단 '무이'를 설립하였으며, 이후, 공연 〈이웃랄랄라〉 등을 무대에 성공적으로 올리며 지역복합문화공간으로서 탄탄히 자리매김해 오고 있다.

함께누리는 공연뿐 아니라, 예술교육 사업으로도 사업영역을 확장하였다. 교과외 활동에 대한 학부모들의 수요가 증가함에 따라 통합예술강사를 양성 프로그램, 자유학기제 및 방과후 프로그램 등이 추가로 개설되었다.

이 외에도 아이들에게 자연을 경험시켜주기 위한 행사로 아차산 숲체험을 진행하기도 하는 등 다양한 활동들을 이어오던 함께누리는 초기 엄마들의 작은 동아리의 형태에서 문화예술교육 협동조합으로 발전하였다.

함께누리가 이루어 온 지역사회의 문제와 연계한 사업영역 확장과 사회적 자본 축적은 앞으로 구성원의 신뢰와 지역주민 간 신뢰를 두텁게 쌓아갈 기회요인으로 자리 잡는다. 함께누리 협동조합이 가진 잠재력은 조직의 구성원인 엄마들이 문제해결의 주체이면서 동시에 수혜자라는 사실에 있다. 함께누리의 엄마들은 아이를 키우는 엄마들의 고민을 누구보다 잘 알고 있다. 뿐만 아니라 문제해결의 실마리가 되어줄 경험과 아이디어도 함께 가지고 있는 장점이 있다. 이에 따라 엄마들이 자신의 고민을 가지고 문제해결의 주체로 나섬으로써 학교나 지자체가 제공하지 못했던, 수요자 중심의 현실적 공공서비스를 제공할 수 있었다.

관의 협력도 전망이 밝은 상황이다. 최근 함께누리는 광진구 교통행정과와 함께, 관내 어린이집 아이들이 관람하는 교통뮤지컬을 진행하고 있다. 사회적 경제에 대한 관심이 높아지면서 구청이 먼저 협력을 제안해오는 경우도 있으며, 긴밀한 민관협력관계 속에서 다양한 사업들을 진행해오고 있다. 함께누리가 진행한 민관협력 사업에 대하여 공무원들의 만족도도 높아 향후 민관협력의 전망은 밝아 보인다.

이와 같은 긍정적인 신뢰 구축은 다음과 같은 과제를 가지게 만든다. 우선 함께누리의 운영체계를 살펴보면, 샌드맘과 문화예술사업 파트, 2개의 파트가 분리되어 자족운영되고 있다. 최근 두 사업은 연계사업을 통해 시너지를 노리고 있는데, 이러한 전략이 보다 적극적으로 실행될 때 지속가능성의 안정성도 확보될 것이다.

한편 민관협력의 확대는 함께누리가 지속가능성을 확보하기 위해 해결해야 할 과제로 보인다. 최근 광진구에서는 '건국대-광진구 사회적경제 박람회'가 개최되는 등 민관학의 연결고리가 견고해지고 있지만 여전히 함께누리와 같은 시민조직이 관과 협력하기란 쉽지 않다. 아직은 함께누리의 교통뮤지컬 사례에서 확인할 수 있듯이 민관 협력사업이 성사되기 위해서는 시민조직이 지자체에 먼저 사업을 제안해야 하는 실정이다. 이는 시민조직에 대한 관의 인식을 반영하고 있다고 볼 수 있다. 관이 시민조직을 지역사회 문제를 함께 풀어나갈 파트너로 바라보고, 협력방안을 함께 고민하지 않는 한 시민조직의 자생력은 확보되기 어렵다. 더 나아가 공공행정의 한계를 넘어서지 못할 뿐 아니라 사회혁신의 가능성 또한 줄어들 것이다.

따라서 안정적인 민관협력을 위해서는 민과 관, 더 나아가 학이 수평적으로 협업할 수 있는 거버넌스를 구축하는 것이 중요하다. 각자의 강점을 잘 반영한 거버넌스 모델을 통해 시민조직이 지역사회에서 제 역할을 찾고, 존재목적을 실현할 수 있도록 해야 한다. 이러한 제도적 한계를 보완하려는 노력이 광진마을포럼과 같은 연합조직을 중심으로 이루어진다면, 함께누리의 지속가능성은 더욱 견고히 확립될 것으로 보인다.

2. 수익구조 창출을 통한 자생력 확보

함께누리는 마을공동체에서 사회경제협동조합으로 탈바꿈하며 조합원(학부모)들은 아이들의 먹거리 문제에 관해 고민했다. 아이들에게 건강하고 안전한 먹거리를 제공하고 싶은 학부모의 니즈는 맞벌이 가정이 늘어가는 추세와 상충되는 것이 사회적 현실이다. 이러한 사회적 문제와 발맞추어 함께누리는 자녀의 먹거리에 대한 고민은 '샌드맘' 런칭으로 이어졌다. 2016년 탄생한 샌드맘은 웰빙 수제 샌드위치, 도시락 판매를 통해 안전한 먹거리를 제공하고 있다. 최근 샌드맘은 문화예술과 먹거리가 접목된 고객맞춤형 문화 케이터링 사업도 시도하고 있다.

이와 같은 다양한 사회적 니즈 파악과 이에 따른 사업영역 확대 사례는 사회적 경제의 성공적인 사례로 꼽힐 수 있다. 건강한 먹거리 및 문화 활동에 대한 시민들의 관심이 높아짐에 따라 함께누리 협동조합은 시민들의 참여를 더 많이 확보할 것으로 예상된다. 특히 유기농 식품 시장의 확대, 건강한 먹거리에 대한 부모들의 관심 증대로 함께누리의 한 축을 이루고 있는 샌드맘은 성장 가능성을 확보해나가고 있다. 더불어 문화예술교육 산업 역시 공연 기획의 전문성을 높이는 노력 등을 통해 경쟁력을 확보하고 있다. 나아가 협동조합 내 유휴공간 활용을 통한 수익실현 또한 병행하고 있다. 공간공유 서비스는 그 중 하나로 공간대관, 카페 운영 등을 통해 수익을 창출한다.

이처럼 함께누리는 지역사회의 문제와 연계한 다양한 사업 아이템 발굴을 통해 재원을 확보하여 조직의 지속가능성뿐 아니라 구성원들의 지속가능성을 함께 충족시키고자 한다. 그 일환으로 함께누리는 샌드맘 사업을 통해 중년 여성의 사회참여라는 새로운 사회적 문제해결을 추진하고자 한다. 이를 위해 지역경제과와 협업하여 민관협력의 확대 또한 꾸준히 추진하고 있다. 특히 샌드맘의 경우 사업 초기 광진구청과의 연계를 통해 활로를 확보하였고, 지역연계활동을 통해 수입원을 늘리고 있다는 점에서 매우 긍정적이다.

하지만 이러한 의욕적인 사업 확장은 현실적인 문제를 수반한다. 성공적인 협동조합의 모습을 이어오고 있는 함께누리에게도 힘든 점은 있다. 발전 가능성을 가지고 있는 것과 그것을 구현해내는 것은 또 다른 문제이기 때문이다. 함께누리 협동조합은 설립 이후 꾸준히 활동영역을 확장해왔지만 자생력을 확보하는 문제에서는 초기의 고민을 그대로 안고 있다. 함께누리는 그간 주민 제안 사업 등에 공모해 예산을 확보해왔지만, 정기후원과 같은 안정적인 수입원을 확보하지 못한 상황이라 지속가능성 면에선 한계를 가지고 있다. 함께누리의 문화산업의 경우, 각 파트에서 창출한 수익을 구성원들이 각자 가져가는 구조이기 때문에 조직의 수입은 많지 않은 상황이다. 이러한 구조는 구성원들에게 주인의식을 가지고 일할 수 있는 환경은 제공할 수 있지만, 조직의 재무적 안정성은 담보하기 어려운 실정이다. 이 점은 사회적경제기업인 함께누리가 앞으로 헤쳐 나가야 할 과제이다.

VII. 함께누리를 위한 대안과 제언(민-학 협력)

이러한 함께누리의 성공 사례에도 불구하고 보완해야 할 지점이 존재한다. 함께누리가 터전하고 있는 광진구에는 건국대학교, 세종대학교와 같은 종합대학이 2개 존재한다. 함께누리의 활동과정에서 링크플러스사업단과 같은 학교행정당국과의 협업은 성공적이었다. 하지만 학생들과 함께 협업하고 연대하지 못했다는 점에서 한계가 존재한다. 광진구의 지역사회와 학생들의 상생 노력은 매우 부족했다. 광진구에 있어서 대학은 일종의 섬과 같았다. 매년 수 천 명의 학생들이 입학하고, 수 만 명의 학생들이 정주하고 다양하고 개성 있는 활동들을 진행하는 것에 비해 서로가 소통할 수 없었다는 점에서 한계점을 가진다. 나아가 링크플러스사업단에서 추진했던 지역사회연계 수업의 경우 학생들의 호응을 충분히 얻지 않았기 때문에 충분한 개설이 어려웠던 점 또한 한계로 지닌다.

그래서 논자들은 지역사회와 학생들의 협력의 지점들을 이끌어내기 위해 건국대학교 내에서 활동하는 건국대학교 문학예술동아리연합회(이하 건문연)와 설문조사 및 리더 그룹 FGI를 진행했다. 본 설문조사 결과 학내의 문학예술 동아리는 〈표 3〉과 같은 활동을 진행하고 있었다.

〈표 4〉 동아리 활동분포

귀하의 동아리는 어떤 분야의 활동을 하고 있습니까?

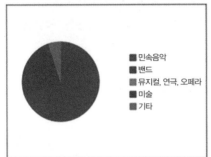

민속음악	14	70%
밴드	5	25%
뮤지컬, 연극, 오페라	0	0%
미술	0	0%
기타	1	5%

대학의 학생들은 일반 주민들이 접하기 어려운 민속음악 활동을 중점적으로 진행했으며 이는 다양한 문화콘텐츠 발굴과 육성으로 이어질 수 있다. 앞서 제기된 지역 문화 공연의 콘텐츠 부족 문제는 학생들의 노력으로 해결될 수 있다. 리더그룹 인터뷰에서도 건문연의 다양한 동아리들이 활동하고 있는 다양한 동아리들이 참여할 수 있는 공연이 한정적 적이라고 지적되었다. 예를 들어 건국대학교의 축제인 대동제 진행시에도 다양한 활동을 진행하는 동아리들의 니즈에 맞춘 공연 프로그램을 구성함에 있어 절대적인 공연시간 자체가 부족하여 조정이 매우 어려웠다. 나아가 리더그룹 인터뷰시 지역행사 참여에 대해 매우 호의적이었다는 점에서 주목할 만하다. 이러한 지점에서 지역사회의 행사에 학생들의 참여기회를 확보함으로써 서로의 상생 지점을 찾을 수 있다.

그렇다면 학생들과의 실질적인 접점은 어떻게 찾을 수 있을까? 지역사회가 학생들이 고민하는 문제를 해결함으로써 해결이 가능하다. 건국대학교에서 문화예술 관련 동아리 활동을 진행하는 학생들은 〈표 4〉를 통해 보았을 때 과반이 넘는 55%의 학생들이 학내 연습 공간 부족을 지적했다. 나아가 리더 그룹 인터뷰에서도 공연을 앞둔 시기에 공간 경쟁이 치열하다고 언급했다. 이러한 지점에서 함께누리의 유휴 공간대여사업은 학생들이 겪는 문제해결과 재정적인 지속가능성 확보를 할 수 있다는 점에서 고무적이다. 앞서 논한바와 같이 함께누리 협동조합의 공간은 공연에 최적화되어있고 공간대여사업 또한 진행하고 있다. 함께누리는 지역의 대학생들, 특히 문화예술 동아리에 소속된 학생들을 대상으로 공간대여사업을 적극적으로 추진함으로써 학생들과의 물리적 연대를 극대화할 수 있다.

〈표 5〉 연습공간 설문

1. 귀하의 동아리의 연습공간이 충분하십니까?

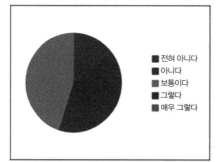

전혀 아니다	3	15%
아니다	8	40%
보통이다	9	45%
그렇다	0	0%
매우 그렇다	0	0%

Ⅷ. 나가는 말: 마을공동체 성장 모델로서의 광진구 함께누리 협동조합

한국 사회의 사회적 경제영역은 2012년 「협동조합기본법」 제정과 같이 중앙정부 중심의 제도화와 사회적경제 조직의 인증을 통한 예산지원이 이루어졌으며, 사회적경제를 통한 복지 및 보건, 일자리 사업 등에서 지역사회 차원의 유연한 대응을 위한 지방정부의 주도적 역할을 강조하는 분위기 또한 어느 정도 형성된 것으로 파악되고 있다. 그러나 정책적인 측면으로는 중앙정부의 전달체계를 중심으로 정책이 추진됨에 따라 지역의 특성을 구체적으로 반영하지 못하고 지역 수요와 무관한 부처별 사회적경제사업을 추진함에 따라 유사한 정책이 중복되어 예산이 낭비되고 있다. 또한 사회적경제에 대한 지역사회의 적절한 이해가 선행되지 않은 상태에서 중앙정부의 일방적인 재정투입으로 사회적경제 사업이 보조금 수령을 위한 경쟁 사업으로 변질되어 사업실패뿐만 아니라 지역사회를 와해시키는 문제를 초래하기도 한다.

나아가 정책적인 측면에서 중앙정부의 전달체계를 중심으로 정책이 추진됨에 따라 지역의 특성을 구체적으로 반영하지 못하고 지역 수요와 무관한 부처별 사회적경제사업을 추진함에 따라 유사한 정책이 중복되어 예산이 낭비되고 있다. 또한 사회적경제에 대한 지역사회의 적절한 이해가 선행되지 않은 상태에서 중앙정부의 일방적인 재정투입으로 사회적경제 사업이 보조금 수령을 위한 경쟁 사업으로 변질되어 사업실패뿐만 아니라 지역사회를 와해시키는 문제를 초래하기도 한다.

이러한 한국의 사회적 경제영역의 비판지점에도 불구하고 이와 같은 함께누리의 발전과정은 시민사회 영역의 성장을 기획하는 한국사회에 다음과 같은 시사점을 준다. 함께누리의 활동과정은 참여·연대·지속가능성 세 영역 모두를 빠짐없이 충족한다. 본 조합은 지역사회문제를 해결하기 위해 주민주체의 역량을 개발하고 이를 지속가능한 형태의 수익구조를 창출함은 물론 다양한 주민들과 협력을 이끌어냈다. 나아가 조직의 내적 구성에서도 민주성과 전문성을 갖추기 위해 노력했으며, 민-민, 민-관 연대의 기틀을 만들고 성장시키기 위해 다양한 사업에 참가하고 성공적으로 수행해왔다는 점에서 고무적이다.

참고문헌

김의영. 2018. 『관악구의 시민정치』. 푸른길.

백현빈. 2018. 「신도시 공공문화시설 조성을 위한 문화 거버넌스 연구 수도권 2기 신도시를 중심으로」. 『문화정책논총』. 제32집 1호. 31-54쪽.

박희봉. 2000. 「지역사회 사회자본과 거버넌스 능력」. 『한국행정학회 학술발표논문집』. pp. 475-495쪽.

오수길 외. 2017. 『주민자치와 로컬 거버넌스 사례 연구-고양시 자치도시 실험을 중심으로』. 경기연구원.

유창복. 2015. 「마을공동체 정책과 지역사회 시민생태계 서울시 마을공동체정책을 중심으로」. 『한국도시행정학회 학술발표대회 논문집』. 57-65쪽.

전대욱·최인수. 2015. 「지역공동체 회복력(resilience)과 지역생태계 조성전략」. 『서울행정학회 학술대회 발표논문집』. 93-104쪽.

최석현. 2015. 「자유세션 1: 사회통합 ; 사회적경제와 지역의 사회복원력」. 『한국사회보장학회 정기학술발표논문집』. 2호. 1053-1069쪽.

한상도 외. 2016. 『구민과 함께 읽는 광진구의 역사』. 광진구청.

한세억. 2017. 「사회적기업의 성공요인과 시사점 친환경 사회적기업 사례분석을 중심으로」. 『사회적경제와 정책연구』. 7권 1호. 115-154쪽.

Ganor, M. 2003. "Community resilience: Lessons derived from Gilo under fire." *Journal of Jewish Communal Service*. Winter/Spring.

Holling, C. S. 1995. "Biodiversity in the functioning of ecosystem: an ecological synthesis." *Biodiversity loss: economic&ecological issues*. UK: Cambridge University Press, Cambridge.

Kofinas, G. 2003. "Resilience of human-rangier systems: Frames off resilience help to inform studies of human dimensions of change and regional sustainability." *IHDP Updates*, 2. pp.6-7.

Folke, C. 2006. "Resilience: the emergence of a perspective for social-ecological systems analyses." *Global Environmental Change*. 16. pp.253-267.

Fung, Archon & Wright, ErikOlim. 2003. *Deepening Democracy: Instiutional Innovations in Empowered Participatory Governance*. London: Verso.

Ostrom, Elinor. 2009. Collective Action Theory in Carles Boix and Susan C. Stokesd eds. The Oxford Handbook of Comparative Politics.

Putnam, Robert D. 1994. *Making Democracy Work Civic Traditions in Modern Italy*. Princeton University Press.

Putnam, Robert D. 1995. "Bowling alone: America's declining social capital." *Journal of democracy*. Vol.6 No.1. pp.65-78.

Sirianni, Carmen 2009. *Investing in Democracy: Engaging Citizens in Collaborative Governance*. Washington, D.C :Brookings Institutions Press.

Smith, Graham. 2009. *Democratic Innovations:Designing Institutions for Citizen Participation*. Cambridge. Cambridge University Press.

부록

〈인터뷰 개요〉

인터뷰 대상자: 신혜정 함께누리 이사장

참석자:류명하, 이윤하, 구본경, 신유정, 홍푸름

일시: 2019년 5월 24일 금요일 16:00 - 18:00

장소: 아차산역 인근 카페

제5장

연세대학교
마을학개론

수업 개요

수업 명	연세대학교 정치외교학과 〈마을학개론〉		
교수자명	이태동	수강 인원	7명
수업 유형	전공선택	연계 지역/기관	서울시 서대문구
수업 목적	마을정치 구조를 파악하고 참여관찰을 통해 마을정치 과정을 분석함.		

주요 교재

주교재
이태동 외. 2018. 『우리가 만드는 정치: 동네 민주주의 실천』. 서울: 청송 미디어
이태동 외. 2017. 『마을학개론: 대학과 지역을 잇는 시민정치교육』. 서울: 푸른길

부교재
김의영 외. 2015. 『동네 안의 시민정치』. 서울: 푸른길
논문 및 북챕터

수업 일정

1주차: 마을학개론: 대학-지역 연계 수업 소개
2주차 마을/지역 정치를 어떻게 볼 것인가
　토론: 마을(지역)에는 어떤 (정치적) 문제들이 있는가? 왜 중요한가?
3주차: 동네 민주주의 우리가 만드는 정치 1장 우리가 만드는 정치와 동네 민주주의
4주차 마을공동체의 작동원리와 리빙랩
　토론: 내가 살고 있는 지역에는 어떤 (정치적) 문제들이 있는가? 왜 중요한가?
5주차: 지역 정치와 공간

토론: 지역 공간의 정치 문제는 어떤 것이 있는가? 어떻게 해결할 것인가?

6주차: 지역정치와 정책

토론: 지역 정책 문제는 어떤 것이 있는가? 어떻게 해결할 것인가?

7주차: 필드 스터디 설계와 방법론

방법론: 인터뷰, 설문, 참여관찰(민속지 Ethnography) Earl Babbie. 2013. "서베이조사" "실험과 실험법" 사회조사방법론(제13판). 박영사.

8주차: 중간고사

9주차: 연구 제안서 제출과 발표 예) 인터뷰

10주차: 필드 스터디 조별 모임 및 발표 예) 지역 문제 이해와 분석

11주차: 중간보고 1, 필드 스터디 조별 모임 및 발표 예) 지역 문제해결 제시

12주차: 필드 스터디 중간보고 예) 지역 문제해결 후보자에게 제시

13주차: 중간보고 2, 필드스터디 조별 모임 및 발표 예) 보고서 작성

14주차: 필드 스터디 최종 지역 문제해결 후보자에게 제시

15주차: 최종 보고서 제출

프로젝트 개요 및 결과

이 프로젝트는 학생들이 자신이 사는 곳, 혹은 관심을 가지는 곳을 중심으로 지역의 문제를 발견하고, 토론과 연구를 통해 지역 문제해결 방안을 제시하는 것을 목적으로 한다. 서울시를 중심으로 정치 과정에 학생들이 직접 참여함으로써 지역의 공간과 사람들 그리고 이를 둘러싼 정치를 이해하고 영향을 끼칠 수 있다.

4개 팀이 서울시와 서대문구를 중심으로 지역 내 문제점을 찾고 이에 대한 정책제언을 함

1. 화교팀: 서대문구 내 많은 비율을 차지하는 화교에 대한 인식을 개선하기 위한 해결책으로 축제를 기획하고 이에 대한 계획 수립
2. 라디오팀: 지역 라디오를 통해 고등학생들의 지역에 대한 관심도를 증가
3. 버스킹팀: 예술의 공간을 주창하는 신촌이 홍대에 비해 거리공연 문화가 활성화되지 않는 원인에 대해 파악하고, 이에 대한 해결방안을 제시
4. 대학생 동아리 팀: 지역과 연계된 동아리 활동이 활성화되지 않는 원인이 무엇인가에 대해 파악하고, 이를 극복할 수 있는 방안에 대해 논의

마을학개론: 우리가 만드는 정치

연세대학교 정치외교학과 교수 이태동
연세대학교 정치학과 대학원 담당조교 김한샘

2019년 1학기 연세대학교 정치외교학과에서 진행되었던 '마을학개론' 수업의 주제는 '우리가 만드는 정치'였다. '우리가 만드는 정치'는 투표와 같은 기존의 정치적 의사표시에만 국한하는 것이 아닌, 우리가 생각하는 문제, 특히 가장 가까운 동네에서 느꼈던 문제에 대해 직접 해결방안을 제시하여 문제를 해결하는 일련의 과정을 말한다. 평소 우리는 총선이나 대선, 또는 국가 전반에 관한 기타 정치적 이슈에 대해 사람들은 주로 관심을 가지며 이에 대해 다양한 의견을 제시한다. 하지만, 우리가 살고 있는 시나 구, 더 범위를 좁혀 동네와 같이 일상생활과 근접한 공간에서 발생하는 문제에 대해선 상대적으로 낮은 관심을 보인다. 일례로, 총선과 대선에 비해 전국동시지방선거는 상대적으로 낮은 투표율을 보여왔으며, 후보자에 대한 관심 역시 낮았다. 이는 지방선거에 출마한 후보자들의 공약에 대한 낮은 관심으로 이어지고, 그들이 제시한 공약과 우리가 직접 느끼는 지역의 문제에 괴리가 생길 수밖에 없다.

따라서 본 수업은 학생들이 자신이 사는 곳, 혹은 관심을 가지는 곳이나 거주지 이외에 생활을 영위하는 지역을 중심으로 지역의 문제를 발견하고, 토론과 연구를 통해 지역 문제의 해결 방안을 제시하는 것을 목적으로 한다. 따라서 이번 수업에서 학생들은 서울시와 서대문구 또는 자신이 생활을 영위하는 지역을 중심으로 정치 과정에 직접 참여함으로써, 지역의 공간과 사람들 그리고 이를 둘러싼 정치를 이해하고 영향을 끼칠 수 있게끔 하는 것이 수업의 의도이다. 이번 수업 과정에서 학생들은 자신이 생활을 영위하는 지역에서 발생하는 문제에 대해 심층적으로 분석하며, 이를 해결하기 위한 방안을 정치외교학도의 관점에서 해결해보고자 노력하였다. 결과적으로 이 수업을 통해 학생들은 상대적으로 관심이 적었던 일상생활에서 발생하는 문제에 대해 관심을 가지게 되었고, 깊이 있는 생각을 하게 되는 계기가 되었다. 그리고 문제에 대한 해결 방안을 제시하고 정책이 실현되는 일련의 과정을 봄으로써, 수업이 끝난 이후에도 학생들이 제시한 문제에 관심을 가지는 모습 또한 보였다.

이러한 수업의 의도가 잘 실현된 대표적인 사례로 마을학개론 수업에서 진행되었던 화교에 대한 인식변화를 예로 들고자 한다. 서대문구에는 서울에서 많은 화교가 거주하는 곳으로 익히 알고 있는 대림동만큼 많은 화교가 거주하고 있다. 하지만, 이들에 대해 지역 내 주민들은 공동체의 울타리 내에 같이 있다는 인식보단 또 다른 별개의 집단이라 인식하는 경향이 있었다고 한다. 이에 대한 원인을 이들과의 교류, 소통 프로그램의 부재라고 보고, 이를 해결하기 위해 기존에 있던 지역축제이자 올해로 3회를 맞게되는 '낭만연희' 축제에 화교를 홍보하는 프로그램을 기획 및 실행하는 것을 목표로 하였다. '낭만연희' 축제에서 화교 음식을 소개하고 한성화교학교 내 용춤 동아리와 사자춤 동아리의 공연을 기획하고자 하였다. 그리고 화교 축제 기획안을 통해 주민들을 대상으로 설문조사를 진행하였다. 이러한 결과를 토대로 서대문구청에서 주관하는 타운홀미팅에서 정책제언을 하였고, 서대문구청장을 통해 프로그램의 시행을 고려해보겠다는 답변을 얻어내는 성과를 이뤄냈다.

이 수업을 통해 학생들에게 두 가지 측면에서 가르침을 주고자 하였다. 첫 번

190

째는 지역의 문제해결을 위해 어떠한 과정을 거쳐야 하는가에 대해 배울 수 있게 하였다는 것이다. 문제해결을 위해 어떠한 관점에서 문제를 바라볼 것인지에 대한 부분부터, 문제를 해결하기 위해 어떠한 방식으로 접근을 해야 하는가에 대한 부분까지 직접 생각해보고 이를 실행하는 일련의 과정을 배우게 하였다는 것이다. 두 번째는 직접 문제를 해결해나가는 과정에서 동네라는 공간에 대한 이해도를 높이게 하고자 하였다. 동네에 어떠한 문제가 있는지에 대해 탐색하는 과정에서 동네란 공간이 어떠한 공간이며, 동네가 공동체를 위해 어떠한 역할을 하는지에 대해 학습하고자 하였다는 것이다.

마을미디어를 통한 청소년 지역사회참여 프로젝트
- 2교시 마을영역 -

연세대학교 언더우드국제대학 경제학과 서형원
연세대학교 국어국문학과 한선희
연세대학교 신소재공학과 이창민

Ⅰ. 서론

1. 여전히 뜨거운 선거연령 하향

지난 4월 치열한 대립 끝에 선거연령을 만 18세로 하향 조정하는 내용이 포함된 선거제 개정안이 공수처법 등을 비롯해 패스트 트랙으로 지정되었다. 이미 우리 사회에 정치적으로 활발히 논의되고 있는 담론으로 자리 잡은 선거연령 하향은 어느새 우리 코앞까지 다가왔다. OECD 국가 중 한국은 가장 높은 선거연령을 기록하는데, 이에 대해 청소년들을 비롯해 다양한 사람들이 선거연령 하향을 위한 움직임을 보여왔다.

이러한 논의에 반대를 표하는 사람들은 청소년이 주체적인 정치적 판단을 할 능력이 없어 제대로 투표권을 행사하지 못할 것이라 주장해왔다. 이는 한국 사회에서 청소년은 여전히 약자였으며, 시민으로서 여겨지지 않고 있음을 방증한다. 그동안 청소년이 시민역량을 함양하고 능동적으로 정치 참여를 할 수 있게 교육을 하고 경험을 제공하기보다는 그들의 미성숙함만을 이유로 참여적 권리 보장을 유보하고 있었다.

뿐만 아니라 청소년들은 정치에 관심이 없을 것이라는 선입견도 사회에 깊게 뿌리박혀 있는데, 실제 이뤄진 조사에 따르면 청소년들은 사회참여에 대한 높은 열망을 나타내고 있다. 한국청소년정책연구원 아동청소년인권실태조사에 따르면, '사회문제나 정치 문제에 관심을 갖고 참여가 필요하다'고 답한 청소년의 비율은 2015년 82%에서 2017년 87%로 증가했음을 알 수 있다. 또한, 청소년들의 투표행태 역시 상당히 합리적으로 이뤄지고 있었는데, 국내에서 고등학교를 갓 졸업한 시기의 19세 유권자들의 투표참여율이 20대, 30대 유권자들보다 높게 나타나고 있다는 점을 통해 청소년들의 투표참여에 대한 역량과 참여의지가 결코 낮지 않음을 알 수 있다.[1]

그럼에도 불구하고 우리 사회는 여전히 정치참여를 비롯한 사회의 공론장에서 청소년의 목소리를 배제하고 있다. 총선이나 대선에서의 투표권 행사뿐 아니라 다양한 청소년 사회참여 활동에서도 청소년들은 저조한 홍보와 입시 위주의 교육 등의 장애물에 가로막혀 사회와 소통할 수 있는 창구를 빼앗기고 있다. 한국청소년정책연구원에서 전국의 초중고등학교 학생들을 대상으로 실시한 조사 결과에서는 청소년 참여기구(청소년운영위원회, 참여위원회 등)를 알고 있으며 참여 경험 있는 청소년 비율은 2–3% 수준, 서울시 청소년 참여기구 참여 비율도 1.9% 수준에 그친다.[2] 청소년에 대한 정책이나 제도에 의견을 개진하는 기구인

---

1. 홍지원. 2014. 「청소년의 정치·사회적 임파워먼트가 장래 투표참여의사에 미치는 영향」. 서울시립대학교 도시과학대학원 학위논문. 2쪽.
2. 이영주 외. 2019. "서울시 청소년 참여실태와 청소년 참여 활성화 추진전략." 「서울연구원 정책리포트」. 제270호. 5쪽.

만큼 그 어느 곳에서보다 청소년이 주인공일 수 있음에도 참여율은 저조했다.

청소년 사회참여의 미진함은 여러 요인에서 기인하는데, 우선 청소년 사회참여 필요성에 대한 사회적 인식의 미흡함을 들 수 있다. 입시와 학업을 강조하며 청소년은 사회에 관심을 두지 않아도 된다는 논리가 지배적이다. 이와 더불어 관심이 있더라도 참여할 수 있는 창구가 상당히 제한적인데, 일회성의 성격이 강하거나 운영이 제대로 되지 않는 경우가 다반사이며, 청소년 스스로 창구의 존재를 알지 못하는 일도 많다.

2. 청소년이라서 중요한 사회참여

한편, 청소년 시기의 사회참여는 여러 면에서 아주 중요하다. 청소년 시기는 스스로를 독립적인 존재로 파악하고, 정치에 대한 확고한 지식과 가치관념 및 참여 의지를 갖게 되는 시기이다. 따라서 수동적인 지식의 습득뿐 아니라 정치적 참여 기회를 제공함으로써 사회에 대한 관심과 참여의지를 충족시켜 주어야 한다. 또한, 사회참여 경험이 전혀 없는 청소년들이 그대로 자라나 성인이 된다면, 선거연령 하향을 반대하는 사람들이 주장하듯, 미성숙하고 판단력이 없는 투표권들이 난무하게 된다. 청소년 시기부터 지속적으로 사회에 대한 관심과 참여를 체화해 시민의식이 성숙할 수 있도록 해야 한다. 뿐만 아니라 청소년에 대한 정책이나 사안에 있어 당사자가 목소리를 내야 한다. 당사자가 배제된 논의는 실효성이 없는 제도와 정책 입안자와 그가 영향을 미치는 사람들 사이의 괴리를 초래한다. 마지막으로 청소년 사회참여는 교육적인 차원에서도 필수적이다. 주어진 지식만을 수동적으로 암기하는 식의 교육으로는 비판적 사고능력, 소통능력 등 서로 다른 개인들이 함께 모여 살아가는 공동체에 필요한 역량을 함양할 수 없다.

이처럼 청소년 사회참여는 건강한 시민과 사회를 위해 꼭 필요하며, 활성화되어야 한다. 이에 청소년들의 사회에 대한 관심 증진과 그를 바탕으로 한 사회참여를 장려하기 위해 〈2교시 마을 영역〉이라는 프로젝트를 진행하게 되었다. 본

194

프로젝트를 통해, 청소년들이 사회참여의 필요성과 중요성을 스스로 인지하고, 청소년으로서 활용할 수 있는 사회참여 창구를 인식하며 더 나아가 청소년의 이야기를 공론화시키는 경험을 할 수 있도록 했다.

II. 본론

1. 프로젝트 추진 배경 - 청소년 사회참여

1) 청소년 임파워먼트

본격적으로 프로젝트에 대한 논의를 하기에 앞서, 청소년 사회참여를 위한 '청소년 임파워먼트'라는 개념을 소개하고자 한다. 임파워먼트란 '개인적이나 집합적인 사람 내부의 힘을 찾는 것'을 의미한다.[3] 기존의 제도에서 배제되어 있던 청소년이 일정한 계기에 의해 자기 내부의 힘을 이끌어내 개인적, 대인관계, 정치 사회적 측면에서 변화를 일으키는 것이 임파워먼트의 목적이다.[4] 청소년 임파워먼트의 3step은 다음과 같다. 첫째, 청소년은 임파워먼트를 통해 권리 의식을 갖게 되고, 자신이 고민하는 문제가 개인의 문제가 아닌 집단과 사회 전체의 문제라는 것을 인지한다. 이어지는 단계에서 청소년은 비판적 사고를 통해 인지한 사회적 문제를 외부로 표출하고, 이로 인해 새롭게 형성되는 관계 속에서 집단 차원의 힘을 얻는다. 주변 환경과의 소통에서 획득된 힘은 투표, 정치 활동 등 사회 구조를 변화시키는 사회참여적 행동으로 이어질 수 있다. 2014년 유엔개발계획에서는 지속가능한 발전을 위해 청소년을 둘러싼 모든 차별을 개선하고, 사

---

3. 김희성. 2004. "청소년 참여를 통한 정치사회 임파워먼트 형성에 관한 연구." 「한국청소년정책연구원 연구보고서」. 21쪽.
4. Parsons R. 2009. *Assess Helping Process And Client Outcomes In Empowerment Practice*. *Empowerment Practice in Social Work*. Canadian Scholars Press Inc. p.401.

회의 근본적인 변화를 위한 긍정적인 힘을 기르기 위해 "Empowered Youth, Sustainable Future"라는 주제를 선정한 바 있다.[5]

우리는 제한적이었던 청소년의 사회참여 창구를 다양화하고, 그 창구를 활용해 자신의 목소리를 표출할 수 있는 방법을 교육함으로써 청소년의 임파워먼트를 증진할 수 있다고 판단했다. 청소년들은 이를 통해 사회에 참여해 새로운 변화를 일으킬 것으로 기대된다.

2) 지역사회 속 청소년

청소년이 임파워먼트를 통해 거시적인 정치사회에 적극적으로 참여하는 것은 매우 중요하지만, 우리 프로젝트에서는 사회참여의 범위를 청소년들이 활동하고 직접 상호작용하는 '지역'으로 한정하였다.

청소년의 활동반경은 학교라는 거점 공간을 중심으로 매우 제한적으로 이뤄진다. 따라서 청소년은 자신이 속한 지역사회의 반경 안에서 소비 등의 일상적인 활동을 영위하기 때문에 지역사회의 사소한 변화에 직접적인 영향을 받는다. 또한, 국가 단위의 넓은 사회보다 훨씬 더 익숙한 공간 속에서 청소년은 상대적으로 더 쉽게 스스로와 공동체를 연결짓고 소속감을 느낄 수 있고, 그들의 작은 행동에 민감하게 반응하는 지역사회를 통해 더 쉽게 정치적 효능감을 느낄 수 있어 사회참여에 대한 긍정적인 경험을 형성할 수 있다. 지역사회가 청소년 참여의 주된 공간이 된다면 참여는 일시적이고 단기적인 이벤트가 아니라 일상적인 행위로 자연스럽게 흡수될 수 있다.[6]

그러나 한국 청소년의 지역사회 참여는 상당히 위축되어있는 상황이다. 세계 38개국 청소년을 대상으로 실시한 recs 2009 조사에 포함된 사회적 참여 범주 중

---

5. 남화성. 2016. "사회적 자본과 임파워먼트가 청소년의 시민의식에 미치는 영향." 「청소년학연구」. 제23권 제11호. 56쪽.
6. 권연주. 2007. 「지역사회 참여운동을 통한 청소년 임파워먼트에 대한 연구」. 서울시립대 도시과학대학원 학위논문. 17쪽.

'지역사회 시민참여' 영역의 전 세계 평균은 50점이었으나 한국 청소년의 평균 점수는 42.48점에 그쳤다. 이는 청소년의 일상생활이 지역사회와 유리된 채 학교를 중심으로 전개되고 있으며, 지역사회는 청소년을 위한 본래 교육적인 기능을 상실했기 때문이다. 우리 프로젝트는 지역사회와 유리되어있는 청소년들을 공동체의 일원으로 편입함으로써 임파워먼트의 총체적인 과정을 경험할 수 있는 장으로서의 역할을 하고자 한다.

2. 프로젝트 추진배경 - 마을미디어

1) 마을미디어란?

"마을미디어는 주민들이 소유하고 주민이 함께 운영하는 미디어입니다. 신문, 라디오, TV, 잡지를 만들어 마을의 이슈를 나누고, 마을의 목소리가 되어줍니다."

– 서울마을미디어 지원센터 홈페이지, 마을미디어란?

마을미디어는 마을의 주민들이 운영, 제작, 유통에 참여하고 소비하는 비영리 미디어를 말한다. 서울시에서는 지난 2012년부터 마을공동체 정책의 일환으로 서울 시내에서 활동하는 마을미디어들의 운영과 활동을 지원하고 있다. 공동체의 형성과 발전에 마을미디어가 기여하므로 공익성이 있다고 보는 것이다.

이번 프로젝트에 참여한 '가재울라듸오'는 2013년부터 서대문구 지역에서 활동하고 있는 마을미디어이다. 현재 팟캐스트와 유튜브 채널을 운영하고 있으며, 지역 주민들과 함께 방송을 만들고 지역의 행사를 생중계하거나 기록 영상을 만드는 등 다양한 분야에서 활동하고 있다.

2) 왜 마을미디어인가?

마을미디어는 "마을주민들의 자발적 참여와 주민 간 소통 활성화 및 시민 미디어 리터러시 능력 향상"과 "지역문화 공동체를 회복 및 형성"을 목적으로 한다(서울특별시, 마을미디어 활성화 사업 추진 목적). 이런 점에서 볼 때, 마을미디어를 통한 청소년 미디어의 제작은 청소년의 소통 능력을 향상하고 지역문화 공동체에 청소년의 참여를 촉진하는 효과가 있을 것이라고 생각했다. 그리고 이러한 과정을 통해 청소년의 임파워먼트가 일어날 것이라고 기대했다.

'청소년 문제'는 젠더, 소수자, 참정권, 학내 인권, 학습권 등 다양한 분야와 층위에서 나타난다. 그에 따라 해결방안 역시 법률, 조례 제정 등 제도적인 변화에서부터 인식개선과 같은 사회문화적 방법까지 다양한 층위에서 제시될 수 있다. 그 중에서도 우리가 주목한 것은 지역의 변화였다. 지역은 상대적으로 변화를 이끌어내기 쉬운 작은 단위이고, 특히 기존에 마을에서 일정한 영향력을 가지고 있는 마을미디어를 활용할 경우 더욱 변화를 이끌어낼 가능성이 높다고 판단했다. 다시 말해 좀 더 빠르게 가시적인 성과를 만들어낼 수 있다는 점에 주목한 것이다.

또한 지역은 우리의 일상과 가장 직접적으로 맞닿아 있는 단위이다. 청소년 역시 지역의 주민으로서 생활을 영위하고 있는데 비해 지역에 대한 관심을 가질 기회나 지역사회, 공동체에 참여할 기회는 거의 주어지지 않고 있다. 청소년에게 지역사회와 공동체에 대한 관심을 불러일으키고 참여할 수 있는 길을 제시하는 것이 단기적인 프로젝트의 성과를 넘어 장기적인 지역사회의 변화를 만들고 청소년의 삶을 변화시키는 데에 유리할 것이라고 판단했다.

3. 〈2교시 마을영역〉 프로젝트 진행보고

1) 프로그램 준비 과정
〈2교시 마을영역〉의 대상은 서대문구에서 거주하거나 활동하는 고등학생으로 설정하였다. 같은 지역에서 거주하거나 활동하는 청소년들이 함께 교육을 받으면서 같은 지역의 주민이라는 동질감을 가지고 공감대를 형성하는 것이 중요하다고 생각했기 때문이다. 교육 대상 모집을 위해 서대문마을넷 카톡방, 가재울

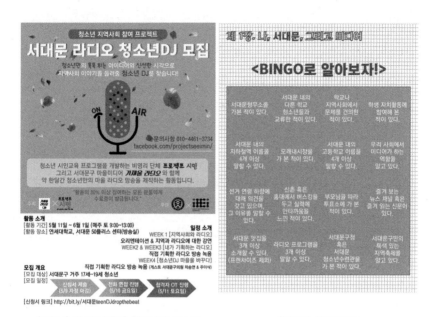

〈그림 1〉 참여자 모집용 웹자보 겸 포스터   〈그림 2〉 서대문빙고

라디오 페이스북 페이지 등을 통해 웹자보를 배포하였다. 서대문 관내 고등학교 6곳에 홍보를 요청하여 방송반에서 활동하는 청소년들을 중심으로 홍보하였다. 또한, 서대문청소년수련관을 통해 서대문구 청소년 토론위원회 등의 활동을 하는 청소년들을 대상으로도 홍보가 이루어졌다.

모집 초기에는 4주간 수요일 20:00~22:00, 토요일 10:00~12:00에 일정을 진행할 계획이었으나 모집 과정에서 평일 저녁은 고등학생들이 시간을 내기 쉽지 않다는 학교 선생님들의 조언으로 토요일 9:00~13:00에 진행하는 것으로 수정하였다. 이러한 우여곡절 끝에 1주일간 7명의 청소년을 모집하였다.

모집된 교육 대상 청소년의 성별은 여성 6명, 남성 1명, 기타 0명이었다. 6명의 여성 청소년은 모두 17살로 인문계고등학교 1학년 학생이었다. 1명의 남성 청소년은 18살의 특성화고등학교 2학년 학생이었다. 서대문구 관내의 이화여자대학교 부속고등학교 학생이 3명, 가재울고등학교 학생이 2명, 명지고등학교 학생이 1명이었고, 그 외에 은평고등학교 학생이 1명, 서울항공비즈니스고등학교 학생이 1명이었다.

원활한 프로그램 진행을 위해 교재를 제작하였다. 프로그램에 대한 소개, 청소년 정치참여의 의미와 해외 사례, 마을미디어에 대한 소개 등의 읽을거리와 우리 동네에 대해 알아보는 빙고 게임, 라디오 대본을 쓰기 위한 양식 등을 포함하였다.

1주차 - 오리엔테이션

1주차 오리엔테이션는 연세대학교 연희관의 강의실에서 총 3시간에 걸쳐 진행하였다. 첫 1시간 동안은 참여자들과 교육 진행자들이 서로 인사를 나누고, 프로그램 일정에 대해 소개하였다. '나를 소개합니다' 게임 이후, 빙고와 퀴즈를 통해 서대문구에 대해 얼마나 알고 있는지 점검하는 시간을 가졌다.

후반부에는 청소년은 어떤 문제를 겪고 있는지, 서대문구 지역에는 어떤 문제들이 있는지 생각해보는 프로그램을 진행하였다. 참여자들은 청소년이 겪고 있는 학업 스트레스, 학교폭력, 교내 성차별 등 다양한 문제에 관심을 가지고 있었다. 북가좌동 재개발 갈등, 쓰레기 배출과 관련된 갈등 등 지역 이슈에 대해서도 어느 정도 알고 있음을 확인하게 되었다.

마지막 시간에는 마을미디어에 대해 소개하고, 마을미디어 참여가 가지는 의

〈그림 3〉 1주차 오리엔테이션

미에 대해 함께 생각해보는 활동을 진행했다. 2주차 방송을 위해 '내가 자주 방문하거나 좋아하는 서대문구 내의 장소를 소개해주세요'라는 주제로 방송 기획을 함께 해보았다. 6하원칙에 따라 방송을 기획하고 간단하게 대본을 작성한 후 1주차 오리엔테이션을 마무리했다.

2주차 - 우리 동네를 소개합니다

첫 주에는 '마을에서 내가 가장 좋아하는 장소'라는 주제로 방송을 기획했다. 자연스럽게 맛집에 대한 이야기로 정리되어 두 조 모두 주로 지역의 먹거리에 대해 이야기를 나누었다. 이런 이야기들을 통해 '같은 동네에 사는 주민'이라는 공감대가 형성되었고, 쉽게 이야기할 수 있는 주제에 대해 방송하면서 방송에 적응하는 시간을 가질 수 있었다.

> "매일이 똑같이 반복되는 하루를 사는 청소년들에게 하교길에 먹는 떡볶이 한 그릇, 집 가는 길에 걷는 시원한 거리는 확실한 행복이 되는 것 같습니다"

3주차 - 청소년이 겪는 여러 문제들

둘째 주부터는 서대문50플러스센터 녹음실을 대관하여 교육과 녹음, 유튜브 생중계를 진행하였다. 첫 방송으로 '청소년이 겪는 여러 가지 문제'라는 주제로 이야기를 나누고 방송을 기획했다. 여성 청소년들의 주요 관심사는 젠더문제였다. 학교 내에서 겪는 성희롱 등 성폭력, 너무 작아서 불편한 교복, 교사의 성소수자에 대한 혐오발언 등 다양한 성차별에 대한 문제가 제기되었다.

> "교복 처음에 피팅을 해봤는데 아 진짜 무슨 허리가 너무 여자스럽게 나와가지고, 저 유아복 입는 줄 알았잖아요."
> "터치를 하는 선생님들도 계시긴 했는데, 항상 언행은 되게 막 하세요. 뭐 여자가 어떻고, 남자가 어떻고, 그 성소수자에 대해서도 안 좋게 말씀하시고 그랬는

데, 정말 기분이 나빠서 선생님들께 말씀드려도 '그러실 수 있지'…"

학교폭력의 처리 과정에서 학교를 신뢰할 수 없다는 문제도 제기되었다. 특히 학교폭력에 대한 신고 과정에서 제보자의 신원이 보호되지 않은 사례에 대한 증언이 있었다.

"이게 뭐 익명성도 보장이 안 되고, 더불어서 그 학생의 인생이 진짜로 망가질 수도 있는 그런건데. 이런 제도들이 많이 바뀌어야 된다고 생각해요."
"학교 폭력에 대해서 쉬쉬하려고 하고, 다 덮고. 그냥 네가 잘해라, 화해해라 이런 것밖에 안 하니까 오히려 더 숨기게 되는 것 같아요."

또한 청소년이 활용할 수 있는 지역 내 공간이 적다는 문제도 제기되었다.

"저는 수행평가 할 때 토론해가지고 영상을 찍거나 녹음해 오라는 선생님들 있잖아요. (중략) 룸카페나 이런 곳 같은 경우에는 10시 이후에 청소년 입장 불가고, 그래서 따로 그런 공간이 마련됐으면 좋겠어요."

다양한 분야에서 문제를 제기하면서, 청소년들 스스로 해결책을 제시해보기도 하였다. 구체성은 부족했으나 아이디어 차원에서 지역사회가 논의할 수 있는 것들도 있었다.

"교육청에다 신고를 해야 되는데 일이 너무 커져버리잖아요. (중략) 저희가 쉽게 접근할 수 있는 방법에서, 그런(성차별) 문제를 도움을 청할 수 있는 게 있었으면 좋겠어요."

4주차 - 구의원 인터뷰

마지막 주에는 앞선 방송에서 정리된 청소년 문제들을 주제로 차승연, 주이삭 구의원과 인터뷰를 했다. 교사에 의한 성폭력과 성차별, 학교 폭력 처리 과정 등 학교 문제에 대해서는 지역 내 청소년 상담센터를 활용해 보라거나 구의원의 권한으로 할 수 있는 일에 한계가 있다는 등의 다소 피상적인 답변이 돌아왔다.

> "학생회에 대한 자치권이 더 많이 확보되는 방향이 필요하고, 학부모님들도 부
> 모님들이 관심을 다 갖고 있겠지만, 학교 현장에 대한 관심, 학교생활에 대한 개
> 선을 어떻게 할지에 대한 관심을 함께 가져주시고 특히 저희들한테 요구를 해 주
> 시면은…"
>
> —차승연(더불어민주당 서대문구의원)

청소년이 여러 가지 활동, 모임에 활용할 장소가 부족하다는 문제에 대해서는 주이삭 의원이 해결책을 제시했다. 영등포구에서 지하보도를 리모델링하여 청소년 공간을 만들었다는 사례를 청소년 DJ들이 소개했고, 주이삭 의원은 현재 영천 시장 앞의 지하보도를 문화공간으로 리모델링하기 위해 계획을 세우는 중이며 청소년들의 의견을 반영하여 연습실 등을 마련할 수 있는지 검토하겠다고 약속했다.

> "그 공간(영천시장 지하보도)을 더 많은 사람들이 활용을 할 수 있게끔 생각을
> 해볼 수도 있겠구나. 그래서 이 아이디어를 이번 회기 때 한번 집행부 대상으로
> 얘기를 해서 반영을 해보려고 최선을 다하겠습니다."
>
> — 주이삭(바른미래당 서대문구의원)

또한 원래 대본에 없었던 지역 대중교통에 대한 이야기도 나왔다. 남북가좌동 지역에 마을버스 노선이 없어 불편하다는 청소년 DJ의 의견에 대해 차승연 의원은 현재 명지대 앞을 지나는 마을버스 노선 신설이 추진 중이며, 그 밖에도 교통

문제해결을 위해 자전거 도로 확충에 힘쓰겠다는 답변을 주었다.

"그 골목에는 지금 마을버스 (신설)하려고 노력을 하고 있습니다. (중략) 자전
거도로도 확충이 돼서 자전거를 타고 다닐 때도 안전하게 다닐 수 있는 구조도
됐으면 좋겠습니다." – 차승연

"자전거도로 진짜 많이 만들어서, 저는 개인적으로 킥보드 타고 다니니까, 전
동 킥보드, 이것도 같이 추진하십시다." – 주이삭

4주차 교육까지 진행하며, 총 5개의 방송을 만들었다. 2주차와 3주차에는 2개
조로 나누어서 방송을 진행했다. 방송 시간은 총 200분이었으며 6/18 현재 유튜
브의 방송 조회 수는 총 300회 이상이고, 팟캐스트의 경우는 이보다 높을 것으로
추정된다.

〈그림 4〉 라디오 진행 장면

III. 결론

1. ⟨2교시 마을영역⟩ 프로젝트 결과 분석

약 4주간의 프로그램을 진행한 결과 참가자들에게 어떠한 변화가 있었는지 알아보기 위해 사전, 사후 심층인터뷰를 진행했다. 인터뷰의 주제는 '미디어'와 '정치참여'로 크게 나누어지며, 각각의 주제는 또다시 개인, 지역사회, 국가의 세 차원에서 분석해, 청소년들이 사회참여 학습을 통해 공동체로 편입되는 과정을 포착하고자 했다. 그 결과, 참가자 대부분 미디어와 정치참여 두 주제 모두에 있어, 개인의 수준에서 갖고 있던 관심과 참여의지가 지역사회와 국가 수준으로 확대되는 것을 목격할 수 있었다. 뿐만 아니라, 미비했던 사회참여 욕구 역시, 실질적인 경험을 통해 향상된 것을 알 수 있었다.

1) 사전 인터뷰 분석

미디어에 대한 인식

[개인 차원]

미디어의 참여는 대부분 경험을 위한 개인적인 동기에 의해 발생하는 것을 알수 있었다. 참여자의 대부분은 미디어와 관련된 진로를 희망하고 있었으며, 청소년들이 평소 참여하기 어려운 미디어를 직접 경험하면서 진로의 방향을 확인하기 위해 참여했다는 응답이 많았다. 소수의 참가자들은 청소년들이 '말할 수 있다'는 프로젝트의 목표에 재미와 흥미를 느끼고 지원하였다. 이들은 공론장을 만드는 미디어의 역할을 직접 느끼고 싶었다고 밝혔다.

[사회 차원]

참여자들은 대부분 프로젝트 참여 전부터 마을미디어의 존재 자체를 모르고 있거나, 그를 인지하고 있더라도 그가 필요한 이유와 역할을 알지 못하는 경우가 많았다.

정치참여에 대한 인식

[개인 차원]

자발적으로 〈2교시 마을영역〉 프로그램에 신청한 점에서 알 수 있듯이 참여자들은 활동 참여에 적극적인 성향을 가지고 있었다. 대부분의 참여자들이 다양한 학생활동에 참여하고 있었다. 이들은 학생회 임원진, 방송반 등의 활동을 통해 자신이 속한 학교 공동체 안에서 능동적으로 목소리를 내고 있었다. 그러나 학교 밖을 벗어나서는 다른 활동을 한 경험은 거의 없었다.

개인, 그리고 학내 수준의 청소년 문제에는 관심이 있고, 말하기와 토론을 좋아하는 참가자들인 만큼 그와 관련해 친구들과 사적으로 대화를 자주 한다는 응답이 많았다. 그러나 이러한 담론이 공론화되지는 않으며, 자신들의 문제가 학교를

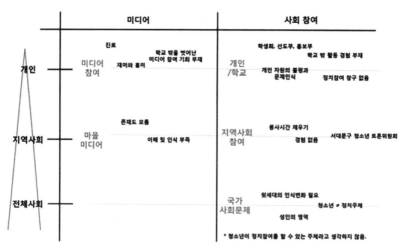

〈그림 5〉 참여자 심층 면접 키워드-프로그램 참여 전

넘어 모든 청소년들이 함께 공유하는 문제라는 인식이 없었다. 따라서 친구들과 사적으로 불평을 하는 수준에 그치고 있었다.

[사회 차원]

지역사회에 대한 관심에 대해서는, 개인적으로 봉사활동시간을 채우기 위해 활동을 하기는 하지만 그 밖의 경험은 대부분이 없는 것으로 나타났다. 또한 지역을 넘어 국가 수준에서 청소년 정치참여에 대해서는 거의 생각해 보지 않았으며, 참여할 수 있는 창구가 없다고 생각하고 있었다. 목소리를 내기 위해 보다 적극적으로 노력하기보다는, 정부나 어른들의 인식이 변화해 청소년 참여가 활성화되어야 한다는 인식을 가지고 있었다.

2) 프로젝트 참여 후 인식 변화 분석

오리엔테이션을 포함하여 4주간의 프로그램이 진행된 후의 인식 변화를 물었다. 개인의 이야기에서 지역사회, 국가 차원의 청소년 문제들에 대해 인식하게 되었음을 알 수 있었다. 정치참여에 대한 효능감과 자신감을 바탕으로 추후에도 참여할 의지를 보이기도 하였다. 그러나, 아직도 청소년은 지식이 부족하며, 입시 등의 부담으로 인해 정치참여가 실현되기 어렵다고 보기도 하였다.

미디어에 대한 인식

[개인 차원]

프로젝트가 미디어 현장을 직접 체험하고 본인의 진로를 결정하는 데 큰 도움이 되었다고 응답한 참여자가 많았다. 교내 방송부 활동은 선생님들의 지시에 따라 이뤄지거나, 방송할 수 있는 주제와 코너가 교내 사안으로 제한적인 반면, 〈2교시 마을영역〉은 주체적, 자발적으로 방송을 기획할 수 있다는 점에서 의미가 있었다고 밝혔다. 그 과정에서 다른 활동들에서 느끼지 못한 뿌듯함과 즐거움을 느끼기도 하였다.

[사회 차원]

마을라디오의 기능과 특성, 필요성에 대해 명확하게 인지하는 계기가 되었다. 마을미디어는 기성 미디어와는 다르게 지역사회의 문제를 즉각적으로 알리고, 토론을 통해 지역의 담론을 형성하며 이해당사자들이 마을라디오를 통해 직접 소통해 해결을 모색할 수 있는 매체임을 알게 되었다. 마을 미디어가 확장될 필요가 있으며 지속적으로 참여하고 싶다는 의사를 밝히기도 하였다.

정치참여에 대한 인식

[개인 차원]

대부분의 참여자들은 문제가 되는 상황에 대해 적극적으로 자신의 용기를 표현할 수 있다는 자신감을 얻었다. 타인과 생각을 공유하고 토론할 수 있는 기회를 통해 서로에 대한 이해가 증가하였다. 특히, 유일한 남성 참여자는 자기 또래 여성 참여자들의 의견과 생각을 들어볼 수 있어 시야가 넓어졌다는 이야기를 하였다.

[지역사회 차원]

지역사회 문제에 대한 관심이 증가했으며, 학교에서 친구들과 대화로 해결하는 수준을 넘어 공론화에 대한 필요성을 인지하였고, 그에 대한 의지가 향상되었다. 특히 서대문구의원과의 만남을 통해 청소년 정치 참여의 효능감과 더불어 청소년 역시 변화를 일으킬 수 있는 주체라는 생각을 갖게 되었다. 또한, 참여자들은 청소년의 인권문제 이외에도 다양한 지역사회의 문제에 관심을 가지게 되었다.

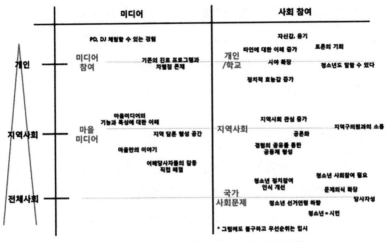

〈그림 6〉 참여자 심층 면접 키워드-프로그램 참여 후

[국가 차원]

청소년 정치참여에 대한 전반적 인식 개선과 더불어 경험이 중요함을 느꼈다는 응답이 많았다. 청소년 시절 정치참여 활동에 대한 기회가 늘어나야 하며, 그에 대한 홍보와 독려 역시 필요하다는 의견이 많았다.

참여자들은 개인의 문제를 함께 이야기하고 해결책을 모색하는 과정에서 자신이 겪는 문제가 자신만의 문제가 아니라는 것을 깨닫게 되었다. 즉, 개인의 문제가 실은 자신이 속한 더 넓은 집단과 공동체의 문제라는 것을 인식하게 됐다.

청소년 역시 시민이며 따라서 발언권을 가져야 한다는 의식을 갖게 되었다. 다수의 참여자들은 선거연령 하향에 대해 긍정적인 반응을 보였다. 반면, 청소년 정치참여에 대한 긍정적 인식과 더불어 실현가능성에 대한 회의적 시선도 있었다. 청소년은 정치에 대해 잘 알지 못하며, 입시나 학업 등의 부담이 커 실제로 기회가 주어져도 제대로 참여할 수 없을 거라는 걱정이 여전히 남아있었다. 뿐만 아니라 청소년 정치참여를 확산시키기 위해서는 아직도 청소년이 아니라 정부와 어른의 힘이 더 필요하다고 느끼는 참여자도 있었다. 또한, 선거연령 하향에 대해서 청소년들의 부족한 지식과 미성숙함 때문에 선거권이 없는 게 당연하다고 스스로 권리를 포기하며 어른들에게 의존적인 태도를 보이기도 하였다.

이러한 태도는 '청소년은 미성숙하며, 성숙하지 않은 청소년들은 정치참여에 부적합하다'라는 인식을 내재화했기 때문으로 보인다. 이는 지속적인 교육과 함께 청소년 참여에 대한 기회가 증가해야 하는 이유이기도 하다.

3) 유의미했던 시사점

이번 프로그램의 하이라이트는 마지막 방송인 구의원 인터뷰였다. 인터뷰를 통해 청소년 참여자들은 자신들이 겪는 문제들의 해결책을 지역사회 내에서 모색해 볼 기회를 가지게 되었다. 어떤 문제들에 대해서는 구의원의 권한과 역할의 현실적 한계로 인해 원론적이고 피상적인 답변들만을 얻을 수 있었다. 하지만 다른 문제들에 대해서는 구체적인 해결 방법에 대한 답변을 받거나, 청소년들의 아이디어가 구의원들에게 받아들여지기도 했다.

주이삭 의원이 약속한 영천시장 앞 지하보도 리모델링 기획은 실현될 경우 청소년들의 의견이 정책에 반영된 좋은 사례로 남을 것이다. 주이삭 의원은 방송에서 '(청소년 DJ들) 덕분에 좋은 아이디어를 얻어간다'라고 말하기도 했다. 앞으로 해당 아이디어를 구체화하고, 실현 가능성에 대해 검토하여 실행하는 과정을 모니터링해야 하는 과제가 남았다.

차승연 의원은 남북가좌동 교통 문제에 대해 마을버스 확충 대신 새로운 해결법을 제시하였다. 마을버스의 경우 노선에 대한 규정 때문에 현재 신설을 검토 중인 명지대학교 앞 외에는 신설이 어려운 상황이다. 차승연 의원은 마을버스의 신설이 불가능함을 설명하고 자전거 도로의 필요성에 대해 이야기하여 해당 문제를 제기한 청소년의 공감을 얻었다. 지역 주민으로서의 청소년과 지역 정치인인 구의원이 소통을 통해 지역사회 문제의 해결책에 대하여 의견을 좁혀 나가는 과정이었다. 이는 청소년들에게 서로 다른 관점과 의견이 대화를 통해 합의에 이르는 과정을 경험하게 하였는데, 이는 민주주의에서 아주 중요한 가치이다.

210

2. 프로젝트 한계 및 발전방향

〈2교시 마을영역〉 프로젝트는 청소년들의 적극적인 참여로 유의미한 시사점들을 이끌어냈으나, 1) 소수의 참여 인원 2) 단기성 프로젝트라는 점에서 한계를 갖는다. 당초 목표했던 프로젝트 모집인원(10~12명)을 채우지 못하였을 뿐만 아니라 프로젝트에 참여한 청소년들은 대부분 청소년과 지역사회 문제를 고민해본 경험이 있거나, 다른 학생들에 비해 학생 자치활동과 서대문구 청소년 활동에 적극적으로 참여하고 있는 청소년들이었다. 따라서 이번 프로젝트는 청소년의 변화를 측정하고 전체 청소년으로 일반화하기에는 상당한 어려움이 따른다.

이러한 문제를 해결하기 위해서는 '지속가능한 프로그램'을 구축하는 것이 필요하다. 계속해서 프로젝트를 유지해나갈 청년들이 존재하고, 이에 따라 더 넓은 범위의 다양한 청소년들이 유입되어야 청소년들의 점진적인 변화와 사회의 변화를 확인하고 측정할 수 있다. 이를 위해 가재울라디오에서는 앞으로 청소년DJ들의 마을미디어 지속적인 참여를 독려하고 정기적인 방송을 편성할 계획이다. 특히 향후 1~2년 내에 가재울라디오가 전파 송출을 허가받아 주파수를 가진 공동체라디오로 전환하게 될 경우 매주 청소년DJ의 방송을 공중파 라디오로 지역 주민들에게 방송할 수 있게 될 것이다.

또한, '프로젝트 시민'의 경우, 계속해서 청소년 임파워먼트를 위한 시민교육 프로그램을 개발하고 더 많은 청년들이 시민교육에 적극적으로 참여할 수 있는 장을 마련할 계획이다. 교육의 형태는 앞으로 더 다양해지겠지만, 이번 프로젝트를 계기로 보다 장기적인 청소년 미디어 프로그램 또한 고려해 볼 생각이다. 직접 미디어를 제작하기에 앞서, 미디어에 대한 이해와 미디어 리터러시를 높일 수 있는 미디어 분석 프로그램 등을 기획하고, 청소년들이 직접 제작한 미디어 콘텐츠가 그대로 끝나지 않고 다른 사회 활동과 연계될 수 있는 방안을 모색할 예정이다. 특히, 이번 프로젝트에서 가장 유의미했던 시사점 중 하나로 청소년의 의견이 정책에 반영될 가능성이 생겼다는 것이 있는데, 이에 대해 청소년들이 지속적으로 그가 잘 이뤄지고 있는지 관심을 갖고 검토하는 것이 중요하다. 청소년들이 정책에 대해 지역사회의 변화에 대해 지속적으로 모니터링할 수 있도록 하는 교육에 대한 연구도 필요하다.

2019년 6월 13일, tbs라디오의 마을미디어 참여 프로그램인 '우리동네 라디오'를 통해 〈2교시 마을영역〉의 진행 과정과 성과가 3분가량의 분량으로 방송되었다. 청소년들에게는 자신의 목소리가 공중파 전파를 타는 흔치 않은 경험이 되었고, 다른 지역에서도 비슷한 형태의 청소년 마을미디어 교육이 진행될 수 있는 계기를 마련하였다. 〈2교시 마을영역〉 프로젝트의 작은 날갯짓이 커다란 바람을 일으킬 수 있는 날을 기대해본다.

참고문헌

권연주. 2007. 「지역사회 참여운동을 통한 청소년 임파워먼트에 대한 연구」. 서울시립대 도시과학대학원 학위논문. p.17쪽.

김희성. 2004. 「청소년 참여를 통한 정치사회 임파워먼트 형성에 관한 연구」. 『한국청소년정책연구원 연구보고서』. 21쪽.

남화성. 2016. 「사회적 자본과 임파워먼트가 청소년의 시민의식에 미치는 영향」. 『청소년학연구』. 제23권 제11호. 56쪽.

이영주 외. 2019. 「서울시 청소년 참여실태와 청소년 참여 활성화 추진전략」. 『서울연구원 정책리포트』. 제270호. 5쪽.

홍지원. 2014. 「청소년의 정치·사회적 임파워먼트가 장래 투표참여의사에 미치는 영향」. 서울시립대학교 도시과학대학원 학위논문. 2쪽.

Parsons R. 2009. *Assess Helping Process And Client Outcomes In Empowerment Practice. Empowerment Practice in Social Work*. Canadian Scholars Press Inc. p. 401.

화교와 연희동의 '연희(延禧) 닿다'
- 화교인식 개선프로젝트 -

연세대학교 정치외교학과 박태호
연세대학교 역사문화학과 황보우진

Ⅰ. 연희동을 조명한 이유

연희동과 연남동을 거쳐 많은 중국음식점이 존재한다. 하지만 그 누구도 이곳이 화교들이 운영하는 음식점이라는 것을 모를 것이다. 그리고 음식점에서도 화교들이 주인이라는 것을 알리고 싶지 않을 것이다. 연희동에는 그만큼 많은 중국음식점이 있다. 이 중국음식점들이 어디서, 어떻게 생겨났을까? 연희동에 사는 사람들과 함께, 연희동에서 생활하는 학생들에게 많은 궁금증을 자아낸다. 아마 연희동에 직접 거주하는 사람들도 이웃들이 누구인지 모르고, 궁금해하지 않는 현대사회를 살면서 이 질문에 답할 수 있는 사람은 많지 않을 것이다.

서대문구는 2018년 12월 31일 기준 12월 한 달간 등록외국인[7] 중 중국인이 4,343명, 대만인 2,020명으로 전국대비 중국인 약 20%(총 207,777명), 대만인 약

11%(총 20,489명)이다. 이는 전국 지자체 중 11위, 면적대비 7위에 해당하는 수치인데 서대문구가 이만큼 다문화가정, 특히 중화권의 이주가 잦은데 그럴만한 이유가 있을까 생각해보았다. 많은 대학, 편리한 교통편, 젊은 세대의 문화 등이 그러한 이유라고 생각했다. 가장 큰 이유는 한국전쟁 이후 이주해 온 화교들이 한성화교학교를 중심으로 거주지를 형성했다는 것이다.

한성화교학교는 원래 명동 중국대사관 옆에 건립되었으나 지금은 그 자리에 소학교만 남은 채 중고등학교는 지금의 연희동 위치에 건립되었다. 한국전쟁 이후 이주해온 중화권 국가는 중화민국, 대만인들이 이주하여 인천의 차이나타운, 명동, 연희동에 거주하기 시작했으며 세대를 거듭하며 그들의 자손들이 받을 교육환경을 생각하면서 한성화교학교를 지었을 것이다.

하지만 등록외국인들이 많이 거주하고, 한성화교학교라는 화교들의 거점이 있음에도 불구하고, 연희동 주민들과 화교의 공통점은 찾아보기 힘들 정도로 간극이 벌어졌다. 사회적 인식으로 영화나 기사 속에서 찾아볼 수 있는 화교들은 부정적인 이미지로 많이 나타난다. 마약, 성범죄, 절도, 살인 등 각종 범죄에 연루되는 사람은 중국인, 화교, 조선족들이며 그들은 무질서한 태도를 가지고 있다고 나타난다. 이러한 사회적 인식이 개인들에게 미치는 영향은 엄청날 것이다.

또한 그들 간의 교류, 소통 프로그램이 부족하다는 게 현실이다. 사회적 인식이 뒷받침되지 못하다 보니 교류, 소통 프로그램이 드물다. 본고의 연구자는 다문화 사회를 효과적으로 포용하고, 그들의 문화를 존중하기 위해서는 먼저 그들을 알고, 다름을 인정해야 할 것이다.

---

7.   국내에서 90일 이상 거주하는 외국인.

II. 어떻게 연구할 것인가?

본고의 연구자는 먼저 소통의 장을 만드는 것이 프로젝트의 주요한 목적이라고 할 수 있다. 인식(Perception)과 의사소통(Communication)을 키워드로 해서 화교와 연희동 주민 간 서로 인식할 수 있는 기회를 제공하는 것이다. 본고의 연구자는 이 과정에서 소통을 통해 관심을 불러일으키고, 인식을 개선한다는 취지에서 프로젝트를 진행하려고 한다.

먼저 인식의 차이가 어디서 오는지 살펴보고자 했다. 인식의 차이를 분석하기 위해서 설문조사와 심층인터뷰를 진행했는데 사회적 인식이 그대로 거주민들에게 드러난 걸 알 수 있었다. 특히 많은 사람들이 화교들에 대해 이질적인 문화에 대한 부정적인 인식을 가지고 있었고, 화교들이 주변에 거주하는지조차 모르는 무관심한 인식을 가지고 있었다. 하지만 연희동 및 주변지역 거주민을 대상으로 한 설문을 인용하면 주로 지역의 화교에 대해 인지하고 있었다.

물론 연희동의 경우 화교학교가 있고 여러 화교 행사들이 진행되면서도 화교들이 운영하는 많은 음식점이 있기 때문에 인지를 쉽게 할 수 있었을 것이다. 무관심하거나 무감각한 주민들이 예상대로 많은 반면에 생각보다 화교에 대해 부정적인 인식이 긍정적인 인식을 앞서고 있다는 예상을 벗어났다. 하지만 화교에 대한 무관심이 드러나는 설문조사인 것은 분명하다.

그러한 심층인터뷰를 진행했을 때는 연희동 및 주변지역 거주민들은 화교들에 대한 긍정적인 인식은 보지 못했다. 오히려 극도로 부정적이거나 무관심한 경우가 많다. 본고의 연구자는 5월 25일 용춤 퍼레이드 진행 중에 퍼레이드를 관람하

〈표 1〉화교에 대한 인식조사

	긍정적 인식	부정적 인식	무관심 및 무감각
화교를 인지하는 경우 (전체 29명)	24.1%(7명)	6.9%(2명)	69%(20명)
화교를 인지하지 않는 경우 (전체 5명)	20%(1명)	40%(2명)	40%(2명)

는 거주민들에게 혹시 중국이나 대만에 관해서 사회적 인식이 어떻다고 생각하는지 인터뷰를 진행했었는데 반응은 다음과 같았다.

"저는 중국에 대해 되게 부정적으로 생각한다. …(중략)… 화교라든지 중국인이 우리나라에 와서 사는 것을 안 좋게 생각한다. 연남동이나 연희동처럼 화교가 많은 동네도 사실 이런 식으로 중국 느낌이 나는 문화들이 싫다. 잠식당하는 느낌이다."

– 익명의 주민(37세), 은평구 신사동 거주

아마 많은 사람들이 이러한 생각을 할 것이다. 다문화에 대해 부정적인 인식을 가지고 있거나 자신들의 문화나 생활공간, 크게는 일자리나 경제력을 빼앗기는 느낌이 사회의 지배적인 인식이다. 정부에서 '모두를 위한 나라. 함께 잘 사는 혁신적 포용국가'[8]를 국가 슬로건으로 내세우고 있지만, 지자체 차원에 직접적인 포용정책은 이루어지지 않고 있다. 사회적 인식이 부정적이라면 국가의 정책 또한 제대로 추진되지 않을 것이다.

III. 목표는 무엇인가

1. 화교에 대한 인식 차이 개선

영화 〈황해〉, 〈신세계〉, 〈범죄도시〉, 〈청년경찰〉 등 국내 중국인이나 조선족들은 영화나 대중 미디어 속에서 범죄자나 마을, 기업을 부패시키는 사람들로 등장한다. 이러한 인식을 대중들이 공감하기 때문에 이러한 대중 미디어들이 인기를

8.　교육부. "혁신적 포용도시."

끄는 것 같다. 실제 국적별 인구 10만 명당 외국인 범죄 인원이 많은 나라는 러시아와 몽골이며 가장 많은 범죄율을 기록하는 것은 단연 내국인의 범죄이다. 그에 반해 중국인의 10만 명당 범죄 인원은 러시아, 몽골의 절반 수준이며 경찰청이 범죄통계에서 분류한 16개국 중에 중간 정도의 위치이다.[9]

범죄 자체가 발생하고 있다는 점과 외국인 범죄율 중 중간 수준의 위치라는 것이 화교들에 대한 인식을 범죄율만으로 긍정적으로 전환시킬 수는 없을 것이다. 하지만 화교에 대한 무관심이 이러한 인식을 낳았다고 생각한다. 또한 화교에 대해 잘 모르는 경우도 많다. 화교는 조선족이라던가, 일자리를 목적으로 오는 중국인 체류자와는 다르다. 화교는 중국, 대만에서 이주하여 영주권을 획득하거나 영주권을 목적으로 장기간 거주하는 사람들을 의미한다. 이들은 이제 우리나라 국민이다. 세금을 내고, 우리나라에서 경제활동을 하며 세대를 거듭하며 우리나라 교육을 받는 사람들이다. 그렇기 때문에 인식 차이를 개선한다면 화교들에게는 우리나라 국민이라는 정체성과 함께 다른 주민들과 공동체의식을 함양할 수 있도록 해야 한다.

2. 소통 기회 마련을 통한 교류 증진

「서울특별시 서대문구 다문화가족 및 외국인주민 지원 조례」가 2018년 5월 2일 시행되었다. 그 중 제4조(구청장의 책무) 제1항을 보면 "구청장은 관내에 거주하는 다문화가족 및 외국인주민들의 안정적인 가족생활 영위와 지역사회 조기 정착을 위한 적절한 시책을 추진하여야 한다"고 기록되어 있다.[10] 하지만 다문화가족들에 대한 복지시스템은 물론이고 그들과 교류하고 소통하는 프로그램이 조성되어 있지 않다.

서대문구 양리리 구의원과의 인터뷰에서 다문화가족지원센터를 통해 서대문

9.　연합뉴스. "[디지털스토리] 한국내 중국인 범죄율 실제로 높은 걸까."

10.　국가법령정보센터. "서울특별시 서대문구 다문화가족 및 외국인주민 지원 조례."

구의 다문화가족 지원정책이 시행되는 것을 알게 되었지만, 지원센터 상황 자체도 열악하고, 예산도 충분하게 투입되는 것도 아니었다. 또한, 서대문구 여성가족과의 출산다문화팀[11]에서 다문화가정에 대한 업무를 총괄하지만, 업무 편성이 출산 쪽에 치우치고 있다는 것을 알게 되었다. 물론 출산 정책도 필요하다.

연희동 주민센터에서는 화교들에 대한 인구통계학적 자료 자체도 부족하다는 것을 프로젝트를 진행하면서 체감하였다. 화교들에 대한 통계가 없다 보니 그들을 위한 제도나 복지정책이 마련되는 것도 어려우리라 예측하였다. 그래서 우리는 다문화가정과 함께 다문화정책에 대한 부족을 느끼고 그에 따른 소통과 교류 프로그램도 현저히 적다는 것을 문제점으로 삼고 다문화가정, 특히 화교들의 문화에 대해 알리고, 그들과 소통할 수 있는 교류프로그램을 만들어 사람들의 인식 변화를 꾀하고자 한다.

그리고 일회성의 교류프로그램이 아니라 장기적인 교류프로그램이 될 수 있도록 본고의 연구자가 직접 참여하여 프로그램을 만들어나가는 것이 아니라 참여 관찰하며 프로그램이 화교들과 연희동 주민들이 스스로 일궈낼 수 있도록 하는 것이 목적이다. 소통을 통한 작은 관심이 큰 변화를 불러일으킬 것으로 생각한다.

3. 사회적 자본이론(Social Capital Theory)

최근 한국 사회에서 새로운 성장의 동력으로 사회적 자본에 대해 조명하고 있다. 사회적 자본은 다양한 분야에서 활발하게 활용되고 있는데 민주시민의 양성과 시민의식 함양을 목표로 하는 사회에서 주로 사회적 자본을 형성하는 것을 중요시하고 있다. Robert Putnam은 사회적 자본은 네트워크(Network), 규범(Norm), 신뢰(Trust)로 구성되어 있으며 사회적 신뢰가 사회자본의 가장 중요한 형태로 협력을 촉진시키고 사회적 자본을 향상시킬 수 있는 속성이라고 주장

---

11. 서대문구청. "서대문구청 행정조직도."

하였다.[12]

Putnam은 특히 신뢰가 사회적 자본을 재생산해내고, 재생산된 사회적 자본은 네트워크와 규범 속에서 끊임없는 협력을 이끌어낸다고 생각하였다. 본고의 연구자는 '연희(延禧) 닿다' 프로젝트를 통해 화교들과 연희동 주민들 간의 네트워크를 만들어내고, 그 속에서 서로 간의 규범을 형성하여 사회적 인식 개선을 바탕으로 사회적 신뢰를 얻어낼 수 있다고 생각했다. 특히 인식이 개선되면서 발생하는 사회적 신뢰는 교류프로그램을 장기적으로 이끌어내고, 사회적 자본을 재생산해내는 중요한 요소로 생각하고 인식의 개선을 우선시하고 있다.

사회적 자본이 형성되면서 연희동 주민들과 화교들 사이의 교류를 넘어서 다문화가정에 대한 교류와 포용 국가와 포용 도시의 한 사례인 만큼 연희동이나 서대문구가 국가적인 다문화 정책을 주도할 수 있는 지방자치단체가 될 것으로 생각한다.

IV. 프로젝트의 제안은 무엇인가?

1. 연희맛길 음식문화 축제 '낭만연희'

앞서 언급했던 연희동과 화교의 문제를 해결하고자 본고의 연구자는 연희동에서 진행되는 축제에 화교들을 참여하게끔 하고자 했다. 2018년 축제의 내용을 보면 여러 카페와 음식점과 다른 주체들이 축제에 참여했지만, 화교는 빠져있었다. 물론 연희동 주민이 고의로 배척하지는 않았다. 화교가 자발적으로 참여를 하지 않은 것이다. 매년 10월 첫째 주, 연희동 골목길에서는 축제가 열린다. 축제 이름은 '낭만연희'이다. 낭만연희축제는 '느껴봐 맛을', '들어봐 樂을', '찾아봐 연희문

---

12. 조은아. 2014. 「사회적 자본으로서 신뢰가 청소년의 법의식에 미치는 영향」. 이화여자대학교 석사학위논문. 7-8쪽.

화체험 난장', 그리고 '소확행' 네 가지 프로그램을 연희동 곳곳에서 진행하는 축제이다. 이 프로그램에서 볼 수 있듯이, 축제에는 여러 음식 부스, 버스킹, 문화공연, 플리마켓, 미술관 등등 여러 가지를 즐길 수 있다. 이 축제는 올해 제3회를 기획하는 단계에 있다. 본고의 연구자는 기획하는 단계에 같이 참여하여 본고 연구자의 프로젝트를 이 축제에 스며들게끔 하려고 하였다.

2. 다리 건설

축제를 참여하는 방법은 두 가지로 나누어 볼 수 있다. 하나는 연구자가 직접 부스를 설치해서 축제를 진행하는 방식이다. 또 하나의 방법은 화교분들에게 제안하여 이런 축제에 직접 참여하게 하는 것이다. 전자의 방법을 행할 시, 연구가 축제의 '주체'가 된다. 이러한 방법은 화교가 '주체'라는 지위에 이르지 못하고 그저 공연과 음식을 제공하는 사람에 그치면서 비자발적인 참여로 이어질 우려가 있다. 물론, 이 같은 방법이 틀린 것은 아니다. 축제를 같이하자는 취지에는 도달할 수 있다. 하지만 본고의 목표는 단편적으로 축제를 진행하는 것이 아니다. 우리의 궁극적인 목적은 화교와 연희동 주민 서로에 대한 인식을 개선하고 이를 바탕으로 공동체 의식을 함양해 커뮤니티를 형성하는 것이다. 그러기 위해서는 우리가 축제에서 빠지더라도 외부의 제안이나 압력이 없어도 화교와 연희동 주민이 같이 축제를 이어 갈 수 있게끔 만들어야 한다. 하지만 전자의 방법을 채택하게 될 경우 화교와 연희동 주민이 같이하는 축제는 올해로 그치고 장기적인 행사가 될 수 없을 것이다.

프로젝트가 장기적으로 이어질 수 있게끔 하기 위해서 본고의 연구자는 방관자가 되어야 한다. 방관자보다는 건설가라는 표현을 하고 싶다. 방관자와 같은 소극적인 의지에 기반을 둬 프로그램을 끌고 나가는 것이 아닌, 적극적으로 연희동 주민과 화교들 사이에 다리를 건축해주는 것이 본고의 목표라고 생각한다. 다리를 생각해보자, 다리는 처음에 다리를 건설하는 사람이 다리를 완성 시켜놓으면, 그 다리는 자연재해나 다른 특별한 원인이 없으면 무너질 일을 없을 것이다. 그래서 다리를 짓는 연구자의 책임이 막중하다. 다리를 튼튼하게 지어야 하는 것이 우리의 역할이기 때문이다. 화교와 연희동 주민 사이에 다리를 지어주고 나서 연구자는 더이상 개입을 하면 안 된다. 연희주민과 화교가 서로 '지지고 볶는' 과정을 통해 서로가 하나라는 의식을 가져야 한다. 물론 처음부터 순조롭지는 못할 것이지만 본 연구자가 목표하고자 하는 것은 장기적인 것이다.

그러므로 본 연구자는 후자의 방법을 택할 것이다. 제안하고 기회를 제공하는 데에서 우리의 역할은 그친다. 본 연구자는 연희동 일대를 조사하면서 한성화교의 존재를 알았다, 그러면서 자연스럽게 학교의 방과 후 활동, 동아리 활동을 찾아보다 용춤동아리와 사자춤 동아리가 있다는 것을 알게 되었다. 본 연구자는 용춤동아리와 사자춤 동아리가 이번 축제에서 공연할 수 있게끔 만들 것이다. 또한, 음식 혹은 문화 부스를 설치하고 이 부스를 화교들이 직접 운영하도록 할 것이다. 중국 음식 부스 또는 중국 문화공예품을 만들어 나눠주거나 같이 만드는 체험 부스를 설치할 계획이다.

3. 한성화교학교와 연희동 주민센터, 그리고 주민들

물론 이런 프로젝트를 진행할 때에도 것도 우리가 갑자기 낭만연희 축제에 끼어들어서도 안 된다. 우리는 자문을 얻고 본고의 프로젝트를 소개하고자 몇 차례에 걸쳐서 연희동 축제 담당자와 한성화교중고교를 방문하였다. 또한, 용춤동아리와 사자춤 동아리의 공연 규모를 확인하고자 연희동-연남동에서 진행되었던 중국민속문화 퍼레이드에도 참여했다.

한성화교중고교에 방문하여 동아리 담당이신 주임(主任)과 몇 차례 면담을 하였다. 우리는 본 프로젝트를 소개하면서 용춤동아리와 사자춤 동아리의 축제 참여를 확정 지었다. 면담하면서 역시 본 연구자는 화교와 연희동 주민이 접점이 없다는 것을 다시 한번 알 수 있었다.

"…확실히 화교와 연희동 주민과 소통할 기회가 없는 것이 많이 아쉽죠. 그런 기회만 제공이 된다면 언제든 참여할 의향이 있습니다. …용춤 (동아리)도 공연을 주기적으로 하는 동아리니까 참여에 문제는 없을 것 같아요…"

– 한성화교중고교 훈도처 우예후 주임

공연의 확답을 받고, 공연의 규모도 파악한 후 연희동 축제 담당자와 면담을 가졌다. 축제 담당자도 역시 본 프로젝트에 대해 매우 긍정적인 반응을 보였다. 공연의 규모 등을 확인하고 나서 축제에 아주 잘 맞을 것 같다는 의견도 내주었다. 물론 화교 소개에 치중되어 축제 본연의 모습을 잃을 수 있다는 우려가 있었지만, 프로젝트에 대한 자세한 소개를 들은 후 이 역시 긍정적으로 변화하였다.

"정말 괜찮은데요? 축제 분위기도 나고 괜찮은 거 같아요. 화교도 연희동 주민이니…. 이런 부분에 젊은 학생들이 나서서 해주니 정말 좋은 것 같아요. 축제 기획 미팅 때도 참석해주셔서 같이 의견을 더 내고 구체적인 사항도 정하면 될 것 같아요."

– 연희동 주민센터, 축제 담당자

본고의 연구자는 한성화교학교의 중간고사가 10월 초인 것을 인지하고 그것에 맞게 축제 일정을 미루는 것에 관해서도 이야기를 나눴고 이 역시 문제없이 이루어졌다. 또한, 축제 기획에 대한 주민들의 반응도 매우 긍정적으로 나타났다. 화교와 연희동 주민 모두에게 화교 문화 프로그램을 축제에 도입하는 것에 대한 의견을 물어본 결과 부정적으로 답변한 사람은 겨우 5%에 달했다.

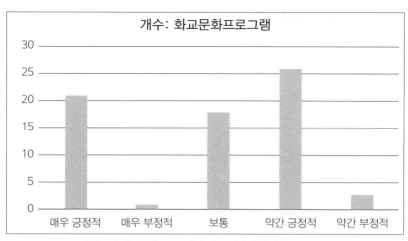

〈차트 1〉 화교문화 프로그램 축제 도입에 대한 인식조사 결과

V. 프로젝트의 효과는 무엇인가?

본 프로젝트의 기대효과는 다음과 같다. 앞서 말했듯이, Putnam의 사회적 자본은 그 동네 혹은 그 지역이 하나의 주체로 행동할 수 있게 하는 요소이다. 사회적 자본은 네트워크, 규범, 신뢰를 구성요소로 두고 있다. 이번 '연희 닿다' 프로젝트의 가장 주요 목적은 인식 개선이다. 하지만 본고의 연구자가 기대하는 효과는 인식 개선에 그치는 것이 결코 아니라는 것을 알았으면 한다. 또한, 본 연구에서 기대하는 사회적 자본은 Putnam이 선호한 '교량형(bridging)' 사회적 자본이다. 교량형 사회적 자본은 다양한 사회적 계층 사이에 호혜성의 네트워크를 만들어내는 것이다. 교량형은 느슨한 연결이며, 이러한 사회적 자본으로 형성된 공동체는 매우 유연한 형태를 취할 수 있다는 장점이 있다.[13]

---

13. 박민영. 2017. "신자유주의와 퍼트넘의 사회적 자본". 『인물과 사상』. 제233호. 116–132쪽.

1. 소통의 발전 - 네트워크

우선 인식이 개선되면, 서로에 대해 관심이 생겨날 것이다. 실제로 본 연구의
설문조사 결과 화교에 대한 연희동 주민들의 인식은 좋지 않다.

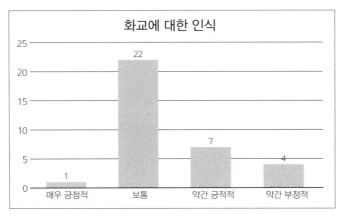

〈 차트 2 〉 화교에 대한 인식조사

실제로 화교에 대한 긍정적인 인식은 모두 실제로 만나본 경험이 기반이 된다
는 설문조사의 결과가 나왔다. 반대로 보통과 약간 부정적인 이유는 61%가 매체
와 기사를 통한 편견이라고 답을 했고 나머지는 교육을 통한 견해다. 즉, 본 수치
를 봤을 때 서로에 대한 인식이 좋지 않은 이유는 실제로 만나보지 못했기 때문
이라는 결론을 낼 수 있었고 그런 의미로 축제는 중요한 위치에 놓여있다고 볼
수 있다.

본 연구에서 소통을 중요하게 다루는 이유는 소통이 사회를 형성하기 때문이
다. 소통이 발생하는 순간 사회가 생성되고 분화하며 존속한다.[14] 〈차트 1〉을 보
면 소통이 발생하기 전 서로에 대한 생각이 필수적이다. 이 생각에는 물론 서로
에 대한 인식, 관심 등의 개념이 포함되어 있다. 축제를 통해 사람들은 서로의 존

---

14. 이철. 2015. "사회의 유일한 구성요소로서의 소통". 『한국사회학』. 제49권 제4호. 235-259쪽.

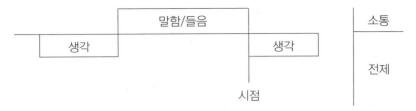

〈 그림 1 〉 소통과 전제의 구성성분

출처: 이철. 2015. 「사회의 유일한 구성요소로서의 소통」. 「한국사회학」. 제49권 제4호. 237쪽.

재를 인지하고 작은 관심을 가질 것이고 이는 바로 소통의 시작이 되는 전제가 되는 것이다. 그러므로 축제에서 기획하는 문화부스와 문화공연은 소통의 전제를 형성하는 데에 크게 이바지할 것이다. 다시 말해서, 연희동 축제는 지리적으로 한정이 되어있는 영역 안에서 축제 참가자들이 한정된 오고 가면서 여러 활동을 할 수 있다는 것이다. 물론, 축제에서 하는 대화는 매우 일상적인 대화일 것이다. 하지만 본고의 연구자가 축제 내에서 기대하는 효과는 소통이 생겨날 수 있게 하는 장(場)을 만드는 것이므로 일상적인 대화여도 상관이 없다.

하지만 서로에 대한 관심을 기반으로 한 소통은 지속성을 가지게 될 것이다. 대화하는 주체가 많아지고 대화하는 빈도수가 많아지면 소통의 장은 네트워크, 또는 연락망이 발전하고, 시간이 지날수록 지속 가능성은 더욱 커질 것이다.

2. 신뢰

서로가 소통하면 서로에 대해 몰랐던 많은 점들을 더욱 많이 알아갈 수 있다. 서로가 서로에게 자신의 이야기를 하면서 상호 이해도를 높일 수 있을 것이고 이런 서로에 대한 이해는 서로를 배려해주고 서로를 신뢰할 수 있도록 만든다. 이러한 신뢰는 다시 네트워크를 더욱 끈끈하게 만들고 더욱 지속적으로 가능하게 만드는 힘이 있다. 축제 참여했던 사람들 사이의 소통이 네트워크를 형성해 지속 가능한 대화를 유지하게 되면 신뢰는 부수적으로 생겨날 수 있을 것이다.

3. 규범

신뢰와 네트워크 이 두 가지가 충족되기 위해 또는 충족된 후 규범이 필요하다. 규범은 작위와 부작위의 범위를 결정한다. 화교와 연희동 주민들의 인식 개선과 소통을 마련하기 위한 축제에 규범이 필요하다. 이미 형성되어있는 축제에 본 프로그램이 '무단침입'하면 결코 좋은 결과를 낳지 못할 것이다. 본고의 연구자는 결코 연희동 축제의 색을 잃지 않고 연희동의 정체성을 잃지 않는 선에서 축제를 진행하여야 한다.

더불어, 네트워크는 이미 지속가능한 소통을 전제하고 있는 개념이다. 또한, 이 네트워크는 서로에 대한 만남이 일회성이 아닌 것을 인지하고 이에 신뢰를 축적해왔다. 이러한 사회에서 사람들이 명시적으로 정하지 않아도 묵시적으로 또는 관행으로 규범이 형성될 것이다. 이런 규범은 그 공동체에서 발생 가능한 충돌을 최소화할 것이며 이는 더욱 효율적인 소통을 뒷받침할 수 있는 기제로서 역할을 할 것이다.

4. 공동체와 공론장의 효과

하버마스는 정의와 콘센서스에 도달하는 도구로서 공론장이라는 개념을 도입했다. 간단히 말하자면, 공론장은 공적으로 토론하는 장을 의미한다. 이러한 공론장의 대표적인 예는 폴리스(polis)다. 아리스토텔레스는 폴리스에서의 사람들은 개개인이 상당한 정치적 영향력을 행사하면서 공공영역의 주제들을 토론하는 장이라고 설명한 바가 있다.[15]

축제를 통해 만들어진 작은 관심들을 바탕으로 화교와 지역 주민 간의 네트워크를 형성하고, 이러한 네트워크는 공적인 대화를 가능케 할 것이다. 여기서 공

---

15. Barker, Ernest,Sir. 1948. *The politics of Aristotle*. Oxford: Clarendon Press.

적인 대화는 정치에 관한 이야기를 의미하는 것이 아니다. 지역 내의 문제점, 자신이 지역에 바라는 점 등을 의미하는 것이다. 사람들은 그 안에서 불만이나 불편한 것들을 털어놓고 실현 가능한 범위 내에서 해결하고자 할 것이다. 이런 공론장에서 어떠한 결론이나 결정이 나오든 이는 충분한 토의와 합의가 이루어진 결과물일 것이다. 이러한 결과물은 그 네트워크를 형성한 공동체 내에서 자발적으로 실행될 수도 있고, 또는 주민센터 혹은 구청에 결과물을 제출하여 답변을 받아낼 수 있을 것이다. 따라서 이런 자치문화는 어떠한 형태로 문제를 해결하든 사회적 비용을 최소화할 수 있을 것이다. 모두 혹은 대다수가 동의했기 때문이다. 공론장을 통해 행위자들이 콘센서스에 도달할 수 있다는 하버마스의 주장도 같은 맥락에서 나온 것이다.[16]

VI. 결론

본 연구는 화교와 연희동 주민들 간 인식을 개선하여 소통이 가능한 공간을 만들고자 하였다. 이러한 목적을 달성하기 위해 본 연구는 그 시작을 장식할 수 있는 도구로 연희동 축제 '낭만연희'를 선택했다. '낭만연희'라는 축제 자체도 올해 3회 차로 진행되는 축제인 만큼 연희동 주민들 사이의 네트워크를 형성하고자 하는 프로토타입(Prototype)으로 보았고, 우리는 축제를 통해 화교와 연희동 주민들 사이의 네트워크를 형성하는 프로토타입(Prototype)을 대입하여 프로젝트를 시작한다고 생각하였다.

본 연구는 실제로 축제가 행해지기 이전에 작성이 된 것이다. 설문조사나 심층 인터뷰를 통해 연희동 주민들의 인식을 조사하고, 우리 프로젝트의 필요성에 대해서 강조하였다. 따라서 축제의 진행으로 인해 기대되는 효과도 사회적 자본이

---

16. 위르겐 하버마스, 박영도 공역. 2001. 『사실성과 타당성: 담론적 법이론과 민주주의적 법치국가 이론』. 나남출판.

론과 함께 필요성을 통해 내린 가설이다. 방법론적으로 리빙랩(Living Lab) 연구 방법을 진행하여 주민들의 생활공간 속에 직접 참여하여 인식에 대해서 파악하고, 인식을 개선하기 위한 프로그램과 행사를 진행했던 것이다. 즉, 연구자가 실험공간을 통제하는 실험방법이 아닌, 실험설계자와 더불어 현장의 여러 행위자들이 같이 문제를 인식하고 해결책을 만들어내는 것이다.

본 연구의 피실험자인 연희동 주민들과 화교들은 이해관계와 의식을 가진 행위자로서 주체적으로 행동할 것이고, 프로젝트가 진행되는 도중 현재 예측하는 기대효과와는 다른 방향으로 나아갈 가능성이 있다. 아직 설계 단계에 해당하기 때문에 진행과정에 미완적인 부분도 존재한다.

지금까지는 연구의 필요성과 함께 연구가 왜 중요한지 분석해보았다. 연희동, 크게는 대한민국이 정책적으로 다문화에 대한 복지나 교류프로그램이 부족하다는 실태를 보여주고, 다문화에 대해 수용하고, 포용적으로 국가를 운영해나갈 수 있는 미래를 그리면서 연구의 중요성을 제기하고 있다.

이러한 면에서 본 연구는 의미 있는 결과를 도출해낼 수 있을 것이라고 생각했다. 인식차이의 개선과 함께 장기적인 교류프로그램으로 마을에 안착한다면 연희동 거주민들과 화교라는 두 행위자들은 소통의 기회가 많아져 서로 접촉하고, 그러면서 서로를 같은 주민이라는 공동체의식 속에 문화를 존중하며 생활할 것이다.

참고문헌

교육부. "혁신적 포용도시." https://www.moe.go.kr/spc/index.jsp (검색일: 2019.06.10).

국가법령정보센터. "서울특별시 서대문구 다문화가족 및 외국인주민 지원 조례." http://www.law.go.kr/ordinInfoP.do?ordinSeq=1346063&gubun=ELIS (검색일: 2019.06.10).

박민영. 2017. "신자유주의와 퍼트넘의 사회적 자본." 『인물과 사상』. 제233호.

서대문구청. "서대문구청 행정조직도." http://www.sdm.go.kr/wesdm/info/organization.do (검색일: 2019.06.12).

연합뉴스. 2017년 9월 14일. "[디지털스토리] 한국내 중국인 범죄율 실제로 높은 걸까." https://www.yna.co.kr/view/AKR20170913168200797 (검색일: 2019.06.10).

위르겐 하버마스, 박영도 공역. 2001. 『사실성과 타당성: 담론적 법이론과 민주주의적 법치국가 이론』. 나남출판.

이철. 2015. "사회의 유일한 구성요소로서의 소통." 『한국사회학』. 제49권 제4호. pp. 235-259.

조은아. 2014. 『사회적 자본으로서 신뢰가 청소년의 법의식에 미치는 영향』. 이화여자대학교 석사학위논문.

Barker, Ernest, Sir. 1948. *The politics of Aristotle*. Oxford: Clarendon Press.

제6장

숙명여자대학교
용산구 지역정치 프로젝트: 융합 정치학 캡스톤 디자인

수업 개요

수업 명	숙명여자대학교 정치외교학과 〈용산구 지역정치 프로젝트: 융합정치학 캡스톤 디자인〉		
교수자명	김연숙	수강 인원	13명
수업 유형	전공 선택	연계 지역/기관	용산구

수업 목적

본 교과목은 용산구 지역정치를 이해하고 우리에게 필요한 지역현안을 해결해 보는 캡스톤 디자인 (capstone design) 과목으로 설계되었다. 용산구에 필요한 정책이 무엇인지 학생 스스로 고민하고 실제 정책으로 만들어보는 과정 중심의 프로젝트 수업이다. 프로젝트 진행을 위해 지방자치의 이해, 용산구 특강, 현장 활동 등 다양한 활동이 병행되었다. 학생들은 자유롭게 토의한 후 스스로 주제를 선정하고, 실제 정책으로 완성도를 높여가는 과정을 통해 양적·질적 자료의 분석, 정책모형 수립의 실제 흐름을 체험하게 된다.

주요 교재

강원택 편. 2016. 「지방정치의 이해」 박영사.
김의영 편. 2015. 「동네안의 시민정치」 푸른길.
김군수 외. 2013. "경기도 정책 시뮬레이션 모형 개발 연구." 정책연구. pp. 1–412.

수업 일정

1주차: 강의소개: 정치학 캡스톤 디자인이란?
2주차: 지방정치의 이해: 지방자치와 참여 민주주의(팀 구성과 주제 논의 1)
3주차: 지방자치제도의 이해: 지방자치의 역사와 발전(팀 구성과 주제 논의 2)
4주차: 정책 프로젝트 계획 발표
5주차: 용산구정과 지역 현안의 이해
6주차: 용산구 구정 분석, 조례 분석 1: 구의원 특강과 인터뷰
7주차: 용산구 구정 분석, 조례 분석 2: 정책 수립 방법

8주차: 중간평가: 정책 프로젝트 계획의 타당성
9주차: 지방정치와 지방정책 수립의 실제－모의 정책 시뮬레이션 특강
10주차: 팀 프로젝트 현장 활동 1: 주민 여론조사, 심층면담
11주차: 팀 프로젝트 현장 활동 2: 전문가 인터뷰
12주차: 팀 프로젝트 현장 활동 3: 팀별 토론과 상호 피드백
13주차: 모의 정책 시뮬레이션 시연과 프로젝트별 적용결과 발표
14주차: 모의 정책 발표와 외부 평가
15주차: 상호 토론과 종합평가(동료 평가)

팀 명	프로젝트 명
1. 클러숙터	용산구－숙대－기업 취업지원 클러스터: CLUE
2. 역시용산	용산구 스토리텔링 역사박물관 구축
3. 하나둘셋	용산구 맘케어(Mom-care) 정책
4. 미세미세	용산구 미세먼지 저감 정책
5. 용안지	용산구 교통안전을 위한 주민 참여 정책

용산구 지역정치 프로젝트

숙명여자대학교 정치외교학과 교수 김연숙

본 교과목은 용산구 지역 정치(local politics)를 이해하고 우리에게 필요한 지역 현안이 무엇인지 고민해보는 지역 연계 현장중심의 전공 교과로 설계되었다. 학생들은 용산구에 필요한 지역 현안을 모의 정책으로 만들어보며, 지역현장의 생활정치가 무엇인지 이해하고자 다양한 활동을 수행하였다.

학생들은 우선 용산구 지역민의 입장에서 필요한 부분이 무엇일지 고민하였다. 용산구의 정치, 경제, 복지, 환경, 안전 등 다양한 사회 문제를 중심으로 가장 시급한 정책이나 지역적 현안이 무엇인지 서로 논의하고, 이를 해결할 수 있는 방안을 찾아 정책 결과물로 제시하는 캡스톤 디자인(capstone design) 프로젝트를 진행하였다. 프로젝트 진행을 위해 개강 후 2주 정도 지방자치와 시민 민주주의에 대한 이론도 학습하였다. 이후 용산구 행정과 현안 등 지역 이슈 전반에 대한 이해를 위해 구정(구청장 공약) 분석과 조례 분석을 시작하였다. 이어 현장 전문가 특강, 현장 조사활동, 심층면접 등 다양한 방법을 통해 관련 자료를 수집하고 모의 정책 설계를 위한 기초 자료(raw data)를 가공하였다.

용산구 정책 수립을 위해 수집한 정량·정성 자료는 모의 정책 시뮬레이션

(simulation)[1]에 적용하여 정책 타당성 분석에 활용하였다. 5월 말 모의 정책 실현가능성, 경제성, 수요예측·효과성 등의 평가를 위한 보고서가 준비되었고, 교수와 용산구 구의원, 시뮬레이션 전문가가 함께 정책 평가에 참여하였다.

Ⅰ. 정치학 융합 캡스톤 디자인: 모의 정책 시뮬레이션

학생들은 용산구의 '지역정치 프로젝트'라는 교육적 도구를 통해 시민 중심이 되는 자치 민주주의의 실제를 경험하고 배우게 된다. 본 교과의 주요 목적이 용산지역에서 실제로 필요한 정책이 무엇이고 이를 어떻게 현실화할 수 있는지 그 방안을 마련하는 것에 있다. 그러므로 용산구 지역민이 원하는 정책은 무엇이며, 정책화하기 위해 필요한 인적·물적 자원(resource)은 어느 정도인지, 그리고 정책을 둘러싼 지역 주민 간 이익충돌은 없는지 법적·제도적 기반에 대해서도 이해해야 했다. 학생들은 문헌 검토(literature review), 현장 조사(survey), 심층 면담(depth interview)을 통해 다양한 형태의 자료를 수집하였다. 수집한 자료는 모의 정책 시뮬레이션을 통해 지역 현안(local issue)을 정책화하는 기초자료로 활용되었고, 이 과정에서 학생들은 계량적 자료 분석력과 창의적 문제해결이라는 융합적 종합분석 역량을 추가적인 성과로 얻게 되었다. 또한 기초자치단체인 용산구가 기존 정책을 수립하고 시행하는 과정에서 어떻게 주민의 의견을 수렴하여 조정과 타협을 이루어내는지 직접 경험하게 되었다.

본 교과는 대학과 지역이 상생하는 숙명여자대학교 '캠퍼스타운 사업'의 일환으로 진행되었다. 본 사업의 일환으로 교육용 시뮬레이션 프로그램 개발이 가능

---

1. 학생들의 모의 정책 프로젝트 타당성 평가를 위해 교육용 시뮬레이션 프로그램인 '숙명-정책 시뮬레이션 모듈(Ver.1.0)'을 개발하여 교과에 도입하였다. 주로 학생들이 팀별로 수집한 용산구 통계 자료(예산, 투입 인원), 주민 여론조사를 통해 얻어진 주민 수요, 기존 정책 만족도, 그리고 전문가 심층 면담을 통해 표준화한 평가 점수를 지수화(index)하여 정책 평가툴(tool)로 활용하였다.

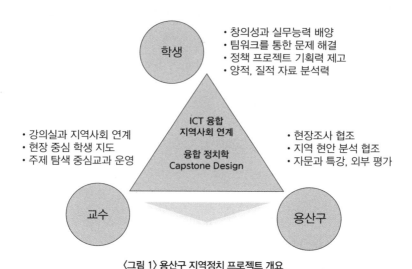

학생
• 창의성과 실무능력 배양
• 팀워크를 통한 문제 해결
• 정책 프로젝트 기획력 제고
• 양적, 질적 자료 분석력

• 강의실과 지역사회 연계
• 현장 중심 학생 지도
• 주제 탐색 중심교과 운영

ICT 융합
지역사회 연계

융합 정치학
Capstone Design

• 현장조사 협조
• 지역 현안 분석 협조
• 자문과 특강, 외부 평가

교수

용산구

〈그림 1〉 용산구 지역정치 프로젝트 개요

하였으며, 융합 정치학 교육의 새로운 방법을 시도할 수 있었다. 융합 정치학 캡스톤 디자인 〈용산구 지역정치 프로젝트〉는 지역사회의 문제를 대학과 함께 고민하는 시민 참여 프로그램으로 큰 의의를 가진다. 강의실에서 제기된 지역 문제가 실제 정책으로 만들어지는 과정은 대학과 지역사회가 함께하는 네트워크가 존재할 때 가능할 수 있다.

정치학 교육의 내실화 측면에서도 의미가 크다. 학생들의 지역 정책이 실현가능한 정책이 되기 위해 계량적 분석, 정책 시뮬레이션 등 융합 방법론을 적용하여 정치학 이론 전공 교과의 지식을 확장하는 계기가 되었다. 궁극적으로 본 교과는 대학과 지역사회가 같이 만들어가는 정책 프로젝트로서 '시민의 참여'와 '참여하는 시민의 정책'이 어떠한 환경과 조건에서 가능한지 함께 고민하는 시간이 되었다.

II. 정책 프로젝트 진행을 위한 전략

효과적인 프로젝트 진행을 위해 교과 진행을 6단계로 세분화하여 구성하였다. 13명의 학생들이 5개의 상이한 주제와 방법론을 택하였기 때문에 자료 수집과 분석, 정책 모델링의 과정에 이르는 전체 일정에 차이가 있을 수밖에 없었다. 이러한 편차를 줄이기 위해 중간평가 이후 교과 진행을 주차로 한정하지 않고, 각 팀의 특성에 맞는 피드백과 자료 분석이 이루어지도록 하였다.

1단계에서는 주로 교수 강의 및 학생들이 개인적으로 관심을 가지고 있는 주제에 대하여 자유롭게 토의를 진행하였고, 2단계에서 정책 주제 선정을 위해 지역 사회에서 가장 필요한 정책이나 개선사항에 대한 토의가 심도 있게 진행되었다. 주로 3단계부터 각 팀이 설계·기획한 정책 프로젝트의 주제가 명확해지고 접근 방법의 차별성이 나타났다. 때문에 이 단계에서 외부 전문가와 용산구 담당자들의 자문과 특강 등 실제적인 도움이 필요하였다. 4단계에서는 프로젝트별 실증 조사(주민 여론조사, 심층면담 등)를 수행하기 위해 적합한 조사 방법론을 결정하고 기간 내 조사를 마칠 수 있도록 수시로 중간 점검하는 노력이 필요하였다.

5단계는 문헌 검토, 현장 활동을 통해 수집된 양적·질적 자료를 분석하고 스스

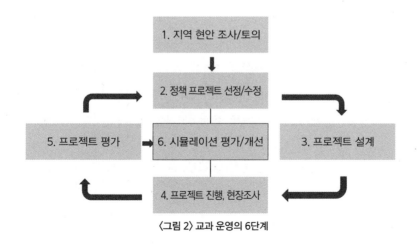

〈그림 2〉 교과 운영의 6단계

로 평가하는 단계로 구성하였다. 모의 정책 시뮬레이션에 적용할 데이터가 제대로 수집되었는지, 누락된 부분이 없는지 진단하고 수정하도록 하였다. 마지막 6단계에서 모의 정책의 실현가능성 점수(feasibility score), 경제성 점수(economy score), 수요 점수(demand score)를 산출하고 정책 프로젝트 발표와 워크숍을 통해 최종 수정할 수 있도록 하였다. 교수의 평가뿐 아니라, 용산구 의원과 정책 시뮬레이션 전문가의 외부평가도 병행하여 전체 토의가 심도 있게 이루어질 수 있었다.

III. 지역사회와 대학이 함께하는 정책 프로젝트

대학과 지역사회가 함께하는 프로그램은 다양한 영역에서 시도될 수 있다. 최근, 지방정치와 주민 참여가 정치 영역의 화두로 논의되고 있는 만큼, 지역의 문제에서 출발한 현장 중심의 정치학 교과는 지역사회와 대학을 연계하는 네트워크 구축의 의미를 가진다. 특히, 용산구청, 용산구 구의회와의 협력, 캠퍼스타운 사업의 지원은 지역사회, 대학, 지방정부(의회) 간 지속적인 연계망 구축에 매우 중요하였다. 실제 정책이 주민들의 관심과 적극적인 참여로 지속될 때, 진정한 시민정치(citizen politics)가 가능하고 마을공동체도 뿌리내릴 수 있기 때문이다. 정치학 전공 학생들의 입장에서도 지방자치, 지방분권의 풀뿌리 민주주의 개념을 생활정치의 영역으로 환원하여 고민해 볼 수 있다는 의미도 매우 크다. 본 프로그램은 2018년 1학기에 이어 두 해째 진행되어 오고 있다. 향후 지역민과 함께하는 '지역정치 융합 프로젝트'로 꾸준히 지속되기를 기대해 본다.

주요 현장 조사, 전문가 면담(4~5월) 및 워크숍(6.10) 사진

용산구, 관내기업, 숙명여자대학교 세 주체가 함께하는
취업 지원 클러스터: CLUE

정치외교학과 김정선, 이동경
중어중문학부 송은서

I. 정책의 필요성과 중요성

1. 청년 취업 문제

오늘날 우리 사회에는 'N포 세대'라는 용어가 통용되고 있다. N포 세대는 취업
난을 비롯한 경제적, 사회적 압박으로 삶의 요소를 포기하는 요즘 2030세대를 지
칭하는 말이다.[2] 원래 N포 세대는 연애, 결혼, 출산을 포기하는 3포 세대에서 시
작되었다. 하지만 개념은 곧 내 집 마련과 인간관계를 포기하는 5포 세대, 꿈과
희망마저 포기하는 7포 세대로 확장되었고, 이제는 포기해야 할 것들의 수를 한
정할 수 없는 N포 세대에 이르렀다. 청년들의 어려움이 드러나는 것은 신조어뿐
만이 아니다. 정부 및 기관에서 실시한 각종 조사의 결과들은 청년들의 힘겨움

---

2.   네이버 시사상식사전. "N포세대."

을 더욱 구체적으로 보여준다. 통계청의 '4월 고용동향'에 따르면 우리나라 전체 실업률은 4.4%로 2000년 통계가 작성된 이래 동월 대비 가장 높았다. 또한 청년 (15~29세) 실업률도 2000년 통계 작성 이래 동월 대비 가장 높은 11.5%로 집계 되었다.[3] 같은 조사에서 잠재구직자 등을 포함해 체감실업률을 보여주는 확장실 업률(고용보조지표 3)은 25.2%로 역대 최고치에 도달하였다.[4]

청년 취업 문제가 우리 사회의 심각한 문제로 대두되자, 정부와 지방자치단체 는 저마다 각기 다른 청년 지원 정책을 마련하였다. 서울시는 일자리와 취업지원 프로그램을 운영하는 '서울시 일자리카페'를 개설하였고, 무료 면접정장 대여 사 업·서울형 강소기업 연결사업 등을 실시하고 있다. 경기도는 청년기본소득(청 년배당)과 같은 금전적 지원을 제공한다. 그렇다면 용산구는 청년 취업을 위해 어떠한 노력을 기울이고 있을까?

2. 용산구, 민선 7기 최우선 과제

사실 용산구는 청년 취업 지원에 매우 적극적이며, 다양한 프로그램을 운영해 왔다. 지난해 7월 출범한 민선 7기는 '청년 일자리 창출'을 구정 최우선 과제로 선 포하고, 청년들의 목소리에 귀 기울일 것을 약속하였다. 성장현 용산구청장은 한 경제지와의 인터뷰에서 "청년은 축구로 말하면 미드필드에 해당한다. 허리가 튼 튼해야 공격을 잘할 수 있다. 청년이 곧 국력이다. 이들에게 투자하는 것이야말 로 나라의 경쟁력을 키우는 것이다. 용산구 청년인구(만 19~34세)는 5만4000여 명(전체 23%)이다. 용산이 이들에게 기회의 땅이 되도록 모든 노력을 집중하겠 다"라며 굳은 결심을 드러내었다.[5]

그 강력한 의지를 반영하듯, 용산구는 전국 지방자치단체 최초로 100억 규모

---

3. 뉴시스. "4월 취업자 수 17만1000명 ↑ …실업률 19년 만에 최고."
4. 뉴시스. "대졸실업자 2년 만에 또 사상 최고…청년고용 개선 맞나."
5. 아시아경제. "성장현 용산구청장 〈청년과 더불어 잘사는 용산시대 완성〉."

일자리기금을 설치해 운영 중이다. 용산구는 올해 40억 원을 시작으로, 2022년까지 매년 20억 원의 기금을 조성할 계획이다. 용산구는 또한 청년정책이 당사자들의 실생활과 괴리되는 것을 막기 위해 '청년정책자문단' 제도를 도입하였다. 지난 4월부터 215명의 청년단원들이 청년축제, 제도개선, 네트워크 활성화 등 10개 분과에서 활동하며 구정에 참여하고 있다. 역세권 청년주택 조성사업 또한 순항 중이다.[6]

위 예시에서 알 수 있듯, 용산구는 다채로운 주제를 포섭하며 적극적인 청년 정책 및 사업을 진행하고 있다. 하지만 아직 만족하기에는 이르다. 청년 취업난은 여전히 미해결 상태이며, 시간이 갈수록 심화되고 있다. 용산구는 지속적인 점검과 노력을 통해 실행 중인 정책 및 사업들을 보완해야 한다. 특히 다음과 같은 사안들은 그 구체성과 효과성 향상을 위한 용산구의 깊은 고민이 필요하다.

1. 100억 원이라는 막대한 예산이 투여되는 일자리기금의
   효율적 운영방안 필요
2. 변화하는 시대에 맞춘 온라인 사이트 필요
3. 다양한 이해관계자와의 소통 필요

이러한 부족함을 해소하기 위해서는 용산구 혼자만의 노력으로는 부족하다. 청년들의 취업을 도모하기 위해서는 용산구와 관내 기업, 학교 등 여러 주체의 협력이 필수적이다. 용산구·숙명여자대학교(관내 유일 4년제 대학교)·기업은 모두 용산구 청년 지원에 관여하는 핵심 주체로서 취업난에 책임을 느끼며, 머리를 맞대고 문제해결을 위해 노력해야 한다. 본 제안서는 다자간 협력이 효과적으로 이루어지기 위해서는 '클러스터' 형태의 구체화된 협의체가 필요하다고 보았다. 이에 〈취업 지원 클러스터: CLUE〉를 제안하는 바이다. 취업 지원 클러스터

---

6. 아시아경제. "성장현 용산구청장 〈청년과 더불어 잘사는 용산시대 완성〉."

CLUE는 학교-구, 학교-기업 등 쌍방향적 소통이 주를 이루던 기존 클러스터의 문제점을 해소하기 위해 고안된 것이다. 또한 온라인과 오프라인 프로그램을 동시에 진행하여 취업을 희망하는 학생들이 자신의 성향과 환경에 맞는 도움을 선택할 수 있도록 돕는다. 취업 지원 클러스터 CLUE에 관한 자세한 설명은 본문을 통해 이어질 것이다.

II. 정책 제안

1. 선행연구 분석

본 제안서가 제시하는 학교, 구, 기업이 끈끈하게 연결된 클러스터 형태의 협의체는 기존의 산학협력 형태에서 각 주체의 역할을 구체적으로 분담하여 발전시켰다고 볼 수 있다. 따라서 기존의 산학협력에 관한 선행연구를 분석하여 클러스터의 발전 및 실현가능성을 높이고자 한다. 산학협력은 2000년대부터 지식기반경제[7]에서 살아남기 위해 기업뿐만 아니라 국가 전략 차원에서도 중요 정책으로 인식되고 있다. 산학협력이 잘 이루어지면 학교와 기업 모두 함께 발전할 수 있고 기업의 성장을 통해 고용확대도 이루어 낼 수 있기 때문이다. 산학협력이란 "크게 대학 및 연구소와 산업체 간에 이루어지는 모든 다양한 형태의 협력 활동을 포괄하는 개념"[8]으로 국내에선 다양한 산학협력 노력이 이어져왔다.

1) 국내 산학협력 사례

국내 산학협력 사례는 많지만 잘 운영되고 있다고 평가받는 사례로는 한국산

---

7. 지식기반경제란 1990년대부터 등장한 용어로, 정보와 지식이 기업 또는 국가 경쟁력의 핵심 요소이자 가치를 만들어내는 중요 요소가 되는 사회를 의미한다.
8. 김영생. 2010. "구인구직 불일치 해소를 위한 산학연계시스템." 「한국직업능력개발원」.

업기술대학교와 한밭대학교가 있다. 우선, 한국산업기술대학교는 국내 최초로 산업단지 내 대학 전체가 설립된 곳으로 기업과 대학이 한 곳에 뭉쳐있다는 지리적 이점을 충분히 활용하여 활발한 산학협력이 이루어지고 있다. 시화공단 내 열악한 시설과 인력난에 어려움을 겪는 중소기업과 협력하여 기업의 경쟁력을 강화하고 학생들의 실무능력을 성장시키고 있다. 이들이 실시하고 있는 산학협력 교육 프로그램은 매우 다양한데, 우선 대학은 중소기업이 필요로 하는 기술을 가르칠 수 있는 학과를 특성화시켜 기업 현장체험을 원활히 할 수 있도록 연결하고 있다. 또한 이러한 실습프로그램을 최소 8학점에서 18학점까지 졸업이수 필수 학점으로 운영하고 있으며, 장학금 유치와 적극적 취업 지도 상담으로 졸업생을 주변 중소기업으로 유도하는 한편 기업의 성장도 함께 이끌어내고 있다.[9]

두 번째로 한밭대학교는 기업과 대학이 협력하여 지역 경제를 함께 활성화시키는 좋은 산학협력의 예다. 한밭대학교가 위치한 대전은 서비스산업의 편중이 심해 제조업이 취약한 구조였으나 대덕 밸리가 형성된 후 '지방대학 혁신역량강화(NURI)' 대학으로 선정되어 기업이 요구하는 인력양성 및 고용연계 네트워크를 구성하고 있다. 한밭대학교 역시 학생들이 실무능력을 키울 수 있는 교육 프로그램 측면에 노력을 기울이고 있는데, 전국 최초로 학기제현장실습[10]을 실시하여 학생들이 재학 중에 기업에서의 현장 적응능력을 키울 수 있게 하고 있다. 또한 협력 기업들의 요구를 충분히 수용하여 학과를 특성화하거나 새로운 산업 관련 교과목을 끊임없이 신설하고 있다.[11]

위 두 사례들은 지역적 특성에 맞는 산학협력 프로그램들을 적절히 구성해 대학과 기업 모두 역할 분담이 잘 된 사례들이다. 기업은 대학을 혁신을 위한 새로

---

9. 허식. 2004. "대졸 실업해소를 위한 산학협력 강화방안: 사례연구 중심으로." 「한국직업능력개발원」. 21쪽.
10. 재학 중 일정기간을 산업현장에서 풀타임 실습하는 제도, 예를 들어 신소재 공학부 3학년 2학기 전 과정을 현장실습으로 구성하고 산학겸임교수를 두어 교육 겸 실습을 담당하게 한다.
11. 허식. 2004. "대졸 실업해소를 위한 산학협력 강화방안: 사례연구 중심으로." 「한국직업능력개발원」. 45-49쪽.

운 파트너로 인식하고 적절하게 인력과 지원을 주고받았다. 대학은 기업과의 활발한 교류를 통해 학생들이 취업에 필요한 기술을 배우고 실무를 배워볼 수 있는 취업 지원 교육프로그램을 많이 진행했다.[12] 또한 한밭대 사례에서 볼 수 있듯이 대학이 주도적으로 기업들이 필요로 하는 분야별 인력을 수시로 조사하여 학과를 신설하거나 개편하는 등 수요에 맞는 프로그램을 구성하고자 노력했다는 것을 알 수 있다.

2) 산학협력의 한계점

산학협력은 참여하는 주체들에게 모두 이익을 가져다줄 방안으로 주목받았지만 지금까지의 산학협력 사례를 살펴봤을 때, 여러 한계점을 발견했다. 우선 지역대학중심 산학협력사업 이해관계자를 대상으로 한 조사[13]를 살펴보면, 산학협력 프로그램을 수행하면서 생긴 어려운 점으로 대학과 기업 모두 '협력 상대 발굴의 어려움'을 꼽았다. 한국산업기술대학교나 한밭대의 경우 근처에 인접한 산업단지를 활용해 협력 관계를 맺었지만, 다른 대학교나 지역의 경우 협력을 특성화시키기 위한 기반이나 노력이 부족한 것이 사실이다. 산학협력을 통해 대학교의 학생,[14] 기업 등이 이익을 본다고 생각했을 때, 각 주체들이 무엇을 위해 협력하고자 하는지, 무엇을 협력할 수 있는지 소통하거나 협의할 수 있는 지속적인 장이 부족하다.

또 산학협력의 다양성, 지속성을 위해서는 많은 국가 지원이 필요한데, 산학협력 관계에서 지방정부의 역할은 그리 크지 않았다는 점이다. 예를 들어 기업체의 수요에 맞는 인력양성 프로그램을 대학에서 만들고자 할 때, 학칙 개정이나 교과목 신설 등 이에 필요한 재원을 대학 혼자 부담하는 데에는 한계가 있다. 또 중소

---

12. 신혜숙·남수경. 2013. "대학 취업지원 프로그램의 취업성과 분석." 『한국교육재정경제학회』.
13. 이기종. 2016. "지역대학 중심의 산학협력 논리모델 개발 및 파급효과 분석." 『한국과학기술기획평가원』. 94쪽.
14. 대학교가 산학협력 프로그램에 참여하는 것이지만 결국 프로그램의 참여자는 학교의 학생들로 학생이 주체라고 생각했다.

기업들은 실질적으로 기술개발을 하고 싶어도 자금과 연구시설의 부족으로 어려움을 겪는다. 이러한 중소기업이 성장할 수 있도록 정부는 재정적 지원을 아끼지 말아야 하고 산업협력을 맺을 수 있는 기반을 마련해주어야 한다.[15] 또한 지방정부는 자금 지원뿐만 아니라 학교와 기업이라는 이질적 두 집단을 연결해주고 이해관계를 조정하는 역할을 수행하기도 해야 한다.[16]

마지막으로 기존의 산학협력은 이공계 계열에만 치중되어 있다. 산학협력을 통한 제조업 대비 서비스업 고용창출 분석에서, 서비스업은 제조업만큼 고용창출효과를 보였다. 또 세부산업별로 살펴보아도 금융보험업을 제외한 대부분의 업종에서 상당한 고용창출효과가 나타났다.[17] 따라서 산학협력을 제조업 중심의 이공계 학과에서만 진행할 것이 아니라 고용창출이 높은 다른 업종과도 산학연계를 진행해야 한다.

2. 정성 자료 연구

클러스터란 유사 업종에서 다른 기능을 수행하는 기업, 기관들이 한 곳에 모여 있는 것을 말한다. 서로 다른 특성을 지닌 기업, 기관이 함께 있으므로 정보와 지식 공유를 통한 시너지 효과를 노릴 수 있다.[18] 본 제안서는 취업 지원 정책을 고안하며 용산구·숙명여자대학교·관내 기업이 서로의 장점을 살리며 협업할 수 있는 방안을 고민하였고, '클러스터'가 가장 이상적인 형태가 될 것이라고 판단하였다. 클러스터의 운영은 오프라인 정책과 온라인 정책으로 나누어 진행하는 것이 이로울 것이라 보았다. 이러한 취업 지원 정책을 개발하게 된 배경에는 주제

---

15. 허식. 2004. 대졸 실업해소를 위한 산학협력 강화방안: 사례연구 중심으로." 「한국직업능력개발원」. 106쪽.
16. 김귀화. 2007. 「산학협력 운영 과정에서 지방정부의 역할」. 경북대학교 석사학위논문.
17. 허식. 2004. 대졸 실업해소를 위한 산학협력 강화방안: 사례연구 중심으로." 「한국직업능력개발원」. 112쪽.
18. 매일경제 용어사전. "클러스터."

관련 정성 자료·정량 자료 분석이 자리한다.

먼저 정성 자료 분석은, 1) 클러스터 형태의 취업 지원이 이루어진 국내외 사례 혹은 관련 계획을 탐색하였다. 또한 2) 용산구 일자리기금과 관련된 조례안 및 운영 계획안도 살펴보았다. 3) 현재 진행 중인 관내·관외 청년 취업 지원 프로그램을 분석하고, 벤치마킹할 점과 개선해야 할 점 등을 간추렸다.

1) 클러스터 형태의 취업 지원 국내외 사례 및 계획

본 제안서가 클러스터 형태를 처음 구상하며 이상적인 모델로 참고한 예시는 미국 뉴욕의 실리콘앨리였다. 실리콘앨리는 마이클 블룸버그 전 뉴욕시장이 세금 감면을 비롯한 폭넓은 지원으로 테크 기업과 스타트업을 양성함에 따라 생겨난 IT 클러스터이다. 뉴욕시는 기업뿐만 아니라 학교와 인재에도 적극적인 투자를 하였는데, 코넬대학교에 12만 평이 넘는 토지와 1억 달러를 지원해 대학과 산업 간의 유기적 교류를 유도하였다. 또한 학교에 신생 벤처기업을 위한 인큐베이터의 역할을 맡겨 인재풀을 활성화하였다.[19] 실리콘앨리는 미 서부의 실리콘밸리의 아성을 넘보며 공격적으로 성장하고 있다.

이러한 뉴욕시의 민·관·학 협력 사례는 많은 기관에 좋은 롤모델이 되었다. 실제로 숙명여자대학교는 2016년 공대를 신설하며 서울시, 용산구청 등과 협력해 용산전자상가를 실리콘앨리처럼 키우겠다는 포부를 밝혔다. 오중산 기획처장은 "인프라가 잘 갖춰진 용산구와 숙명여자대학교의 교육을 연결하면 시너지 효과가 극대화될 것"이라고 기대하며, 용산구와 숙명여자대학교의 결합은 아이디어를 즉각 상용화 모델로 발전시키는 것을 가능하게 할 것이라고 설명한 바 있다.[20]

---

19. 이코노믹리뷰. "실리콘밸리 지고 '실리콘앨리' 뜬다."
20. 한국경제신문. "공대 신설한 숙명여대, 용산에 '한국형 실리콘앨리' 추진."

2) 용산구 일자리기금과 관련된 조례안 및 운영 계획안

본 제안서는 용산구의 청년 취업 지원 정책 중, 가장 대규모로 진행되는 핵심 계획 '용산구 일자리기금'도 살펴보았다. 「서울특별시 용산구 일자리기금 설치 및 운용 조례」라는 정식 명칭을 지닌 용산구 일자리기금은 '제1조(목적)'에 따라 구민의 일자리 수요에 적극 대응하는 지속 가능한 일자리사업을 추진하기 위해 지방자치법 제142조의 규정에 따라 서울특별시 용산구 일자리기금을 설치하고, 이를 운용·관리하는 데 필요한 사항을 규정함을 목적으로 한다. 제2조(기금의 설치 및 존속기한)의 ②에 따르면 기금의 존속기한은 2022년 12월 31일로 하되, 존속기한이 경과된 이후에도 기금을 존치할 필요가 있다고 인정할 때에는 이 조례를 개정하여 존속기한을 연장할 수도 있다. 즉 일자리기금의 성과가 좋을시 연장도 가능하다는 것이다.

이렇듯, 일자리기금은 좋은 취지와 긍정적 기대감을 지녔지만 아직 그 계획에서는 구체성이 떨어지는 단점이 있다. 해당 조례의 제6조(기금의 운용계획 및 결산보고)에는 "회계연도 개시 전 운용계획을 수립해야 한다"는 내용과 "구청장이 회계연도마다 기금운용계획안과 기금결산보고서를 구의회에 제출해야 한다"는 기초적 내용 단 두 가지만이 작성되어 있다.[21] 조례안 작성 원칙상, 어떠한 프로그램이 얼마동안 진행될지 등 세부 내용과 관련된 언급을 할 수 없다. 따라서 조례안의 내용을 보완할 구체적인 운영방안 혹은 규칙이 담긴 자료가 마련되어야 할 필요성이 있다.

3) 진행 중인 관내·관외 청년 취업 지원 프로그램을 분석

본 제안서는 나아가 현재 관내 혹은 관외에서 진행 중인 청년 취업 지원 프로그램을 분석하고, 개선사항 및 발전방안을 강구하였다. 먼저 숙명여자대학교의 경력개발팀 대면 인터뷰를 진행하였고, 취업지원팀과의 전화 인터뷰도 진행하

---

21. 국가법령정보센터. "조례 제1259호: 서울특별시 용산구 일자리기금 설치 및 운용 조례."

였다. 또한 숙명여자대학교와 협력중인 캠퍼스타운 사업단을 방문하여 학교와 학생들의 참여가 구내에 어떠한 영향력을 불어넣고 있는지를 알아보았다. 용산구 일자리경제과를 방문해 일자리기금의 운영 및 청년 지원 정책에 관한 자세한 계획과 운영방식을 알아보기도 하였다. 각 기관에서 운영하는 취업 지원 사이트를 방문해 각기 다른 특징과 편리한 점, 불편한 점 등을 분석하였다. 용산구의 사례로는 '일자리플러스센터', 숙명여자대학교의 사례로는 '스노위(Snowe)'와 '스노웨이(Snoway)' 사이트를 선정하였다. 사이트별 핵심 사항을 정리한 분석 결과물은 앞선 정책 제안서 작성 준비과정에서 별도의 문서를 통해 제출하였다.

기존 사례 및 연구 분석을 바탕으로 본 제안서는 쌍방향적 소통이 이루어지던 이전 지원사업의 문제점을 해소하고, 용산구–숙명여자대학교–관내 기업 등 취업 지원 관계자들이 힘을 합쳐 청년들을 돕도록 하는 클러스터 형태의 해결책을 제시한다. 이 클러스터의 이름은 〈CLUE〉로, 클러스터의 영어 스펠링 CLUSTER 앞 세 글자에 E를 합쳐 '실마리'라는 단어 CLUE를 만들었다. 위기 속 해답의 물꼬를 터주는 실마리처럼 청년 취업에 해결책을 제시하겠다는 포부를 담고 있다. 취업 지원 클러스터 CLUE는 이해관계자 간 소통을 돕는 것은 물론이며, 단발성으로 실시되던 지원사업들을 통합적으로 관리해 그 과정 및 성과가 효과적으로 관리될 수 있게 한다. 클러스터는 크게 오프라인 정책(프로그램)과 온라인 정책(프로그램)으로 구분되며, 정책별 세부 내용은 아래와 같다.

3. 오프라인 정책

취업 지원 클러스터 CLUE의 주요 오프라인 정책으로는 세 가지가 있다. 일석이조 인턴십 프로그램, CLUE 콘테스트, 지속적인 공유회가 바로 그것이다. 각 정책은 오프라인이라는 장점을 살려 구직자에게 좀 더 직접적이고 효과적인 도움을 주기 위해 노력한다.

1) 일석이조 인턴십 프로그램

(1) 제안 배경

본 제안서는 정책 제안 과정에서 실제 취업난을 겪고 있는 학생들의 의견을 살피기 위해 설문조사를 진행하였다. 설문조사는 2019학년도 1학기 숙명여자대학교 재학생 70명을 대상으로 실시하였다. 설문지의 문항은 학생들이 취업 준비 과정에서 어떤 어려움을 겪고 있는지, 어떤 도움이 필요한지를 파악하기 위한 질문들로 구성되었다. "취업 준비 과정에서 가장 어려운 점은 무엇입니까?"라는 질문에 응답자들은 '직무 경험이 가능한 인턴십/아르바이트를 구하기 어렵다'는 답변

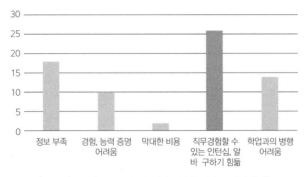

〈그림 1〉 Q5. 취업 과정에서 가장 어려운 점은 무엇입니까?

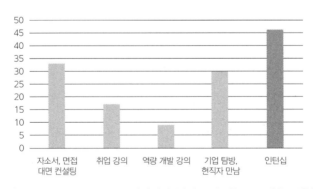

〈그림 2〉 Q8. 새롭게 오프라인 프로그램에 개설된다면 꼭 필요한 프로그램은 무엇입니까?

출처: 자체 설문조사(숙명여자대학교 재학생 70명 대상)

을 가장 많이 선택하였다. 또한 이러한 응답자들의 고민을 반영하듯, "다음 중 오프라인에서 꼭 필요한 프로그램은 무엇입니까?"라는 질문에는 '관내 기관 연계 인턴십'을 꼭 필요한 오프라인 프로그램으로 선정한 응답자가 가장 많았다.

설문조사의 결과로 미루어 보아, 본 제안서는 구직자를 위한 인턴십 프로그램이 필수적으로 마련되어야 한다고 보았다.

한편 본 제안서는 인턴십 관련 정책을 고안하며, 청년들은 일자리를 구하지 못해 걱정하는 반면 스타트업은 알맞은 인재와 연결되지 못하는 등 인력난을 겪고 있다는 사실을 발견하였다. 스타트업은 업체의 지출 비용 중 인건비가 가장 큰 비중을 차지하고 있어 일이 많아도 쉽게 인력을 충원하지 못하는 문제 또한 겪고 있었다.[22] 이에 본 제안서는 청년 구직자와 스타트업 사이의 미스 매칭 문제를 해소하며, 청년들의 고민을 해결하는 〈일석이조 인턴십〉 프로그램을 제안한다.

(2) 정책 소개

일석이조(一石二鳥) 인턴십 프로그램은 그 이름에서 유추할 수 있듯이, 프로그램에 참여하는 쌍방이 모두 이익을 얻을 수 있는 특징을 지닌다. 이때 쌍방이란, 청년 구직자와 청년 구직자를 고용하는 스타트업을 말한다.

먼저 스타트업은 용산구와 인턴십 MOU를 체결함으로써 안정적으로 인재를 공급받을 수 있다. 이는 스타트업의 가장 큰 문제 중 하나인 인력난 해소에 기여한다. MOU에 참여하는 스타트업에게는 용산구, 숙명여자대학교 등 관내 기관의 지원이 제공되므로 인건비 또한 절감할 수 있다. 뿐만 아니라 인턴십 프로그램이 지속된다면 해당 기업은 구직자들에게 인지도가 형성될 것이므로 기업 홍보의 효과도 노릴 수 있을 것이다. 스타트업은 인턴십 프로그램에 참여하며 인재들과 꾸준히 소통할 수 있고, 이를 통해 HR 노하우도 축적할 수 있을 것이다.

청년 구직자는 직무 경험을 통해 효과적으로 진로를 탐구할 수 있다는 점에서

---

22. IT조선. 차현아 기자. 2019년 4월 12일. "'뽑으면 나가네'…스타트업 현실 반영한 인력 지원 제도 절실.

해당 프로그램을 매력적으로 느낄 것이다. 또한 '열정페이'와 같이 제대로 된 임금을 지불받지 못하거나, 임금대비 과도한 업무를 시키는 고용주들이 존재하는 현 상황에서 공공기관인 용산구가 주관하는 프로그램에 참여한다면 안정적인 급여와 복지를 보장받을 수 있으므로 해당 선택을 선호할 것이다. 용산구, 숙명여자대학교 등 공신력 있는 기관에서의 인턴십 경험은 이후 다른 회사에 지원할 때에도 활용될 수 있을 것이다.

2) CLUE 콘테스트 운영

(1) 제안 배경

본 제안서는 정책 개발을 위한 자료수집 과정에서 숙명여자대학교 경력개발팀 김애희 팀장을 비롯한 다수의 학교 관계자와 전문가 인터뷰를 진행하였다. 김애희 팀장은 "우리 학교는 교내 경력개발 사이트인 '스노웨이(Snoway)'를 비롯해, 다양한 경력개발 프로그램을 운영하고 있으며 학생 참여율도 좋은 편입니다. 우리 학교뿐만 아니라 다른 대학들도 자체 프로그램 개발에 열중하고 있습니다. 하지만 교내 역량개발 및 인증제 결과를 과연 기업 등 외부에서 어느 정도 인정해 줄지 모르겠습니다"라며 교내 프로그램의 한계점과 아쉬움을 토로하였다.

이러한 고민은 비단 학교만의 것이 아니었다. 학생들을 대상으로 한 자체 설문조사에서도 상당수의 학생들이 해당 문제에 같은 고민을 하고 있었다. 이에 본 제안서는 청년 구직자의 능력을 인정해주고, 격려하는 장치가 필요하다는 결론을 내렸다.

(2) 정책 소개

본 제안서는 청년 구직자의 역량을 인정하고, 배양시키는 구체적 실천 방안으로 취업 지원 클러스터 CLUE가 주관하는 〈콘테스트(시상식, 대회 등)〉를 제안한다. 콘테스트는 다음과 같은 이유에서 큰 장점이 있다.

<표 1> 콘테스트의 구체적 예시

예시 1	예시 2
비전 포트폴리오 경진대회	역량강화 콘테스트
운영 계획	운영 계획
STEP 1. 자신의 꿈·진로를 소개, 그것을 이루기 위해 무슨 노력을 해왔는지, 앞으로 어떠한 계획을 가지고 있는지 등 비전 담은 '포트폴리오' 제출 STEP 2. 포트폴리오 CLUE 홈페이지에 공유 홈페이지 이용자들 '추천' 수 심사에 반영 → 홈페이지 활성화 효과 有 STEP 3. 우수 포트폴리오 시상, 계획한 비전 실행을 위한 장학금 수여 STEP 4. 수상자 '멘토'로 활동, CLUE 홈페이지 및 프로그램 운영 조언	STEP 1. 사전 수요 조사로 학생들이 관심 있어 하는 주제 선발 STEP 2. 숙명여자대학교 학생들은 물론, 타 학교 학생도 참여 가능 STEP 3. 심사위원 중 일부, 관내 기업의 현직자에게 맡겨 기업 참여 도모 예시) 과/관심 있는 공부 관련 경험을 쌓을 수 있는 다양한 주제의 콘테스트 – 경영, 중어중문학: 중국 시장 혹은 중국인을 대상으로 하는 창업 아이템 콘테스트 – 법학: 교내 경진대회 구 차원으로 확대 – 역사문화, 관광학: 용산구의 관광상품을 개발하는 콘테스트

먼저, 청년 구직자는 콘테스트 입상시 자신의 능력을 객관적, 공식적으로 인정받을 수 있다. 또한 수상은 개인의 실적이 되어 추후 입사 지원 시 장점으로 적극 강조할 수 있다. 입상하지 못더라도, 대회를 통해 도전하며 더 많은 노력을 위한 동기부여를 얻을 수 있다.

콘테스트를 주최·주관하는 용산구와 취업 지원 클러스터 CLUE는 다음과 같은 이익을 얻을 수 있다. 먼저 용산구과 관내 기업은 콘테스트를 개최함으로써 홍보효과를 기대할 수 있다. 콘테스트가 열리면 많은 주민 및 관계자들이 관심을 가지고 대회를 주시하기 때문이다. 콘테스트를 통해 뛰어난 인재와 교류하며 구정을 위한 의견이나 기업 홍보과 관련된 아이디어 등도 얻을 수 있을 것이다. 콘테스트의 구체적 예시는 〈표 1〉과 같다.

3) 지속적·정기적 성과 공유회 개최

취업 지원 클러스터 CLUE가 제안하는 마지막 오프라인 정책은 지속적이고 정기적인 성과 공유회를 개최하는 것이다. 현재 용산구, 특히 일자리기금하에 진행되는 취업 지원사업은 단발성인 경우가 많다. 반복 진행되는 프로그램이 있더라도 참여자들의 만족도나 취업률, 재참여율 등을 정리한 수치적·통계적 결과물이 부족한 상황이다. 이러한 문제점을 해결할 수 있는 방법은 하나뿐이다. 바로 프로그램의 주최자와 진행자, 참여자 등 이해관계자가 모여 프로그램에 대한 꾸준한 피드백을 이어가는 것이다. 상호 간의 후기가 교류되어야 프로그램은 부족한 점을 수정해가며 발전을 만들어 갈 수 있다. 이에 취업 지원 클러스터 CLUE는 클러스터 내에서 진행되는 다양한 프로그램에 대한 오프라인 성과 공유회가 필히 진행되어야 함을 주장한다. 공유회에서는 관내 기업은 어떠한 역량을 갖춘 인재를 채용하게 되었는지에 대한 자세한 정보와 데이터를 공유한다. 또한 용산구는 취업 지원 프로그램에 각 기업들과 학교가 어느 정도로 협력했는지를 공유한다. 이를 통해 이해관계자들의 더 적극적인 참여가 가능하도록 한다.

4. 온라인 정책

온라인 정책을 제안하기에 앞서 숙명여자대학교 재학생 70명을 대상으로 기존 취업 관련 사이트 및 프로그램에 대한 인식 및 의견 조사를 진행하였다. 기존 취업 관련 사이트로는 용산구가 관리하고 있는 용산구 일자리 플러스 센터와 숙명여자대학교의 '스노위(Snowe)' 홈페이지를 대상으로 하였다. 우선 "용산구 일자리 플러스 센터를 얼마나 자주 이용하십니까?"라는 질문에 응답자의 96%가 '전혀 이용해 본 적 없다'고 답했으며, 이용해 본 적 없는 이유로는 1명을 제외하고 '있는지 몰랐다'고 응답하였다.

"스노위(Snowe) 사이트를 얼마나 자주 이용하십니까?"라는 질문에는 한 번 이상 이용해 본 응답자는 전체 응답자의 85% 이상이었지만, 이용하면서 아쉬웠던 점을 고르는 문항에서는 '다양한 프로그램이 진행되지만 홍보가 부족하다', '구성이 복잡하여 정보를 찾기 어렵다', '취업 관련 정보가 넉넉하지 않다' 등을 선

응답자의 96%
용산구 일자리 플러스 센터
전혀 이용해 본 적 없다고 응답

그 중, 1명을 제외하고는 모두
용산구 일자리 플러스 센터가
'있는지 몰랐다'에 응답

■ 이용해본 적 없다   ■ 일년에 한두 번 이용한다

〈그림 3〉 '용산구 일자리 플러스 센터' 이용도 조사 결과
Q4. 귀하는 용산구 사이트(일자리 플러스 센터)를 얼마나 자주 이용하십니까?

출처: 자체 설문조사(숙명여자대학교 재학생 70명 대상)

택한 응답자의 비율이 높아 개선해야 할 필요성이 있음을 알 수 있었다. 이에 온라인 전략으로는 기존 취업 관련 사이트를 개선한 CLUE만의 온라인 플랫폼을 제공하고자 하였다. CLUE의 온라인 플랫폼은 분석 결과와 재학생들의 요구를 반영하여, 역량 분석 기능. 자소서 및 포트폴리오 공유 기능, 데이터 공개 기능을 제공한다.

1) 역량 분석 기능

CLUE가 제공하는 역량 분석 기능은 기업의 인재상을 세부적으로 분석해 정보를 제공하는 기능이다. 기업이 요구하는 역량에 대한 이해도를 높여 학생들이 가지고 있는 역량과 매칭될 수 있는 가능성을 높이기 위해 고안하였다. 이를 위해 가입과정에서 CLUE는 구직자와 기업에게 다양한 질문을 한다. 구직자에게는 기본정보를 포함한 관심 분야, 좋아하는 회사, 구직 유무, 각종 취미, 외국어 회화 능력, 보고서 작성 능력, 프레젠테이션 능력 등 수십 가지의 질문을 한다. 이를 통해 구직자 개인의 역량과 관심 분야를 파악하는 것에서 더 나아가, 역량이 될 수 있는 가능성을 가진 요소들을 파악한다. 구직자가 하나의 답변을 하였을 때, 그것에 대한 세부적인 질문을 함으로써 구직자 정보를 파악하는 알고리즘을 이용한다(〈그림 4〉 참조).

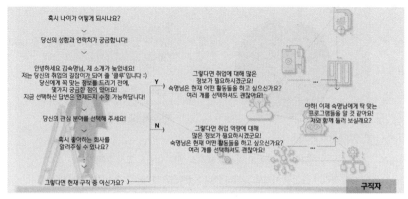

〈그림 4〉 CLUE의 질문 알고리즘 1

이렇게 얻은 데이터를 이용해 CLUE는 구직자 개인에게 맞는 기업 및 채용 정보들을 제공한다. 구직자가 관심 기업으로 등록한 기업 및 기관의 채용 소식을 상단에 노출시키고, 관심 기업으로 등록하지 않았더라도 관심 직무로 등록한 직군이라면 다양한 설정값과 필터링 기능을 통해 정보를 제공한다. 또한 구직자 개인이 갖춘 역량을 필요로 하는 기업의 채용 소식을 전하고, 구직자가 관심 있어할 만한 역량 개발 프로그램을 소개하기도 한다. 즉, 기존 취업 관련 사이트들에 산재되어 있는 정보를 한곳에 모은 후 여러 가지 질문을 통해 구직자에 대해 파악한 후, 개인에게 맞는 정보를 제공하는 것이 CLUE 온라인 플랫폼의 핵심이라

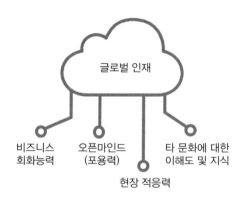

〈그림 5〉 CLUE의 질문 알고리즘 2

고 할 수 있다.

CLUE는 기업에게도 이와 같은 알고리즘을 통해 다양한 질문을 하며, 특히 기업이 원하는 인재상과 역량에 관해서는 세부적인 질문을 통해 데이터를 수집한다. 예를 들어, '글로벌 인재'를 원하는 A회사가 있다면, 이 회사에서 원하는 글로벌 인재란 구체적으로 어떤 역량과 경험을 갖춘 인재인지 파악하는 것이다.

2) 자소서 및 포트폴리오 공유 기능

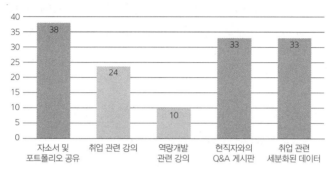

〈그림 6〉 재학생들이 생각하는 취업 관련 온라인 플랫폼에 필요한 기능

Q4. 새롭게 취업 관련 온라인 사이트가 개설된다면, 꼭 필요하다고 생각하는 기능은 무엇입니까?

앞서 진행한 설문조사에서 "새롭게 취업 관련 온라인 사이트가 개설된다면, 꼭 필요하다고 생각하시는 기능은 무엇입니까?"라는 질문에 응답자의 약 54%가 '자소서, 포트폴리오 첨삭 및 공유' 기능을 선택하였다. 또한 "새롭게 취업 관련 오프라인 프로그램이 개설된다면, 꼭 필요하다고 생각하시는 기능은 무엇입니까?"라는 질문에는 응답자의 약 42%가 '기업 탐방 및 현직자와의 만남' 기능을 선택하였다.

합격자 및 현직자들과의 교류를 원하는 재학생들의 필요성에 따라 CLUE의 온라인 플랫폼은 자소서 및 포트폴리오에 CLUE의 역량 분석 틀을 적용해 정보를 제공한다. 합격자가 자신의 자소서 및 포트폴리오를 공유하면 CLUE는 합격자의 어떤 경험이 기업의 인재상에 부합한 지에 대해 분석한 정보를 제공하는 것이다.

이를 통해 해당 기업이 요구하는 인재에 대한 세부적인 의미가 지원자의 어떤 경험에 해당하는 것인지 알 수 있다.

이 기능을 통해 구직자 간 소통 문제도 해결 가능하다. 앞서 실시한 전문가 인터뷰에서 용산구 일자리경제과 정재희 과장은 기업이 원하는 요구조건과 학생들이 인식하는 정도가 다르다는 문제를 지적한 바 있다.[23]

> "근데 사실 엄청 유창하게 하지 않아도 되거든요. 어느 정도만 해외여행 가서 통용만 될 정도로 (중략) 어느 정도만 하면 되는데, 영어 회화를 요구한다고 해서인지 (박물관 인턴이나 전쟁기념관 인턴에 비해서) 지원자가 좀 적었어요."
>
> – 일자리경제과 정재희 과장

이를 통해 구직자는 기업의 요구조건에 대해 올바른 이해를 할 수 있으며, 자신의 경험과 역량을 활용해 지원할 수 있을 것이다.

3) 데이터 정보 제공 기능

앞서 실시한 설문조사에서 자소서 및 포트폴리오 기능 다음으로 재학생들은 '현직자와의 Q&A 게시판' 기능과 '취업 관련 세분화된 데이터 자료 공개' 기능을 순서대로 택하였다. 이 두 기능은 모두 응답자의 약 42%가 필요하다고 선택하였다. 'SnoWe' 홈페이지의 경우, 현직자와 소통할 수 있는 게시판이 있지만 활성화되지 않았으며 합격 수기밖에 없다는 점을 발견하였다. 이에 CLUE의 온라인 플랫폼은 학생들이 취업 관련 궁금증을 지속적으로 해결할 수 있는 Q&A 게시판 기능을 제공한다.

취업 관련 세분화된 자료의 경우, 공공 데이터 포털 등에 데이터 자체는 존재하지만 프로그래밍이 어렵기 때문에 재학생들이 쉽게 접근할 수 있는 자료는 아

---

23. 해당 내용은 올해 모집한 용산구 대사관 청년 인턴 프로그램에 관한 내용으로, 지원 자격으로는 영어 회화 능력이 있었다.

니었다. 또한 여러 취업 관련 데이터 중 기자들이 주요 정보에 대해 작성한 기사를 통해서 가공된 자료만을 접할 수 있었다. 따라서 CLUE는 온라인 플랫폼 안에 데이터 아카이브를 만들어 취업 관련 데이터 자료를 주제별로 분류해서 제공하고자 한다. 더 나아가 사용자가 주제별 데이터 중 원하는 데이터만을 선별해 직접 구성할 수 있는 프로그램을 제공해 입체적으로 정보를 얻을 수 있게 하고자 한다. 예를 들어 사용자가 자신과 같은 전공, 같은 복수전공, 비슷한 연령대, 비슷한 학점과 자격증 등을 소유한 이용자들의 취업 현황을 알고자 한다면, 여러 취업 관련 데이터 중에서 원하는 구성을 설정하고, 이를 통해 원하는 정보를 확인할 수 있는 것이다.

III. 정책 시뮬레이션 결과

모의 정책 시뮬레이션 프로그램을 통해 본 정책의 제안서를 실현 가능성, 경제성, 기대 효과 측면으로 나누어 평가하였다. 결과는 〈그림 7〉과 같다.

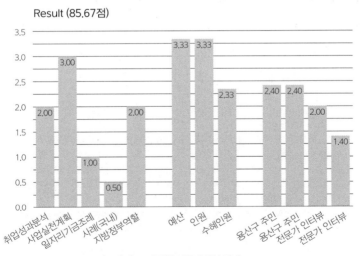

〈그림 7〉 모의정책 시뮬레이션 결과

1. 실현 가능성

1) 문헌 검토

(1) "대학 취업 지원 프로그램의 취업 성과 분석"[24]

본 논문은 대학에서 운영하고 있는 다양한 취업 지원 프로그램이 대학생의 정규직 또는 비정규직 취업에 미치는 영향을 분석[25]해 취업률 향상과 취업 제고를 위한 개선 방안을 모색하였다. 이 논문에서는 취업 관련 프로그램의 목적에 따라 '취업 마인드 향상 프로그램'과 '취업 역량 강화 프로그램'[26]으로 나누었으며, 모두 취업 성과에 유의미한 영향을 미친다는 점을 확인하였다. 또한 학생들의 다양한 상황(자격증 개수, 인턴 및 직업 교육 훈련 여부 등)에 따른 참여율과 취업 성과가 상이하다는 결론을 도출하였는데, 이는 본 제안서가 구직자에 따라 다른 프로그램을 제공한다는 점에서 같은 방향성을 가지고 있었으며 각 프로그램의 보완점을 확인할 수 있었기 때문에 10포인트와 20%의 가중치를 부여하였다.

(2) "산학협력 운영 과정에서 지방정부의 역할"[27]

본 논문은 국가 경쟁력 제고 차원에서 산학협력의 촉진과 운영의 활성화를 위해 지방정부의 역할에 대해 논의하였다. 지방정부는 학교와 기업이라는 이질적인 두 집단을 연결시켜주는 기능을 하며, 이해관계가 상충될 경우 이를 조정하는

---

24. 신혜숙·남수경. 2013. "대학 취업지원 프로그램의 취업성과 분석." 「한국교육재정경제학회」.
25. 2009년 대졸자 직업 이동경로 조사를 이용해 124개교의 졸업자 6,817명의 자료를 활용하였다. 직업 이동 경로 조사란 매년 신규로 노동시장에 진입하는 전문대 이상의 대학졸업자를 대상으로 교육과정, 재학 중 경력개발과 취업경험, 졸업 후 구직기간, 구직경험, 직업과 임금, 노동시장 이동, 진로탐색, 직업훈련 및 자격증, 가계배경 등의 정보를 수집하는 조사이다.
26. 본 논문은 프로그램의 목적에 따라 '취업 마인드 향상 프로그램'과 '취업 역량 강화 프로그램'으로 구분하였다. '취업 마인드 향상 프로그램'은 취업 전 자기 이해 증진과 적성 및 진로 파악을 위한 프로그램이며, '취업 역량 강화 프로그램'은 취업 준비에 필요한 구체적인 기술을 배우는 프로그램이다.
27. 김귀화. 2007. 「산학협력 운영 과정에서 지방정부의 역할」. 경북대학교 석사학위논문.

역할을 한다. 또 기업과 대학의 협력을 평가하는 기능을 한다고 본 논문은 밝히고 있다. 산학협력을 운영하는 데 있어 대학과 기업, 두 주체만이 아닌 지역정치의 주체인 지방정부의 역할을 역설하고 있는 내용으로 본 제안서의 큰 방향과 일치한다는 것을 확인하였다. 그러나 다양한 기업의 참여를 이끌어내는 데 있어 새로운 방안을 모색해야 했기 때문에 5포인트를 부여하였고 20%의 가중치를 부여하였다.

2) 행정 보고서 – "민선 7기 구청장 공약 사업 실천 계획"[28]

행정 보고서는 "민선 7기 구청장 공약 사업 실천 계획"을 활용하였다. 그중에서 '내일(My Job) 드림 운영' 사업 계획서 등을 참고하였을 때, 사업기간, 예산, 대상 등 구체적인 추진 계획을 확인할 수 있었다. 세부적으로는, 일자리기금을 설치해 재원을 확보하고, 사업 공모를 통해 청년 창업을 지원하며, 관내 공공기관 및 기업과의 협업을 통해 청년 인턴을 채용하고, 관내 교육기관과 협업해 맞춤형 취업 연계 교육 사업 등을 실시한다는 측면에서 본 제안서의 정책과 부합한다는 것을 확인하였다. 따라서 10포인트와 30%의 가중치를 부여하였다.

3) 조례안 – 「일자리기금 설치 및 운용 조례」

조례안은 「일자리기금 설치 및 운용 조례」를 활용하였다. 정성 자료 검토 부분에서 언급한 바와 같이 조례안의 특성상 본 제안서의 정책과 같은 네트워크와 온라인, 오프라인으로 이루어진 구체적인 정책에 대해서는 확인할 수 없었기 때문에 시행 규칙을 새롭게 만들었다. 따라서 5포인트와 20%의 가중치를 부여하였다.

---

28. 용산구청 홈페이지. "민선 7기 구청장 공약 사업 실천 계획."

4) 국내 사례

국내 사례는 허식(2004)의 논문 중 한밭대의 사례를 활용하였다. 한밭대의 경우 기업체들의 요구를 발 빠르게 파악하여 그에 맞는 학과를 신설 및 개편하거나 기업체에서 쓰이는 실무 기술들을 가르칠 수 있는 교과목을 계속 만들어나갔다. 적극적이고 개방적인 태도는 대학교의 역할 및 태도로서 참고할 만한 사항이다. 또한 산학협력을 맺고 있는 기업들 역시 학생들을 현장실습 및 진로 상담에 지원을 아끼지 않았고, 기업체에서 일하는 전문가를 전담교수로 내보내서 기업의 자원과 기술을 교류하였다. 원활한 산학협력 사례에서 대학과 기업의 태도를 참고했기 때문에 5포인트와 10%의 가중치를 부여하였다.

2. 경제성

경제성 점수는 기존 구 예산 대비 투입 예산, 전체 인력 대비 투입 인원, 전체 구민 수 대비 정책 수혜 인원으로 판단하였다. 가중치는 예산, 인력, 수혜 인원 세 항목 모두 중요하다고 생각하였기 때문에 33.3%로 같은 가중치를 부여하였다.

1) 예산

2019년도 기준 일자리경제과는 약 80억 원의 예산을 사업 추진비용으로 사용할 계획이다.[29] 예산 투입이 필요한 부분으로는 홈페이지를 신설하고 유지하는 비용, 기존의 기반들을 연결해주는 공무원 유치 비용, 기업 참여 독려 지원비 및 교육 프로그램비 등이 있다. 그러나 CLUE의 정책은 새로운 것을 만들어내는 정책이라기보다는 기존에 있던 자원들의 개선점을 파악해 활용하는 방안이기 때문에 예산에 큰 변동 사항이 없다고 판단하였다. 따라서 10포인트의 점수를 받게 되었다.

---

29. 용산구청 홈페이지. "2019년도 사업 예산서."

2) 인력

CLUE의 온라인 플랫폼을 관리하는 전담 부서와 오프라인 정책 중 여러 콘테스트와 공유회를 개최하는 용산구의 인력이 필요하다. 그러나 담당 인력을 측정하는 데 기존의 일자리경제과 인력과 용산구 플러스센터 관리 인력을 활용하기 때문에 새로운 인력 투입으로 인한 전체 인력의 변동이 크지 않을 것이라고 판단하였다. 따라서 기존 26명의 인력[30]에서 2명을 추가한 28명을 담당 인력으로 결정하였고 10포인트의 점수를 받았다.

3) 수혜인원

수혜인원은 2019년 기준 용산구 전체 구민 22만 8920명[31] 중 용산구의 대학생 12,867명[32]과 숙명여자대학교의 재학생 12,367명[33]의 합산 값인 약 2만 5천 명으로 측정하였다. 따라서 7점의 점수를 받았다.

3. 기대효과 및 효과성

정책 기대효과는 주민 수요도, 주민 만족도, 전문과 기대효과, 전문과 효과성 네 가지 측면으로 나누어 측정하였다. 주민 수요도와 주민 만족도를 측정하기 위해 숙명여자대학교 재학생을 대상으로 설문조사를 실시하였으며, 정책 기대효과와 정책 효과성을 측정하기 위해 전문가 인터뷰를 진행하였다. 인터뷰 대상으로는 용산구 일자리경제과, 캠퍼스타운 사업단, 숙명여자대학교 경력 개발처 세 곳이었으며, 각 전문가들이 판단한 CLUE의 정책에 대한 평가를 반영해 수치화

---

30. 일자리경제과는 5개 팀, 26명의 인원으로 구성되어 있다. 앞서 실시한 전문가 인터뷰(일자리경제과 정재희 과장)에서 확인하였다.
31. 용산구청 홈페이지. "연령별 인구 현황(2019. 5월 말)."
32. 용산구 거주자 인구 중 대학생 인구를 추정하기 위해, 대학생 연령대를 만 여성은 만 19~22세, 남성은 만 19~24세로 설정하였다.
33. 숙명여자대학교 포털. "숙명 Info."

하였다.

1) 주민 수요도 및 만족도

재학생 수요도의 경우, 용산구 대학생 전체의 수요도를 의미하지 않으며, 대학생이 아닌 다른 연령층, 다른 직업군의 수요도는 측정함에 어려움이 있었기 때문에 한계점이 존재한다. 만족도의 경우에도 숙명여자대학교 재학생들의 취업 관련 사이트와 프로그램에 대한 만족도일 뿐 기존 취업 관련 사이트 이용자들의 전체 만족도는 아니라는 측면에서 한계점을 지니기 때문에 10점 중 각각 8점의 점수를 부여하였다.

CLUE의 온/오프라인 정책은 이용자들이 기존의 사이트와 프로그램을 이용함에 있어 불만족스러웠던 점들을 개선하고 재학생들의 요구를 반영해서 이루어지는 만큼 수요도와 만족도는 중요한 항목이라고 판단하였다. 따라서 30퍼센트의 가중치를 부여하였다.

2) 전문가 기대효과 및 효과성

기대효과 측면에서는 용산구가 민선 7기 구정 최우선 과제로 청년 일자리 창출을 선언하였다는 점에서, 중소기업과 스타트업의 인력난을 해결하는 데 이바지할 수 있다는 점, 청년 실업 문제를 해결하는 데에서도 긍정적인 효과를 기대할 수 있다는 점에서도 좋은 평가를 받았다. 따라서 10점의 점수를 부여하였다.

효과성의 경우, 기업의 참여를 이끌어내는 데 현실적인 어려움이 있기 때문에 구체적인 방안을 통해 보완해야 할 필요성을 지적받았다. 이에 따라 7포인트를 부여하였고 기대효과와 효과성은 동일하게 20퍼센트의 가중치로 설정하였다.

IV. 평가

1. 한계점 및 보완점

본 제안서의 정책들을 자체적으로 평가했을 때, 한계점은 크게 두 가지가 있었다. 첫째, CLUE가 제안하는 온/오프라인 플랫폼은 모두 이용자가 어느 정도 모여야 실효성을 볼 수 있다는 점이다. 둘째, 구직자들은 대기업에 대한 수요가 가장 높지만, 대기업의 참여 요인은 여전히 적다는 것이다. 이를 보완하기 위해, 많은 구직자들로 하여금 CLUE의 플랫폼을 이용할 수 있도록 하기 위한 방안으로, 구직자 중심의 정보 및 프로그램들을 제공하고 홍보에 많은 노력을 기울여야 한다. 또한 대기업의 참여를 이끌어내기 위한 다양한 장치(세금 감면 등)를 마련함과 동시에 중소기업 및 스타트업에 대한 학생들의 인식 개선이 동시에 이루어져야 할 것이다.

2. 기대효과 및 발전 방향

용산구는 청년 일자리 문제를 해결하기 위해 적극적으로 노력하고 있다. 전국 최초로 일자리기금을 설치하여 2022년까지 약 100억 원의 기금을 만들어 청년 창업 및 취업에 지원을 아끼지 않을 예정이다. 본 제안서는 이에 발맞추어 청년 일자리 문제를 해결하기 위한 소통이 중심이 되는 클러스터 형태를 중심으로 구체적인 방안을 제시하였다. 이러한 클러스터를 구체적으로 구현하기 위해 일자리 네트워크를 위한 일자리기금 시행규칙을 만들고, 용산구청 일자리경제과에 네트워크를 전담으로 관리하는 공무원 2명을 신설하는 구체적인 행정 계획도 제시하였다.

용산구가 일자리기금 설치 조례를 만든 이후 기금의 용도를 좀 더 구체화하는 현 상황에서 본 팀은 '청년 일자리 네트워크'라는 효과적인 방안을 제시하였고 이는 구정 최우선 과제인 '청년 일자리 창출'과 관련된 사안으로 실현가능성이 높다. 또한 온라인 방안으로 제시한 역량 분석 기능은 기존 학생과 기업 각 주체의 요구가 일치되지 않아 구인과 구직에 어려움을 겪는 상황을 돌파할 수 있는 기능으로 생각된다. 오프라인 방안으로 제시한 인턴십 프로그램이나 역량강화 콘테스트는 전문가 인터뷰에서 실현가능성이 높고 새로운 아이디어로 높은 평가를 받았다. 새로운 클러스터 형태를 제안하는 것이기는 하지만, 기존에 있는 취업 관련 인력들을 적극 활용하여 소통의 장을 만드는 것이기 때문에 새로운 인력을 많이 투입하지 않아도 된다는 점과, 새로운 예산 계획 역시 기존과 크게 변화하지 않는다는 점이 큰 장점이자 현실적으로 발전할 수 있는 가능성을 높이0는 요소이다. 무엇보다도 다양한 이해관계자가 다 함께 청년 일자리 문제에 대해 소통할 수 있는 네트워크를 마련했다는 점에서 가장 큰 효과를 기대할 수 있다.

참고문헌

국가법령정보센터. 2018년 11월 14일. "조례 제1259호: 서울특별시 용산구 일자리기금 설치 및 운용 조례." http://www.law.go.kr/LSW/ordinInfoP.do?ordinSeq=1365940&gubun=ELIS (검색일: 2019.06.24.).
김귀화. 2007. 『산학협력 운영 과정에서 지방정부의 역할』. 경북대학교 석사학위논문.
김영생. 2010. "구인구직 불일치 해소를 위한 산학연계시스템." 『한국직업능력개발원』.
뉴시스. 2019년 5월 15일. "4월 취업자수 17만1000명↑⋯실업률 19년 만에 최고." http://www.newsis.com/view/?id=NISX20190515_0000650980&cID=10401&pID=10400 (검색일: 2019.06.22.).
뉴시스. 2019년 5월 19일. "대졸실업자 2년만에 또 사상최고⋯청년고용 개선 맞나." http://www.newsis.com/view/?id=NISX20190517_0000654547&cID=10401&pID=10400 (검색일: 2019.06.22.).

네이버 시사상식사전. 2016년 2월 2일. "N포세대." https://terms.naver.com/entry.nhn?do
cId=3345263&cid=43667&categoryId=43667 (검색일: 2019.06.22.).

매일경제 용어사전. 2019년 6월 22일. "클러스터." https://terms.naver.com/entry.nhn?doc
Id=17213&cid=43659&categoryId=43659 (검색일: 2019.06.22.).

아시아경제. 2019년 5월 3일. "성장현 용산구청장 〈청년과 더불어 잘사는 용산시대 완성〉."
http://view.asiae.co.kr/news/view.htm?idxno=2019050313425507917 (검색일:
2019.06.22.).

이코노믹리뷰. 2015년 8월 4일. "실리콘밸리 지고 '실리콘앨리' 뜬다." http://www.econo
vill.com/news/articleView.html?idxno=255881 (검색일: 2019.06.22)

용산구청 홈페이지. "2019년도 사업 예산서." http://www.yongsan.go.kr/pms/board/
detail.do?boardidn=1093&sitecdv=S0000100&decorator=pmsweb&menucdv=
03130100&boardseqn=1&mode=detail1&budget=03&currentPage=0 (검색일:
2019.04.19.)

용산구청 홈페이지. "연령별 인구 현황(2019.5월말)." http://www.yongsan.go.kr/pms/
board/detail.do?boardidn=73&sitecdv=S0000100&decorator=pmsweb&menucd
v=03040100&boardseqn=303&mode=detail1&budget=03&currentPage=0 (검색
일: 2019.06.03.).

용산구청 홈페이지. "민선 7기 구청장 공약 사업 실천 계획." http://www.yongsan.go.kr/
skin/doc.html?fn=726566646174615F315F31353437373931383636&rs=/upload/
convertResult/ (검색일:2019.04.19.).

숙명여자대학교 포털. "숙명 Info." http://www.sookmyung.ac.kr/sookmyungkr/index.
do (검색일:2019.06.03.).

신혜숙, 남수경. 2013. "대학 취업지원 프로그램의 취업성과 분석."『한국교육재정경제학회』.

이기종. 2016. "지역대학 중심의 산학협력 논리모델 개발 및 파급효과 분석."『한국과학기술
기획평가원』.

주범석. 2014.『기업의 산학협력 참여에 미치는 영향요인 분석: 중소기업과 대학간의 협력을
중심으로』. 한양대학교 석사학위논문.

한국경제신문. 2016년 6월 21일. "공대 신설한 숙명여대, 용산에 '한국형 실리콘앨리' 추
진." https://www.hankyung.com/society/article/2016062111881 (검색일:
2019.06.23.).

허 식. 2004. "대졸 실업해소를 위한 산학협력 강화방안: 사례연구 중심으로."『한국직업능력
개발원』.

IT조선. 2019년 4월 12일. "'뽑으면 나가네'…스타트업 현실 반영한 인력 지원 제도 절실."
http://it.chosun.com/site/data/html_dir/2019/04/12/2019041200003.html (검색
일: 2019.06.24.).

서울특별시 용산구 일자리기금 설치운용에 관한 조례 시행규칙(가안)

제1조(목적) 이 조례는 구민의 일자리 수요에 적극 대응하는 지속 가능한 일자리 사업을 추진하기 위해 지방자치법 제142조의 규정에 따라 서울특별시 용산구 일자리기금을 설치하고, 이를 운용·관리하는 데 필요한 세부사항을 규정함을 목적으로 한다.

제2조(기금의 이용) 조례 제 1259호(일자리기금 조례) 중 제4조 3항(제4조(기금의용도): 관내기업, 대학, 직업훈련기관 등과 상호 협력하는 일자리사업 지원)에 따라 상호 협력을 위한 '청년일자리 네트워크'를 형성한다.

제3조(용어의 정의) 이 규칙에서 사용하는 용어의 정의는 다음과 같다.
　　1. "청년"이란 「민법」상 미성년자가 아닌 자로서 만 34세 이하인 자를 말한다.
　　2. "청년일자리 네트워크"란 구직자가 원하는 정보와 기업이 제공하는 정보의 불일치 해소를 위해 구, 기업, 구직자의 요구와 필요가 비교적 쉽게 반영될 수 있는 소통의 장을 의미한다.

제4조(청년일자리 네트워크에 관한 기본계획)
　　① 구청장은 청년일자리 네트워크에 대한 기본계획을 일자리기금 존속에 따

라 4년마다 수립하여야 한다.

② 제1항의 기본계획은 다음 각 호의 내용이 포함되어야 한다.

  1. 청년일자리 네트워크의 기본방향 및 추진목표

  2. 청년일자리 네트워크에 관한 주요사항

    가. 청년의 일자리 안정 및 수준 향상

    나. 기업의 참여 유도 사항 마련

    다. 네트워크의 상호성 확대

  3. 청년일자리 재원으로서 일자리기금 분담 부분 및 지원체계

③ 청년일자리 네트워크는 온라인 플랫폼과 오프라인 플랫폼으로 나누어 활용한다.

제5조(온라인 플랫폼)

① 청년일자리 네트워크를 구축하기 위하여 다음 각 호의 요령을 참고하여 다양한 구인·구직정보와 역량개발 정보를 제공하는 최대한 사용자 친화적인 온라인 사이트를 설치한다.

  1. 구직자의 선호, 관심기업, 관심직무, 역량경험 등과 기업의 인재상 등을 파악할 수 있는 상세한 질문항 기능을 통해 두 주체의 역량을 분류하고 연결.

  2. 취업한 사람들의 자기소개서와 포트폴리오를 공개하고 공유하는 기능과 더불어 위 1호의 기능틀을 적용해서 자기소개서와 포트폴리오를 분석하여 제공.

  3. 다양한 현직자, 창업자와의 질문게시판, 전공별·연령별 취업데이터 공공데이터 포털에서 개발해 제공.

제6조(오프라인 플랫폼)

① 청년일자리 플랫폼을 구축하기 위해 다음 각 호의 요령을 참고하여 온라

인 사이트 외 프로그램을 제공한다.

1. 구 주최 컨테스트
2. 스타트업 인턴쉽
3. 공유회

제7조(청년일자리 네트워크 공유회)

① 네트워크 성과 공유회는 연 2회, 상반기와 하반기로 나누어 개최하고 각
주체의 정당한 요구서를 제출, 심의하여 통과되면 상시로 개최할 수 있다.

② 네트워크 성과 공유회에서는 다음 호의 내용을 심의한다.

1. 기간별 시행계획의 추진실적 및 평가에 관한 사항
2. 구체적 계획 수립을 위한 조정 및 협력에 관한 사항
3. 그 외 청년 일자리를 위해 필요한 사항

제8조(담당자 신설) 기존 일자리경제과, 학교 취업경력개발팀, 기업인사담당자
들과의 연결 고리 구축 역할을 담당할 일자리경제과 소속공무원을 2명 지정
한다.

제9조(다른 기관과의 협력)

① 실무자는 사업의 효과적인 추진을 위하여 해당지역의 기업과 학교 등 교
육기관 기타 관련 기관·단체와 긴밀히 협조하여야 한다.

② 실무자는 구인·구직 개척업무를 적극적으로 수행할 수 있도록 관내 사업
장의 인사·노무 담당자와 유기적인 협조체계를 유지하여야 한다.

용산구 지역정치 프로젝트 - 모의정책 시뮬레이션

작성자 : 클러스터 (송은서) 시간 : 2019년 06월 10일 17시 01분

New　Show Result　Save Data　Transaction　Excel Export　Help　Log Out

팀 : 클러스터

정성 자료

Feasibility Score

문헌(논문,단행본)	Point		Weight	
취업 성과 분석		10		20
행정문서(M.고서)	Point		Weight	
사업 실천 계획		10		30
행정문서(조례 제(개)정)	Point		Weight	
일자리 기금 조례		5		20
국내외 사례	Point		Weight	
사례(국내)		5		10
정성변수	Point		Weight	
지방정부역할		10		20

변수 증가 +　　변수 감소 -

정량 자료

Economy Score

구예산(단위:억원)	예산(단위:억원)	Point		Weight	
80	80		10		33.3
전체인력	담당인원	Point		Weight	
26	26		10		33.3
전체구민	정책수혜인원	Point		Weight	
228920	18604		7		33.3

Demand Score

주민수요(수요도)	Point		Weight	
용산구 대학생 수요도		8		30
주민수요(만족도)	Point		Weight	
용산구 대학생 만족도		8		30
주민수요(기대효과)	Point		Weight	
전문가 기대효과		10		20
전문가조사(실효성)	Point		Weight	
전문과 효과성		7		20

전문가조사(효과성)	Point	Weight

전문가조사(창의성)	Point	Weight

변수 증가 +　　변수 감소 -

Feasibility Score	포인트	가중치	단위 점수	구성비
취업 성과 분석	10	20.00 %	2.00	7.78 %
사업 실천 계획	10	30.00 %	3.00	11.68 %
일자리 기금 조례	5	20.00 %	1.00	3.89 %
사례(국내)	5	10.00 %	0.50	1.95 %
지방정부역할	10	20.00 %	2.00	7.78 %
Feasibility Total	40	100.00 %	8.50	33.09 %
Economy Score	포인트	가중치	단위 점수	구성비
예산	(100.00 %) 10	33.30 %	3.33	12.96 %
인원	(100.00 %) 10	33.30 %	3.33	12.96 %
수혜인원	(8.13 %) 7	33.30 %	2.33	9.07 %
Economy Total	27	99.90 %	8.99	35.00 %
Demand Score	포인트	가중치(%)	단위 점수	구성비
용산구 대학생 수요도	8	30.00 %	2.40	9.34 %
용산구 대학생 만족도	8	30.00 %	2.40	9.34 %
전문가 기대효과	10	20.00 %	2.00	7.78 %
전문과 효과성	7	20.00 %	1.40	5.45 %
Demand Total	33	100.00 %	8.20	31.92 %
Total	100		25.69	100.00 %
가중치 반영 점수			85.67	

포인트　Bar　Pie　　단위점수　Bar　Pie　　구성비　Bar　Pie

Result (85.67점)

용산구 횡단보도 및 신호기 개선방안 제언

숙명여자대학교 정치외교학과
송우연, 이정연, 이지윤

Ⅰ. 연구배경 및 일반현황

1. 연구배경

용산구의 거주 인구는 꾸준히 증가하고 있으며, 그에 따라 횡단보도와 신호등 등 교통시설 역시 지속적으로 증가하고 있다. 또한 교통안전에 관한 관심을 반영하여, 이번 용산구의 5가지 실천약속 중 하나는 '안전한 용산시대'로 지정되었다.[34]

이러한 구내의 교통안전에 대한 관심에도 불구하고 용산구는 2017년 한국안전공단이 조사한 교통문화지수 종합평가에서 84.8점을 받으며 서울시 내 하위 3개 자치구 중 하나로 선정되었다.[35] 또한 도로교통공단이 조사한 2017년 교통사

---

34. 용산구 홈페이지. "공약실천 다짐."
35. 교통문화지수: 한국교통안전공단이 현장조사와 통계자료조사 두 가지 방식을 통해 전국 229개 시, 군, 구별 주민의 교통안전에 대한 수준을 지수화한 것으로 매년 12월에 조사 결과를 공표한다.

고 발생건수 및 사망자 수 모두 서울 하위권에 머물러 용산구의 교통체계에 관련된 조사의 필요성을 인지하게 되었다. 따라서 교통시설 중 횡단보도와 신호기를 중심으로 용산구의 교통에 관련된 조사를 진행하였다.

2. 용산구 교통시설 관련 일반현황

1) 용산구 횡단보도 및 신호기 설치현황

용산구에 설치된 횡단보도의 수는 〈표 1〉를 참고하였을 때, 2015년 961개, 2016년 987개, 2017년 1,007개로 연평균 2%대의 증가율을 보이고 있다.[36] km당 횡단보도 수 또한 이에 따라 2015년 3.43개, 2016년 3.52개, 2017년 3.59개로 꾸준한 증가를 보인다. 서울시 전체의 km당 횡단보도의 수는 〈표 2〉를 보았을 때, 2017년 4.2개로 용산구와 비교하여 어느 정도 높은 수치를 보인다. 이는 용산구 횡단보도의 절대적인 수가 서울시 평균과 비교하였을 때 적다는 사실을 제시하는 것이기도 하다.

횡단보도 중 신호기가 있는 횡단보도의 경우, 용산구는 2015년 267개, 2016년 273개, 2017년 290개로 증가율이 전체 횡단보도 증가율보다 높아 많은 신호기가 설치되었음을 확인할 수 있다. 신호기가 없는 횡단보도는 2015년 694개, 2016년 714개 2017년 717개로 더디게 늘고 있다. 서울시 전체에서 신호기가 있는 횡단

〈표 1〉 용산구 횡단보도 및 신호등 설치 추이(2015~2017)

년도 \ 횡단보도 수	전체 횡단보도	신호등 있는 횡단보도	신호등 없는 횡단보도	km당 신호등 수
2015	961	267	694	3.43
2016	987	273	714	3.52
2017	1,007	290	717	3.59

출처: 서울특별시 도시교통본부 교통운영과, 2017

---

36. 서울특별시 도시교통본부 교통운영과. "서울시 횡단보도 통계."

<표 2> 서울시 횡단보도 및 신호등 설치 추이(2015~2017)

횡단보도 수 / 년도	전체 횡단보도	신호등 있는 횡단보도	신호등 없는 횡단보도	km당 신호등 수
2015	32,673	9,698	22,975	3.99
2016	33,684	10,042	23,642	4.1
2017	34,660	10,194	24,466	4.2

출처: 서울특별시 도로교통본부 교통운영과, 2017

보도보다 신호기가 없는 횡단보도 증가율이 더 높았던 것을 고려하였을 때, 용산구에서 신호기의 설치가 타 자치구에 비해 많이 이루어지고 있음을 알 수 있다.

2) 용산구 교통사고 현황

2017년 용산구의 교통사고 발생 건수는 1,337건이고, 이 사고 중 사망자 수는 12명이며 부상자 수는 1,949명이다.[37] 교통사고 발생 건수와 사망자 및 부상자 수는 모두 2015년 큰 폭으로 증가하였지만 이후 2017년까지 꾸준하게 감소하고 있다. 또한 용산구는 2017년 기준 서울시 내 자치구 중 인구 10만 명당 사망자 수 순위가 22위, 도로 1km당 사망자 수 순위가 14위로 모두 하위권을 기록하였다.

용산구 내 교통사고 현황을 알아보면 〈그림 1〉과 같다. 용산역 근처와 남영동, 이태원1동, 한남동을 중심으로 교통사고가 일어나는 것을 확인할 수 있다.

이에 더해 용산구의 사고 다발지를 조사한 결과는 〈표 3〉, 〈표 4〉와 같다. 사고 다발지는 대부분 한강로 1, 2가와 원효로 2가 부근, 한남동과 보광동 부근으로 확인되었다. 이 장소는 앞의 보행자사고 통계와도 중복되는 지점이 많아 교통안전에 취약한 곳이라고 추론하였고, 이에 따라 현장조사를 진행하였다.

---

37. TAAS 교통사고 분석 시스템. "용산구 교통사고 현황분석."

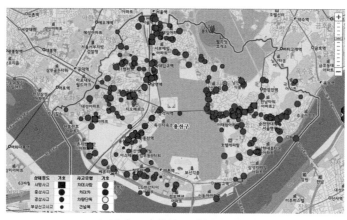

〈그림 1〉 2018 용산구 보행자사고 통계

출처: TAAS 교통사고 분석 시스템, 2018

〈표 3〉 2016년 용산구 무단횡단 사고 다발지

장소	사상자
용산구 원효로 1가(용산구청 부근)	중상자(3), 경상자(1)
용산구 한강로 2가(자갈치회마당 부근)	중상자(3), 경상자(1)
용산구 보광동(81점 종점 부근)	중상자(4), 경상자(3)
용산구 한남동(순천향병원 부근)	중상자(2), 경상자(2)

출처: 도로교통공단, 2016

〈표 4〉 2017년 용산구 교통사고 다발지 분석

	장소	사상자
보행노인사고 다발지역	이태원동(대성옵티마약국 부근)	중상자(2), 경상자(2)
	한남동(라멘81번옥 부근)	사망자(1), 중상자(1), 경상자(1)
	용문동(파리바게트 원효로점 부근)	중상자(2), 경상자(1)
	보광동(IBK 기업은행 보광동점 부근)	중상자(2), 경상자(1)
	남영동(숙대입구역 3번출구 부근)	중상자(2), 경상자(1)
자전거사고 다발지역	서빙고동(반포대교북단차로 부근)	중상자(3), 경상자(2)
	한강로 1가(삼각지역 6호선 부근)	중상자(2), 경상자(2)

출처: TAAS 교통사고 분석 시스템, 2017

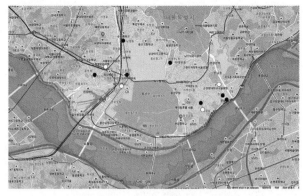

– 하얀 점: 2016년 용산
구 무단횡단 사고 다발지

– 검은 점: 2017년 용산
구 교통사고 다발지 분석

〈그림 2〉 2016, 2017 용산구 사고 다발지

3. 횡단보도 및 신호기 관련 법령

1) 횡단보도 및 신호기 설치 기준

횡단보도란, 도로교통법에 따라 도로표지 또는 도로표시에 의하여 보행자의 횡단용으로 마련된 부분임을 표시한 곳이다.[38] 도로교통법에 따르면, 횡단보도는 지방경찰청이 설치하며, 횡단보도 신호기는 특별시장, 광역시장 또는 시장, 군수가 설치, 관리하도록 규정하고 있다.[39] 도로교통법은 시장 또는 군수에게 설치, 관리에 소요되는 비용의 전부 또는 일부를 보조할 수 있도록 규정하고 있다.

도로교통법 횡단보도 설치기준에 따르면 횡단보도는 육교, 지하도 및 다른 횡단보도로부터 200m 이내에는 설치하지 아니할 것으로 나와 있으나 어린이 보호구역이나 노인 보호구역 및 보행자 안전이나 통행을 위하여 특히 필요하다고 인정되는 경우에는 그 예외를 인정하고 있다.[40]

---

38. 네이버 지식백과. "횡단보도."
39. 반미영 · 정윤미. 2009. "정책 연구." 『경기도 횡단보도 신호시스템 개선방안 연구』. 21쪽.
40. 장일준. 2016. 『횡단보도 설치 기준에 관한 연구』. 가천대학교 산학협력단. 7-8쪽.

신호기는 운전 중인 교통차량과 사람에게 신호를 지시하는 장치이다.[41] 신호기는 모든 횡단보도에 설치되지 않고 일정 조건을 충족할 때 설치된다. 도로교통법 시행규칙 중 신호등의 설치기준에 따르면 그 조건은 다음과 같다.

- 8시간 이상 아래 조건을 모두 만족하는 장소
  ① 주도로 차량 통행량 600대/시 이상(양방향)
  ② 부도로 차량 통행량 200대/시 이상(양방향)
  ③ 횡단보도 보행자 통행량 150명/시 이상(양방향)
- 학교 앞 3,000m 이내, 통학시간대 자동차 간격이 1분 이내인 경우
- 어린이 보호구역 내 초등학교 또는 유치원의 주출입구 인근 횡단보도

횡단보도를 건너는 시간은 일반적으로 진입시간 7초에 더하여 1m당 1초를 원칙으로 결정된다. 다만 예외적으로 어린이, 장애인 등 교통약자의 이동이 많아 배려가 필요한 장소에는 1m당 1.5초씩을 적용하여 더 긴 보행시간을 제공한다.

2) 교통 관련 용산구 조례

서울특별시 용산구 교통안전에 관한 조례 제3조(구청장의 책무)에 따르면, 서울특별시 용산구청장은 구민의 생명 및 신체, 재산을 보호하기 위하여 교통안전에 관한 시책을 수립하고 시행하여야 한다. 또한 구청장은 안전한 교통환경 조성을 위한 시책을 마련할 때에 특히 보행자와 자전거 이용자가 보호되도록 배려하여야 한다. 또한 구청장은 기본계획을 추진하기 위하여 매년 교통안전 시행계획을 수립, 시행하여야 한다.

용산구 조례에 따르면 용산구청장은 횡단보도 및 신호등을 설치할 직접적인 권한은 가지고 있지 않다. 하지만 구청장은 구민을 보호하기 위하여 각종 시책을

---

41. 네이버 지식백과. "신호기."

수행할 의무가 있음을 확인할 수 있다.

Ⅱ. 현장조사 보고

1. 인터넷 폼 설문조사

용산구 교통시설을 이용하는 사람들을 대상으로 용산구 교통시설 안전 실태를 파악하기 위해 인터넷 폼을 만들어 설문조사를 진행하였다. 대상은 용산구 주민과 용산구에 위치한 숙명여자대학교 학생으로 총 89명이 응답하였다. 조사 기간은 2019년 6월 2일부터 2019년 6월 6일까지 4일에 걸쳐 답변을 수집하였다.

첫 번째로, 용산구 내의 횡단보도와 신호등 체계에 대하여 어떻게 생각하십니까? 라는 문항의 답변으로 '보통이다(56.2%)', '안전하지 않다(23.6%)'의 응답이 가장 많았다. 이는 용산구 내의 전반적인 교통체계에 대해 개선해야 할 부분이 있을 것이라는 결론을 내릴 수 있었다. '안전하지 않다', '매우 안전하지 않다'라고 응답한 사람들에게 그렇다면 어떤 부분에서 교통체계가 안전하지 않다고 생각하십니까? 라고 부가질문을 하였다. 전체적인 신호등과 횡단보도의 부족이 20.2%로 가장 많았고, 보행자 신호등의 점등시간 부족이 14.6%로 그 뒤를 이었다. 이외에도 보행자 신호등의 점등시간 부족, 노후한 시설, 용산구 내 지역별 교통체계의 편차 등의 문제를 파악할 수 있었다.

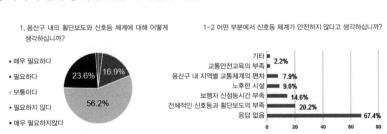

〈그림 3〉 용산구 교통체계 설문조사 1

용산구의 교통체계 문제에 대한 개선에 대해 어떻게 생각하십니까? 라는 질문에는 '필요하다(58.4%)', '보통이다(30.3%)' 등 긍정적인 응답이 주를 이루었다.

용산구 내에서 위험하다고 생각하는 장소를 질문했을 때, 총 30명이 응답하였는데, 가장 많이 나왔던 곳은 ① 숙명여대 부근(Y자 도로 근처, 굴다리, 숙명여대 입구역 앞 도로, 남영역 부근, 효창공원 근처)이다. 이 외에도 ② 한강중학교 부근 ③ 오산고등학교 부근 ④ 용산 전자상가 부근 ⑤ 용산역 근처, ⑥ KT 용산지사 중앙버스전용차로 ⑦ 이태원 근처 ⑧ 보광동 도로와 같은 다양한 응답이 나왔다. 실제로 용산구 무단횡단 사고 다발지 조사 결과, 숙명여대 부근과 KT 용산지사 중앙버스전용차로가 사고율이 높았다.

성북구의 '옐로우 카펫'을 예시로 용산구에 새로운 교통시설을 도입하는 것에 대한 의견은 '필요하다(49.4%)', '매우 필요하다(30.3%)' 등 긍정적인 답변이 압도적이었다.

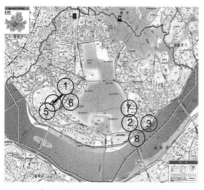

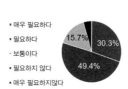

- 매우 필요하다
- 필요하다
- 보통이다
- 필요하지 않다
- 매우 필요하지않다

15.7%　30.3%　49.4%

* 옐로우 카펫: 어린이 안전교통 시설로, 옐로우 카펫 안에서 신호를 기다리게 함으로써 안전사고를 예방하는 시설

〈그림 4〉 용산구 위험 지역 조사　　〈그림 5〉 용산구 교통체계 설문조사 2

이 외에도 용산구 교통에 대한 부가적인 의견은 다음과 같다.

- 용산구는 타 지역에 비해 도로가 잘 정비되어 비교적 안전한 편이지만, 상대적으로 도로사정이 좋지 않은 곳도 있다.
- 용산구는 곳곳에 교통안전시설이 열악한 곳이 있다. ex) 캐피탈호텔 앞쪽 대

사관 길의 경우 인도가 잘 갖춰져 있지 않다.

– 용산구의 일부 중앙버스전용차로 시설이 위험하다. ex) KT 용산지사

– 옐로우 카펫의 사례와 같은 효과적인 교통시설의 도입이 더 중요하다.

– 통행하는 차량의 수에 비해 신호가 짧아서 빨간불에도 불구하고 횡단보도 를 가로막고 있는 경우가 많은 것이 문제

2. 사고 다발지 현장 조사

1) 용산구 보건 분소 앞 사거리 횡단보도 (용산구 원효로1가)

성인 여성 보폭 기준, 4개 중 1개의 횡단보도에서 신호등 점등시간이 부족하여 교통 약자의 경우 위험과 불편이 우려된다.

〈그림 6〉 용산구 보건분소 앞 사거리 횡단보도

2) 순천향대학병원 근처 횡단보도(용산구 한남동 대사관로)

횡단보도의 길이가 긴 편임에도 불구하고, 신호등이 설치되어 있지 않아 위험하다. 횡단보도 페인트 벗겨짐, 아스팔트 갈라짐 등 전체적인 시설이 노후화되어 있다.

〈그림 7〉 순천향대학병원 근처 횡단보도

3) KT 용산지사 정류장 횡단보도 (용산구 한강로2가)

특별한 점등시간 부족이나 시설의 노후화가 나타나지는 않았다. 그러나 중앙 버스 전용차로 안전선 바깥에서 신호를 기다리는 보행자들 및 버스에서 내려 급하게 뛰어가는 보행자들이 관찰되었다.

〈그림 8〉 KT 용산지사 정류장 횡단보도

280

4) 숙대입구역 9번출구 앞 횡단보도 (용산구 청파동 한강대로)

전체적으로 신호등 점등시간이 부족해, 교통약자의 위험과 불편이 우려된다. 페인트 벗겨짐 등 시설의 노후화도 관찰되었다.

〈그림 9〉 숙대입구역 9번 출구 앞 횡단보도

III. 시뮬레이션 결과

1. 정성자료

1) 문헌

문헌은 장일준, 「횡단보도 설치 기준에 대한 연구」, 2015 / 하태준, 「신호교차로 횡단보도 설치기준에 관한 연구」, 2004 / 한영탁 외, 「대한민국 고속도로를 위한 교통분석 시뮬레이션시스템」, 2016 / 정윤미 · 반미영, 「경기도 횡단보도 신호시스템 개선방안 연구」, 2009를 참고하였고, 반미영 논문을 통해 여러 정책 제언 등에 관한 많은 자료를 얻음으로써, 정책 연구에 많은 도움이 되었다. 따라서 point와 weight를 높게 측정하여 각각 10과 35로 지정하였다.

2) 보고서 및 조례

보고서는 「국도상 횡단보도 조명시설설치 기본계획수립연구」(국도교통부) / 「보행자 안전을 위한 단독주택지구 가로망 계획 개선방안 연구」(한국 교통연구원) / 「보행자 교통사고 감소대책에 관한 연구」(한국 교통연구원) / 「보행자 작동신호기의 효과분석 및 도입 확대방안」(한국 교통연구원)을 참고하였고, 정책 수립 과정에서 기본적인 틀을 다시 확인하게 해주는 자료로 사용하였다. 하지만 새로운 정책에 대한 부분보다 기존의 정책을 상기시키는 부분에만 기여한다고 판단하여 point는 8, weight는 15로 지정하였다.

도로교통안전 조례는 「서울특별시 용산구 교통안전에 관한 조례」 / 「서울특별시 용산구 도로 등 주요기반시설 안전 관리 조례」 / 「서울특별시 용산구 도로 관리 심의회 설치 및 운영규정」 / 「신호등의 종류, 만드는 방식 및 설치기준」(제7조 1항 관련)을 참고하였고, 예상했던 것보다 용산구 자체의 도로교통 조례가 많이 구체적이지 않다는 점, 조례에 비해 시행되고 있는 사안이 적은 점 등을 고려하여 point와 weight를 각각 5, 15로 지정하였다.

3) 국내 및 해외 사례

국내 및 해외 사례는 '도시부 제한속도 감속 방안'(주요 유럽 국가), '대각선횡단보도 설치 확대'(일본, 미국, 영국 등), '보행자 작동신호기 설치 확대',[42] '벨리샤비이컨 도입'(영국),[43] '감응신호시스템 도입'(울산시 사례), '옐로카펫 설치 확대'(서울 성북구 사례), 'LED 집주조면 횡단보도 도입'(서울 송파구 사례) 등을 참고하였다. 정책 제언과 사전 조사 부분에서 성북구의 옐로카펫과 보행자 작동 신호기

---

42. 횡단에 우선순위가 있는 보행자를 위한 시설.
43. 차량을 감지해 신호를 바꾸어 주는 시스템.

등의 사례를 통해 많은 아이디어를 얻고 방향을 잡는 등 많은 도움이 되었다고 생각하여 point는 10, weight는 35로 지정하였다.

정성자료
Feasibility Score

문헌(논문, 단행본)	Point	Weight
문헌	10	35
행정문서(보고서)	Point	Weight
보고서	8	15
행정문서(조례 제(개)정)	Point	Weight
도로교통안전 조례	5	15
국내외 사례	Point	Weight
국내외 사례	10	35

〈그림 10〉 시뮬레이션 정성자료 결과

2. 정량자료와 Demand Score 및 결과

용산구의 구 예산은 총 445,809,605천 원이다. 이중 옐로우카펫과 세이프티 라인을 설치하고 경찰청과 용산구 사이의 통합 가이드라인을 만드는 데 쓰이는 예산을 20억 원으로 설정하였다. 이에 더해 전체 용산구 인력 1,262명 중 담당인원을 20명으로 배정하였고, 전체 구민 228,940명 중 교통개선으로 전원이 수혜를 받을 수 있을 것이라고 예측하여 수혜인원을 동일하게 설정하였다.

Demand Score에 관련해서는, 인터넷 폼을 통한 조사에서 '용산구의 교통체계에 대하여 어떻게 생각하십니까?'라는 질문에 주민수요가 60%의 결과로 도출되어 6point를 주었다. 또한 '용산구 교통체계의 개선에 대해 어떻게 생각하십니

정량자료
Economy Score

구예산(단위: 억 원)	예산(단위: 억 원)	Point	Weight
4468	7	10	20
전체인력	담당인원	Point	Weight
1262	20	10	10
전체구민	정책수혜인원	Point	Weight
228940	228940	10	70

〈그림 11〉 시뮬레이션 정량자료 결과

까?'라는 질문에 대하여 긍정적인 답변이 70%를 넘어 주민만족 항목에 8point를 주었고, 옐로우카펫과 세이프티라인, 통합 가이드라인이라는 간단한 정책을 통하여 기대할 수 있는 효과가 크다고 생각하여 기대효과에 10point를 주었다. 마지막으로 용산구가 서울시 내에서 교통사고율이 높다는 것을 고려하여서 조사필요성과 조사효과성에 모두 9point를 부여하였다.

정량자료와 정성자료 및 Demand Score를 고려하였을 때 시뮬레이션 결과 용산구의 신호등과 횡단보도체계의 개선으로 얻은 점수는 92.17점이다. 이에 따라 용산구 신호등과 횡단보도 체계의 개선을 요청한다.

Demand Score

	Point	Weight
주민수요(수요도)		
주민수요	6	10
주민수요(만족도)	Point	Weight
주민만족	8	20
주민수요(기대효과)	Point	Weight
기대효과	10	20
전문가조사(필요성)	Point	Weight
조사필요성	9	30
전문가조사(효과성)	Point	Weight
조사효과성	9	20

〈그림 12〉 시뮬레이션 Demand Score 결과

Feasibility Score	포인트	가중치	단위 점수	구성비
문헌	10	35.00%	3.50	12.66%
보고서	8	15.00%	1.20	4.34%
도로교통안전조례	5	15.00%	0.75	2.71%
국내외 사례	10	35.00%	3.50	12.66%
Feasibility Tatal	33	100.00%	8.95	32.37%
Economy Score	포인트	가중치	단위 점수	구성비
예산	(0.16%) 10	20.00%	2.00	7.23%
인원	(1.58%) 10	10.00%	1.00	3.62%
수혜인원	(100.00%) 10	70.00%	7.00	25.32%
Economy Total	30	100.00%	10.00	36.17%
Demand Score	포인트	가중치(%)	단위 점수	구성비
주민수요	6	10.00%	0.60	2.17%
주민만족	8	20.00%	1.60	5.79%
기대효과	10	20.00%	2.00	7.23%
조사필요성	9	30.00%	2.70	9.76%
조사효과성	9	20.00%	1.80	6.51%
Demand Total	42	100.00%	8.70	31.46%
Total	105		27.65	100.00%
가중치 반영 점수			92.17	

〈그림 13〉 정책 시뮬레이션 결과

IV. 용산구 교통의 문제점

1. 체계 측면의 문제점: 경찰청에 집중된 도로교통 관련 권한

용산구 교통안전조례에서는 교통안전에 대한 구청장의 임무에 대해, 용산구청장은 구민의 생명 및 신체, 재산을 보호하기 위하여 교통안전에 관한 시책을 수립하고 시행하여야 한다고 규정하고 있다.[44] 또한, 구청장은 안전한 교통환경 조성을 위한 시책을 마련할 때에 특히 보행자와 자전거 이용자가 보호되도록 배려하여야 하며,[45] 구청장이 이러한 기본계획을 추진하기 위하여 매년 교통안전 시행계획을 수립·시행하여야 한다고 규정해 두고 있기도 하다.[46]

이렇듯 용산구 교통안전조례에는 보행자 교통안전에 대한 용산구청장의 책무가 구체적으로 명시되어 있다. 여기에서 문제점은, 이러한 시책을 실질적으로 수행하기 위한 권한이 용산구청장이 아닌 지방경찰청장에게 있다는 것이다.

"지방경찰청장은 도로를 횡단하는 보행자의 안전을 위하여 행정안전부령으로 정하는 기준에 따라 횡단보도를 설치할 수 있다."[47]

"지방경찰청장은 법 제10조 제1항에 따라 횡단보도를 설치하고자 하는 때에는 다음 각 호의 기준에 적합하도록 하여야 한다."[48]

위에 인용된 것처럼 횡단보도 설치를 포함하여 도로교통에 관한 대부분의 업무는 경찰청에서 관할하고 있다. 현재 용산구는 지역 주민의 민원을 처리하는 수준에서만 도로교통에 관여하고 있다.

---

44. 용산구 교통행정과. 2016.01.04. 「서울특별시 용산구 교통안전에 관한 조례」.
45. 용산구 교통행정과. 2016.01.04. 「서울특별시 용산구 교통안전에 관한 조례」.
46. 용산구 교통행정과. 2016.01.04. 「서울특별시 용산구 교통안전에 관한 조례」.
47. 경찰청. 2019.6.14. 「도로교통법 시행규칙」.
48. 경찰청. 2019.6.14. 「도로교통법 시행규칙」.

따라서 현재 용산구에서는 체계 면에서 교통안전에 관한 정책수립과 시행이 효율적으로 이루어지지 못하고 있다.

2. 시설 측면의 문제점

1) 횡단보도 및 신호등의 부족

용산구는 교통시설 면에서 전체적으로 횡단보도 및 신호등의 시설이 부족한 편이다. 서울시 도로 1km당 횡단보도 개수 조사 결과, 용산구는 서울 평균인 3.9 개보다 낮은 3.4개로, 도로의 길이에 비해 횡단보도의 개수가 적은 편이었다.[49]

이러한 횡단보도 시설의 부족은 보행자의 무단횡단을 야기한다는 연구 결과가 있다. 도로교통공단이 전국 보행자를 대상으로 실시한 무단횡단 이유에 대한 설문에서, "횡단보도가 멀어서"라는 응답이 51.6퍼센트로 1위를 차지하였다.[50] 이렇듯 횡단보도 시설의 부족은 보행자의 무단횡단을 부추기고, 결국 구민의 교통 안전을 위협할 수 있다는 점에서 문제가 된다.

용산구 내 보행자사고 다발지를 대상으로 현장조사를 진행했을 때, 조사한 사고 다발지 4곳 중 1곳이 신호등이 없는 횡단보도였다. 순천향대병원 근처 사고 다발지의 경우 횡단보도의 길이가 길고 보행자의 이동량이 잦은 곳임에도 불구하고, 신호등이 설치되지 않은 상태인 것을 확인할 수 있었다.

신호등이 없는 횡단보도의 경우 보행자의 안전 면에서 그 위험성이 크게 높아진다. 2013년 서울시의 데이터 분석 결과, 신호등 없는 횡단보도의 수와 차대사람의 교통사고 건수의 상관관계가 74% 이상인 것으로 나타났다.[51]

---

49. 서울특별시 도시교통본부 교통운영과. 서울시 횡단보도에 관한 통계.
50. 도로교통공단.
51. 뉴스젤리. 내가 건너는 횡단보도, 얼마나 알고 있을까?

2) 교통시설의 노후화

용산구 내 보행자사고 다발지를 대상으로 현장조사를 진행했을 때, 조사한 사고 다발지 4곳 중 2곳에서 교통시설물의 노후화가 관찰되었다. 순천향대병원 근처는 횡단보도 페인트 벗겨짐이 외관상 심한 상태였고, 숙대입구역 9번출구 앞 횡단보도 역시 페인트 벗겨짐, 아스팔트 갈라짐 등이 나타났다.

인터넷 폼 설문조사 결과, 교통시설의 노후화는 '용산구 교통이 안전하지 않은 이유' 문항에서 9.4%로 3위에 꼽히기도 하였다.

3) 신호등 녹색불 점등시간의 부족

용산구 내 보행자사고 다발지를 대상으로 현장조사를 진행했을 때, 조사한 사고 다발지 4곳 중 2곳에서 녹색불 점등시간의 부족이 나타났다. 앞선 조사에서 알아보았듯이 횡단보도를 건너는 시간은 일반적으로 진입시간 7초에 더하여 1m당 1초를 원칙으로 하고 있고, 예외적으로 교통약자의 이동이 많은 경우에는 1m당 1.5초씩을 적용하고 있다. 용산구 보건분소 앞 사거리와 숙대입구역 9번출구 앞 횡단보도 두 곳에서 횡단보도 길이에 비해 점등시간이 부족하였고, 이 때문에 교통 약자가 보행하기에 위험이 있을 것으로 우려되었다.

현장조사 이후 인터넷으로 실시한 설문조사 결과, 신호등 점등시간의 부족은 '용산구 교통이 안전하지 않은 이유' 문항에서 15.6%로 2위에 꼽히기도 하였다.

V. 정책 제언

1. 횡단보도 보행자 녹색신호 연장

횡단보도 보행자 신호등의 점등시간은 일반적으로 진입시간 7초를 포함하여 1m당 1초로 하고, 어린이보호구역이나 노인보호구역 등 보행약자의 비율이 높은 곳은 1m당 1.5초로 지정하도록 한다.[52] 현장조사 결과, 숙대입구역 3번 출구 앞 등 이러한 기준을 준수하지 않은 신호기를 다수 확인하였다. 이러한 지점은 사고가 빈번하게 일어나는 사고 다발지와 공통되는 지점이 많다. 따라서 사고 다발지 중심으로 보행자 녹색주기에 대한 점검과 전체적인 신호 연장이 필요하다.

또한 어린이 보호구역, 노인보호구역과 같이 어린이와 노인이 자주 이용하는 횡단보도에서의 신호시간은 어린이. 노인의 보행속도를 고려한 설치가 필요하다. 교통약자인 어린이와 노인은 인터넷을 통한 민원접수에도 익숙하지 않으므로 이에 대한 세심한 고려가 이루어져야 할 것이다.

2. 경찰청과 용산구 사이 통합 가이드라인 마련

교통안전 정책의 안정적인 시행과 교통시설물 설치를 위한 통합된 가이드라인이 필요하다. 현재는 경찰청과 용산구의 업무가 분리되어 있고, 특히 횡단보도 설치와 유지관리에 대한 매뉴얼과 지침이 분산되어 있다. 자연히 관련 업무에 대한 효율적인 관리가 어렵다. 따라서 용산구 내 교통시설의 설치와 유지관리를 통합한 가이드라인이 필요하다.

이러한 가이드라인의 내용으로는 우선 구내 횡단보도 신호기 운영과 관리 전반에 대한 정기적인 조사가 필요하다. 점검 시 교통안전이 취약한 지역에는 구체적인 실태를 파악하고 교통안전 시설물을 추가로 도입하는 것을 고려해야 할 것이다.

3. 새로운 교통시설 도입

'옐로카펫'은 아동들이 많이 건너는 횡단보도에 안전하게 서 있을 수 있게 마련

---

52. 경찰청. 교통신호기설치 관리매뉴얼.

된 노란색의 카펫이란 의미로, 횡단보도 대기공간의 시인성을 향상시키는 노면 표시를 말한다.

서울시와 (사)국제아동인권센터는 어린이들에게 안전한 등·하굣길을 제공하고자 옐로카펫 설치일을 '옐로카펫 데이'로 정하고 어린이날 전·후, 서울시내 20개 학교 주변에 자치구, 학교, 녹색어머니회 등과 함께 옐로카펫을 설치한다고 하였는데, 이를 보아도 알 수 있듯 서울시에서 추진하는 교통사업임을 알 수 있다. 서울시내에 있는 구에서 옐로카펫을 많이 설치하고 있는 가운데 용산구에서는 아직 옐로우카펫을 찾아볼 수 없다. 용산구 지역주민의 안전을 위해서 새로운 교통시설을 도입하는 것이 필요하다고 판단하였다.

이에 더해 중앙버스전용차로에 세이프티라인을 설치하는 것을 건의한다. 옐로카펫과 같이 도로에 간단하게 칠하여 설치할 수 있지만, 중앙버스전용차로에서의 사고를 막는 데 큰 도움이 될 것이다.

참고문헌

경찰청. 2019년 6월 14일. 『도로교통법 시행규칙』

경찰청. 2005. 교통신호기 설치 관리메뉴얼.

뉴스젤리. 2014년 8월 4일. "내가 건너는 횡단보도, 얼마나 알고 있을까?" http://contents.newsjel.ly/issue/crosswalk/

네이버 지식백과. "신호기." https://terms.naver.com/entry.nhn?docId=1119341&cid=40942&categoryId=32353

네이버 지식백과. "횡단보도." https://terms.naver.com/entry.nhn?docId=1156006&cid=40942&categoryId=32186

반미영, 정윤미. 2009. "정책 연구." 『경기도 횡단보도 신호시스템 개선방안 연구』.

용산구 교통행정과. 2016년 1월 4일. 『서울특별시 용산구 교통안전에 관한 조례』.

서울특별시 도시교통본부 교통운영과. "서울시 횡단보도 통계." https://data.seoul.go.kr/
dataList/datasetView.do?infId=257&srvType=S&serviceKind=2
용산구 홈페이지. "공약실천 다짐." http://www.yongsan.go.kr/pms/contents/contents.do
?contseqn=2213&sitecdv=S0000201&menucdv=03090000&decorator=user02My
장일준. 2016. 『횡단보도 설치 기준에 관한 연구』. 가천대학교 산학협력단. pp.7-8.
TAAS 교통사고 분석 시스템. "용산구 교통사고 현황분석." http://taas.koroad.or.kr/sta/ida/
lgr/localGovernmentReport.do?menuId=STA_IDA_BTA

제7장

서울대학교
거버넌스의 이해

수업 개요

수업 명	서울대학교 정치외교학부 〈거버넌스의 이해: 강동구 마을만들기 기본계획 연구 프로젝트〉		
교수자명	김의영	수강 인원	16명
수업 유형	전공선택	연계 지역/기관	강동구

수업 목적

거버넌스 관련 이론과 경험적 연구에 대한 비판적 분석에 기초하여 강동구 마을만들기 거버넌스 심층 사례 연구를 수행함. 교수와 전문 연구원 및 박사과정 대학원생과 수강생들이 함께 실제 강동구 마을만들기 기본계획 수립을 위한 용역 연구 결과를 도출하여 강동구에 제출함.

주요 교재

* 안네 메테 키에르. 2007. 「거버넌스」. 오름 [Anne Mette Kjaer. 2004. *Governance*. Cambridge: Polity Press.] 1장.
* 유창복. 2016. "협치, 지속가능한 발전을 위하여." 미출판 논문.
* Bevir, Mark. 2006. "Democratic Governance: Systems and Radical Perspectives." *Public Administration Review*. May/June.
* 안네 메테 키에르. 2007. 「거버넌스」. 2장.
* 유재원·홍순만. 2005. "정부의 시대에서 꽃핀 Multi-level Governance: 대포천 수질개선 사례를 중심으로." 「한국정치학회보」 제39집, 제2호.
* 김의영. 2011. "굿 거버넌스 연구 분석틀: 로컬 거버넌스를 중심으로." 「한국정치연구」. 제20집. 제2호.
* Robert Putnam, *Better Together: Restoring the American Community* (New York: Simon and Schuster, 2003), chapters 1, 3, 4, 12, conclusion.
* Ansell, Chris and Alison Gash. 2008. "Collaborative Governance in Theory and Practice" *Journal of Public Administration Theory and Practice*, 18.
* Siriani, Carmen. 2009. *Investing in Democracy: Engaging Citizens in Collaborative Governance*. Washington, D. C.: Brookings Institution Press. Chapters. 1 & 2.

＊Fung, Archon and Erik Olin Wright. 2003. *Deepening Democracy: Institutional Innovations in Empowered Participatory Governance*. London: Verso. Chapters. 1 & 4

＊Abers, Rebecca. 1998. "From clientelism to cooperation: Local government, participatory policy, and civic organizing in Porto Alegre, Brazil." *Politics & Society* 26, No.4.

수업 일정

날짜	내용
3월 5일	수업 제1주차, 강동구 마을공동체 기본계획 수립 연구용역 사업 소개
3월 12일	수업 제2주차, 강동구 마을공동체와 거버넌스 배경 지식과 전망 학습
3월 19일	수업 제3주차, 거버넌스 개념에 관한 강의
3월 26일	수업 제4주차, 거버넌스 연구 분석틀에 관한 강의
4월 2일	수업 제5주차, 사례연구방법 세미나 강의, 강동구의 마을과 거버넌스 지표 살펴보기
4월 9일	수업 제6주차, 사회적 자본에 관한 강의, 대학생 연구진 팀별 조사 계획(안) 수립 논의
4월 16일	수업 제7주차, 대학생 연구진 팀별 조사 진행상황 발표
4월 23일	수업 제8주차, 사회적 자본에 관한 문헌조사 발표, 강동구청 착수보고회 리허설
5월 7일	수업 제10주차, 협력적 거버넌스 모델과 사례에 관한 강의
5월 14일	수업 제11주차, 권한부여적 참여형 거버넌스 모델과 사례에 관한 강의
5월 21일	수업 제12주차, 사회적경제와 거버넌스에 관한 강의
5월 28일	대학생 연구진 팀별 현장연구
6월 4일	수업 제13주차, 대학생 연구진 팀별 연구 진행상황 발표
6월 18일	수업 제15주차, 대학생 연구진 팀별 심층연구 집중발표

연구진 구성 및 역할

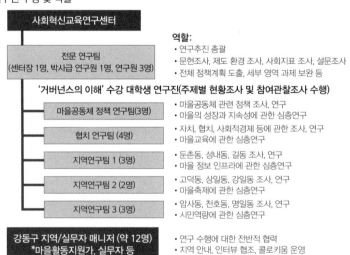

사회혁신교육연구센터

전문 연구팀
(센터장 1명, 박사급 연구원 1명, 연구원 3명)

역할:
• 연구추진 총괄
• 문헌조사, 제도 환경 조사, 사회지표 조사, 설문조사
• 전체 정책계획 도출, 세부 영역 과제 보완 등

'거버넌스의 이해' 수강 대학생 연구진(주제별 현황조사 및 참여관찰조사 수행)

마을공동체 정책 연구팀(3명)
• 마을공동체 관련 정책 조사, 연구
• 마을의 성장과 지속성에 관한 심층연구

협치 연구팀 (4명)
• 자치, 협치, 사회적경제 등에 관한 조사, 연구
• 마을교육에 관한 심층연구

지역연구팀 1 (3명)
• 둔촌동, 성내동, 길동 조사, 연구
• 마을 정보 인프라에 관한 심층연구

지역연구팀 2 (2명)
• 고덕동, 상일동, 강일동 조사, 연구
• 마을축제에 관한 심층연구

지역연구팀 3 (3명)
• 암사동, 천호동, 명일동 조사, 연구
• 시민역량에 관한 심층연구

강동구 지역/실무자 매니저 (약 12명)
＊마을활동지원가, 실무자 등
• 연구 수행에 대한 전반적 협력
• 지역 안내, 인터뷰 협조, 콜로키움 운영

방문조사

날짜	내용
4월 30일	• 강동구청 착수보고회(장소: 강동구청) • 강동구청 사회적경제과 장일수 주무관 인터뷰
5월 7일	• 1차 마을공동체 콜로키움(장소: 서울대학교) • 정책연구팀, 강동구 마을공동체지원센터 이혜균 사무국장 인터뷰 • 마을활동가 2인 면담 – 강일동, 상일동, 고덕동 설명
5월 14일	• 성내어울터 방문 및 인터뷰(장소: 성내어울터)
5월 16일	• 길동 주민센터 이메일 서면 인터뷰
5월 21일	• 천호3동 도시재생 거버넌스 구축을 위한 2018년 희망지 사업 주민대표 면담(장소: 천호동 카페 포럼)
5월 22일	• 강동구 마을공동체지원센터 센터장, 마을사업국 사무국장, 강동구협치회의 민간의장 인터뷰(장소: 마을공동체 지원센터)
5월 24일	• 강동구 마을공동체지원센터장·사무국장 인터뷰(장소: 마을공동체 지원센터) • 암사도시재생센터장 면담(장소: 암사도시재생센터 앵커시설 '상상나루래')
5월 28일	• 강동구 사회적경제지원센터 방문 및 인터뷰(장소: 사회적경제지원센터) • 길동 다온 작은도서관 방문 및 인터뷰(장소: 다온 작은도서관. 작은도서관) • 행복책방 회장 면담(장소: 강일리버파크 11단지 작은도서관) • 마을활동가 1인 면담(장소: 강동구 소셜타운)
5월 30일	• 강동구청 자치안전과 과장, 주임, 사회적경제과 직원 인터뷰(장소: 강동구청)
6월 2일	• 청동넷 회장 면담(장소: 강동구 도란도란)
6월 5일	• 〈사이〉 대표 인터뷰(장소: 사이 공동체 공간)
6월 11일	• 마을공동체 소셜픽션(장소: 강동구 평생학습관) • 상일동 주민 면담, 게내마을축제 운영 관련 인터뷰
6월 15일	• 마을활동가 1인 게내마을축제 운영 관련 인터뷰(장소: 관악구 대학동)
6월 19일	• 〈아이야〉 대표 인터뷰(장소: 강동구 사회적경제 소셜타운)
6월 25일	• 2차 마을공동체 콜로키움(장소: 강동구청)
6월 25일	• 마을활동가 1인 면담(장소: 관악구 대학동)
7월 1일	• 중간보고서 작성 관련, 전문 연구진 회의 – 1차
7월 8일	• 중간보고서 작성 관련, 전문 연구진 회의 – 2차
7월 15일	• 중간보고서 작성 관련, 전문 연구진 회의 – 3차
7월 23일	• 중간보고서 작성 관련, 전문 연구진 회의 – 4차
7월 26일	• 중간보고회(장소: 강동구청)
8월 7일	• 최종보고서 작성 관련, 전문 연구진 워크숍 – 6차
8월 21일	• 3차 마을공동체 콜로키움(장소: 강동구청)
9월 2일	• 최종 보고회(장소: 강동구청)

거버넌스의 이해:
강동구 마을만들기 기본계획 연구 프로젝트

서울대학교 정치외교학부 교수 김의영
서울대학교 정치외교학부 대학원 담당조교 강예원
서울대학교 정치외교학부 대학원 담당조교 백현빈

'거버넌스의 이해' 과목은 정치외교학부 전공선택 과목으로서 새로운 정치 모델로 논의되고 있는 거버넌스(Governance, 協治, 민관협력)에 대한 주요 이론적, 경험적, 방법론적 논의와 쟁점에 대한 비판적 분석에 기초하여 실제 주요 지역기반형 실행 연구(community-based, action research)를 수행하는 것을 목적으로 한다.

특별히 이번 학기에는 강동구 마을만들기 기본계획 수립을 위한 연구를 진행하였다. 구체적으로 사회과학연구원 산하 사회혁신교육연구센터와 강동구청 간 연구 용역 계약에 기초하여 교수와 전문 연구원, 박사과정 대학원생 2명과 16명의 학부 수강생들은 강동구 마을공동체 추진 성과 및 현황을 분석한 후 외부 환경 변화를 반영한 강동형 마을공동체 5년 단위(2019~2023) 기본계획 수립을 위한 배경적 연구 결과를 제시하는 것을 목적으로 하였다.

수업 전반부에 수강생들은 거버넌스 개념, 거버넌스 연구분석틀, 사례연구방법론, 사회적자본과 거버넌스, 협력적 거버넌스 모델과 경험적 사례, 시민주도 거버넌스(empowered participatory governance) 모델과 경험적 사례, 거버넌스와 정치적 리더십 등 기본적인 개념, 이론, 방법론과 주요 모델 및 경험적 연구들을 배우고 비판적으로 분석하였다.

수업 시작 후 2~3주 내로 수강생들은 자신들의 지역기반형 실행 연구를 위한 강동구의 지역과 거버넌스 사례를 선정하고 해당 지역을 가능한 한 자주 방문하여 관련 민·관 행위자들과의 심층적인 인터뷰와 참여 관찰을 실시하였다(방문조사 표 참고). 실제 field research를 위하여 떠나기 전 수강생들에게 기존 2차 자료와 데이터(신문 및 인터넷 정보, 관련 자료 및 데이터, 기존 연구논문 등)에 기초하여 각 사례의 기본적인 현황 분석을 마치도록 하였다.

수업 후반부는 필드 트립, 참여관찰, 분석, 연구결과 발표 및 모니터링, 집필 등으로 이루어졌으며 위 수업일정과 방문조사 일정을 정리한 표에서 볼 수 있듯이 비교적 표 수강생들의 최종 연구결과는 관련 학술회의/워크숍에서 발표한 후 수정 과정을 거쳐 서울대 사회혁신 교육연구 센터 총서의 일부로 출판할 기회를 제공한다.

이러한 수업 프로젝트의 특징은 '지역기반 시민정치 교육'을 통한 연구 수행이다. 즉 강의실에서 수행되는 일반적 수업과 달리 수강생이 직접 지역을 방문하여, 시민, 실무자 등과 함께 지역의 문제를 심도 있게 연구하여 해결을 제시하는 수업 형태다. 대학에서 훈련을 받은 전공 대학생이 전문가(교수, 전문 연구원 등)의 지도를 받으면서 지식을 활용함과 동시에 자신들만의 창의력이나 공감력을 발휘하도록 하는 것이 특징이다. 이는 문제기반학습(PBL, Problem-based Learning)이나 액션러닝, 캡스톤(Capstone) 프로그램 등과 유사한 형태이며, 미국, 영국, 일본 등에서 지역 활성화와 지역인재 육성을 위한 대안적 방법론으로 주목받고 있다.

특히 이번 수업은 대학 연구소의 전문적 연구와 대학 전공 수업을 연계한 창의적 연구 모형을 시도한 경우로서 다음과 같은 장점 내지는 잠재력이 있다. 첫째, 대학생 연구진에 의한 지역밀착형 및 창의적 연구가 가능하다. 특히, 전문 연구진과 대학생 연구진, 지역 실무자·활동가의 연계와 시너지에 의해 이론과 현실의 한쪽에 치우지지 않는 '공감대'를 중요시한 정책 제안이 가능하다. 둘째, 지역에 밀착한 참여관찰 연구를 통해 지역의 실무자·활동가에게도 성찰과 성장의 기회가 된다. 지역사회의 연구기능 강화에도 기여한다. 셋째, 이러한 창의적 연구의 측면을 넘어 중요한 교육적·실천적 효과가 기대된다. 특히 수강생들의 사회적 책임 실천과 공헌을 목표로 학생들이 따뜻한 마음을 가진 진정한 리더로 성장할 기회를 제공하고자 하는 목적이다. 즉 수강생들은 교육과 연구 과정을 통하여 강동구 마을공동체 발전에 이바지할 방법을 모색해보고, 주요 일간지 기획기사 및 책 출판을 통하여 마을만들기의 취지와 중요성을 우리 사회에 더욱 알리고 그 저변을 확장하며, 실제로 현실 적용 가능한 정책적·실천적 지식과 정보를 발굴하는 등 최대한 사회적 실천과 기여를 위한 노력에 경주해야 한다는 것이다.

이번 강동구 프로젝트를 통하여 수강생들은 다음과 같이 심층연구를 수행하였다. 수강생들은 현행 및 향후 강동구 마을공동체 정책에서 주목해야 할 주요 이슈나 과제에 대한 심도 있는 연구를 목적으로 해당 사례를 선정하였다. 연구진의 전체 규모에 따라 2-4명에 의한 5개 팀을 구성하여, 자율적으로 연구주제를 탐구하였다. 대학생 연구팀은 강동구의 실무자, 활동가들의 조언을 받으면서 현장을 방문하여 조사하였고 현장에서의 참여와 인터뷰를 통해 관계자들의 인식이나 사업의 동태, 문제, 대안 등을 심도 있게 파악 및 검토하는 지역밀착형의 연구를 수행하였다.

〈심층연구 주제 구성〉

주제 1: 마을공동체 지속성장 연구	"지속가능한 마을공동체를 꿈꾸며"
주제 2: 마을축제 연구	"게내마을축제를 통해 알아본 지역축제의 성공요인"
주제 3: 마을 정보 인프라 연구	"공간과 사람을 잇는 플랫폼, '강동고 강동락' 개발 제안"
주제 4: 마을교육 연구	"성공적인 강동구 마을공동체 활성화 교육을 위한 제언"
주제 5: 마을공동체 시민역량 연구	"천호3동 도시재생 희망지사업과 암사도시재생센터를 중심으로"

〈강동구 지역기반 시민정치 교육활동 모습〉

수강생들은 이러한 심층연구뿐 아니라 교수와 전문 연구진이 주도한 강동구 마을만들기 기본계획 연구 용역 보고서 작성을 위해 많은 아이디어를 제공하였다. 아래의 그림이 보여주듯이 학생들이 주도한 참여관찰 조사(심층연구)는 최종 보고서 내용의 중요한 부분을 차지하였다. 또한 최종 마을만들기 기본계획의 신규 정책 제안 중 상당수는 학생들이 제안한 독창적인 아이디어에 기반을 두었다.

〈조사·연구 → 방향성 제시 → 정책제안〉

조사·연구 개요	
마을공동체 현황 조사 • 마을공동체 현황 조사(2012년~2018년) • 기존 마을공동체 계획(강동구, 서울시, 자치구)	**제도 환경 조사** • 유사 영역 제도 조사(9개 영역) • 주민자치, 협치, 사회적경제, 혁신교육 등
사회지표 조사 • 마을공동체 성과 관련 조사(15개 항목) • 사회·거버넌스 관련 일반지표 조사(30개 항목)	**설문조사** • 27개 질문 항목, 90개 세부 응답 사항. • 응답자: 274명(마을활동 관련 일반주민)
참여관찰 조사 (심층연구) • 5개 주제에 대한 심층연구 • 총 12개 기관 방문, 총 20인 인터뷰	**콜로기움, 워크숍, 소셜픽션 행사 등** • 실무자, 활동가, 전문가 회의 • 소셜픽션 행사 개최(주민 약 60명 참석)

조사·연구결과의 시사점(기본계획의 방향성)		
기존 정책틀의 점진적 개선 필요	사회적 협력 문화 향상 필요	커뮤니티 비전 도출 노력 필요

제안 (3대 목표, 9개 정책 과제)		
사람·마을·지역사회의 시너지 창출 (주체 측면)	사회적 협력 문화 향상 (인프라 측면)	비전·제도 혁신을 위한 리더십 발휘 (추진체계 측면)
1.사람, 2.마을, 3.지역사회	4.지식·교육, 5.마을거점, 6.정보 인프라	7.지원조직, 8.추진기제, 9.정책연계
"더불어 행복한 강동 마을" (새로운 洞 커뮤니티 체계와 동네 민주주의 활성화를 위한 도전)		

〈강동구 마을만들기 기본계획 제안〉

비전	더불어 행복한 강동 마을공동체		
3대 목표	사람·마을·지역사회의 시너지 창출, 사회적 협력 문화 향상, 비전·제도 혁신을 위한 리더십 발휘		
9개 정책 과제	**주체**	**인프라**	**추진체계**
	1. 모임·마을의 발전 • 마을공동체 공모사업(씨앗 기/새싹기) • 공모사업의 전환적 발전과 재구성 • (신) 수시 공모제도 • (신) 우수활동 발전지원 제도 ⇨ 체인지 메이커 (change maker)	4. 지식과 의식의 개선 • 마을공동체 교육사업 • (신) 청소년 대상 마을공동 체 교육 프로그램의 확대 • (신) 사회적 협력 촉진을 위한 커뮤니티 센서스 시 행 ⇨ 자산 지도(asset mapping)	7. 중간지원조직의 운영 내실 화와 리더십 강화 • 마을공동체지원센터 운영 내실화 • (신) 중심 거점으로서의 기 능 강화 • (신) 강동구 커뮤니티 비전 에 관한 장기적 연구·포 럼·소셜픽션 주관
	2. 지역사회 네트워크 강화 • 마을공동체 공모사업(성장 기/열매기) • 커뮤니티 네트워크 촉진 • 사회적협동조합 네트워크 촉진 • (신) 마을축제 전략 발전계 획 작성 • (신) 지역사회 공공성 리포 트	5. 활동 거점의 조성·강화 • 마을활력소의 조성 및 운 영 내실화 • (신) 공동체 공간 활성화 및 연계 사업 ⇨ 마을공동체 모바일 포털 개발 • (신) 이용자 주도 운용 가이 드라인 마련	8. 정책추진기제의 운영 내실 화와 리더십 강화 • 마을공동체만들기위원회 운영 내실화 • (신) 거버넌스 리더십 강화 • (신) 주민 참여 보고회 • (신) 강동구 비전회의
	3. 인재 활약기회 강화 • 마을지원활동가 육성·지 원의 확대 • (신) 지역인재뱅크 활성화	6. 마을 정보 인프라 강화 • 마을공동체 관련 정보 확 산 사업 및 홍보 사업 • (신) 마을공동체 모바일 포 털 개발 • (신) 디지털 기술 활용한 마 을 성장 전략	9. 영역 간의 정책·예산 연계 강화 • 주민자치, 협치, 사회적경 제 등과의 연계 강화 • 마을기금 등의 창의적 활 용 • (신) 커뮤니티 비전과 사회 적 협력 문화에 관한 정책 대화 • (신) 사회적 협력 문화 지표 개발

강동고 강동락 애플리케이션 개발

서울대학교 정치외교학부

김민석, 문도원, 황재원

Ⅰ. 들어가며

1. 연구대상 및 연구방법

본 연구팀은 마을공동체 사업을 활성화하고 '더불어 행복한 강동 마을공동체'라는 종합 비전을 실현하기 위한 연구 질문들을 도출하고 이러한 문제의식이 마을공동체 사업에 몸 담고 있는 주체들의 세계에서 어떻게 이해되고 있는지를 파악하고자 했다. 이를 위해 2019년 5월 14일부터 강동구 각 행정구역에 거점을 두고 활동하는 활동가 6인과 인터뷰를 진행했다. 인터뷰는 1시간~2시간가량 진행되었으며 추가적인 조사가 필요하다고 생각되는 경우 서면 인터뷰를 진행하여 답변을 받았다. 또한 6월 11일 진행된 강동구 소셜 픽션 행사는 강동구의 20년 후를 상상하며 실현되었으면 하는 강동구의 모습을 제안하고 이를 현실화하는 과정의 방해요인과 기대 효과 등을 상상해보는 행사 자리였다. 이 행사를 통해서도 마을공동체 사업의 활성화를 위한 기본적인 아이디어들을 얻고, 마을공동체 사업 관련자들과 간단한 인터뷰를 진행할 수 있었다.

방문 장소는 총 4곳이었으며 우선 성내어울터는 마을의 자치와 협치, 마을공동체 활동 운영에 관한 전반적인 지식을 얻기 위한 목적으로 방문하였다. 성내어울터는 천호역 근처에 위치해 있어 접근성이 높고 2018년 10월 23일 개소한 이후로 많은 주민들이 찾고 있는 장소이기도 하다. 해당 장소는 강동구의 마을공동체 지원센터의 지원을 받는 마을공동체 사업의 거점인 만큼 성내어울터에 몸담고 계신 분들의 이야기를 들으며 강동 남부에서 마을공동체 운영에 대한 경험과 운영에서의 어려움 등에 대해서 이해를 하기 위해 첫 방문장소로 선정하였다.

두 번째 방문장소 강동구 사회적경제지원센터는 강동구 전반의 사회적 경제의 운영 실태와 어려움에 대한 이야기를 듣고자하는 목표로 방문하였다. 사회적경제지원센터 센터장과의 면담을 신청하여 강동구의 사회적 경제 전반에 대한 지식을 습득하고 연구 질문들을 구체화하고자 하였다. 특히 사회적경제가 가지는 현실적인 문제해결이라는 기능적 측면과 직접 민주주의, 공유경제 등의 가치 실현을 위한 규범적 측면의 충돌이라는 고질적인 문제가 강동구, 강동 남부지역에서는 어떻게 나타나는지에 대한 현황조사를 위해 위 장소를 선택했다.

길동 다온 작은 도서관은 성내어울터 방문 당시 인터뷰이셨던 총괄매니저님의 추천으로 방문하게 되었다. 작은 도서관은 관에서 설립한 도서관들과는 달리 오케스트라, 캘리그라피, 서예 등등 다양한 문화적 체험과 프로그램들에 대한 장소를 제공하는 차원에서 운영되고 있었다. 실제로 작은 도서관을 방문하여 어떤 프로그램들이 운영되고 있는지, 운영에서의 어려움은 없는지 조금 더 이야기를 듣고 싶어 방문을 하게 되었다.

마지막으로는 길동 주민센터에 서면인터뷰를 요청하였다. 초기 문제의식 중 길동의 경우 많은 인구에 비해 복지시설이나 주민들을 위한 문화공간이 다른 동에 비해서는 비교적 부족하다는 점들이 지적되었다. 실제로 이러한 문제가 길동에 존재하는지, 이를 개선하기 위한 노력에는 어떤 것들이 존재했었는지에 대한 정보 습득을 위해 길동 주민센터에 메일을 통해 서면 인터뷰를 요청하고 답을 받

<표 1> 인터뷰 대상자의 기초적 인적 정보

이름(가명)	성별	현재 주요활동분야	활동지역
정○○	여	마을공동체 사업 지원 / 성내어울터 총괄	서울시 강동구 성내동
장○○	여	마을공동체 사업 담당 주무관	서울시 강동구
유○○	남	성내어울터 마을공동체 사업 운영 및 관리	서울시 강동구 성내동
이○○	남	강동구 사회적경제지원센터 센터장	서울시 강동구
방○○	남	길동 다온 작은도서관 운영 및 오케스트라 단장	서울시 강동구 길동
노○○	여	길동 다온 작은도서관 총괄	서울시 강동구 길동

을 수 있었다.

인터뷰에서 초점을 두었던 것은 마을공동체 사업에 대한 선입견을 배제한 채 최대한 관련 주체들의 의견을 있는 그대로 듣는 것이었다. 인터뷰를 진행하기 전 각 장소별로 얻고자 하는 정보의 큰 흐름은 정해져 있었지만, 인터뷰 질문들은 최대한 단순화하여 인터뷰이들의 경험을 있는 그대로 전달받고자 하였다.

2. 문제의식: 연계하자, 통합하자, 알리자

마을공동체 사업을 통해 회복하고자 하는 '마을'은 무엇인가? 숨 가쁘게 달려 온 도시개발 과정에서 우리가 잃어버렸고, 이제 숨을 고르며 우리가 회복하고자 하는 '마을'은, 골목길에서 함께 뛰어노는 동네 아이들과, 그 옆의 평상에서 담소 를 나누는 아주머니들의 모습이다.

> "마을공동체 사업의 두 가지 요소가 있는데요, 하나가 사람, 다른 하나가 공간 입니다. 결국 마을이란 게, 사람과 공간이 적절히 조화되어야 하는 것이죠."
>
> – 성내어울터 총괄매니저 정선옥

인터뷰에서 인용하였듯이 같이 뛰어놀고 이야기를 나눌 마을의 '사람'들과, 그 들이 함께할 '장소'가 있어야 마을공동체가 활성화될 수 있다. 지금까지 강동구에서도 다양한 마을공동체 사업이 진행되면서 사람과 공간이라는 두 가지의 핵심 요소를 되살리기 위한 노력이 진행되어왔다. '사람' 측면에서는 마을주민들의 자생적인 모임뿐만 아니라, 이를 발전시킨 협동조합, 마을 기업이 생겨났고, 사람들의 조직을 뒷받침하기 위한 마을의 공간에 대한 필요성이 인식됨에 따라, '공간' 측면에서는 위의 성내어울터 같은 관 운영 커뮤니티 센터 외에도 지역도서관, 아파트 커뮤니티 공간, 카페 등 다양한 마을 공간이 생겨났으며, 앞으로도 생길 예정이다. 이렇게 사람도 많이 모이고, 공간도 많이 생겼는데, 강동구가 맞닥뜨린 마을공동체의 문제와 해결과제는 도대체 무엇일까?

"이런 취미를 같이 공유할 사람들이 있었으면 좋겠는데, 그런 사람들을 어디에서 찾아야 할지도 모르겠고…." — 소셜 픽션에 참여한 강동구 주민

"이런 마을공동체 관련 사업을 하면, 항상 이거 하던 사람이 나오고, 또 나오고… 이런 거 모르는 사람들은 참여하기가 쉽지 않거든요."
— 강동구청 마을공동체 위원회 위원장

문제는 마을공동체 사업이 여럿 만들어졌음에도, 한 번도 참여해본 경험이 없는 주민들은 참여하고 싶은 마음이 있어도 이런 마을 모임에 처음 접근하기가 쉽지 않다는 것이다. 소셜 픽션 행사에서 한 주민은 자신과 비슷한 취미를 갖고 있는 마을주민들과 함께 활동을 하고 싶은데, 어디에서 그런 모임을 찾아야 할지, 또 자신이 어떻게 마을 사람들을 모아 모임을 만들어야 할지 막막하다는 고민을 털어놓기도 했다. 이처럼 홍보와 정보 부족으로 인한 진입장벽 때문에 마을공동체 조직에 새로운 사람이 잘 유입되지 못하고, '하던 사람만 계속 나오는' 현상이 반복되고 있다. 마을주민들끼리의 다양한 교류와 모임이 생겨나면서 마을공동체의 '사람' 측면을 활성화시키기 위한 일차적 단계는 만족되었지만, 더 나아가 주민들의 모임에 대한 적절한 정보 제공과 홍보의 통로가 필요하다는 새로운 문

제가 제기되는 것이다. 강동구 마을공동체의 공간 측면에서도 비슷한 문제가 나타나고 있다.

강동구의 각각 다양한 특성을 가지고 있는 마을 공간이 산재되어 있다. 우선 공간 위치에 따라 살펴보자. 마을 공간의 위치가 시내 부근이면 주로 번화가에서 활동하는 성인들의 모임에 적절하고, 주택가 부근이면 주택에 거주하며 육아 모임 등에 참여하는 주부들에게 접근성이 좋다. 아파트 커뮤니티 공간은 아파트라는 공간 위치 자체의 특성으로 인해 해당 아파트 거주민만 이용할 수 있는 특이한 사례이다.

또한 누가 공간을 운영하느냐에 따라서도 공간의 특색이 천차만별이다. 개인 운영자, 기업 등 민간에서 운영하는 공간의 경우, 운영자의 개성과 공간 운영 의도가 반영되어 공간의 독특한 특성이 드러나고, 자체 프로그램도 진행하는 경우가 많다. 반면 관 운영 공간은 공간의 특성이 거의 없다. 예를 들어 성내어울터의 경우, 일부러 공간 자체의 색깔을 최대한 없애서 다양한 색깔의 주민 프로그램을 모두 수용할 수 있도록 한다고 한다.

"어찌 보면 우리 같은 곳은, 색깔을 가정하면 안 되는 곳이에요. 성내어울터는 색깔을 지우는 것이 장점인 거죠…. 어찌 보면 관의 공간이 색깔을 없애고, 그 대신 들어오는 주민은 각각의 색깔을 가지고 있는 것이죠."

– 성내어울터 총괄매니저

이처럼 관 운영 공간은 자체적인 프로그램을 운영하지 않고 공간 특유의 개성을 지우는 대신, 공간을 이용하고자 하는 주민들을 최대한 수용하는 방식으로 개방성을 높이고, 공공성을 띠고 있다는 특성까지 가지고 있다는 점도 확인할 수 있다. 반면 민 운영 공간의 경우 군이 높은 개방성과 공공성을 갖추어야 할 필요는 없다. 개인의 여력으로 공간을 운영하기 위해 일정 수준의 이용료를 책정하는 과정에서 일종의 문턱이 생기기도 하고, 공간 자체의 특성과 개성에 부합하는 모

<表 2> 운영 주체별 공간 특성 구분

민간 운영 공간	관 운영 공간
운영자의 의도, 개성이 반영된 독특한 공간과 프로그램 제공	공간 자체의 특색 거의 없음 성내어울터는 프로그램 ×
공공성, 개방성 낮음	공공성, 개방성 높음

시내 부근	주택가 부근
성인 모임 활성화	주부 중심 육아 모임 활성화

임이 주로 참여하게 되므로 개방성이 상대적으로 낮다. 앞서 설명한 아파트 커뮤니티 공간 역시 개방성이 극히 낮은 민 운영 공간의 예시라고 볼 수 있다.

공간 위치와 운영 주체에 따라 나타나는 공간의 특성을 정리하면 〈표 2〉와 같다. 그러나 각 공간들에 대한 정보 제공의 통로가 일원화되지 않아 주민들이 필요에 따라 적절한 공간을 선정하여 활용하는 데 어려움을 겪고 있는 만큼, 누구나 한눈에 정보를 확인해볼 수 있는 플랫폼이 필요한 상황이다.

"지금까지는 공간에 대한 선택지를 넓혀오는 작업을 한 거라고 볼 수 있죠. 그런데 이제는 그렇게 많은 선택지들을 조금 정리하는 작업이 필요한 시점인 것 같아요."   – 강동구 사회적경제과 마을공동체팀 주무관

인터뷰에서 나온 지적에서 볼 수 있듯이, 이제 단순히 공간이 늘리는 수준을 넘어서 '선택지'가 될 만한 공간들을 통합하여 정리하는 작업이 요구되고 있다.

정리하자면, 공간을 제공하는 사람과 공간을 사용하고자 하는 사람, 마을 모임을 운영하는 사람과 마을 모임에 참여해보고자 하는 사람 양측은 모두 있는데, 이 둘을 이어주는 플랫폼 혹은 네트워크가 부재하다는 문제 상황을 발견할 수 있었다. 이에 마을 공간과 마을 모임에 대한 정보를 제공하고, 쉽게 활용·참여할 수 있는 일원화된 플랫폼을 구축하는 사업이 필요하다.

II. 강동고(GO), 강동락(樂)! 마을공동체 통합 관리 애플리케이션 개발 제안

1. 기존 플랫폼에 대한 고찰

마을공동체 사업의 주요 요소는 공간과 사람이다. 마을공동체 사업을 위한 공간이 제시된 후 여기에 실제로 참여하는 사람을 모집하는 것은 또 다른 차원에서 이루어져야만 한다. 그렇기 때문에 공간과 사람을 매개하는 요소로서 온라인 매체의 중요성은 이루 말할 수 없다. 본 항목에서는 강동구에 존재하는 기존의 마을공동체 온라인 플랫폼을 살펴보고 위 플랫폼들이 가지는 한계를 살펴보고자 한다.

1) 강동구의 기존 온라인 플랫폼

(1) 강동구 마을공동체 지원센터 홈페이지 내 마을 공간 소개

첫 번째로 강동구 내에 존재하는 마을공동체 사업을 위한 '공간'을 제공하는 차원에서 현재로서 가장 대표적인 온라인 플랫폼은 강동구 마을공동체 지원센터 내 우리 마을 자원지도 소개 탭이다. 해당 자원지도에서는 원하는 행정구역을 클릭하면 해당 행정구역 내에 존재하는 마을공동체 공간이 나열식으로 제시된다. 하지만 해당 탭은 크게 세 가지 측면에서 한계를 가진다.

우선, 해당 홈페이지에 제시되는 마을공동체 공간의 절대적인 개수가 부족한 편이며 제시된 공간들은 특정 행정구역에 편재되어 있는 경향이 강하다. 해당 탭에 제시된 마을공동체 공간의 개수는 총 67개이다. 67개는 마을공동체 공간뿐만 아니라 시, 구립 도서관과 커뮤니티 공간을 모두 포함하는 개수로, 강동구 내의 다양한 주민들의 요구를 충족시키기에는 아직 굉장히 적은 수의 마을공동체만이 제시되어있다. 또한 공간들에 대한 업데이트가 지속적으로 되지 않아 새로 생

우리마을 자원지도
지도를 클릭하여 확인하세요!

단체명	동 이름	단체주소	전화번호	지도보기
한살림동부지부	둔촌2동	양재대로 1404 정원빌딩 2층	486-0617	클릭
옹기종기작은도서관	둔촌2동	진황도로 190 3층	070-8118-3474	클릭
파랑새 작은도서관	둔촌2동	진호대로186길 7 둔촌2동 주민센터 1층	489-2666	클릭

〈사진 1〉 둔촌 2동의 마을 공간 사진

출처: 강동구마을공동체지원센터 '마을공간 소개' 탭

겨나는 마을 공간들의 경우 등록이 되지 않은 상태였다.

길동의 경우 '주영광 작은도서관, 다온 작은도서관, 반석도서관, 강동도서관'으로 총 4곳의 공간이 제시되었다. 즉, 마을 자원지도는 주로 이미 등록된 '시/구립도서관, 작은 도서관'을 중심으로 소개하고 있었으며 이는 둔촌 2동도 마찬가지였다. 둔촌 2동의 경우 '한살림동부지부, 옹기종기작은도서관, 파랑새 작은도서관'이 제시되어있었는데 이 역시도 다양한 마을공동체에 대한 주민들의 필요를 반영하기에는 부족한 면이 있었다.

둘째로, 새로운 주민들을 끌어들이기는 힘든 구조라는 한계를 가진다. 마을공동체에 관심이 있는 주민들은 강동구 마을공동체 지원센터 홈페이지 내 '알려드립니다' 탭을 통해서 따로 찾아보아야만 한다. 하지만 이는 애초에 마을공동체에 관심이 있는 주민들이 찾아오기에는 적합한 방식이지만 새로운 주민들이 온라인 공지만을 보고 찾아오기에는 상당히 힘든 형태였다. 이는 인터넷 홈페이지라는 특성상 주민들이 직접 컴퓨터를 통해서 방문해야 한다는 본질적인 한계에서 기인한 것으로 더욱 손쉬운 접근 플랫폼 형성이 필요하다는 점을 시사한다.

마지막으로 해당 정보들은 일방적으로만 제공되고 있었으며, 정보가 업데이트 되고 있지 않았다. 해당 탭에 제시된 정보가 부족하다는 문제에 더해서 다른 주민들이 댓글을 달거나 피드백을 주기는 힘든 형태로 되어 있어 단순한 일방적인 정보전달에 그치는 정보들에 불과했다. 또한 한 번 등록된 공간은 관에서 주기적으로 홈페이지 관리 차원에서 업데이트를 해줘야 하지만 이는 현실적으로 잘 업데이트가 되고 있지 않았으며 새로 생기는 공간에 대해서도 주기적 업데이트가 되고 있지는 않았다. 따라서 위 불편함은 다양한 마을공동체 프로그램들과 공간이 결합되어 제시할 수 있는 플랫폼, 참여하는 주민과 공간을 담당하는 사람들이 소통할 수 있는 플랫폼이 필요하다는 점을 시사한다.

(2) 강동구마을공동체지원센터 플러스 친구

강동구마을공동체지원센터 플러스 친구 역시 마을공동체 사업을 활성화하고 관심 있는 주민들이 더욱 참여할 수 있게 하도록 하는 기제 중 하나로 만들어졌다. 하지만 플러스 친구를 통한 공간과 사람의 연계 역시 한계를 가진다.

첫째, 플러스친구는 주민들이 스스로 카카오톡으로 추가하도록 만들어야 하는데, 이 과정은 현실적으로 복잡하고 힘이 든다. 유명한 회사들이나 제품 같은 경우 카카오톡을 통한 플러스친구 광고를 하기도 하지만 마을공동체 사업에 대해서 이러한 대대적인 광고를 하기는 현실적으로 힘들다. 실제로 찾아본 결과, 강동구마을공동체지원센터를 친구로 추가한 사람은 단 161명에 그치고 있었다.

둘째로, 플러스친구 역시 일방적 공지 형태의 플랫폼에서 벗어나지 못한다는 점이다. 플러스친구는 관리자의 공지를 통해서 운영되어 운영자가 지속적인 관리를 하지 않으면 채널의 활력이 떨어질 수밖에 없다. 실제로 해당 채널은 2018년 10월 이후 다른 공지가 올라오지는 않고 있었다. 또한 플러스친구의 특성상 마을공동체에 관심 있는 다른 주민들과는 소통을 하기 힘들다는 한계를 가진다. 플러스친구를 통한 관리자와의 대화는 가능하지만 플러스친구를 추가한 다른 주민들과는 근본적으로 소통 및 상호피드백이 어렵다.

〈사진 2〉 강동구마을공동체지원센터 카카오톡
플러스친구 초창기 화면

〈사진 3〉 강동구마을공동체지원센터 카카오톡
플러스친구 메인 화면

출처: 강동구마을공동체지원센터 카카오톡 플러스친구 항목

2) 다른 시·도에서의 온라인 플랫폼 사례 연구

(1) 애플리케이션 따복공간

따복공간은 경기도 따복공동체 지원센터 사업을 통해 만들어진 공간들의 온라인 커뮤니티 플랫폼이다. 따복공간이란 경기도 동네 주민들이 언제든지 와서 쉴 수 있는 따뜻한 공간을 뜻하는 말로 이 역시 넓은 의미의 마을공동체 사업의 일환이다. 따복공동체는 2015년부터 매년 따복사랑방과 주민제안 공간조성 공모사업을 통해 마을 내 커뮤니티 활성화를 위한 공간지원사업을 진행하여 현재 약 200개가 넘는 공간이 운영되고 있고 이 공간들은 애플리케이션 내부에 공간지도 형태로 제시되어 있다. 애플리케이션을 통해서 주민들은 각각의 공간이 어떤 특성을 가지고 있는지 알 수 있으며 원하는 프로그램은 주민이 직접 참여도 가능한 형태로 운영되고 있었다. 물론 다운로드 수가 적다는 측면에서는 적극적인 홍보가 필요해보이지만 애플리케이션을 통해 공간들을 한눈에 시각화하고, 정보를

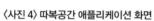

〈사진 4〉 따복공간 애플리케이션 화면

〈사진 5〉 따복공간 내 마을공간지도 화면

모으려 했다는 점에서는 벤치마킹을 할 필요가 있다.

(2) 애플리케이션 공동육아와공동체교육

애플리케이션 공동육아와공동체교육은 '공동육아 사회적협동조합'에서 만든 애플리케이션으로 정기적인 현황 조사와 네트워크 활동을 통해 육아와 관련한 정보가 모여 있다. 또한 공동 육아를 하고 있거나 공동체 교육을 자발적으로 하는 모임들에 대한 운영 관련 정보 제공, 운영방식에 대한 조언을 주고 있기도 하다. 애플리케이션 내부에는 공동육아를 지원하는 공간들이 어디에 있는지에 대한 소개뿐만 아니라 애플리케이션 유저가 제안하고자 하는 내용은 자유롭게 제안할 수 있는 '소통&참여' 탭 또한 존재하고 있었다. 하지만 여전히 관 차원에서 운영하는 애플리케이션이 아니다 보니 애플리케이션의 파급력이 저조하다는 한계가 존재하였다.

310

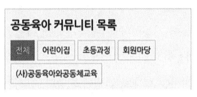

| 〈사진 6〉 공동육아와 공동체교육 메인화면 | 〈사진 7〉 공동육아와 공동체교육 애플리케이션 내 '알리고 싶어요' 탭 |

출처: 애플리케이션 '공동육아와 공동체교육'

3) 현황 정리 및 새로운 애플리케이션 개발의 필요성

마을공동체의 사업의 주요 참여기제는 온라인 플랫폼을 통해서 참여하기도 하지만 현재까지는 주로 지인을 통해서 추천을 받거나 입소문을 통해서 마을공동체에 참여하게 되는 경우가 많았다. 또는 인터넷 카페인 '강동맘 카페'를 통해서 알음알음 소모임을 구성해나가는 주부들도 있는 것으로 조사되었다. 하지만 위에서 제시된 것과 같이 더 많은 주민들이 마을공동체로부터 의미를 찾아가고 편리하게 이용하게 하기 위해서는 정보의 수집 및 제공에서의 혁신이 필요했다. 또한 플러스친구, 온라인상의 공간 소개를 통해서는 구체적인 프로그램과 참여 동기를 유발하기 어렵다는 문제가 지적되었다. 따라서 공간과 사람을 매개하기 위한 중간 매개체로서 스마트폰의 보급이 대중화됨에 따라 모바일 플랫폼으로서의 애플리케이션을 제안하고자 한다.

애플리케이션은 크게 3가지 측면에서 장점을 가진다. 우선은 마을공동체에 새로운 사용자들의 진입장벽을 허무는 역할을 한다. 젊은 세대나 시간적 여유가 부족했던 주민들, 정보를 어디에서 찾을지 몰라 마을공동체의 혜택을 보지 못했던 주민들은 이제 애플리케이션 다운을 통해 손쉽게 본인이 관심 있는 마을공동체 모임이나 프로그램에 참여할 수 있게 될 것이다. 특히 강동구는 유출·입 인구가 많고, 몇 년 내로 대규모 아파트 단지가 신축됨에 따라 새로운 주민들이 강동구 내에 거주하게 될 것임으로 예측된다. 새로운 주민들도 손쉽게 마을공동체 사업과 관련한 정보를 얻고 참여하도록 유도하기 위해서는 애플리케이션이 유력한 도구가 될 수 있다.

두 번째로 애플리케이션은 쌍방향적 소통이 가능하다. 기존의 온라인 마을공동체 플랫폼은 주로 관 차원에서 정보를 제공하고 관심이 있는 주민들은 개별적인 연락을 통해 추가적인 정보를 얻어 참여하는 형태로 진행이 되었다. 하지만 애플리케이션을 통해 주민들이 직접 댓글을 남기고, 마을공동체 프로그램에 대해 피드백을 하고, 직접 제안도 하는 형태로 애플리케이션이 운영된다면 관리 및 운영이 쉬워지고 애플리케이션은 지속적으로 활발함을 유지할 수 있다는 장점을 가진다.

세 번째로, 장기적인 관점에서 정보 일원화 및 업데이트를 통한 데이터베이스 구축이 가능해진다. 모바일 애플리케이션은 초기에는 관을 주도로 마을공동체 공간들을 등록하고 주민들의 참여를 이끄는 형태로 운영이 되겠지만 그 이후에는 새로 생기는 마을공동체 공간이 자발적으로 애플리케이션에 공간을 등록하고, 이미 등록이 되어있던 마을 공간들은 지속적으로 내용을 업데이트하면서 강동구 내 마을공동체 공간에 대한 정보들이 한 곳에 모일 수 있는 데이터베이스를 제공하게 될 것이다.

2. '강동고, 강동락' 사업 개요

앞에서 제시한 문제의식에 따라, 마을 모임과 공간에 대한 정보를 제공하는 통합 플랫폼으로서 '강동고, 강동락'이라는 애플리케이션의 개발을 구상하였다. '강동고, 강동락'이라는 애플리케이션 명칭에서 '강동고(GO!)'는 '공간' 측면에서 강동구의 갈만한 공간을 찾을 때, '강동락(樂)'은 '사람'의 측면에서 함께 즐길 수 있는 마을공동체 사업을 찾을 때 이 애플리케이션을 활용할 수 있다는 것을 나타낸다. 더 나아가 애플리케이션을 기반으로 주민들이 '동고동락'하며, 서로에 대한 관심과 신뢰를 바탕으로 기쁨과 고통을 함께하는 마을을 만들자는 의미까지 내포하고 있다.

애플리케이션에는 (1) 어디에서 모일까?, (2) 누구랑 만날까?, (3) 강동 마을 소식통으로 총 세 가지 탭을 만들어, 공간과 주민 모임에 대한 정보 및 서비스를 제공할 것이다. 이때 단계별 애플리케이션 개발 로드맵을 구상하여, 애플리케이션 이용자가 점차 증가하는 함에 따라 어떻게 시기별로 새로운 서비스가 확장·실시될 지에 대한 계획을 수립했다. 구체적인 내용은 아래와 같다.

1) 애플리케이션을 구성하는 항목

(1) 강동구 마을 지도: '어디에서 모일까?'

'어디에서 모일까?' 탭에서는 공간 지도 형태로 강동구에 산재되어 있는 여러 마을 공간에 대한 정보를 제공하고, 더 나아가 일원화된 예약 시스템을 제공한다. 공간과 관련하여 제공되는 정부의 종류에는, 위치, 운영자 관련 정보, 공간 면적, 운영시간, 이용료, 내부 사진 등이 있다.

더 나아가 일원화된 예약 시스템을 제공하여, 공간별로 전화 예약, 홈페이지 예약, 방문 예약 등 장소별로 예약방법이 상이하여 발생하는 번거로움을 해소하고, 이용자가 쉽고 빠르게 필요한 공간을 예약할 수 있도록 한다.

〈사진 8〉 애플리케이션 구상화면 〈사진 9〉 어디에서 모일까 탭 구상화면

또한 공간을 예약하여 이용한 뒤에는 이용자가 평점를 매기고 리뷰를 작성할 수 있도록 하여, 일방향적인 정보·서비스 제공뿐 아니라 이용자의 피드백 역시 공간 관련 정보로 활용될 수 있게끔 할 것이다.

(2) 강동구 주민 지도: '누구랑 만날까?'

'누구랑 만날까?' 탭은 일종의 '주민 모임' 지도로, 현재 운영 중인 강동구 주민 모임의 활동 상황과 참여 방법에 대한 정보를 제공하고, 새롭게 주민 모임을 조직할 수 있도록 하며, 내실 있는 주민 모임에 대한 인증제도로 주민 모임 운영의 인센티브를 제공한다.

탭에는 크게 세 가지 기능이 있다. 주민 모임 등록 및 활동 업로드, 주민 모임 구성, 추천 수를 통한 이용자 기반 활동 인증이다. 먼저 주민 모임을 탭에 등록하면서, 활동취지와 활동 내용, 활동사진, 대표자 연락처, 참여 방법에 대한 정보를 제공하고, 주민 모임 활동을 해나가면서 꾸준히 활동사진과 활동내용에 대한 설명을 업로드할 수 있도록 한다. 마을공동체 모임을 운영하는 사람들 입장에서는 주기적인 업로드를 통해 자신들의 활동 내용을 홍보하고 더 많은 활동멤버를 유

314

입하는 방법으로 활용할 수 있고, 마을공동체 모임에 참여하고자 하는 사람은 어떤 모임이 있는지 알아보고 참여하는 통로로 활용할 수 있을 것이다.

둘째로 주민 모임을 새롭게 구성하는 기능이 있다. 구상하고 있는 모임의 취지와 활동계획을 자율적으로 작성하여 올리면, 홍보 글을 보고 새롭게 마을 모임이 조직될 수 있도록 하는 것이다.

마지막으로 추천 수를 통한 이용자 기반 활동 인증제도가 있다. 이용자가 평가하기에 특정 마을 모임이 주기적으로 활동하며 성과를 거두었거나, 모임의 취지를 진정성 있게 실현하고 있다고 판단되면 각 마을 모임에 대해 좋아요 버튼을 누를 수 있도록 한다.

(3) 마을공동체 행사 홍보

마을공동체 행사 홍보 탭에서는 각 주민 조직이나 관 차원에서 운영하는 마을공동체 행사에 대한 정보를 제공하여 기존 참여자 외에도 새로운 참여자가 유입될 수 있도록 한다. 이를 위해서 애플리케이션 운영 기업과 마을공동체 주관 부처가 협력할 수 있도록 할 것이다.

〈사진 10〉 누구랑 만날까? 탭 구상화면 〈사진 11〉 마을공동체 행사 홍보 탭 구상화면

2) 사업 지속성을 위한 강동고 강동락 TF팀 구성 및 TF팀 단계적 발전 로드맵

'강동고, 강동락'과 같은 애플리케이션 개발 사업에서 가장 중요하게 제기되는 문제는 바로 사업의 지속성이다. 따라서 사업의 지속성을 확보하기 위한 구체적인 방안을 마련하고, 이에 따라 책임감을 가지고 사업을 운영할 주체를 선정하는 것이 중요하다.

첫 번째 안으로서 사업 운영 주체로서 사설 업체에 애플리케이션의 개발과 운영을 위탁할 수 있을 것이다. 이 경우 전문적인 개발 업체에 용역을 맡김으로써 업무량을 줄일 수 있고 용역비를 대가로 사업을 위탁하는 만큼 책임감 있는 운영을 기대할 수 있다는 점에서 장점이 있다. 하지만 마을공동체 사업은 꾸준히 지속되어야 하는 만큼 안정적인 운영이 바탕이 되어야하지만 애플리케이션을 위탁한 사설 업체의 사정이 어려워지거나 수익이 상대적으로 많이 나오지 않아서 애플리케이션 운영에 차질이 생기면 이는 마을공동체 사업의 전반적인 지속가능성을 위협하는 요소가 될 수 있다. 또한 운영과 관리를 사설 업체에 맡기는 경우 주민들의 개인정보가 사설 업체에 등록될 수도 있고, 운영을 위한 비용을 지속적으로 업체에 제공해야 한다는 점에서 한계를 가진다.

따라서 두 번째 안으로서는 강동구청 내 전자정보과를 통한 애플리케이션 개발과 관리를 맡기는 방법이 있다. 이 경우 애플리케이션 개발을 위한 TF팀이나 위원회 구성이 필수적인데, 이는 3가지 단계로 나뉜다. 1단계는 구청 내에서 애플리케이션 개발만을 위한 조직을 형성하는 것이다. 이 과정에서는 전자정보과 내에서도 애플리케이션 개발에 전문적인 지식을 가진 위원이 중심이 되어 기술적으로 각각의 애플리케이션 탭들을 어떻게 구현할 것인지 논의하고 애플리케이션을 만드는 데에 초점을 둔다. 1단계의 과정에서는 일부 예산을 사용해서 애플리케이션 개발 전문 업체나 애플리케이션 디자인 전문 업체에 자문을 구하는 형태로 사설 업체를 활용할 수 있을 것이다.

2단계는 1단계에서 만들어진 애플리케이션을 홍보하고, 시스템을 안정적으로 구축하는 데에 위원회의 초점이 맞춰진다. 이 경우 전자정보과에서는 시스템 내에 마을공동체 공간과 모임들이 쉽고 빠르게 정보를 등록하고 주민들이 안정적으로 애플리케이션을 활용할 수 있도록 돕는 일을 한다. 또한 홍보과에서는 sns나 홈페이지를 통한 애플리케이션 홍보를 적극적으로 하여 주민들과 마을공동체 주체들이 애플리케이션에 대한 정보를 알 수 있도록 돕는다. 교육청소년과에서는 청소년들을 대상으로 한 마을공동체 애플리케이션 홍보 영상 만들기 공모전을 기획하고, 학교 차원에서의 애플리케이션 홍보를 적극적으로 수행할 수 있을 것이다.

3단계에서는 안정화된 애플리케이션을 통해 마을공동체 사업의 전반적인 데이터베이스를 구축하는 데에 초점이 맞춰진다. 이 경우 전자정보과와 홍보과를 중심으로 지속적인 정보와 시스템 업데이트를 진행하고, 마을공동체 사업들에 대한 정보를 애플리케이션 내에 일원화하여 관리하도록 하여 강동구 내 마을공동체에 대한 데이터베이스 구축을 도울 수 있다.

위와 같은 방법을 통한 구청 차원의 애플리케이션 개발은 3가지 장점을 가진다. 우선, 지속적이고 안정적인 운영을 기대할 수 있다. 사설 업체와 달리 지속적인 운영이 가능하며 시스템의 안정화, 안정화 이후의 데이터베이스 구축까지 전반적인 과정에서 구청이라는 한 주체가 담당하면서 안정적으로 애플리케이션을 만드는 데에 일조할 것이다. 또한 다양한 부서와의 협업을 통한 효과적인 홍보 효과를 얻을 수 있다. 1단계에서 전자정보과가 주된 역할을 담당했다면 2단계 홍보단계에서는 홍보과와 교육청소년과를 통해 구청 차원의 미디어나 플랫폼을 적극 활용할 수 있을 것이다. 마지막으로는 예산절감 효과로, 사설 업체를 선정하고 위탁을 맡기는 비용을 절감할 수 있다는 장점을 가진다.

3) 애플리케이션 내 시스템

(1) 추천을 통한 마을 모임 인증제도 도입

추천 수를 통한 이용자 기반 활동 인증제도는 이용자들로부터 '좋아요' 클릭을 일정 수 이상 받은 마을 모임은 '착한 모임'과 같은 인증 마크를 부여받고, '좋아요'를 많이 받은 마을 모임부터 항목 정렬 중 상위에 노출되게끔 하는 것이다. 우선 평점이 아니라 '좋아요' 버튼과 같은 추천 시스템을 활용하는 것은, 점수순으로 불필요하게 우열을 가리거나, 마을 모임들 간의 쓸데없는 경쟁을 부추기는 상황을 지양하기 위해서이다. 또한 추천 시스템을 활용할 시, 주기적으로 활동내용을 기록해야만 홍보효과가 극대화될 수 있으므로 마을모임 운영자가 애플리케이션을 적극적으로 활용하게끔 인센티브를 부여한다는 장점이 있다.

뿐만 아니라, 이는 활동적이고 바람직한 마을 모임에 대한 이용자 기반의 인증제도 역할을 해낼 수 있다. 현재 강동구 사회적경제지원센터장과의 면담에 따르면 강동구의 사회적 경제 분야에서, 사회적기업을 선정하는 '인증제도' 때문에 절차만 통과하여 인증 받고자 하는 허울뿐인 기업이 다수 존재한다는 문제가 제기된다. 구체적인 내용은 다음과 같다.

> "우리나라의 사회적 경제 기업은 특수한 인증제도를 갖고 있어요. 사회적기업이나 협동조합이라고 하면 인증을 받으면 지원을 받으니까 인증을 받기 위해 혈안 되어 있는 단체들이 많아. 유럽 같은 경우는 국가가 인증해준다고 지원금을 주지도 않아. 그냥 사회문제를 해결하고 싶어서 비즈니스의 방식으로 하는 게 사회적기업이라고 하는데…. 한국 같은 경우는 그렇게 연대하는 것 전에 돈을 받을 수 있으니까 그냥 들어오는 경우가 있는 거지." – 사회적경제지원센터장

금전적, 절차적 인증제도를 활용하면 결국 이를 악용하여, 수단이 곧 목적이 될 수 있다는 지적이다. 사회적기업뿐만 아니라, 일반적인 마을 모임에 대해서도 모임 활성화를 위한 수단으로서 제공되는 지원금이 오히려 목적이 되고, 제대로 된 마을 조직 활동이 이루어지지 않는 부작용이 발생한다. 이런 문제를 해결하기 위해, 이용자들의 평판과 추천을 기반으로 진정성 있게, 열심히 활동을 수행하고 있는지 여부에 따라 인증 마크와 홍보 효과를 얻을 수 있게 함으로써 보다 기존

의 방식보다 효과적인 인증 제도와 활동 평가 지표를 구축할 수 있을 것이다.

(2) 금전적 인센티브 제공

애플리케이션을 활성화하기 위한 시스템으로서 금전적 인센티브를 제안하고자 한다. 이 금전적 인센티브는 거창한 보상을 주는 것이 아니라 일례로 꾸준히 마을공동체 프로그램에 참여하고 이에 대한 피드백을 제공하는 주민들에게 추첨을 통해 기프티콘을 제공하는 등 작은 규모로 진행될 것이다. 이를 통해 주민들은 더욱 적극적으로 애플리케이션 내에서 소통하고 정보를 제공하게 될 것이다. 또한 애플리케이션에 등록된 공간의 관리자의 경우에 관련 공간이나 모임을 잘 유지하고 좋은 평가를 받는다면 이를 다음 마을공동체 사업 심사에 반영하여 큰 금액은 아니더라도 모임 장려금이나 상을 제공할 수도 있을 것이다. 금전적 인센티브가 너무 클 경우 지나친 경쟁을 유발하거나 건전한 피드백 환경을 조성하기 힘들어지는 만큼 작은 규모로 적절히 금액을 책정한다면 애플리케이션을 사용하는 공간·모임의 관련자들이나 주민들에게 참여 동기를 제공할 수 있을 것이다.

(3) 마을공동체 사업 추천 시스템

'강동고 강동락' 애플리케이션을 내려받은 주민들은 애플리케이션 초기 설정에서 연령, 관심사, 사는 지역, 강동구 거주 기간 등을 입력하도록 권고받는다. 기본적인 정보 입력이 끝나면 애플리케이션은 해당 주민에게 추천하는 마을공동체 공간이나 프로그램, 모임 등을 소개한다. 이러한 추천 시스템은 초기에만 유효한 것이 아니라 해당 애플리케이션 이용 주민이 어떤 모임에 참여했는지, 어떤 공간을 주로 찾아가는지 등을 분석하여 지속적으로 추천 정보를 업데이트한다. 이러한 추천 시스템은 강동구에 처음 오게 된 주민들도 손쉽게 마을공동체 사업에 참여하도록 유도하고, 지속적으로 마을공동체 참여의 범위를 넓혀가는 발판이 된다는 점에서 효과를 기대해볼 수 있다.

3. 홍보 및 적극적 참여 유도 방안

위와 같은 구성과 시스템을 가진 애플리케이션을 홍보하는 것 역시 애플리케이션을 만드는 것 못지않게 중요하다. 이를 위해서는 관 차원의 홍보를 통해 마을공동체 사업의 주체들에게 애플리케이션의 중요성을 강조하는 과정이 필수적이라고 할 수 있다.

우선 주민들에게 애플리케이션과 관련한 정보를 알리기 위해서 많은 주민들이 찾는 강동구청 홈페이지를 통해서 마을공동체 애플리케이션을 내려받는 주민들을 대상으로 한 이벤트를 소개할 수도 있을 것이고, 마을공동체 애플리케이션을 홍보하는 '유튜브 동영상 공모전' 등을 통해서 재미있는 영상으로 마을공동체 애플리케이션을 소개할 수도 있을 것이다. 강동구 마을공동체 지원센터 홈페이지에도 이러한 애플리케이션을 홍보하여 주민들이 자발적으로 다운로드를 받을 수 있도록 권고해야 할 것이다. 교육의 측면에서도 지자체 내에 존재하는 학교들을 대상으로 학생들에게 마을공동체 애플리케이션 관련 통신문을 보내거나 학교 수업을 통해 마을공동체와 마을공동체 애플리케이션을 홍보할 수도 있을 것이다. 위에서 제시한 유튜브 동영상 공모전을 강동구 내 중·고등학생들을 대상으로 열어서 학생들의 마을공동체 사업에 대한 관심도를 높이고, 동시에 영상을 통한 홍보 효과도 누릴 수 있을 것이다.

마을공동체 공간의 제공자들에게는 관 차원에서 우선 애플리케이션 등록을 권고하고, 주기적인 업데이트를 통한 활동을 하는 공간에는 금전적인 인센티브를 제공할 수도 있을 것이다. 또한 공간을 애플리케이션에 등록하고 활동하는 것 자체가 가지는 공간 홍보 효과를 지속적으로 알려주어야 한다. 대관료를 내야하는 공간들의 경우 대관료 결제와 처리를 애플리케이션을 통해 해결함으로써 행정적인 번거로움도 줄일 수 있다는 점을 상기시켜 주어야 한다.

모임 운영자들에게도 마찬가지로 애플리케이션의 초기 단계에서는 관 차원의 등록을 권고해야 한다. 애플리케이션 상에서 모임 사진, 모임 멤버, 관리비 결제 등을 일원화하여 모임들에는 행정적인 편의를 제공할 수 있고, 주기적인 업데이트를 하면서 활성화되고 있는 모임들은 애플리케이션 상위에 노출되도록 하여 홍보효과와 동시에 관 차원의 평가에서 긍정적인 평가를 받을 수 있다는 점도 알려줄 필요가 있다.

4. 애플리케이션 개발 사업 타임라인

- 1단계 출범기: 강동구 애플리케이션 개발 특별 TF / 자문 위한 업체 선정 / 관 차원의 마을공동체 행사, 프로그램 등록 시작
- 2단계 정착기: 기존 마을 공간 운영자, 기존 주민 모임 참여자의 애플리케이션 보급 / 마을 공간, 관련 정보 등록, 공간 예약 시스템 실시 / 기존 주민 모임 등록, 기존 모임 활동 업로드 장려, 주민 모임 온라인 참여 시스템 / 관 차원의 홍보
- 3단계 소통기: 잠재적 마을 공간 및 모임 참여자까지 유입, 이용자 증가 / 이용자 피드백 기능 활성화, 피드백 기반 항목 정렬 방식 조정 / 확대된 이용자 바탕으로 새로운 마을 모임 구성원 모집

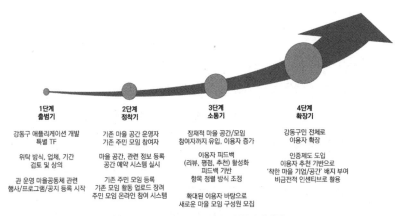

〈사진 12〉 애플리케이션 개발 사업 타임라인

– 4단계 확장기: 강동구민 전체로 이용자 확장 / 인증제도 도입, 이용자 추천 기반으로 '착한 마을 기업, 공간' 배지 부여해서 비금전적 인센티브로 활용

Ⅲ. 마치며: 모두가 행복한 마을을 위하여

본 연구팀은 지금까지 초기 연구 질문들을 토대로 방문 장소들을 선정하고, 각각의 방문장소에서 실시한 인터뷰들을 토대로 심층 연구를 도출하여 강동구 마을공동체 애플리케이션이라는 제안을 구체화하였다. 방문 장소들을 통해서 구체화한 공통적인 문제의식과 마을공동체 사업에 대한 의견들을 요약하자면 아래와 같았다.

첫째, 마을 차원의 작은 도서관을 포함한 마을공동체들의 지속가능성을 높이기 위한 지원이 필요하다. 이 경우 지원을 단순히 늘리는 것뿐만 아니라 사회적경제 실현 차원의 사회적기업이나 협동조합의 경우 지원금 지급시 기준을 제공할 수 있는 제도적 차원의 보완 역시 필요하다는 것이 도출되었다.

둘째, 주민들에 대한 접근성을 향상시키기 위한 시스템 개선이 필요했다. 접근성을 향상시킨다는 것은 주민들의 필요를 충족시키기 위한 공간을 제공하는 차원에서의 접근성 향상, 마을공동체 사업들에 대한 거점 형성 및 적극적인 홍보를 진행하는 차원에서의 접근성 향상, 모바일 및 온라인 플랫폼 형성을 통한 접근성 향상으로 구체화 및 분류되었다.

셋째, 지역적 특색을 살린 마을공동체 사업을 통해 많은 주민들이 의미를 찾고 있었고, 이를 더욱 확장시킬 필요성이 제기되었다. 인터뷰를 통해 마을공동체 사업에 몸담은 주체들이 가장 보람을 느꼈던 순간들을 들은 결과 많은 주민들이 서로 간의 유대를 형성하고, 네트워크를 형성하는 차원에서 많은 보람을 느끼고 있었다. 이러한 마을별 특색을 살린, 지리적 공간을 살린 마을공동체 사업을 더욱 확장시킬 필요성에 대한 문제의식은 모든 인터뷰들에서 공통적으로 공유된 의

322

견이었다.

위와 같은 문제의식하에서 도출된 제안인 강동고(GO), 강동락(樂)! 애플리케이션은 강동구 마을 지도, 강동구 주민 지도, 물품 대여 서비스 및 마을공동체 행사 홍보 등을 일원화하여 주민들이 필요에 따라 적절한 공간을 선정하여 활용할 수 있는 플랫폼을 제공하는 제안이다. 이 제안은 공간의 유기적 구성을 통한 마을공동체 활동의 인프라를 구축한다는 측면에서 의의가 있다. 또한 장기적인 관점에서 강동구 내 마을공동체의 데이터베이스를 구축한다는 점에서도 의의를 가진다.

"다 행복하게 살자고 하는 거잖아요. 연구하시는 여러분들도, 성내어울터에 오시는 모든 분들도 다 행복했으면 좋겠어요." 성내어울터 방문 당시 매니저님께서 연구진에게 전해주신 말이다. 이웃 간 정이 사라진 마을에 활력을 불어넣기 위해 시작된 마을공동체 사업도 어느덧 7년차를 맞았다. 위 제안들을 통해 더 많은 주민들이 마을공동체 사업을 통해 행복을 되찾기를, 유대와 공동체의 정을 느끼기를 바란다.

사이와 아이야를 통해 들여다본 마을 지속성의 요인

서울대학교 경제학부 김상균
서울대학교 자유전공학부 김예찬, 조하연

I. 강동, 마을을 꿈꾸다

　강동구는 마을의 고향이다. 암사동에 있는 선사유적을 가보면 움집이 옹기종기 모여 있는 것을 볼 수 있다. 과거 강동의 주민들은 움집이 모여 있는 동네에서 교류하며 사회를 형성해 나갔을 것이다. 암사동의 선사유적처럼 마을은 사람들이 사회생활을 하면서부터 자연스럽게 형성되었고, 마을 속에서 사람들은 교류를 하며 보다 거시적으로 사회를 발전시켜나갔다. 사회화에 도움을 주는 동시에 사회를 뒷받침하는 근본적 요소로서 역할을 마을이 한 것이다. 그러나 현대 사회의 도시화는 마을을 근본적인 차원에서부터 파괴하고 있다. 도시는 사람들의 거주지와 근무지를 분리하였고, 마을과 사람의 상호작용을 분리했다. 마을의 고향인 강동구도 이와 같은 추세를 피하지는 못했다. 대표적인 주거지역인 강동구는 베드타운(bed town)의 성격을 강하게 갖고 있다. 한강을 주변으로 아파트 숲이 펼쳐져 있고, 활기가 넘쳐야 할 점심에 거리는 고요하기만 하다. 최근 강동구에서는 이를 인지하고, 단순히 거주를 위한 공간을 넘어 다시 한번 마을의 고향이 되려는 시도들을 하고 있다. 그중 대표적인 것이 마을공동체 사업이다.

1. 강동구와 마을공동체 만들기

강동구는 서울시에서 마을 만들기를 적극적으로 실행하고 있는 자치구 중 하나이다. 2012년부터 강동구는 자치행정과 산하의 마을공동체 육성팀을 설립함으로써 마을공동체 사업을 추진하기 시작했고, 「서울특별시 강동구 따뜻한 마을공동체 만들기 지원 조례」 제7조에 따라, 매년 마을공동체 만들기 연도별 시행계획을 수립, 추진하고 있다.[1]

이후 사회적 협동조합 함께 강동, 마을공동체지원센터 등 여러 층위의 중간 조직을 설립하여 각양의 마을공동체 사업들을 지원하고 있다.

강동구는 여러 형태의 공모사업을 통해 마을공동체를 지원한다. 주민들이 자발적으로 모여 공모사업의 주제에 맞게 활동하고 싶은 내용을 제시하면, 이를 위해 마을공동체지원센터에서 공간이나 자금을 지원하는 식이다. 마을공동체지원센터는 2017년부터 공간 사업 '공동체 공간 활성화 지원사업'과 '마을플랫폼 지원사업'을 기존 공모사업에 추가하였다. 현재 공모사업의 경우 3년, 공간사업의 경우 5년까지 강동구의 지원을 받을 수 있다. 따라서 지원이 종료된 이후에도 공모사업, 공간사업을 통해 형성되었거나 도움을 받은 마을공동체들을 어떻게 유지할지에 대한 문제가 남는데, 지원 후 자립하여 활동하는 마을공동체가 소수에 그쳐 강동구에서는 마을공동체의 공공성과 지속성이 부족하다는 문제의식을 갖고 있다. 이에 강동구는 마을공동체의 지속성 문제를 공간사업의 확장 및 시행 등 다양한 경로로 문제를 해결하려 한다고 밝혔다.

---

1. 〈서울특별시 마을공동체 만들기 지원조례〉 제9조에 의거하면, 마을공동체 사업은 '주거환경 및 공공시설 개선, 마을 기업 육성, 환경 경관의 보전 및 개선, 마을자원을 활용한 호혜적 협동조합, 마을공동체 복지증진, 마을공동체와 관련된 단체 기관 지원, 마을 문화예술 및 역사보전, 마을운영, 마을공동체와 관련된 연구조사, 그 밖에 마을공동체 만들기에 적합하다고 인정되는 사업이다.

본 연구에서는 강동구에서 장기간 유지되고 있는 마을공동체의 사례 연구를 통해 마을공동체의 지속성을 촉진하는 요인과 방해하는 요인을 살펴보고자 한다. 연구 목적에 따라 선정된 공동체는 '사이'와 '아이야'로, 전자는 초등학교 학부모 모임이 공간을 거점으로 한 가족 공동체로 전환한 사례이고, 후자는 지역예술가들의 마을극단이 협동조합으로 전환된 사례이다. 사례 분석을 위한 틀로는, 마을공동체 사업의 지속성에 대한 영향요인을 리질리언스 시각을 통해 접근한 한그루, 하현상의 모델을 본 연구에 맞게 재구성하여 사용하였다.[2]

분석틀을 통해 강동구 마을공동체 사례의 지속성을 촉진하는 요인과 위협하는 요인을 체계적으로 분석하고, 이로부터 얻은 시사점을 바탕으로 향후 강동구의 마을공동체 사업 정책에 대한 제언을 하고자 한다.

II. 지속가능한 마을공동체란?

1. 지속적인 마을공동체와 리질리언스

지속적인 마을공동체란 외부의 도움에 의존하지 않고도 자립적으로 유지되는 공동체이다. 최근 마을공동체의 지속성을 연구하기 위한 새로운 접근으로 리질리언스(Resilience) 시각이 등장했다. 리질리언스는 '복원력, 회복탄력성, 강인함' 정도로 번역 가능하며 원래는 성장과 쇠퇴를 반복하는 자연생태계의 모습을 설명하는 이론으로 등장했으나, 현재는 사회과학 및 경영학으로 사용범위가 점차 확대되고 있는 추세이다.[3] 리질리언스 이론은 내, 외부적 변화나 혼란이 발생

---

2. 한그루·하현상. 2019. "마을공동체 사업의 지속성에 대한 영향요인 분석: 리질리언스 시각을 통한 체계적 접근의 시도." 『지방정부연구』. 제23권 1호. 209-240쪽.
3. 여국희. 2018. "마을공동체의 발전 동태와 리질리언스: 적응 사이클 모델을 적용한 사례연구." 『한국자치행정학보』. 제32권 1호. 226쪽.

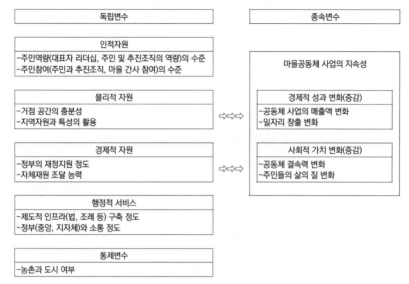

독립변수	종속변수

인적자원
-주민역량(대표자 리더십, 주민 및 추진조직의 역량)의 수준
-주민참여(주민과 추진조직, 마을 간사 참여)의 수준

마을공동체 사업의 지속성

물리적 자원
-거점 공간의 충분성
-지역자원과 특성의 활용

⇨⇨⇨

경제적 성과 변화(증감)
-공동체 사업의 매출액 변화
-일자리 창출 변화

경제적 자원
-정부의 재정지원 정도
-자체재원 조달 능력

⇨⇨⇨

사회적 가치 변화(증감)
-공동체 결속력 변화
-주민들의 삶의 질 변화

행정적 서비스
-제도적 인프라(법, 조례 등) 구축 정도
-정부(중앙, 지자체)와 소통 정도

통제변수
-농촌과 도시 여부

〈그림 1〉 마을공동체 사업의 지속성에 대한 연구모델

출처: 한그루·하현상. 2019. pp.209-240.

할 때 개인이나 조직이 이에 영향을 받지 않고 원래의 역할을 수행하는 역량과 지속성을 어떻게 가질 수 있는지 분석하는 것을 목표로 한다. 마을공동체를 리질리언스 시각으로 연구하기 위해 한그루, 하현상은 마을공동체의 구성 체계를 인적, 물리적, 경제적, 행정적 영역으로 나누고, 각 구성 영역들을 네 가지 리질리언스 평가 기준인 내구성, 자원부존성, 신속성, 가외성을 바탕으로 분석한다.[4] 이들은 리질리언스 요소들이 높을수록 마을공동체가 자생력을 갖고 지속성을 확보할 수 있다고 주장하며, 마을공동체의 지속성에 대한 연구모델을 다음과 같이 제시한다.

위의 모델에서 마을공동체의 인적 자원은 공동체의 구성원인 주민들과 대표자

---

4. 한그루·하현상의 논문에 따르면, 내구성은 마을공동체가 위기 속에도 영향을 받지 않고 지속될 수 있는 역량으로, 공동체 구성원 간의 신뢰, 리더십, 내규 등을 통해 강화된다. 자원부존성은 구성원들의 자발적인 자원 동원 능력을 칭한다. 신속성은 구성원들이 위기 상황에서 신속히 대처할 수 있는 능력을, 가외성은 위기에 대비한 여분의 자원, 다양한 전략의 준비 정도를 뜻한다.

를 칭한다. 물리적 자원은 공동체 활동의 거점이 되는 공간과, 공동체가 기반을 두고 있는 지역의 여러 자원과 문화를 뜻한다. 경제적 자원은 마을공동체를 운영하는 데에 필요한 자금을 뜻하며, 행정적 서비스는 마을공동체의 지원체계를 구축하는 법, 조례, 공모사업, 중간 조직, 마을 활동가 등의 제도적 기반을 칭한다.

2. 마을공동체 지속성 분석모델의 재구성

그러나 한그루, 하현상의 모델은 독립변수와 종속변수의 상관관계를 얻고자 하는 양적 연구를 수행하기 위해 제안된 것이기 때문에 본 연구에 그대로 적용하기에는 무리가 있다. 또한, 구경하는 도시 지역의 주민들은 마을공동체 활동에

〈표 1〉 마을공동체 지속성 분석틀

구성 체계	지속성의 평가 기준
1. 인적 자원	**주민역량의 수준** • 마을공동체의 구성원들은 어떠한 공통의 목표 및 문제의식을 갖고 있는가? (사회봉사, 친목 등) • 공동체는 얼마나 주도적, 자율적, 효율적으로 운영되는가? (구성원들의 사업계획 수립, 운영, 역할 분담, 전문성 등) **주민참여의 수준** • 구성원들의 참여도, 친밀도, 결속력이 어떠한가? • 구성원 간의 소통 및 의사결정은 어떻게 이루어지는가?
2. 물리적 자원	**거점 공간의 충분성(공동체의 공간)** • 공동체 활동을 위한 공간이 안정적으로 확보되었는가? • 거점 공간의 접근성이 어떠한가? **지역자원과 특성의 활용** • 공동체는 지역자원(인프라, 문화 특성)을 어떤 식으로 활용하였는가? 지역자원이 공동체의 지속에 어떤 도움이 되었는가?
3. 경제적 자원	**정부의 재정지원 정도** • 공동체가 어떠한 방식의 관의 재정지원을 받고 있는가? • 공동체가 재정지원에서 가장 만족하는 / 개선이 필요하다고 생각하는 영역은 무엇인가? 왜? **자체재원 동원 역량** • 공동체의 자체재원의 동원 능력 및 이를 위한 노력은 어떠한가? • 공동체의 재원 조달은 얼마나 자립적인가?
4. 행정적 서비스	• 마을공동체 관련 제도적 인프라 (법, 조례, 교육, 지원사업 등)가 어느 정도로 잘 구축되어 있는가? • 관련 행정제도의 지원이 얼마나 일관적인가? • 공동체 구성원과 관의 정보 교환 및 소통이 어떻게, 어느 정도로 이루어지고 있는가?

'개인의 선택과 신념에 따라 자발적으로' 참여하기에, 마을 활동으로 인한 수익 추구보다는 주민간의 관계 형성이나 주거환경 개선과 같은 공동의 문제해결을 우선시한다고 제시한 바 있다.[5]

따라서 〈그림 1〉에서 마을공동체 사업의 지속성을 평가하는 척도를 마을공동체 활동의 '경제적 성과변화'와 '사회적 가치변화'로 나눈 것도 제한적이라고 할 수 있다. 이에 본 〈그림 1〉 모델의 독립변수로 제시되는 마을공동체의 구성 체계를 바탕으로 하되, 각 구성 체계에서 마을공동체의 지속성을 높이는 요인을 살펴보기 위한 평가 기준을 〈표 1〉과 같이 질문의 형태로 제시하였다. 〈표 1〉을 사이와 아이야에 적용하여 각 공동체의 인적, 물리적, 경제적, 행정적 영역에서 어떠한 요인들이 지속성을 돕거나 방해하였는지 분석할 것이다.

III. 사이 톺아보기

1. 사이를 소개합니다

마을 배움과 나눔의 공간을 지향하는 사이는 성공적인 지속성 모델이다. 관의 지원이 마무리되면 모임 또한 사라지는 많은 사례와 달리 사이는 지원에 의존하지 않고도 모임이 지속할 수 있음을 입증해내고 있다. 사이는 2012년 강명초등학교 아버지 동아리 '꿈꾸는 농장'으로 시작하였다. 아버지들이 모이게 된 데는 '혁신학교'라는 배경의 역할이 컸다. 혁신학교는 기존 교육의 틀을 벗어나 새로운 시도를 하는 학교로, 과목별로 분리되어 있는 기존 교과 과정을 통합하는 방식의 교과 과정을 따르며 학부모들의 적극적인 참여를 장려한다. 엄마들뿐만 아니라 아빠들도 아이들의 교육과 삶에 함께하자는 취지 아래, 강명초 아버지들은 교내

---

5. 구경하. 2016. 「정부 주도 마을 만들기 활동의 지속성」. 서울대학교 석사학위논문. 94쪽.

텃밭 동아리로 모이게 되었다. 그리고 이듬해인 2013년부터 아버지 모임을 설립하게 되었다. 첫 모임은 아이들과 아빠들의 놀이로 시작하였다. 이후, 모임 활동의 종류가 점차 확장되어 아버지들은 현재 캠프 활동, 동네 생태 탐방, 학교 텃밭, 김장 나눔 사업, 아버지 교실 등을 활발히 진행하고 있다.

"생계를 유지하면 모임에 참석하는 것이 생각보다 쉽지 않아요. 보고서도 써야 하고 어려운 회계 정산도 해야 하니까요. 일일이 영수증 관리하는 것도 번거롭고요. 항상 힘에 부치지만 그래도 계속하는 건 어차피 아이들은 키워야하니깐 그래요. 아이들이 놀 곳이 마땅치가 않아요. 극장이나 쇼핑 등 다 똑같잖아요. 새로운 방식의 육아가 필요하다고 생각했어요. 기존의 것을 벗어나야 한다고 생각했죠. 그래서 캠프에 오시는 분들 중에는 미리 휴가를 내거나 운영하는 가게를 쉬고 오시는 경우도 많아요. 다들 직업이 있으니 참여의 어려움이 항상 있죠. 그래서 아빠가 바쁘면 아이들만 보내도 괜찮은 분위기를 만들려고 노력해요."

– 사이 박철민 대표

초기 아버지 모임의 주요 활동은 강명초등학교가 주최한 '아빠 어디가' 캠프였

〈사진 1〉 사이 박철민 대표님과의 인터뷰 모습

다. 캠프는 여러 차례 개최되었으나, 학교가 주도하고 일회성 행사의 성격이 강했기 때문에 참여자들 간의 지속적인 관계가 형성될 기회가 적었다. 그러나 이후 아빠들이 직접 준비하는 방식으로 캠프를 꾸리게 되면서 관계가 형성되기 시작했다. 이러한 관계를 기반으로 아버지들은 친목을 유지하여 나갔으며, 이는 강명초 아버지 모임이 자연스럽게 커뮤니티 사업으로 확장되는 계기가 되었다. 이러한 관계 형성은 캠프에서만이 아니라 여러 가지 크고 작은 프로그램들을 기획하고 실행하는 과정 속, 지금까지도 이루어지고 있다.

"준비과정에서 대부분 친해지는 것 같아요. 처음에 학교가 계획해서 행사를 진행할 때에는 서로 단순하게 인사만 하는 수준이었어요. 그러다 아빠들이 자체적으로 준비하게 되면서 서로 친해지게 된 것이죠. 처음 준비하는 사람이 5~6명 정도였는데 한, 두 명씩 조금씩 늘기 시작했어요. 그러면서 동네 탐방 위주의 커뮤니티 사업으로 자연스럽게 확장될 수 있었죠. 지금도 생태공원 자전거 타기, 텃밭 가꾸기, 캠프, 여행 등을 꾸준히 하면서 회원들이 늘고 있어요."

– 사이 박철민 대표

2014년 사이(당시 강명초 아버지 모임)는 서울시 부모 커뮤니티 사업에 선정되었다. 아빠들의 모임이라는 희소성이 있었기 때문에 그로부터 오는 경쟁력이 있었기 때문이다. 사이는 3년간 커뮤니티 사업의 지원을 받으며 꾸준히 텃밭, 캠프, 여행, 부모 교육 등의 다양한 프로그램을 진행했다. 그러던 중, 2016년부터 공간이 필요하다는 의견이 회원들 사이에서 대두되기 시작했다.

2016년 5월, 사이는 상일동에 자체적 마을 공간을 정식으로 오픈했다. 준비과정 중 다른 공동체를 답사 다녀오기도 하고, 공간을 구성하는 데 필요한 인테리어나 목공 작업 등은 최대한 공동체 내에서 지인 등을 통해 자체적으로 해결했다. 공간을 만들기 전, 구성원들의 가장 큰 고민은 모임을 진행할 때 모일 장소를 마련하는 것이었다. 때에 구애받지 않고 사람들이 자유롭게 드나들 수 있는 모임의 '구심체 역할'을 할 곳이 필요했고, 사이가 '지속적인 가족 공동체'로 발전을 하기 위해서도 공간이 필수적이었다.

"처음 공간을 만들기로 결심한 건 사람들이 하나둘 떠나면서였어요. 모임의 구심체가 필요했던 것이죠. 학교와 마을의 교집합적인 모임이 필요했어요. 항상 우리는 어디서 모일지가 고민이었어요. 활동을 하는데 일회성으로 돌아다니기가 힘들었죠. 그렇게 공간을 만들고 나서 평일 낮에 엄마들도 오기 시작했어요, 아이들도 자유롭게 활동할 수 있는 공간이 생겨 좋아했죠."

– 사이 박철민 대표

공간이 생긴 이후 엄마들의 참여가 증가했고, 기존 모임의 활동반경보다 더 거리가 먼 곳의 사람들도 사이를 찾게 되며, 사이는 마을 가족 공동체로 변화하게 되었다. 공간은 공동체 활동의 진행을 훨씬 수월하게 해주었을 뿐만 아니라, 공동체 활동의 거점이자 쉼터로서 회원들을 더 강하게 모으는 구심력을 제공했다. 사이의 공간은 정식 오픈 후 강동구 마을공동체 지원센터의 공간 공모사업으로도 선정되어 지원을 받고 있다.

사이는 지역 내 다른 단체들과 교류하려는 여러 시도들을 해왔고, 이러한 고민은 이들만의 공간이 생기며 더욱 깊어졌다. 또한, 자치구와 마을공동체 지원센터에서 주관하는 공간 사업이 최근 마을 플랫폼 사업으로 대체되면서 사이의 공간을 어떻게 플랫폼화하여 타 마을공동체와 연계시킬 수 있을 지에 대한 논의가 최근 들어 활발해졌다.

지금까지 나왔던 아이디어로는 작은 도서관, 공간 공유 활동, 취미 활동 모임, 공동체 밥상, 먹거리 교육들, 공동 육아, 생태 활동가 양성 등이 있다. 이러한 활동을 통해 마을 플랫폼을 구축하는 것이 사이의 목표이다. 공간을 사이의 모임에만 국한시키는 것이 아니라 지역적 거점 공간으로 삼아 관계망을 만들어나가는 것이다. 현재까지 사이가 진행해왔던 여러 노력들 중 '빛담 커뮤니티'라는 사업이 있다. 사이의 회원인 한 사진작가 분이 모임 내에서 새로운 모임을 만든 경우이다. 이러한 시도는 사이의 회원들뿐 아니라 새로운 사람들의 관심을 끌었고, 사이가 지역 공동체로 확장되는 계기를 낳았다. 이 외에도, 어머니를 비롯한 마을 강사들이 자발적으로 사이를 방문하여 재능을 기부하며 방과 후 카페 같은 프로그램도 여럿 진행하고 있다. 사이는 이처럼 단순한 친목 모임이 아니라, 아이와 어른들이 함께 공감대를 형성하고, 배우고 나눔을 직접 실천하며 선순환을 만들어내는 곳이다.

2. 사이의 지속성

1) 인적 자원

사이의 구성원은 '자녀와 함께 배우는 돌봄과 나눔'이라는 명확한 공통의 목표를 가지고 있다. 부모들은 자녀의 양육을 위해 모임에 참여한다. 아울러 혁신학교를 통한 홍보가 가능하기 때문에 같은 관심사를 공유하는 부모들의 참여를 독려할 수 있다. 홍보를 통해 진행된 행사에 자연스럽게 아버지들이 참여하고 이 과정에서 구성원이 충원된다. 그리고 행사에서는 아이들과 아버지가 함께 참여한다. 그들이 바쁜 생업에도 불구하고 참여하는 이유는 간단하다. 힘들더라도 아이들을 키워내야 하기 때문이다.

육아에 대한 공통의 목표가 생겨 아버지들이 지속적으로 참여하다보면, 아이들뿐 아니라 아버지들 사이에서도 관계가 형성된다. 아버지들도 아이들과 함께 활동하면서 서로 친해지게 되는 것이다. 이러한 친교 형성은 직접 구성원들이 프로그램을 기획하면서 진행되었다. 처음 프로그램이 시작할 당시에는 학교에서 기획을 하고 부모들은 수동적으로 참여하였다. 학교 행사로 부모들을 초대하는 방식이었다. 이렇다보니 어른들 간의 관계가 형성되지 않는 것은 물론, 행사가 원활하지 않았다. 이에 문제의식을 느낀 몇몇이 모여 2014년부터 행사를 계획하여 진행했고, 이 과정에서 관계가 형성되기 시작하였다. 이것이 커뮤니티 사업으로 이어지고 현재의 사이가 되었다. 구성원들이 서로 친해지면서 모임은 주체성을 획득했다. 이제 지원과는 상관없이 서로가 친구가 되었기 때문에 모임에 나오게 된다. 아이가 졸업해서 이사를 가더라도 모임에는 꾸준히 참석하는 구성원도 있을 정도이다.

이와 같이 사이는 자발적으로 운영된다. 아이들을 키운다는 확실한 목표와 서로의 친교 관계가 있기 때문이다. 모임은 누군가 시키지 않더라도 지속될 수 있다. 이러한 자발성은 공간이 사이는 회원들로 조직된 살림위원회에 의해 운영되고 있다. 살림위원회는 카카오톡 등 SNS를 활용하여 업무를 간소화하여, 효율적으로 조직을 운영하고 있다. 그리고 살림위원회는 또한 구성원들은 자체적으로 수평적인 문화를 만들고자 힘쓴다. 사이는 어른들 간의 모임이기 때문에 나이를 통한 위계가 생기기 쉽다. 그렇기에 호칭을 'ㅇㅇ엄마', 'ㅇㅇ아빠'로 통일해서 사용한다. 구성원들 간의 수평적 관계를 위해 힘쓰는 것이다.

2) 물리적 자원

사이의 성공에는 지속성에 유리한 물리적 자원이 있다. 먼저, 학교이다. 사이는 공간이 조성된 이후에 마을 중심의 프로그램을 마련하는 한편, 캠프, 여행, 텃밭 가꾸기 등 학교와 연계된 활동을 지속하고 있다. 현재까지도 학교라는 인프라를 활용하고 있는 것이다. 사이의 구성원들은 공통적으로 자녀 교육이라는 목표를 가지고 있다. 그렇기 때문에 강명초라는 혁신학교에서의 프로그램은 참여 자체로 교육의 목표를 충족시킨다. 참여 자체만으로도 구성원의 목표 달성에 긍정적인 영향을 주는 것이다. 더불어 학교와의 연계는 지속성을 담보한다. 모임의 지속성이 구성원의 자율적인 의지에만 달려있지 않다. 학교에서 지속적으로 프로그램을 지속하기 때문에 자연스럽게 구성원들은 활동에 정기적으로 참여할 수밖에 없다. 또한 활동이 있을 때마다 학교에서 홍보가 되는데, 이는 지역 내 사이의 입지를 다지는데 유리한 조건으로 작동되었다.

더불어 정주형 도시의 특징도 함께 작용했다. 사이가 입지한 강명초등학교 인근 부근은 장기전세가 활성화되어 있다. 부모들은 대부분 20년 장기 전세 단지에 신청해서 입주한 주민들이다. 장기 전세 단지의 경우 경쟁률 때문에 다자녀 자녀가 입주에 유리하도록 되어 있다. 이러한 조건에 따라서 사이의 많은 구성원들이, 다자녀인 동시에 20년 장기 전세에 거주한다. 이럴 경우 지역에 오랫동안 머무를 뿐 아니라, 다자녀가 오랜 기간 동안 혁신학교에 다니기 때문에 부모 모임에 계속해서 참여할 수가 있다. 혁신학교는 초등학교뿐 아니라 중학교도 함께 위치해있기 때문에, 한 자녀가 중학교를 졸업하더라도, 다른 자녀가 초등학교 입학할 경우 길게는 20년 정도 혁신학교의 학부모가 된다. 이러한 조건은 구성원들이 오랜 시간 동안 관계를 맺을 수 있도록 작동하였다. 생활 기반의 이동이 잦은 도시의 특성상 한곳에 거주하는 기간이 짧아 이웃을 만들기 어렵다. 하지만 사이가 위치한 지역의 경우 정주형 도시의 특징 덕분에 오랜 시간 동안 이웃들과 어울릴 수 있다. 이렇게 학교와 정주형 도시 공간이라는 물리적 조건은 사이가 지속성을 가지는데 주요한 요인이 되었다.

사이의 공간도 지속성에 중요한 물리적 조건이다. 공간은 모임의 구심점이 되었다. 먼저, 공동체에 대한 소속감을 유지시켜준다. 이전에는 안정적으로 모일 공간이 없기 때문에, 모임에 지속적으로 참여하지 않는 이상 소속감을 느끼기가 어려웠다. 그러나 공간이 생긴 이후에는 누구나 쉽게 공간에 방문할 수 있기 때문에 소속감이 유지되었다. 지역을 떠난 구성원들이 지속적으로 공동체를 찾게 되는 것도 같은 이유이다. 두 번째로 활동이 다양화되고, 모임이 마을 중심으로 전환되었다. 이전에는 아버지들이 모일 수 있는 저녁에만 모임이 진행되었지만, 공간이 생기면서 언제든지 모임이 가능해졌다. 이에 따라 낮시간에 어머니들, 마을 강사들이 방문하며 참여 계층이 아빠 중심에서 마을 중심으로 확산되었다. 이에 따라 여러 형태의 재능기부도 가능해졌다. 어머니들의 재능 기부를 통해 아이들의 방과 후 프로그램이 마련되었고, 기타나 사진 등 여러 동아리가 마련되었다. 또한 공간 확보에 따라 활동의 안정성이 증가되었다. 이전에는 김장 사업을 진행할 당시 공간이 없어서 사업 진행에 어려움이 있었다면, 이제 공간에서 안정적으로 활동할 수 있게 된 것이다. 공간이 공동체를 유지하는 구심력으로 작용하여 공동체의 지속성을 직접적으로 높이고 있다.

3) 경제적 자원

사이는 높은 수준의 자체재원 동원 역량을 가지고 있다. 월세는 회원들의 회비를 통해, 행사 비용은 참가비를 통해 해결한다. 월세와 행사 비용이 사이의 활동에서 가장 큰 지출인 점을 고려해볼 때, 지출의 많은 부분을 자체적으로 해결하고 있는 것이다. 운영에 있어 구청의 재정지원이 결정적인 역할을 하고 있지 않기 때문에 사이는 자립성을 확보할 수 있었다. 높은 자체재원 동원 역량이 지속성의 동력이 되고 있는 것이다. 이는 구성원들이 사이의 활동을 자녀 교육의 연장선상에서 생각하기 때문에 가능하다. 구성원들에게 사이가 추가적인 사교 모임이 아니라 자녀 교육으로 받아들여지기 때문에 재원의 동원이 가능한 것이다. 또한 모임의 홍보가 학교를 통해 이루어지기 때문에 학부모라면 회비를 가지고 참여할 수 있어 진입장벽도 낮다고 할 수 있다.

그렇다고 해서 사이가 관의 재정적 지원을 활용하지 않는 것은 아니다. 사이는 공간 사업으로 공간 활동비용을 지급받고 있다. 또한 처음 공간을 마련하기로 결정했을 때, 관의 도움을 받아 싱크대 등 부엌 공간을 마련할 수 있었다. 관의 지원을 통해 일상적으로는 활동비를 지원받고, 공간을 시작할 때의 초기 비용 등의 도움을 받았던 것이다. 하지만 문제점도 존재한다. 활동비용이 소모품에만 적용이 되고, 시간제한을 두어 지원비에 상한선을 두고 있다. 모임 운영에 직접적으로 도움이 되는 데에 한계가 존재하는 것이다. 또한 안정성 측면에도 문제가 있다. 정치적인 이유로 선거 기간의 경우 지원액수가 일정하지 않은 등의 문제가 발생하는 것이다.

"월세나 보증금은 지원이 안 돼서 회비로 충족하고 있어요. 활동비나 지원금은 5년까지만 나오고, 활동비도 전체 규모에 비해 적은 편이죠. 그런데 활동비를 준

336

다는 것이 비판의 대상이 되기도 하죠. 우리는 특정 정당과 관련이 없는데 선거 기간에는 지원을 받지 못할 때도 있고요. 그래도 지원이 없으면 없는 대로 또 운영을 하고 있어요. 회원들 자체적으로 운영이 가능한 상태인 것이죠."

— 사이 박철민 대표

4) 행정적 서비스

사이는 마을공동체 사업과 함께 성장했다. 공모사업이 처음 시행된 2012년에 처음 모임이 시작하였고, 2014년부터는 서울시의 지원, 2016년부터는 강동구청의 지원, 2019년 현재는 강동구마을공동체지원센터의 지원을 받아 활동하고 있다. 9년간 지원 기관이 변화되는 것을 바로 옆에서 지켜보며 성장한 것이다. 특히 공간 공모사업을 통해 마련된 공간은 모임의 지속성에 결정적인 영향을 끼쳤다. 실제로 사이에서 출자회원을 모집할 때 강동구의 공간 사업은 큰 도움이 되었다. 추진에 신뢰성을 담보했기 때문이다.

"저희가 공간사업에 선정된 것이 2016년 6월인데요. 사실 얘기는 2015년 하반기부터 나왔어요. 토론하며 협동조합 등 다양한 이야기가 오갔죠. 계획을 실천에 옮기기 위해 성미산 모임 같은 공동체 답사도 했어요. 그런데 문제는 출자회원을 모으는 일이었어요. 보증금을 당장 마련해야 했던 거죠. 그래서 제가 공간사업으로 사람들을 설득했어요. 사람들이 이를 믿고 함께해줬고, 상일동의 공간을 마련할 수 있었어요."

— 사이 박철민 대표

이러한 사이의 사례는 대부분의 학부모 커뮤니티 모임과 대비된다. 사이가 강명초 학부모 모임으로 시작할 무렵, 서울시에는 이와 유사한 학부모 커뮤니티가 이미 여럿 있었다. 그러나 많은 모임들이 동력을 잃고 현재 와해되었다. 반면 사이의 강명초 모임은 지속되고 있다. 이는 행정적 서비스의 영향이 크다. 부모커뮤니티 사업부터 공간 사업까지 계속해서 마을공동체 사업 안에서 모임을 지속하면서 사이의 부모모임은 지속성을 확보할 수 있던 것이다.

이러한 행정적 서비스를 통해 지속성을 확보하는 과정에는 꾸준한 정보 확보가 중요한 역할을 하였다. 먼저 사이의 박철민 대표는 교육 단체에서 활동하여 여러 관련 정보를 획득하기에 용이했다. 더불어 아버지 모임이기 때문에 각자의 정보력으로 행정적 서비스에 쉽게 접근할 수 있었다. 행정적 서비스가 지속성의 동력이 되는 상황에서 서비스에 접근할 수 있는 능력도 사이의 성공에 긍정적인 역할을 한 것이다.

IV. 아이야 톺아보기

1. 아이야를 소개합니다

'문화예술협동조합 아이야'는 강동구에서 가장 성공적인 마을기업이다. '대학로 진출'을 목표로 삼는 단체들과는 달리, 아이야는 마을사람들에 의한, 마을사람들을 위한 공연을 지향한다. 그러나 단순히 마을을 추구하는 마을공동체와는

〈사진 2〉 아이야 정가람 대표와의 인터뷰 모습

결을 달리한다. 엄연한 하나의 협동조합인 아이야는 연극에서도 매진 행렬을 이어갔고, 활동 영역도 점차 넓히고 있다. 정가람 대표와의 인터뷰를 통해 아이야의 성공신화를 들어볼 수 있었다.

정가람 대표는 극작가로 10년 정도 활동했다. 그러다 30대에 결혼을 하고 세 아이를 출산하면서 일을 그만둘 수밖에 없었다. 육아를 하면서 찾아온 것은 공허함이었다. 업무로부터 자유롭지만, 정작 삶은 자유롭지 않았다. 그러던 중 강동구 사회적경제지원센터에서 진행한 '렛츠쿱 아카데미'와 열린사회송파강동시민회에서 소개받은 '함께 크는 우리 작은 도서관'을 통해 마을이라는 개념을 접할 수 있었다. 사소한 경험이지만, '마을'이라는 단어는 이때 대표님의 마음속에 들어오게 되었다. 특히 마을 동아리 활동을 하면서 배운 성미산, 성대골의 사례를 통해 정가람 대표는 다시 꿈을 갖게 되었다.

"저는 농촌 출신이다 보니까 자라면서 마을을 놀이터라고 생각했어요. 그런데 마을공동체 사례를 보니까 도시에서도 농촌처럼 이 집, 저 집 가서 밥 먹는 것이 가능하겠더라고요. 아이들도 이곳을 '서울'이 아닌 '강동'이라는 이해하고요. 지방분권이 되면서 서울에서는 구별로 자치가 실행되고 있고, 정책도 구별로 다르다는 것을 알게 되었어요. 그래서 강동구는 주로 주거지고 문화예술 공간이 없는데, 우리 동네에 그런 게 있으면 좋겠다고 생각했어요. 협동조합 방식으로 동네에서 마을사람들이 공연을 하는 것을 저는 이때부터 생각해왔어요."

– 아이야 정가람 대표

목표만 가지고 아이야가 만들어진 것은 아니었다. 꾸준한 준비과정과 각종 지원들이 모여 현재의 아이야를 만들었다. 처음에는 소규모의 사회적 경제 학습 동아리로 시작했다. 지역 엄마들 모임 온라인 카페에 뮤지컬을 만들어보자는 장문의 글을 올리자, 경력이 단절된 30대 여성들이 많이 공감했고 20명 정도의 어머니들을 모으는 데 성공했다. 그러나 일이 그리 순탄하지는 않았다. 아이들도 같이 오는 경우가 많았는데, 여기저기서 들려오는 울음소리는 거의 전쟁터를 방불케 했다. 또 아이들이 아픈 날에는 한 명만 모임에 나오는 경우도 있었다. 그렇게 결국 대여섯 명만이 남게 되었다. 아이야의 전신 '마을극단 밥상'의 시작은 어려움의 연속이었다. 그러나 전화위복이라, 청년 활동가 분이 '우리 마을 프로젝트'를 소개해주면서 모임은 새로운 국면을 맞았다.

서울시에서 진행한 지원사업은 자금을 마련할 수 있는 기회를 주었다. 이는 일종의 마중물이 되었다. 모임에서는 〈햇님과 달님〉을 모티프로 한 창작극 〈이야기베개노래극 햇님달님〉을 만들었고, 2014년 7월 드디어 첫 공연을 올릴 수 있었다. 여태껏 만든 무대 중 가장 작고 퀄리티도 낮았지만 그 어느 때보다 가슴은 벅찼다. 막내를 업은 상태에서 무대의 막이 내리자, 모두가 한마음으로 눈물을 흘렸다. 한 번의 성공은 다른 성공으로 이어졌다. 다음 공연인 〈이야기베개노래극 팥죽할멈과 호랑이〉는 사람들이 너무 많이 와서 탈이었고, 학교에서 연극교실 수업을 해달라는 요청이 들어오기도 했다. 활동을 넓힐 수 있는 배경에는 '우리마을활동지원사업'이라는 배경이 있었다. 인건비, 제작비, 식비를 충당할 수 있었고, 이전까지는 무상으로 사용한 '함께 크는 우리 작은 도서관'의 공간임대비를 기부 형태로 갚을 수 있었다. 마을지원사업의 선순환이 일어나게 된 것이다. 그리고 사업이 확대되자, 아이야는 비전을 확대해 나갔다.

> "지역에서 활동영역을 넓히다 보니까, 그것으로 직업을 하는 사람으로서 수준 높은 공연을 하고 싶은 욕심이 생기더라고요. 지역 축제를 가면 항상 오는 팀들만 왔어요. 소문을 들어보면 소리를 하는 분, 인간문화재로 지정된 분도 있다는데 정작 그 사람들이 축제에는 안 오시더라고요. 저는 그래서 예술가들 사이에 네트워크도 없다는 것에 문제의식을 갖게 되었어요. 공연 가능한 공간을 발굴하고, 지역 예술가들이 거기서 공연하게 해주면 좋겠다는 생각을 했어요."
>
> – 아이야 정가람 대표

340

마침 강동구 사회적경제 생태계조성 지역특화사업단에서 사회적경제의 문화예술 분야 사업을 시행하던 때였고, 아이야는 사업단에 '골목 예술제'를 진행하자는 아이디어를 제시했다. 몇 번의 설득 끝에 2016년 1월, 드디어 골목예술제의 막이 올랐다. 젊은 팝스타부터 인간문화재 선생님들까지, 40명의 예술가들이 골목예술제에 참여했다. 결과는 성공적이었다. 주민들은 바로 눈앞에서 각종 공연들을 보면서 감동을 느낄 수 있었다. 또 예술가들에 대한 사회적 의식이 달라지면서 길에서 "어? 저번에 판소리 하셨던 분 아니에요?"와 같은 대화를 골목에서 듣게 되었다. 예술가들이 마을 속에 들어오게 된 것이다. 무엇보다 가장 큰 성과는 예술가들 사이에 네트워크가 형성된 것이다. 골목 예술제를 통해 '유쾌한 악당'이 마을공동체로 진입했고, 당시 만난 예술가들과 크고 작은 워크숍을 이어가게 되었다.

'골목 예술제'를 통해 확장된 마을 예술가 네트워크는 아이야가 형성되는 결정적인 배경이 되었다. '마을극단 밥상'은 전문적으로 공연을 하는 모임이 아니었다. 구성원 중에는 전문적으로 연극을 배운 사람도 있었지만, 대부분이 취미의 개념으로 활동을 진행했다. 그러나 예술가 네트워크가 형성되자, 보다 전문적인 인력을 확충할 수 있게 되었다. 마을극단 밥상 단원 중 공연예술을 전공한 몇 명과 2016년 2월 골목 예술제에서 만난 몇 명과 함께 '문화예술공작소 아이야'가 설립되었다. 그러나 아이야가 곧바로 '협동조합'의 형태를 갖출 수 있었던 것은 아니었다. 새로운 사람들로 새 조직을 꾸리기 위한 과정의 시간이 필요했다. 강동구사회적경제지원센터에서 시행한 '2016 협동경제 창업 인큐베이팅: 열다' 과정을 거쳤다. 창업에 대한 지식을 배울 수 있었고, 이를 기반으로 고용노동부에서 진행한 '2017사회적기업가육성가과정'도 함께 지원했다. 그런 체계적인 인큐베이팅 과정과 네크워크 확장을 통해 2017년 3월 마침내 '문화예술협동조합 아이야'라는 법인이 설립되었다.

같은 해 7월, 아이야는 강동구민회관에서 600명을 대상으로 연극을 기획했다. 가격이 무료가 아니었음에도 3일 만에 600석이 매진되었고, 네이버 예매 사이트에도 올라오게 되었다. 아이야는 이를 마을이 보내주는 응원과 격려라고 생각하고, 네트워크를 풀어 대 주민 사업을 펼치기로 결심했다. 주위에 각종 생활 동아리, 예술가들에게 '판을 깔아주는' 역할을 수행하기로 결심한 것이다. 2018년이 되면서 아이야는 마을기업으로 선정되었고, 사업을 확장해나갔다. 공연 횟수도 3번에서 33번으로 늘어났고, '강가의 숲'이라는 공간을 마을 극장과 같은 공유공간을 활용하게 되었다. 그리고 최근에는 취직에 어려움을 겪는 20대 초반의 청년 예술가와 은퇴를 앞둔 40대 중후반의 장년 예술가들을 품고 있다. 마을 내부에서 일자리를 창출하는 데 도움을 주는 것이다. 이제 아이야의 비전은 마을의 특성을 담은 콘텐츠를 만드는 것이다. 강동구에서 재건축이 이슈가 되고 있는데, 그에 대한 내용을 담은 공연인 '신나는 예술여행'을 진행하고 있기도 하다. 정가람 대표님은 다음과 같은 말을 남기며 인터뷰를 마무리했다.

"정말로 이상적인 모습은 조합원들의 역량을 키워, 조합을 나가서도 그들이 협동조합을 만들 수 있도록 도와주는 것이라 생각해요. 아직까지는 양평에 공연이 있으면 양평으로 가고, 용인에 공연이 있으면 용인으로 가요. 그런데 아이야에는 남양주, 용인에서 오신 분도 있거든요. 그들이 독립해서 '용인 아이야'와 같은 지역별 '프랜차이즈'가 있으면 좋을 것 같아요. 삶터와 일터가 일치하면 좋거든요. 예전에 구로에 살 때는 직장이 인천에 있고 주변에 아는 사람이 없어서 주말마다 다른 곳으로 놀러갔어요. 그런데 강동구에 오게 되면서 회사 동료들도 강동구에 살고 삶터와 일터가 일치하면서 삶이 풍성해졌어요. 주말에 동네 한바퀴만 돌아도 아는 얼굴을 만나고, 재미난 놀거리가 넘쳐요. 또 공연에서 봤던 사람을 실제로 보면, 아이들도 많이 신기해하고 좋아해요. 저는 아이들이 이런 풍성한 삶을 누리면 좋겠어요. 내가 사는 마을에서 다양한 삶, 이야기가 있는 삶을 보고 자라게 된다면 어른이 되어도 세상이 정해놓은 뻔한 삶을 살지 않아도 행복할 것 같아요. 그리고 사람들과의 관계가 있으면 행복해요. 어른들이 불편해도 낡은 집에 사는 이유는 동네에 사람들과의 관계와 있고, 또 자신만의 문화와 삶터가 있기 때문이라 생각해요. 저희 아이야는 동네 주민들이 끈끈하게 뭉칠 수 있게 하고, 문화예술을 통해서 마을의 이야기가 만들어가고 싶어요."

– 아이야 정가람 대표

아이야는 이처럼 지속적인 마을공동체의 성공 사례를 만들었다. 해당 모임은 지역사회 네크워크 안에서 출발해 성공적인 마을기업으로 성장할 수 있었다. 그 과정에서 많은 성공 요인들을 발견할 수 있다. 다음 절에서는 아이야의 지속성과 성공 요인을 위에서 제시한 리질리언스 모델을 통해 분석해보고자 한다.

2. 아이야의 지속성

1) 인적 자원

아이야를 성공시킨 요인 중 하나는 인적 자원에 있다. 아이야의 전신이었던 '마을극단 밥상'은 경력이 단절된 여성들의 공통된 목표를 기반으로 출발할 수 있었다. 마을공동체가 막 시작할 2013년에는 독서모임, 바느질 모임 등 취미 위주의 모임이 많았다. 30대 여성들이 단절된 자신들의 경력을 이을 수 있는 활동을 할 만한 모임은 없었다. 이에 아이야의 대표는 잃어버린 자신의 삶을 되찾자고 주장했고, 큰 호응을 얻을 수 있었다. '마을극단 밥상'은 이런 공통의 강력한 목표를 가지고 출발했다. 연극 과정에서 구성원들은 아이와 같이 연극을 준비할 수 있었고, 이런 감정적 동질성은 모임을 지속할 수 있는 요인이 되었다. 그러나 목표가 분화되면서 기존의 '마을극단 밥상'은 아이야와 분리되었다. 마을극단 밥상이 연극을 통한 자기개발과 새로운 관계 공동체 형성에 초점이 맞추고 있었다면, 아이야는 전문성과 일자리 창출에 초점을 맞추었다. 이와 같은 불일치는 일시적인 분열을 초래했다.

그러나 보다 강력한 결속 요인들이 추가되면서 아이야는 이전보다 강한 지속성을 확보할 수 있었다. 아이야에서 큰 역할을 한 인적 자원은 인적 네트워크였다. 2016년 1월에 있었던 인적 네트워크는 마을의 예술가들을 연결 짓는 강력한 사회적 자본이 되었다. 단순히 목표의 동질성뿐만 아니라, 전문성 또한 갖고 있었기 때문에 이들은 쉽게 결속될 수 있었고, 그 강력한 결속력은 아이야의 창업에 큰 도움이 되었다. 아이야 창업 이후에도 네트워크는 큰 역할을 했다. 네트워크를 바탕으로 가족끼리 생태수업도 진행하고, 워크숍도 진행하고, 마을 지도를 만드는 등 한번 형성된 네트워크는 이후의 파생된 마을공동체들을 형성하는 데 도움이 되었다. 그리고 아이야는 각종 마을공동체 사업과 서울시 마을공동체 주민모임연합사업을 이어나갔다. 공연할 때도 다른 공동체와 연합을 하거나 공모사업도 같이 지원하는 등, 아이야의 네트워크는 이후 안정적인 성장의 동력이 되었다.

2) 물리적 자원

물리적 자원은 아이야의 안정된 성장 배경이 되었다. 사회적 경제 동아리를 진행하는 동안 '마을극단 밥상'은 사회적 경제지원센터의 공간을 빌릴 수 있었다. 특히 대표님은 학습동아리와 공간 대여가 유기적으로 이루어지면서 큰 도움을 받을 수 있었다고 하셨다. 또한 강동구 사회적경제 생태계 조성 지역특화사업단을 통해서는 카페와 같은 마을의 공간을 이용해서 예술가들이 공연할 수 있도록 도와주고자 했고, 이는 '골목 예술제'가 성공하는 데 도움이 되었다. 아이야는 '강가의 숲'이라는 공간을 활용하기도 했다. 안정된 연습을 하기 위해서 공간이 필요했는데, 아이야는 이를 위해서 다른 기업과 공간을 공유하는 방법을 택했다. 두 기업 모두 항상 공간을 사용할 필요는 없었기 때문에 일주일에 시간을 정해서 서로 나누어서 공간을 사용하는 방식을 채택했다. 2017년 11월에 개관한 '강가의 숲'은 그해 서울문화재단 생활문화지원센터 디딤형으로 선정되었고, 2018년 강동구마을공동체지원센터 플랫폼지원산업에 선정되어 개관 초기에 많은 지원을 받았다. 이런 공간은 아이야 내부의 결속을 다질뿐더러 독립영화공공상영회나 월간아이야 등과 같은 생활문화 공유공간 사업을 통해 마을과 아이야를 연결하는 또 하나의 고리가 되기도 했다. 아이야는 지역의 자원도 활용했다. 연극을 진행하면서 아이야는 마을의 목공소나 의상 수선실을 이용했다. 이와 같이 마을의 자원을 활용해서 자생적인 순환 구조를 마련한 것이 아이야를 지속시키는 배경이 되었다.

3) 경제적 자원

아이야가 성공할 수 있었던 또 다른 배경 중 하나는 경제적 자원을 적절하게 활용한 것이었다. 아이야는 정부의 재정지원을 잘 활용했다. 우선 강동구 사회적경제 생태계조성 지역특화사업단에서 주민 세 명 이상이 모여 사회적 경제 학습 동아리 활동을 하면 30만 원을 3개월 정도 지원해주었다. 2013년도에 아이야는 학습동아리 3기를 신청했는데, 초기에 '마을극단 밥상' 모임이 형성, 지속되는 데 사회적 경제 동아리의 지원금은 큰 도움이 되었다. 모임이 성장하는 과정에서는 서울시마을공동체지원센터에서 지원한 '우리 마을 프로젝트'라는 사업을 활용했다. 해당 지원사업의 보조금 200만 원은 마을극단 밥상의 마중물이 되었다. 이전에는 자체재원을 조달하기에는 부담이 되었는데 정부 차원에서의 재정 지원이 이루어지자, 자체적으로 연극을 제작할 수 있게 된 것이다.

아이야를 창업하는 과정에서도 정부의 재정 지원이 큰 역할을 했다. 2016년 8월에는 협동경제인큐베이팅 '열다'에 선정이 되면서 500만 원의 지원금을 얻을 수 있었다. 또한 2017년에는 고용노동부에서 지원한 사회적기업가육성사업을 통해서는 3600만 원 정도의 지원을 받을 수 있었다. 이런 정부 차원의 재정지원은 아이야가 성장하면서 다시 사회로 환원되는 선순환 구조를 거쳤다. 우선 아이야에서는 보다 안정적인 자금을 확보하면서 더 많은 문화적 사업들을 확장할 수 있게 되었다. 이전에는 공연만 진행했지만, 지원사업을 통해 마을의 이야기를 담은 그림책을 발행하는 것과 같은 성과를 보여주었다. 또한 아이야의 예술 공연을 통해 주민들은 높은 수준의 공연을 저렴한 값에 관람할 수 있게 되었다. 협동조합으로서 아이야는 다른 공연들에 비해 낮은 가격을 책정한다. 이는 예술을 향유

할 수 있는 비용을 낮추어 주민들의 삶의 질을 높이는 데 일조했다.

자체재원 조달도 아이야의 지속성에 상당한 역할을 했다. 기본적으로 아이야는 협동조합으로 공간 운영자금과 기업 운영의 안정적인 수익구조를 갖고 있다. 다른 사회적 경제의 주체에 비해 아이야는 협동조합 이사회의 적극적인 경영참여 덕분에 적은 운영 인건비를 사용하고 있다. 이 때문에 콘텐츠를 한 번 제작하면 일정 규모의 수익을 얻을 수 있다. 또한 아이야에서는 수요층을 나누어서 연극을 제작하고 있기도 하다. 어린이, 어르신, 주부 각각에 따른 공연을 통해 수익구조를 다변화함으로써 공동체 구성원이 원하는 공연을 만드는 동시에 수익을 추구하고 있기도 하다. 마지막으로 아이야는 마을기업으로서 새로운 수요층을 흡수했다. 이미 공급이 충분히 많은 대학로의 공연들과는 달리, 아이야는 강동구에 초점을 맞춤으로써 새로운 수요를 창출했다고 할 수 있다. 이는 각종 단골 고객을 확보하고, 지역 내에서의 경쟁력을 가질 수 있게 함으로써 지속적인 수익구조를 마련하는 데 도움이 되었다. 이와 같은 아이야의 운영방식은 CSV(Creating shared value)에 해당된다고 할 수 있다. CSV는 단순히 기업의 도덕적 책무만을 강조하기 보다는, 기업의 수익구조와 사회적 책임을 함께 병행할 수 있는 구조를 형성하는 것을 목표로 한다. 아이야는 CSV방식을 통해서 지속적인 자체재원 조달을 할 수 있는 협동조합으로 성장할 수 있게 되었다.

4) 행정적 서비스

아이야를 지속시킨 근본적인 요인은 행정적 서비스라고 할 수 있다. 먼저 아이야를 처음 구상하게 된 배경에는 사회적경제 아카데미 '렛츠 쿱 강동'이 있었다. 이와 같은 지역 공동체 교육은 마을과 사회적 경제를 인식할 수 있게 도움을 주었다. 또한 강동구 마을공동체 지원실과 사회적 경제지원센터는 각종 공모사업을 지원하는데 피드백을 제공해주었다. 서울시 마을지원사업 당시 마을공동체 지원실과 사회적 경제지원센터에서 컨설팅이 이루어졌고, 이를 통해 각종 공모사업을 통한 지원을 받을 수 있었다. 사회적 경제 아카데미와 같은 교육 프로그

〈표 2〉 사이와 아이야의 지속성 요인

구성 체계		사이	아이야
인적 자원	주민역량의 수준	– 자녀 양육 – 분담을 통한 운영 – 출자회원과 살림위원회	– 경력 단절에 대한 공통된 문제의식 – 전문적인 공연에 대한 공통된 목표 – 전문가들을 중심으로 한 효율성 – 번갈아가며 임원을 하는 협동조합 방식
	주민 참여의 수준	– 계획 단계에 참여하여 친교 형성 – 자체적으로 콘텐츠 제작 – 위계를 허묾 – 절차를 간소화(SNS 이용)	– 예술가들의 네트워크 형성 – 마을공동체와의 연합사업 – 직업적 동질성에 기반을 둔 효율적 의사결정
물리적 자원	거점공간의 충분성	– 공간사업을 통한 상일동 공간형성 – 접근성이 뛰어나 여러 소모임이 등장 – 활동의 다양화, 구성원의 다양화	– 강가의 숲을 통한 공간 확보 – 공간에서 영화제 등을 통한 소통 – 골목 공연을 통한 쉬운 주민참여
	지역자원의 활용	– 학교와 정주형 도시공간 인프라	– 사회적 경제지원센터의 공간 활용 – 지역 내에서 협업하는 제작시스템
경제적 자원	정부의 재정지원 정도	– 활동비와 인건비 – 공간사업 시작 당시 물자지원 – 지원의 지속성(cf: 선거기간) – 지역 밀착형 지원이 필요	– 강동구와 서울시의 공모사업 활용 – 공모사업을 통한 연극 제작 – 재정지원을 통한 창업 성공 – 찾아가는 서비스 등의 도움 – 지원이 마을로 돌아가는 순환 구조
	자체재원 동원 역량	– 출자 회원, 회비를 통한 운영 – 지원에 의존하지 않고 운영 가능한 수준	– 수요층을 나눈 공연 제작 – 마을이라는 안정된 수요층 확보 –낮은 가변비용을 통한 규모의 경제 실현
행정적 서비스	제도적 인프라의 구축도	– 마을공동체 9년 동안 지속 – 공간 유지에 긍정적인 역할	– 다양한 공모사업 – 창업에 도움되는 다층적 지원제도
	일관적 행정 제도	– 지속적이지만 상황에 따라 변동	– 제도 간의 유기적 관계는 부족
	공동체와 관의 정보 교환 및 소통	– 아빠들의 정보력에 의한 원활한 정보교환	–다년간의 인큐베이팅과 지역 네크워크 조직의 정보교류

램을 통해서는 실무적인 역량을 키울 수 있었다. 창업을 할 때 사업계획서나 증빙자료를 작성하는 것은 중요한 능력이다. 그런데 이런 것들을 마을공동체 지원센터에서 연습할 수 있게 되면서 서류에 훈련이 되었고, 나중에는 법무사를 통하지 않고서도 직접 법인을 신고할 수 있었다고 했다. 이 이외에도 찾아가는 아카데미, 맞춤식 아카데미를 통해서 문화를 컨셉으로 하는 협동조합으로 발전한 사

례를 학습할 수 있게 하는 등 다양한 행정적 서비스는 아이야의 근본적인 토대를 형성했다. 다만 공동체 구성원에 있어 소통의 정도에서는 아이야의 케이스가 예외적이라고 할 수 있다. 아이야는 대표의 연락망 덕분에 정보에 쉽게 접근할 수 있었다. 이런 점에 입각해서 정보를 제공할 수 있는 맞춤형 활동가들을 증원해야 하고, 주민들이 센터에 느끼는 심리적인 벽을 해소해야 함을 알 수 있었다.

V. 사이와 아이야의 성공

본 연구에서는 무엇이 마을공동체의 지속성을 담보하는지를 확인하고자 했다. 이를 위해서 리질리언스 모델을 사용하여 사이와 아이야의 사례를 분석했다. 리질리언스 모델이란 마을공동체의 지속성을 확인하기 위해 설계된 모델이다. 이러한 모델을 통해 성공적인 두 사례를 분석하여 지속성을 가능하게 한 성공요인이 무엇인지를 확인하는 것이 본 보고서의 목표이다.

분석 결과, 사이와 아이야는 모두 인적 자원, 물리적 자원, 경제적 자원, 행정적 서비스의 네 가지 요소를 잘 활용했고, 이는 리질리언스에 도움을 주었다. 〈표 2〉를 보면, 사이와 아이야는 네 가지의 지속성 요인을 적절하게 확보하였다. 먼저 사이는 자녀 양육이라는 명확한 공통의 목표를 중심으로 자발성을 획득했다. 주민들이 자체적으로 모임을 운영하며 인적 자원의 지속성을 확보한 것이다. 물리적 자원에서는 공간을 만들면서, 모임의 다각화를 시도했다. 이 과정에서 학교와 정주형 도시 공간이라는 지역적 특징을 활용한 점도 주목할 만하다. 더불어 정부의 재정지원을 받는 한편, 높은 자체재원 동원 역량을 통해 경제적 자원에서 지속성을 확보했다. 이 과정에서 행정적 서비스가 큰 역할을 한 것은 물론이다. 사이의 경우에는 공모사업이 처음 시작된 2012년에 만들어져, 지금까지 행정적 서비스의 도움을 받고 있다.

한편 아이야는 경력단절과 전문적인 공연에 대한 목표를 바탕으로 인적 자원의 지속성을 확보했다. 예술가들의 네트워크를 형성하여 기존 극단과 다른 방식을 고안한 것도 흥미롭다. 또한 공간이라는 물리적 자원을 통해 지속성을 확보했고, 지역 내 공동체 조직과 협업하여 지역자원을 활용한 점도 도움이 되었다. 그리고 아이야는 공모사업을 통한 정부의 지원을 적극적으로 활용하는 한편, 협동조합을 통해 자체재원 동원 역량을 길러내어 경제적 자원을 확보했다. 더불어 아이야가 지속성을 가지는 데에 있어 행정적 서비스도 다층적 지원제도를 마련한 등 기반 형성에 도움이 되었다.

공간의 확보와 사회적 경제의 연계는 사이와 아이야가 지속성을 획득하는 분기점이 되었다. 이 과정이 기점이 되어 인적 자원, 물리적 자원, 경제적 자원이 리질리언스를 강화시키는 방향으로 변화한 것이다. 먼저 사이는 공간 사업을 통해 성격이 변화되었다. 이전에는 모임의 참여자가 아버지 모임의 참여에만 머물렀다. 하지만 공간이 생기면서, 아버지 이외의 가족 구성원뿐 아니라 마을의 다양한 인원이 공동체에 참여할 수 있게 되었다. 공간을 통해 아버지 모임 중심에서 마을 중심으로 조직이 변화한 것이다. 또한 공간을 통해 살림위원회와 같은 체계적인 소통 체계가 구축되면서, 구성원의 자발성이 증진되었다. 공간의 확보는 조직의 안정성에도 기여했다. 사이의 박철민 대표와의 인터뷰에도 서술했듯이, 구성원은 지속적으로 공간의 문제를 느끼고 있었다. 아빠들의 모임이기 때문에 퇴근 이후 늦은 저녁 시간이 모이는 상황에서, 공간 확보에 어려움이 있던 것이다. 이에 따라 공간이라는 물리적 자원을 확보되면서, 조직의 안정성이 강화된 것이다. 더불어 공간을 만들면서, 출자위원회를 중심으로 한 이사회가 조직되고, 자발적으로 공간에 대한 비용을 동원하게 되면서 자체재원 동원 역량이 증진되었다. 공간을 만드는 과정에서 구성원들이 경제적 자원을 확보하게 된 것이다.

아이야는 사회적 경제의 창업 방식 중 하나인 협동조합으로 창업을 하면서, 지속성을 획득할 수 있다. 먼저, 인적 차원에서 협동조합을 통해 전문가들의 네트워크를 확보할 수 있었다. 이전에는 경력 단절된 여성들의 사회 참여가 목적이었기에 구성원들의 꾸준한 참여가 부족했다. 또한 전문성 부족으로 모임의 성장이 어려웠다. 하지만 협동조합으로 전환되면서 전문가들이 확충되었고, 이에 따라 구성원들의 전문성과 책임성이 담보되었다. 물리적 자원에서도 창업 이후 강가의 숲 공동체 공간을 마련하여 모임의 안정성을 확보할 수 있었다. 사이와 마찬가지로 공간이 구심점의 역할을 하게 된 것이다. 더불어 사회적 경제와의 연계를 통해 물리적 자원을 안정적으로 확보할 수 있게 되었다. 이전에는 공모사업으로 모임이 지속되었기에 재정의 독립성이 부족했다. 하지만 협동조합을 창업하게 되면서, 이윤창출 구조를 확보하게 되었고, 자체재원 동원 역량도 확대되었다.

이렇게 사이와 아이야는 공간 사업과 사회적 경제를 통해 모임에 지속성을 확보하는 방향으로 전환되었다. 이러한 과정에서 관은 지속적으로 도움을 주며 전환을 도왔다. 먼저 관의 재정 지원을 통해 사이와 아이야는 경제적 자원에 있어 지속성을 확보할 수 있었다. 사이의 경우, 공간을 처음 마련하는 단계에서 관의 지원을 받았다. 사이의 구성원들이 출자 위원들을 모집하여 운영금을 모은 것과 별도로, 강동구 마을지원센터에서는 비용이 높은 장비들을 초기 1년간 지원하였다. 이후부터는 매년 내구성 1년 이하의 장비와 인건비를 지원하고 있다. 공간 마련 후 사이는 대부분의 운영 비용을 구성원들의 회비, 행사 참가비 등으로 충당하고 있으며, 이를 보완하기 위해 공간 공유 사업 등의 추가적 방안을 모색 중에 있다. 한편 아이야는, 협동조합을 창업하는 단계에서 협동경제인큐베이팅 사업, 사회적기업가육성사업 등 관에서 주도하는 사업들의 지원금을 동원할 수 있었다. 이를 통해 안정적인 초기 자금을 확보하여, 자체재원 조달을 위한 수익구조의 마련으로 이어질 수 있었다.

재정 지원 이외에 지속적인 행정적인 서비스도 두 마을공동체의 전환 과정을 도왔다. 먼저 사이는 관의 공모사업 중 2017년 신규 개설된 공간 사업에 선정되어 계속해서 지원을 받았다. 강동구의 공간 사업이 단순 공간 지원사업보다는 마을 플랫폼 구축으로 흘러감에 따라, 사이의 운영 방향도 이에 영향을 받아 공간 플랫폼화 단계에 있다. 한편 아이야는 창업 단계부터 공모사업을 통한 지원뿐 아니라 사회적 경제에 관한 컨설팅 및 사회적 경제 아카데미 같은 교육을 통해 실무적 역량을 키울 수 있었다. 또한, 사이와 아이야 모두 기존의 인적 네트워크를 활용하여 관의 정보를 신속히 얻을 수 있었다.

이렇게 사이와 아이야는 네 가지의 리질리언스 구성 체계에서 지속성을 확보하며 성공적인 마을공동체의 사례가 되었다. 이 과정에서 두 사례는 강동구의 행정적 지원을 꾸준히 받으며 지속적인 공동체로 발돋움했다. 그러나 두 사례의 성공요인은 보편적으로 적용될 수 없는 측면도 있다. 예를 들어, 강동구의 행정적 서비스나 재정 지원은 다른 사례에도 적용이 가능하다. 하지만 사이는 학부모 사이의 레포 형성을 통한 단결이 공간을 마련하는 데 핵심적인 동력이 되었고, 아이야의 경우에는 경력이 단절된 여성들 사이의 심리적 공감대 형성이 중요한 요인이 되었다. 이처럼 단순히 객관적, 물리적 요인보다도, 공동체를 형성해 나가는 과정 속에서 구성원 사이의 심리적 공감대 형성은 중요한 요인이 되었다. 이런 공감대 형성을 기반으로 한 리더십은 사이와 아이야가 지속적인 공동체로 발전해 나가는 기반 중 하나였다. 그러나 이런 공감대 형성이 자연적으로 발생하는 것을 기대하기는 어렵기 때문에 관이 해당 부분을 담당할 필요가 있다. '주민적 차원의 공감대'라는 내집단 의식을 기반으로 리질리언스의 요소들이 도입되어야 하는 것이다. 다만 다른 연구 용역의 교육 및 축제에 대한 제언이 내집단 의식을 향상시키는 방안이라고 생각되기에, 본 보고서는 성공 요인을 강동구의 전반적인 마을공동체 공모사업에 적용할 수 있는 방안을 제언하며 마무리하고자 한다.

VI. 지속가능한 마을공동체를 꿈꾸며

1. 인적 자원

구성원 간 공통의 목표, 문제의식 및 공감대를 바탕으로 한 인적 자원은 마을공동체의 지속성을 높이는 핵심 요인 중 하나이다. 아이야는 강동구 사회적경제 생

월요일	문화예술의 날
화요일	교육의 날
수요일	미디어의 날
목요일	자영업의 날
금요일	강동구 페스티벌

태계조성 지역특화사업단에 '골목 예술제' 아이디어를 제시하고 개최하였는데, 이 행사는 지역 내 예술가들이 모여 장기적 네트워크를 구축할 수 있는 계기를 마련해주었다. 이를 고려하여 관 차원에서 사람들의 네트워크 형성을 돕는 촉진 자의 역할을 할 것을 제언한다. 이를 위한 방안은 강동구청과 중간지원조직들이 협력하여 주최하는 '강동구 네트워크위크'이다. '강동구 네트워크위크'는 일주일 간 진행되며, 매일 다른 분야별로 네트워크 행사를 진행하고, 마지막 날에는 강동구 전체를 대상으로 하는 네트워크 행사 '강동구 페스티벌'로 마무리되는 식으로 진행할 수 있다. '강동구 네트워크위크'는 지역 내 여러 곳에 흩어져 있는 공동의 목표와 관심사를 가진 이들의 만남의 장을 제공하여 교류의 기회를 증대하고, 이를 통해 구축된 네트워크를 통해 새로운 마을공동체가 형성되거나 기존 마을공동체가 지속되는 것을 돕는다는 기대 효과를 가진다.

다음으로, 강동구 마을공동체지원센터에는 지역의 커뮤니티를 발굴할 수 있는 지역맞춤형 마을활동가들을 증대할 것을 제의한다. 이러한 맞춤형 마을활동가들의 주요 목표는 관의 정보를 민간에 알리는 것뿐만 아니라, 동 단위의 지역을 담당하여, 담당 지역 내 학교와 주택들을 돌아다니며 기존의 지역 모임들을 찾아 마을공동체 네트워크로 끌어들이는 것이다. 학교와 주택 위주로 활동하는 이유는 일상생활과 밀접한 문제의식을 나눌수록 사람들의 결집력이 강할 것이기 때문이다. 예를 들어, 기존에 존재하는 지역의 교회 커뮤니티에서 청소년 교육에 관심이 있는 이들을 마을활동가가 관련 마을공동체와 이어줄 수 있다. 따라서 활동가들은 관과 민을 이어주는 동시에 민과 민을 이어주는 역할을 한다. '강동구

352

네트워크워크'와 지역맞춤형 마을활동가는, 관이 관계 만들기에 직접적으로 개입하는 것보다는 민간 네트워크가 자연스럽게 형성될 수 있는 환경을 조성해줌으로써, 보다 효과적인 인적 자원의 증대로 이어진다는 기대 효과를 가진다.

2. 물리적 자원

사이와 아이야는 모두 '공간'을 가지고 있었다. 사이는 공간사업을 통해 상일동에 공간을 형성했고, 아이야는 '강가의 숲'이라는 공간을 마련했다. 사이와 아이야에서 공통적으로 보이는 물리적 자원인 공간은 마을공동체의 지속성을 높이는 핵심적인 요소이다. 이에 연구진은 마을공동체가 물리적 자원을 확보할 수 있는 방법으로 매칭펀드, 공유경제의 두 가지 방법을 생각해보았다.

1) 공간 매칭펀드(Matching Fund)

매칭펀드는 투자에 관련해서 사용되고 있는 용어로, 어떤 사업을 진행할 때 국가가 대응적 보조금을 지원을 해주는 시스템을 의미한다. 가치가 불안정하게 변동하는 다른 무형 자산들과는 달리, '공간'은 부동산으로서, 상대적으로 그 가치가 안정되어 있다. 그렇기에 관 차원에서 매칭펀드를 시행하게 된다면, 민간의 금전적 부담을 덜어줄 수 있고, 또한 향후 자금을 안정적으로 회수 받을 수도 있을 것이다. 매칭펀드를 시행했을 때의 예시를 들어보겠다. 모임에서 6000만 원 정도의 자금을 확보했다고 하자. 그러면 관에서는 그에 상응하는 만큼의 보조금, 6000만 원을 보조해준다. 민은 이를 기반으로 공간을 얻어, 모임을 진행할 수 있을 것이다. 관 또한 공간의 지분을 50% 가지게 될 것이다. 그러면 이후 모임이 출자금액을 높여 나머지 관의 지분을 사들인다면, 관은 다시 6000만 원에 해당되는 금액을 기반으로 다른 공간에 재투자를 할 수 있을 것이다. 그리고 설령 모임이 와해되더라도 1:1의 비율로 보조를 해준 것이기 때문에, 관은 원금을 회수할 수 있을 것이다. 이처럼 안정된 자산인 '공간'에 대해 관에서 매칭펀드를 해준다면,

지속가능한 마을공동체를 위한 마중물이 될 수 있을 것이다. 이때 매칭펀드는 단순히 사업 계획서만을 제시하는 방식으로 이루어져서는 안 된다. 단순히 지원금만을 생각하고 공간사업이 진행될 폐해가 있기 때문이다. 대신, 주민들에게 어떤 공간이 필요한지 물어보는 '지정공간공모사업'의 방식을 이용하거나, 주민들이 온라인 플랫폼을 이용하여 필요한 공간을 투표해서 선택하는 방식의 '공간 프로듀스 사업'을 함께 병행한다면, 보다 마을에 필요한 공간들이 많이 만들어질 것으로 기대가 되고 있다.

2) 공간 공유경제

위에서 제시한 매칭펀드를 보완하기 위해 제시하는 아이디어가 공간 공유경제이다. 에어비앤비나 우버 등으로 대표되는 공유경제는, 공유를 통해 유휴자원을 효과적으로 이용하는 방법이다. 강동구에서도 공유경제를 통해 효과적으로 사회적 자원을 확보할 수 있을 것이다. 아이야의 인터뷰를 통해 '강가의 숲'이라는 공간은 요일별로 두 공동체가 사용하는 공간임을 알 수 있었다. 원래대로였다면 하나의 공동체만 들어갈 수 있던 공간을 두 개의 공동체가 사용할 수 있게 된 것이다. 이에 입각해서 연구진은 '강동 비앤비'를 제시해보고자 한다. 강동구에는 소셜타운이나 성내 아울터와 같은 공간들이 있기는 하지만, 이는 공적 공간의 성격을 갖는다. 관계성이 지속되기 위해서는 공간에 정체성을 붙일 수 있는 사적 공간이 필요하다. '강동 비앤비'를 통해서 강동구 내에 존재하는 유휴 공간을 1년 단위로 이용할 수 있게 한다면, 공간 정체성을 통해 모임의 지속성이 강화될 수 있을 것이다. 또한 비슷한 분야의 일을 하는 공동체끼리 공간을 공유한다면, 네트워크 효과를 통해 인적 자원도 증진시킬 수 있을 것이다.

3. 경제적 자원

경제적 자원 또한 공동체의 지속성에 있어 핵심적인 요소이다. 아이야의 경우 마을공동체 단계에서 사회적기업으로 변환함에 따라 자체재원조달 능력이 증가했고, 리질리언스가 높아졌다. 한편 사이는 출자회원이라는 자체재원조달 역량을 바탕으로 모임을 지속시켜 나갔다. 경제적 자원은 이처럼 중요한 요소이지만, 자체재원조달 능력을 향상시키기는 어렵다. 이에 연구진은 경제적 자원을 증진시킬 수 있는 방법으로 '크라우드 펀딩'과 '창업 안전망 제도'를 제시한다.

1) 크라우드 펀딩(Crowdfunding)

크라우드 펀딩은 창의적인 아이디어나 사업계획을 가지고 있는 기업가 또는 개인이 중개업체를 통해 사업계획을 제시하고, 이에 공감하는 다수의 소액투자자로부터 사업자금을 조달받는 방식을 의미한다.[6] 위에서 사회적 자원 중 하나인 공간과 달리, 사회적기업은 안정된 가치를 가졌다고 평가하기는 어렵다. 그렇기에 접근법에도 관이 민을 이끌어가는 형태의 매칭펀드 방식보다도 민간이 주도적으로 관여하는 크라우드 펀딩 방식이 더 효율적인 것이다. 관은 크라우드 펀딩을 위한 플랫폼을 마련하는 역할을 하면 된다. 크라우드 펀딩을 원하는 기업들을 모집한 다음, 관 차원에서 적합성을 심사하고, 이를 크라우드 펀딩 플랫폼에 올려서 민이 선택하도록 하는 구조를 만들면 된다. 크라우드 펀딩은 기본적으로 소액투자이므로, 주민들이 투자에 부담을 느끼지 않을 수 있다. 또한 단순히 투자의 목적보다는 그 가치에 투자를 하는 것이므로, 같은 공간을 향유하는 '마을기업'의 취지에 잘 부합할 수 있다. 그리고 투자자들에게는 사회적기업의 공간을 이용할 수 있는 기회 같은 인센티브를 부여함으로써 공동체를 확장시켜나갈 수 있는 선순환 구조를 만들 수 있을 것이다.

2) 창업 안전망 제도

많은 사람들이 창업에 앞서 느끼는 것은 실패에 대한 두려움이다. 실제로 사회

---

6.   이채린·이정훈·신동영. 2015. "Crowdfunding 활성화를 위한 투자자 동기요인 분석." 『한국전자거래학회지』. 제20권 1호. 138-139쪽.

〈사진 3〉'강동비앤비' 예시   〈사진 4〉크라우드 펀딩 예시

적기업 중에서도 지원이 끊기자 실패한 경우가 있고, 이 때문에 많은 사람들이 마을공동체 활동 모임을 본격적인 창업으로 발전시키기를 꺼려하고 있다. 관에서는 이를 위해 〈창업 이모작〉과 같은 아카데미를 통해 재기의 기회를 주어야 한다. 단순히 초창기 지원에 힘쓰기보다는, 지원이 끊긴 후 실패한 원인을 분석하고, 지속가능성에 대해 평가해주는 제도를 생각해볼 수 있다. 또 다른 방법으로는 내구재에 대한 부담을 관에서 덜어주는 방식이 있다. 생산설비나 기계와 같은 내구재는 사회적기업에 있어 초기에 금전적 압박을 느끼게 하고, 또 창업에 실패한 이후에도 재고로 남아 애물단지가 되기도 한다. 관 차원에서 이런 내구재들을 종합적으로 관리하거나, 공유경제의 방식으로 내구재를 활용할 수 있도록 한다면, 고정비용이 줄어들 수 있다. 이와 같이 창업에 리스크를 덜어주는 제도들은 사회적 경제의 확대를 도와줄 수 있을 것이다.

4. 행정적 서비스

사이와 아이야는 관의 행정적 서비스에 대한 정보를 발 빠르게 알아보고 공동

〈사진 5〉 '강동의 밤' 예시 (진행 방식)

Startup Alliance. 2017년 3월 28일.
*위는 참고용으로 사진의 내용은 본 연구와 무관함

체의 목적에 맞게 활용하여 그들의 지속성을 높였다. 그러나 이를 다른 관점에서 생각해보면, 정보 습득력이 높은 소수의 마을공동체만이 집중적으로 혜택을 받을 수도 있다는 위험성을 시사한다. 따라서 강동구는 더 많은 마을공동체들이 지속성을 얻도록 돕기 위해 정보 소통 창구를 다양화할 필요가 있다. 이에 질의응답 위주의 간담회인 '강동의 밤'을 제안한다.

  '강동의 밤'은 강동구청, 강동구 마을공동체 지원센터, 그리고 강동구 사회적경제지원센터의 직원들과 강동구민들이 참여하는 간담회로, 익명 채팅 서비스를 활용한다는 특징을 가진다. 카카오톡의 오픈 채팅 기능을 통해 실시간으로 질문을 받아 그 내용을 프로젝터를 통해 전체 참여자들에게 공개하고, 질문들을 관의 담당자들이 바로바로 응답하는 식으로 진행한다. 간담회는 강동구 마을공동체 지원센터 홈페이지의 메인 화면에서 실시간으로 방영되도록 하여, 직접 참여하지 않는 사람들도 간담회를 시청하며 실시간으로 질문을 할 수 있도록 한다. 이러한 형식의 간담회는 질문을 익명으로 물어볼 수 있어 부담을 줄이고, 오프라인과 온라인으로 진행하여 참여대상자의 범위를 넓히고, 실시간으로 진행됨에 따라 관의 정보 전달과 교류를 보다 명확하게 할 수 있다는 장점이 있다.

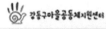

〈사진 6〉 '강동의 밤' 예시(웹사이트)

참고문헌

구경하. 2016. 『정부 주도 마을 만들기 활동의 지속성』. 서울대학교 석사학위논문.

여국희. 2018. "마을공동체의 발전 동태와 리질리언스: 적응 사이클 모델을 적용한 사례연구." 『한국자치행정학보』. 제32권 1호.

이채린·이정훈·신동영. 2015. "Crowdfunding활성화를 위한 투자자 동기요인 분석." 『한국전자거래학회지』. 제20권 1호.

한그루·하현상. 2019. "마을공동체 사업의 지속성에 대한 영향요인 분석: 리질리언스 시각을 통한 체계적 접근의 시도." 『지방정부연구』. 제23권 1호.

Startup Alliance. 2017년 3월 28일.
　　https://www.flickr.com/photos/124988585@N04/33537310332/
　　(검색일: 2019.06.27.).

제8장

연세대학교
세계화시대의 로컬거버넌스

수업 개요

수업 명	연세대학교 글로벌인재학부 〈세계화시대의 로컬거버넌스〉		
교수자명	허재영	수강 인원	20명
수업 유형	전공선택	연계 지역/기관	연세대학교 고등교육혁신원

수업 목적

그동안 지역정치는 서울특별시와 연세대학교가 속해 있는 서대문구 등 기초자치단체가 중심이 되어서 운영
해나갔던 방식이었다. 그러나 세계화시대를 맞이하여 신촌의 핵심 구성원인 연세대학교 학생들의 역할을 찾
아내고 지역공동체 형성을 위해 노력하고자 한다. 특히, 협력적 로컬 거버넌스 구축과정에서 상대적으로 소
외 받아왔던 외국인 학생들의 눈높이에 맞는 콘텐츠 개발을 통해 지역 구성원으로서 정체성을 찾는 것을 목
표로 한다.

주요 교재

강명구. 2017. 「지역개발론」. 박영사.
김의영·송경재·미우라 히로키. 2013. 「지구화 시대, 한국의 거버넌스와 시민사회」. 한다D&P.
김의영. 2015. 「거버넌스의 정치학: 한국정치의 새로운 패러다임 모색」. 명인문화사.
김의영. 2015. 「동네 안의 시민정치」. 푸른길.
이종수. 2015. 「공동체: 유토피아에서 마을만들기까지」. 박영사.
이태동. 2017. 「마을학개론: 대학과 지역을 잇는 시민정치교육」. 푸른길.
이태동. 2018. 「우리가 만드는 정치: 동네 민주주의 실현」. 청송미디어.
박상필. 2018. 「로컬 거버넌스의 성공모델」. 대영문화사.

수업 일정

제1주: 강의 소개 및 프로젝트 팀 구성(6개 팀)
제2-3주: 로컬 거버넌스
제4주: 생활정치와 지역-대학 파트너십 교재: 이태동. 2017. 「마을학개론: 대학과 지역을 잇는 시민정치교
육」. 푸른길.

제5-7주: 시민정치 이론에 관한 교재 학습

교재: 김의영. 2015. 「동네 안의 시민정치」. 푸른길; 이태동. 2017. 「마을학개론: 대학과 지역을 잇는 시민
정치교육」. 푸른길.

　*프로젝트 팀별로 매주 활동일지 작성 및 보고서 프로포절 제출.

제8주: 중간시험

제9-12주: 로컬 거버넌스 관련 사례 연구

교재: 김의영. 2015. 「동네 안의 시민정치」. 푸른길; 이태동. 2017. 「마을학개론: 대학과 지역을 잇는 시민
정치교육」. 푸른길.

제13주: 프로젝트 팀 보고서 중간발표

　*프로젝트 팀별로 수정사항 반영.

제14-15주: 프로젝트 팀 보고서 최종발표

프로젝트 개요 및 결과

팀 프로젝트는 수업에서 다룬 로컬 거버넌스, 생활정치, 공동체 만들기 등 이론적 학습을 바탕으로 하여 서울
특별시 및 신촌 지역 공동체 형성에 기여할 수 있는 콘텐츠를 발굴하고, 이에 대한 예시모델을 제시하고자 한
다.

6개 팀이 각각 외국인들이 주로 거주하는 지역과 학교에서 생활하는 데 필요한 콘텐츠를 개발

1. 외국인을 위한 서울특별시 버스 정보 제공 개선방안
2. 연세대학교 외국인 유학생들을 위한 교내·외 생활 가이드라인 소책자 제작
3. 외국인 유학생의 학교생활 적응의 문제점과 해결방안
4. 신촌의 새로운 탄생, 차이나타운 개발
5. 외국인 유학생을 위한 의료서비스 지원방안
6. 외국인 유학생이 참여하는 서대문구 내 사회봉사 활성화

외국인 유학생의 시선으로, 경계인을 넘어서

연세대학교 글로벌인재학부 교수 허재영

연세대학교 글로벌인재대학의 학생들은 초중고 12년 교육과정을 해외에서 이수한 한국 국적의 학생들과 부모 모두 외국인인 외국 국적의 학생들로 구성되어 있다. 한국사회의 문화보다 다른 국가의 문화에 익숙한 학생들이 핵심 구성원이라 할 수 있다. '세계화시대의 로컬거버넌스' 수업은 연세대학교 글로벌인재대학 국제통상전공의 전공선택 과목으로서 다음과 같은 특징을 가지고 있다.

첫째, 수강생들이 지역사회의 구성원으로서 역할을 적극적으로 할 수 있도록 로컬거버넌스 개념에 대한 이해를 시도했다. 공공기관, 지방자치단체의 정책을 무비판적으로 수용하는 것이 아니라 지방자치단체, NGO, 학교, 기업 등 지역사회 구성원들이 수평적인 위치에서 공동의 목표를 실현하기 위해 정책개발에 일정한 역할을 함으로써 각 행위자들 간 상호협력하는 로컬거버넌스의 핵심개념을 익힐 수 있게 하였다.

둘째, '세계화시대의 로컬거버넌스' 수업은 이론 학습 중심의 수업으로부터 탈피하여 이론과 경험활동을 병행하는 지역사회경험학습(Commnunity Based Learning: CBL) 수업으로 진행되었다. CBL 수업을 통해 자기주도적 학습능력을 배양하고, 전공지식을 지역사회에 적용하는 실천적 활동을 꾀함으로써 지역사회에 대한 이해를 높일 수 있도록 수업을 설계하였다. 수강생들이 직접 발로 뛰면서 콘텐츠 개발에 집중할 수 있도록 경험활동 시간을 탄력적으로 운용하였다.

셋째, 재외국민 학생들과 외국인 유학생들의 눈높이에서 지역공동체 형성에 도움이 될 수 있는 콘텐츠를 개발할 수 있게 했다. 다른 단과대학과 달리 12년 이상을 외국에서 생활을 한 학생들로 구성되어있는 글로벌인재대학의 학생들은 한국 문화에 적응하는 데 어려움이 적지 않다. 문화적 차이로 인한 어려움을 겪고 있는 학생들의 입장이 반영되어야, 진정한 로컬거버넌스를 실현할 수 있기에 이들이 직접 경험에서 느꼈던 생각들을 바탕으로 콘텐츠를 내놓았다.

이 수업을 통해 집중적으로 발표된 팀 프로젝트 성과물은 주로 경계인의 위치에 머물고 있는 외국인 유학생들의 시선으로 본 지역 공동체 회복을 위한 것들이다. 2018년 교육부 발표에 따르면, 2015년 이후 가파르게 증가하고 있는 한국 내 외국인 유학생은 14만 명을 넘어섰다. 이와 같은 외국인 유학생의 양적 증가에도 불구하고, 외국인 유학생들을 위한 지원 프로그램은 태부족인 실정이다. 수강신청, 학사관리, 기숙사 등과 같은 교내생활과 관련된 것들뿐 아니라, 병원 및 대중교통과 같은 일생생활과 관련된 것들까지 다양한 부분에서 외국인 유학생들을 위한 제도적 인프라는 턱없이 부족하다.

결국, 외국인 유학생들이 한국 사회에 적응을 잘할 수 있도록 하는 것이 결국 지역사회 발전의 밑거름이 될 수 있기 때문에, 이 수업의 목표는 지역사회의 핵심 구성원이지만 그동안 경계인에 머물렀던 외국인 유학생들이 직접 지역사회 내 공동체 형성과 회복을 위한 프로젝트를 발굴할 수 있도록 하는 것이었다.

이 수업을 CBL 수업으로 진행한 것은 무엇보다 학생들이 직접 현장을 느껴보라는 취지에서였다. 외국인 학생들이 주로 폐쇄적 커뮤니티 활동에 머무르는 것을 떨쳐내야만 개방적 커뮤니티를 나아갈 수 있다고 판단했고, 모든 프로젝트팀이 서대문구 내 혹은 인접한 많은 대학교(이화여자대학교, 서강대학교, 홍익대학교, 명지대학교 등)들의 다른 외국인 유학생들과의 면접조사를 통해 외국인 유학생들이 겪고 있는 어려움을 가감 없이 듣고자 했다. 이러한 활동은 프로젝트 보고서를 작성하고 콘텐츠 개발을 하는데 학생들의 정서적인 만족도를 향상시킬 수 있었으며, 소극적인 참여자의 위치에서 적극적인 참여자로 위치로 서서히 변해가는 모습을 확인할 수 있었다는 점이 이 수업의 가장 큰 성과였다.

6개 팀의 과제가 모두 인상적이었지만 그 중에서도 "외국인을 위한 서울특별시 버스정보 제공 개선방안", "연세대학교 외국인 유학생들을 위한 교내·외 생활 가이드라인 소책자 제작"을 주제로 한 팀이 돋보이는 아이디어를 제시했다. 먼저, 버스 정보제공 개선 방안을 제시한 팀은 왜 외국인들이 버스를 많이 선호하지 않는가라는 질문에 대한 답을 찾기 위해 서울시 버스 정보 제공에 대한 현지조사를 실시하였고 그 결과 중국어, 일본어는 물론이거니와 공용어라 할 수 있는 영어바탕의 안내조차도 이루어지고 있지 않다는 점을 발견했다. 이러한 문제점을 개선하기 위해, 버스 내 정보전달, 정류장 정보전달, 언어적 장벽을 극복할 수 있는 실천적인 아이디어를 발표했다.

또한, 외국인 유학생들을 위한 생활가이드 북 제작 팀은 관광을 하러 온 외국인과 유학을 목적으로 온 외국인에 대한 정보제공이 차별화되어야 한다는 문제의식을 가지고서 외국인등록절차, 아르바이트 구하는 법, 동아리 가입 안내, 유학생 고민게시판 등에 대한 유학생활에 실질적으로 도움이 되는 책자 구성을 위해 노력했다. 물론, 환전, 병원 및 교통 안내와 같은 가이드 책자는 이미 여러 단체에서 제작하고 배포하고 있기 때문에 이와는 달리 차별성을 부각시킬 수 있는 내용들로 제작하는 아이디어를 내놓았다.

이외에도 많은 팀들이 좋은 아이디어를 제출하였는데, 기본적인 문제의식은 빠르게 증가하고 있는 외국인 유학생 수에 비해 이들을 한국 사회에 쉽게 적응할 수 있도록 지원할 수 있는 체계적인 안내 혹은 프로그램이 부족하다는 점이었다. 한국의 학령인구 감소와 등록금 동결 문제가 지속되면서 적지 않은 학교들이 외국인 유학생 유치에 사활을 걸고 있는데, 외국인 학생들의 입장을 충분히 반영하여 실질적인 발전을 꾀하지 않고 단순히 양적 팽창에만 신경 씀으로써 발생할 수 있는 부작용에 대한 우려가 담긴 날카로운 문제의식들을 찾아볼 수 있었다.

특히, 이러한 프로젝트를 통해 학생들이 그동안 방관자 혹은 경계인으로 생활했던 타성(惰性)을 벗어나서 능동적인 행위자로서 역할의 의미를 깨닫기 시작했다는 점을 평가하고 싶다. 단순히 학위를 마치고 떠나는 곳이 아닌 후배 외국인 유학생들을 위해서라도 반드시 제도적으로 보완되어야 할 것들에 대한 숙고를 할 수 있었고, 교내 다른 학생들과의 교류 역시 빈번해지면서 학교와 지역에 대한 애정을 가지게 되는 것을 목격할 수 있었다.

외국인 유학생들의 증가로 인해 대학과 지역의 분위기는 빠르게 변화하고 있는데, 이들을 지원할 콘텐츠는 부족하다는 점이 곧 우리가 속해 있는 지역과 대학의 공동체 와해 문제로 이어질 수 있다는 점에서 매우 신중하게 접근해야 할 부분이다. 특히, 외국인 유학생뿐 아니라 외국인 집단에 대한 우리 사회에 편견이 여전히 곳곳에 머무르는 것을 확인할 수 있었는데, 이러한 것을 모른 채 넘어갈 것이 아니라 지역과 대학, 그리고 일반시민 모두가 적극적으로 참여하여 제도와 문화에 대한 차이를 이해하고, 이러한 차이를 좁혀갈 수 있는 협력적 로컬거버넌스를 창출해내는 것이 중요하다. 무엇보다 외국인 유학생들과 지역, 그리고 학교가 쌍방향적인 관계를 맺고, 그 관계를 발전시켜나가는 것이 중요한데 그동안은 부족한 콘텐츠를 일방향적으로, 그리고 수직적으로 제공하여 그들을 경계인 지위에 머무르게 하지 않았는지 진지한 반성이 필요한 시점이다.

마지막으로, 이 수업을 진행하면서 어려웠던 점은 아무래도 한국어에 능숙하지 않은 학생들이 조 모임과 보고서 작성하는 데 있어 힘겨움을 느끼는 경우가 종종 있었다는 것과 지역사회 경험활동 시간이 생각보다 많이 소요됨으로써 학생들이 부담감을 갖는 경우가 적지 않았다는 점이다. 이 부분에 대한 부담을 낮추기 위해서는 현장학습의 비중을 조금 줄여야 하는데, 그렇게 될 경우 CBL 수업의 목적을 달성하기 쉽지 않다는 점과 상충되기 때문에 이를 적절하게 관리할 묘안에 대해 앞으로도 지속적으로 고민해봐야 할 점이라 생각된다.

외국인을 위한 서울특별시 버스 개선 방안

연세대학교 글로벌인재학부 국제통상전공

Mami Nagao, 박성은, 최유향

I. 들어가며

　대한민국의 전 국토 면적의 0.6%밖에 안 되는 서울특별시에는 대한민국의 전체 인구의 약 5분의 1에 해당하는 990만 명이 살고 있다. 수도권까지 포함하면 전체 인구의 절반인 약 2500만 명이 서울특별시에서 직, 간접적으로 살고 있다 (권용민, 2017).[1] 그만큼 서울특별시는 사람들이 편리하게 이동할 수 있게 대중교통을 개발하였고 지속적으로 개편을 하는 데 노력하고 있다. 특히 서울특별시의 버스에 관해서는 현재 마을, 간선, 지선, 광역 그리고 공항버스로 종류가 나누어져 있는데 2012년 기준으로 시내버스와 마을버스를 합쳐 이용한 사람은 하루에 평균 573만 명이었으며 서울특별시 전체 인구의 반을 넘는 수치를 기록했다

1.　권용민. 2017. 「2004년 서울특별시 대중교통개편이 가구의 교통비 지출에 미치는 영향」. 서울대학교 석사학위논문. 1쪽.

(장동욱, 2016).[2] 지하철에 비해 노선이 상당히 다양하고 지하철로는 환승이 필요한 장소에 환승 없이 갈 수 있는 편리한 서울특별시의 버스는 서울특별시 시민들에게 대중교통 수단으로서 큰 역할을 갖고 있다고 할 수 있다.

그러나 그 반면에 우리가 외국인의 입장에서 대한민국의 대중교통을 봤을 때 정착한 지 3년이 지난 오늘도 버스를 타는 것을 피하려고 하는 경향이 있다. 버스는 지하철과 비교하면 노선이 많은 만큼 복잡하고, 같은 이름의 정류장인데도 반대 방향으로 가는 버스 정류장도 있고, 심지어 '연세대앞'과 같이 한 정류장이 여러 곳에 흩어져 있는 경우도 있어서 정류장을 찾기가 쉽지 않아 외국인의 입장에서는 이용하기가 매우 어렵다고 느낀다. 대한민국에 관광하러 오는 외국인을 보면 이 점은 더욱 분명하다. 지하철을 이용하는 외국인 관광객은 많이 볼 수 있지만, 버스를 이용하는 외국인 관광객은 많이 보지 못한다.

현재 서울특별시는 대한민국의 수도로서 전 세계적인 한류 흐름으로 인해 세계 여러 나라에서 다양한 사람들이 방문하게 되었다. 그러나 외국인이 많이 방문하게 되고 관광객이나 유학생을 비롯한 장기 체류자도 증가한 지금 현재에 있어도 아직까지 외국인이 체류하기에는 불편한 점이 있고 그러한 점은 지금까지도 개선되지 않고 있다. 특히 서울특별시에서의 주요 대중교통인 버스에 관한 문제는 몇 번이나 의론됐음에도 불구하고 아직까지 실질적으로 개선된 점은 크게 없다(2015, 김민준).[3] 서울특별시가 외국인이 많이 방문하는 글로벌도시로서의 역할을 하기 위해서는 외국인이 이용하는 데 편리성을 높이기 위해 개선을 하는 것은 당연한 일이라고 생각한다. 끊임없이 외국인이 방문하는 현재, 외국인을 위해 버스의 개선이라는 사소한 변화로 인해 대한민국을 방문하는 외국인에게 대한민국에 대한 더욱더 좋은 인상을 줄 수도 있다.

그리고 버스의 특성상 지하철과 달리 지상에서 운행되기 때문에 버스 이용객

---

2. 장동욱. 2016. 「스마트카드 자료를 활용한 시내버스 기능지표 연구. 서울특별시 시내버스를 대상으로」. 서울대학교 석사학위논문. 1쪽.
3. 김민준. 2015년 5월 9일. "외국인 관광객, 한글을 배워야 버스를 이용할 수 있나요?" 「Story of Seoul」.

은 서울특별시가 어떻게 생겼는지, 어떤 도시인지를 쉽게 볼 수 있고 마음에 든 장소에서 버스를 내려 관광할 수도 있다. 어떤 사람이 버스를 타다가 우연히 예쁜 카페를 발견할 수도 있고 그 카페에 관한 정보를 SNS에 올렸더니 화제가 되고 더 많은 사람이 방문하게 되어 한 관광지가 될 수도 있다. 이러한 점에서 서울특별시 버스의 외국인 이용률을 높이면 관광 산업 등에서도 긍정적 효과를 기대할 수도 있을 것이라 예측한다.

우리는 이러한 긍정적인 효과를 기대하여 이번 활동에서 서울특별시의 버스를 외국인의 입장에서 살펴보고 외국인이 이용하기에 더욱 편안하고, 모든 사람이 이용하기 좋은 서울특별시의 버스를 만들어 서울특별시가 다시 방문하고 싶은, 더욱더 있고 싶은 글로벌도시가 되는 데에 기여하고자 한다.

II. 대한민국 서울특별시 버스의 현황

세계 52개국의 4만 3034명을 대상으로 대중교통 이용률을 조사한 결과에 따르면 대한민국은 세계 52개국 중에서 대중교통 이용률이 9위에 있다. 세계적으로 봐도 대한민국의 대중교통 이용률은 높은 편이라는 것을 알 수 있지만, 조사의 대상이 되었던 대중교통 중에서도 대한민국에서 가장 높은 이용률을 차지했던 수단은 바로 버스다. 버스의 이용률이 43%에 비해 지하철의 이용률은 32%이며 약 10%의 차이를 볼 수가 있다. 그리고 다른 나라의 버스의 이용률의 평균치가 25%인데 비해 대한민국 국내에서 버스는 높은 이용률을 차지하고 있다는 것을 알 수 있다.[4]

그 반면 현재 대한민국을 방문하는 외국인의 버스 이용률은 매우 낮다. 한국교통연구원이 2016년 9월부터 10월까지 외국인 자유여행객 649명을 대상으로 설

---

4.   김경진. 2017년 5월 23일. "[ONE SHOT] 대중교통 이용률 1위는 '홍콩'…대한민국은?" 「중앙일보」.

문 조사한 결과, 전체의 70%가 가장 만족하는 교통수단으로 전철, 지하철을 선택했으며 반대로 가장 불만족을 느낀 교통수단으로 24.4%가 버스라고 응답했다.[5] 또한 이동할 때 가장 많이 이용하는 교통수단의 경우도 위의 만족도와 비례하며 전철, 지하철이 47.7%로 나타나 가장 큰 비율을 차지했고, 가장 이용하지 않는 교통수단은 시내버스라고 답했다. 외국인 관광객이 교통수단으로 버스보다 주로 전철, 지하철을 선호하는 이유로는 노선 파악이 쉬움(33.9%), 편리성(15.6), 시간과 장소의 구애 없음(14.55), 바가지 없는 저렴한 요금(12.1%) 등을 들었다. 반면에 버스를 이용하지 않는 이유에 대해서는 노선 파악이 불편(21%), 느린 속도(14), 불친절(12.7), 대기시간(10.8) 등을 들었으며 버스가 전철, 지하철에 비해 외국인 관광객에게는 다양한 면에서 이용하기가 어렵다고 할 수 있다.[6] 외국인이 버스를 타는 데에 불편함을 느끼는 이유로는 관광지 주변 역에서 외국어 번역이 안 됐다는 언어적 불편함이 가장 큰 요인이다.[7]

III. 서울특별시 버스의 문제점

우리는 외국인의 입장에서 서울특별시의 버스가 어떠한 문제점을 가졌는지를 논문과 여러 기사에서 얻은 정보를 바탕으로 실제로 서울특별시 버스의 관찰을 통해 알아보았다. 그 결과 우리는 우선 서울특별시를 방문한 외국인이 버스를 많이 이용하지 않는다는 점에서 서울특별시의 버스는 접근성이 떨어진다는 문제가 있다고 생각하고, 서울특별시의 버스를 이용한 외국인이 지하철에 비해 버스를 이용하는 데에 상당히 많은 불편함을 느꼈다는 점에서 이용성의 문제가 있다

5. 최창근. 2019. 「국내 거주 외국인들의 대중교통 서비스에 대한 만족도 요인에 관한 연구」. 한국교통대학교 석사학위논문. 13쪽.
6. 김소연. 2017년 3월 13일. "외국인 관광객이 가장 좋아하는 교통수단은?" 「위코노미」.
7. 김민준. 2015년 5월 9일. "외국인 관광객, 한글을 배워야 버스를 이용할 수 있나요?" 「Story of Seoul」.

고 생각하였다. 따라서 우리는 다음과 같이 '접근성의 문제'와 '이용성의 문제'로 나눠 서울특별시의 버스의 문제점들을 정리해 보았다.

1. 접근성의 문제

우리는 외국인의 입장에서 서울특별시 버스의 접근성 문제는 주로 외국인이 서울특별시의 버스를 이용하고 싶어도 정보를 얻지 못하는 것을 들 수 있다고 생각하였다. 따라서 접근성의 문제에서는 '모바일 앱의 정보 수집의 문제'와 '버스의 이용에 관한 정보 제공의 부족'이라는 두 가지 문제점으로 나눠서 다음과 같이 제시해보았다.

1) 모바일 앱의 정보 수집의 문제

관광객이 대한민국을 방문할 때 가장 필요한 정보는 '이동 거리 및 교통편'이다.[8] 다만, 서울특별시의 버스를 이용하는 데에 있어 외국인의 입장으로 생각하면 지하철에 비해 압도적으로 정보 수집이 어렵다. 이것은 2011년에 시작한 Kojects(kojects.com)라는 대한민국 교통정보와 교통 프로젝트를 영문으로 알리는 웹사이트를 운영하는 앤디 티베이의 글에서 알 수가 있다. 외국인이 대한민국 교통에 대해서 어떻게 생각하고 있는지에 대한 반응을 사이트를 통해서 봤을 때, 대한민국 교통에 대한 평가는 좋은 편이라고 하고 칭찬하는 말이 많다고 한다. 그런데 이러한 칭찬을 못 받는 대한민국의 교통수단이 유일하게 있다고 하는데 그것은 바로 버스다. 그 이유는 노선도의 외국어 표시가 없고, 네이버 지도나 다음 지도를 이용하고 싶어도 외국어 표기가 없기 때문에 이용할 수 없다.[9]

외국인이 자주 이용하는 지하철의 경우는 대한민국의 지하철에 대한 정보를 제공하는 모바일 앱이 많고 여러 나라에서 각 나라의 언어로 다운로드가 가능하

---

8. 윤슬빈. 2019년 5월 8일. "더 오래, 더 많이. 한국을 다시 찾는 외국인 관광객들."
9. 앤디 티베이(Andy Tebay). 2017년 1월. "외국인에게 낯선 시내버스." 『월간교통』. 74~75쪽.

며 개인으로 대한민국으로 여행을 오는 외국인 관광객의 대부분은 지하철 전용 모바일 앱을 이용해 정보 수집이 가능하다. 반면 버스에 대한 정보를 제공하는 모바일 앱은 많지 않다. 서울특별시가 제공하는 교통에 관련한 모바일 앱은 '서울교통포털'과 '서울특별시'가 있는데 이 두 개의 모바일 앱에서도 버스에 관한 정보 제공을 많이 하지 않는다는 것을 볼 수 있다. 대중교통 전용 모바일 앱인 '서울교통포털'에서는 네이버 지도처럼 지도가 있으며 버스, 지하철, 나눔카, 따릉이 등의 길 찾기와 교통예보 정보가 제공되어 있다.[10] 다만 한국어 외 다른 언어로 설정해 사용할 수가 없다는 문제점이 있다. 지하철 안내도 자세하게 노선별로 알아보기 쉽게 정리됐지만, 버스에 관해서는 그러한 정보가 제공되어 있지 않다.

'서울특별시'라는 모바일 앱은 서울특별시의 홈페이지를 모바일 전용으로 만든 것이다. 버스, 지하철, 택시의 도착 정보와 교통카드 사용법 등 간략하게 교통 이용을 위한 정보가 제공되어 있다.[11] 지하철에 관한 정보는 한국어뿐만 아니라 영어, 중국어, 일본어 등 외국어 표기는 물론, 지하철과 연계해 외국어 표기가 통일되어 있다. 반면에 버스에 관해서는 일본어로 설정해도 일본어로 결과가 나오지 않고 영어로만 입력과 사용이 가능하게 돼 있다. 또한 교통카드 이용법 같은 경우도 한국어로만 제공되어 있다는 한계점이 있다.

따라서 현재 버스에 관한 정보는 민간에서 개발된 네이버 지도와 같은 모바일 앱을 쓸 수밖에 없는데 이러한 네이버 지도를 봤을 때도 번역에 문제가 있는 부분이 있다. 예를 들어 관광지로서도 유명하고 가장 가까운 버스 정류장 이름도 그대로인 광화문은 일본어로 '光化門'이라고 표기하는데 네이버 지도에서 일본어로 언어 변경을 하면 지도상에서는 '光化門'이 존재한다. 그러나 실제로 목적지로 광화문을 검색하려고 검색창에 '光化門'이라고 쳐도 안 나오고 검색할 수 없다.[12] 따라서 결국 외국인이 네이버 지도를 외국어로 사용하려고 하면 지도는

---

10. 서울교통포털 모바일 앱.
11. 서울특별시 홈페이지. "서울대중교통."
12. 네이버 지도.

이용할 수 있으나 버스를 이용하기 위한 정보를 수집할 수는 없다. 또한 모바일 앱에서 외국어 표기가 잘 돼 있어도 버스 안에 외국어 표기가 없어 통일도 되지 않고 있어 외국인 관광객이 버스를 이용하기 이전에 정보 수집 단계에서 문제점이 있다는 것이다.

언어적인 문제뿐만이 아니라 모바일 앱에서는 최신의 버스정류장 정보가 나오지 않은 경우도 많아서 외국인이 아니어도 어느 특정 버스를 자주 이용하는 사람이 아니라면 버스 하차 시에 혼란을 일으킬 수 있다. 또한 도착 예정 정보의 오류도 다수 발견할 수 있었다. 버스의 운행 시간표가 없는 이상 이러한 오류가 있는 것은 외국인이 버스를 이용하는 시에 지장을 주는 요소가 된다.

즉, 이렇게 일반적으로 많이 사용되는 민간에서 개발된 모바일 앱에서도 문제가 있다는 것을 생각했을 때 서울특별시는 외국인을 위한 외국어 번역이 잘 이루어진 모바일 앱을 개발하고 제공할 필요성이 있다고 할 수 있다. 이러한 번역의 오류나 문제점 등 모바일 앱에서의 사소한 여러 가지 일들은 외국인 버스 이용객들에게는 큰 장벽이 되기 때문에 서울특별시는 번역에 오류와 문제가 없는 제대로 된 모바일 앱을 개발해 정확하고 확실한 정보를 이용객들에게 제공해야 한다.

2) 버스의 이용에 관한 정보 제공의 부족

버스 이용에 관한 정보, 즉 버스를 타는 방법이나 요금제도, 금지사항, 좌석 등은 나라마다 차이가 있다. 예를 들어 대한민국에서는 버스 안에서 음식을 먹거나 음료를 마시는 행위가 일체 금지되어 있지만, 일본의 경우는 금지되어 있지 않다. 버스를 탈 때도 대한민국에서는 주로 교통카드로 결제하고 현금으로 결제하려고 할 때 어려움을 느낄 수가 있지만, 일본에서는 여전히 현금을 이용한 결제가 많아 대한민국에 비하면 어려움은 없다고 할 수 있다. 이러한 것은 각 나라의 문화나 습관을 다루기 때문에 나라마다 차이가 있어 외국인이 대한민국에서 처음으로 버스를 이용할 때 알아야 하는 정보이다. 그러나 버스 이용에 관한 정보를 제공은 아직까지 상당히 부족하다. 현재 한국관광공사가 제공하고 있는 일본어로 돼 있는 사이트, 'Imagine your Korea'를 봤을 때 버스에 관한 정보를 제공하고 있지만, 정보량이 부족하고 깊이가 없다. 사이트에서는 버스의 요금제도나 교통카드에 관한 정보가 제공되어 있지만 버스를 탈 때의 주의해야할 점이나 금지사항 등의 정보 제공이 안 돼 있다.[13] 버스 안에 음식물 반입금지와 같은 금지사항이나 노약자석과 임산부 전용 좌석 등 좌석의 종류에 관한 정보 등이 이에 해당한다. 그리고 각 버스의 종류별 설명도 대부분 문장으로만 기재되어 있고 시각 자료가 부족하다. 사이트를 방문하는 사람들은 대한민국에 대한 지식이 없을 수도 있고 특히 버스는 색깔로 종류를 나눌 수 있기 때문에 시각 자료로도 정보를 제공하는 것이 외국인의 입장에서는 이해하기 쉬울 것이다. 그리고 이 사이트는 대한민국 버스에 대한 전문 사이트가 아니고 대한민국 관광에 관한 사이트이기 때문에 대한민국 버스에 관한 정보를 수집하고 싶어서 '대한민국', '버스'와 같은 워드로 검색을 해도 검색 결과에 안 나오고 외국인이 정보를 수집할 때 어려움이 있을 것이다. 이 사이트는 한국관광공사가 제공하고 있는 사이트이므로 버스뿐만 아니라 대한민국의 관광에 관한 정보를 포괄적으로 다루고 있기 때문에 외국인이 버스를 이용하는 데에 필요한 정보가 자세하게 제공되어 있지 않다는 문제점이 있어 우리는 버스에 관한 전문 사이트가 필요하다고 본다.

2. 이용성의 문제

우리는 서울특별시의 버스를 이용한 외국인의 의견에 대한 기존의 조사와 연구를 바탕으로 서울특별시의 버스를 직접 관찰해 문제점을 알아보았다. 그 문제점은 외국인이 버스에 관한 정보를 얻고 실제로 버스를 이용해 보고자 하는 과정에서 불편함을 느낀다는 점을 고려하여 버스를 타는 직전 단계인 '이용 전 접근성의 문제'와 실제로 버스를 탄 이후인 '이용 중 편의성의 문제'의 두 가지로 나누어

---

13. Imagine your Korea. 2019년 1월 11일. "2018年の韓国の人気観光スポットTOP10(2018년의 한국 인기 관광스폿TOP10)."

다음과 같이 정리하였다.

1) 이용 전 접근성의 문제

첫째로 자신이 타고 싶은 버스가 서는 정류장을 찾는 것이 어렵다는 문제점이 있다. 현재 서울특별시의 버스 정류장의 대부분은 같은 이름의 정류장이 쌍방향으로 가는 버스의 정류장이 존재하므로 최소 2개 존재한다. 또한 정류장의 이름뿐만 아니라 정류장 번호도 같다. 그리고 '연세대앞'과 같이 같은 이름의 여러 개의 정류장이 여러 곳에 흩어져 존재하는 경우도 있고 그 경우에도 역시 정류장의 번호도 모두 같다. 이러한 면을 고려할 때 외국인이 버스를 이용할 시에 먼저 자신이 타고 싶은 버스 정류장을 찾는 것마저 어렵다고 할 수 있다. 특히 한국어를 못하는 외국인을 위해 네이버 지도에서는 버스 정류장의 번호가 존재하는데, 여러 곳에 흩어져 존재하는 버스 정류장이 모두 같은 이름을 갖고 있고 정류장 번호도 차이가 없다면 굉장히 혼란스러울 것이다.

둘째로 방향을 확인하기가 어렵다는 문제점이 있다. 대규모의 정류장인 경우 정류장 이름 옆에 화살표로 다음 정류장이 어딘지 제시하고 있으나 소규모의 정류장인 경우 그 정류장의 이름밖에 정보가 제공되지 않는다. 버스의 방향은 노선도로도 확인이 가능하지만 한 정류장에 많은 노선도가 게시되는 경우 자신이 탈 버스의 노선도를 찾는 것도 어렵다. 그런데다가 노선도의 글씨나 현재 위치를 나타내는 표시가 작거나 방향을 나타내는 화살표의 스티커가 떨어져 표시가 없어 버스의 방향을 확인하는 데에 시간이 걸린다. 그리고 버스의 외면에는 주요 정류장의 이름이 게시되어 있지만 방향에 대한 정보는 거의 없다. 비교적 새로운 버스의 경우 버스 정면에 있는 전자 게시판에 출발지와 목적지의 이름과 그 버스의 방향을 표시돼 있기는 하지만 영어 외의 외국어는 정보 제공이 안 되어 있는 경우가 많다.

셋째로 외국어 표시가 전체적으로 부족하다는 문제점이 있다. 현재 서울특별시의 버스 정류장에는 정류장의 이름, 노선도, 전자게시판, 공지사항의 외국어 표기가 거의 없다. 비교적 대규모의 정류장인 경우 한국어의 정류장 이름 표기 아래에 영어와 한자(중국어)로 표기되어 있으나 소규모의 정류장인 경우 영어 외의 외국어 표기가 없다. 정류장에 게시되어 있는 노선도는 영어 외의 외국어 표기가 없고 주요 관광지나 지하철 역과 연결되는 정류장의 경우는 영어 표기가 있으나 그 외의 정류장은 영어 표기가 없다. 또한 정류장에서 버스가 도착하는 시간이나 곧 도착하는 버스, 버스의 현황, 버스의 형태에 관한 정보를 전달하는 전자게시판은 한국어로만 정보가 제공된다. 공지사항은 영어도 포함한 외국어 표기가 아예 없고 한국어로만 정보가 제공된다. 휴일의 우회운행에 관한 정보, 노선 변경 등 외국인이 이용할 때도 반드시 필요한 공지사항은 외국어로도 안내할 필요가 있다.

2) 이용 중 편의성 문제

첫째로 노선도의 문제가 있다. 차내에 붙어 있는 노선도도 정류장에 있는 노선도와 마찬가지로 지하철역과 연결되는 정류장과 주요 관광지 근처의 정류장 밖에 영어로 표기가 없고 영어 외의 외국어 표기도 역시 아예 없다. 또한 버스 차내에는 노선도가 일반적으로 2, 3개밖에 게시되어 있지 않으며 글씨가 작고 흔들리는 버스 안에서 보기가 어렵다. 이러한 점에서 버스 차내에 게시하는 노선도는 흔들리는 버스 안에서도 쉽게 볼 수 있도록 글씨를 크게 만들 필요가 있고 외국인을 고려해 모든 정류장 이름의 영어 표기를 만들어 다른 언어로도 따로 노선도를 만들 필요가 있다고 생각한다.

둘째로 전자게시판의 정보 전달성의 문제가 있다. 버스 차내에 있는 전자 게시판은 안내방송과 동시에 이번 정류장과 다음 정류장이 표시된다. 한국어로 표시된 다음에 영어로도 표시되는데 한국어로는 이번 정류장과 다음 정류장의 안내가 있는 반면, 영어의 경우 이번 정류장만 표시되고 다음 정류장에 대한 정보는 제공되지 않는다. 따라서 한국어를 모르는 외국인의 경우 이번 정류장 밖에 정보를 수집할 수 없다는 문제점이 있다. 또한 안내방송이 진행되지 않을 때는 전자

게시판에 아무 표시도 없으므로 언제든 안내를 확인할 수 있는 지하철의 전자게시판에 비하면 상당히 정보 전달성이 떨어진다고 할 수 있다. 그리고 비교적 새로운 버스의 경우, 티비 형식으로 된 전자 게시판도 있는데 정류장에 대한 안내와 버스를 탈 때의 주의사항도 안내하지만 대부분 광고로 이루어져 있어서 버스에 관한 정보 전달에 도움이 전혀 안 되어 있다. 또한 티비 형식의 전자 게시판에서 한국어로 이번 정류장과 다음 정류장을 안내하는 데 10초 이내로 끝나고 다른 화면으로 바뀌며 한국어 외의 언어로는 안내를 하지 않는다. 따라서 외국인 이용객을 포함해 모든 사람들이 지하철과 같이 편안하게 버스를 이용할 수 있게 되기 위해서는 전자 게시판으로 광고뿐만 아니라 정류장에 관한 정보도 많이 안내해야 하고 영어 외의 언어, 주요 외국어인 중국어와 일본어로도 표시하는 것이 바람직하며 외국어의 경우도 한국어와 마찬가지로 다음 정류장까지 안내해야 한다고 생각한다.

셋째로 제대로 된 외국어 안내방송이 없다는 문제가 있다. 현재 서울특별시에서 운행 중인 버스의 차내 안내방송은 한국어로 이번 정류장과 다음 정류장을 안내한 다음에 영어로 이번 정류장을 안내한다. 여기서도 전자 게시판에서 언급한 것과 마찬가지로 한국어를 모르는 외국인의 경우 영어로 안내방송을 들을 수밖에 없는데, 이번 정류장과 다음 정류장은 한국어로 방송하는데 영어로는 이번 정류장만 방송하기 때문에 정류장 간에 거리가 짧은 경우 영어로 하는 안내방송이 끝나자마자 내릴 준비도 못 하고 급하게 내릴 수밖에 없는 문제가 있다고 한다. 그리고 지하철의 경우 외국인 이용률이 높은 역의 경우 영어 외에도 중국어와 일본어로도 방송되는데 버스에서는 영어 외의 방송이 없다는 점에서 외국인이 이용하기에 매우 불편함을 느낄 수 있다고 할 수 있다. 또한 영어의 경우도 노선도 등에서는 주요 정류장 밖에 영어 표기가 없거나 모바일 앱과의 표기가 일치하지 않는 경우가 많기 때문에 실질적으로 외국인에게 도움이 되지 못하고 있다.

넷째로 현재 위치에 관한 정보가 거의 제공되지 않는다는 문제점이 있다. 사람들이 많이 이용하는 지하철에 비해 버스는 현재 위치를 알기 어렵다. 지하철에 경우 다음 역으로 가고 있는 그 중간 지점도 전자 게시판으로 알 수 있고 지나간 역과 이번 역, 다음 역까지 알려 준다. 그것에 비해 버스는 안내방송이 한 번, 전자게시판의 안내가 한 번 있을 뿐이기 때문에 사람들이 현재 위치를 언제든 확인할 수 있게 장치를 마련할 필요가 있다고 본다. 또한 정류장의 이름이 새로 바뀐 경우 버스 정류장의 이름이 버스 내에서 나오는 안내와 정류장에 적혀있는 이름과 불일치하는 경우도 많다. 평소에 이용하는 이용객은 바뀌어도 큰 문제가 없다고 할 수 있지만 외국인의 입장에서는 매우 혼란스러운 일이다. 이러한 정류장의 이름이 변경된 경우는 노선도나 인터넷에서의 정보 등 모든 것에서 재빨리 변경해야 하며 그에 맞게 외국어 표기도 변경할 필요성이 있다.

3. 버스의 종류별 설명과 관찰 결과

우리는 서울특별시의 6가지 종류의 버스가 각각 조금씩 차이가 있다는 것을 관찰을 통해 알게 되었다. 그중에서도 앞에서 언급한 언어 장벽에 관한 문제점들이 각 버스별로 크게 차이가 난다는 것을 알 수 있었다.

마을버스는 한 지역 내에서 돌아다니는 버스를 말한다. 먼 구간의 거리를 다니는 것이 아니라, 주로 지하철역이 없는 지역을 다닌다. 많은 종류의 버스 중 가장 외국어 대응이 안 돼 있는 것을 볼 수 있다. 외관에는 어느 방향으로 향하는지가 표기되어 있지 않다. 노선도에도 영어 표기가 없고 버스 내에 안내방송도 한국어로만 안내된다. 따라서 외국인에게 가장 이용하기 불편한 버스라고 할 수 있으며, 마을버스로 밖에 갈 수 없는 목적지로 가야할 외국인을 위해 개선돼야 한다고 본다.

간선버스는 서울특별시 내에서 먼 거리를 운행하는 파란색 버스다. 간선버스도 서울 시내를 돌아다니는 버스다. 버스 외관의 방향성 표시에서는 표시가 기점과 종점만 표시되어 버스가 가는 방향성을 알기에는 표시가 명확하지 않아서 제대로 정보가 전달되지 않는다. 이 버스에서는 영어 안내방송이 나오나 버스 노

	마을버스	간선(파랑)	지선(초록)	광역급행버스	공항버스
외관(방향)	×	△	×	○	○
노선도(영어)	×	△	△	×	○
안내방송(영어)	×	○	○	△	×
전자게시판 사용	○	○	○	×	×

외관(방향) – 버스 외관의 방향 표기의 유무
노선도(영어) – 영어 표기의 유무
안내방송(영어) – 영어 방송의 유무
전자게시판 사용 – 안내 표시 등으로 사용/미사용

선도에는 주요 지하철역에서만 영어 표기가 돼 있다. 노선도의 완전한 외국어 표기, 안내가 필요하다.

지선버스는 지하철로 연계 및 지역 내 통행을 위한 녹색 버스다. 지선버스도 간선버스와 비슷한 특성을 가지고 있다. 노선도는 주요 지하철역에 영어 표기가 돼 있고 안내방송은 영어로 된다. 간선버스와 다른 점은 버스 외관의 방향 표시에서는 기점과 종점의 표시가 된 버스도 있고, 아예 표시가 안 되어 있는 버스도 있다는 통일성이 없다는 단점이 존재한다.

광역급행버스는 서울특별시와 수도권을 연결하는 빨간색 급행버스다. M버스는 광역버스의 종류 중 하나로서 하늘색이다. 외국인 관광객이 서울특별시를 방문할 시에 다른 경기도권 지역을 방문할 경우 빠른 시간 내에 이동할 수 있으며 매우 편리할 수 있다고 생각한다. 이 버스는 다른 종류의 버스와 비교했을 때 명확한 방향 표시가 돼 있다는 장점이 보인다. 다만 노선도에 영어 표기가 안 되어 있다는 점과 영어 안내방송은 주요 지하철 역에서만 제공이 된다는 단점이 존재한다. 또한 전자게시판은 장비하고 있으나 꺼져 있으므로 효율적으로 사용되고 있지 않다.

공항버스는 김포공항, 인천공항과 서울특별시와 수도권을 왕복하는 버스다. 방향성은 명확하게 제시되어 있고 노선도도 모든 버스 중에서 유일하게 완전한 영어 노선도가 있다. 하지만 외국인이 공항에서 서울특별시를 방문할 때 가장 많이 방문하는 버스임에도 불구하고 영어 안내방송이 아예 제공되지 않는다는 단점이 있다. 또한 전자게시판은 설치돼 있지 않다. 공항에서 서울특별시로 이동하는 한 수단으로 많이 쓰이는 만큼, 가장 빨리 외국어가 제공돼야 한다고 생각한다.

외국인 관광객은 버스의 외국어 안내방송과 정류장에 외국어 표기가 안 됐다며 버스를 이용하는 불편함을 밝힌다는 면에서 버스마다 언어제공의 차이가 있으면 혼란스러울 수가 있다.[14] 따라서 모든 버스에 외국어 제공이라는 통일성이 필요하다.

Ⅳ. 서울특별시 버스의 개선 방안

우리는 앞에서 제시한 여러 문제점을 해결하기 위해 각각의 문제마다 해결책과 개선 방안을 생각해 보았다. 실현 가능한 것은 우리가 실제로 한 예시로서 시도를 해 보았고 실현 가능성이 떨어지는 부분에서는 이상적인 버스란 어떠한 것인지 다른 나라의 사례 등을 제시하며 개선의 필요성에 대해 설명하도록 한다.

연간 5520만 명의 관광객(교토관광총합조사, 2016)이 찾아오는 일본 교토시는 많은 관광객을 끌어 오기 위해 여러 가지 대책을 세우고 있는데 그중 하나가 외국인 관광객을 위한 웹사이트이다.[15] 교토시 교통국 홈페이지에 들어가면 한국어를 포함한 4개국의 언어로 대중교통의 설명이 자세히 첨부돼 있다.[16] 또한 그 사이트에 있는 교토시의 지도에는 관광지와 버스 노선이 같이 표시되어 있으며 관광객이 쉽게 관광지를 찾아갈 수 있게 돼 있고 그 외에도 교통카드를 쓰는 방법, 버스를 타는 기초 지식 등 처음으로 방문하는 외국인에게도 이해하기 쉽게 정리되고 있다. 교토시의 주요 이동수단이 버스인 만큼 외국인이 이용하기 쉽게

---

14. 김민준. 2015년 5월 9일. "외국인 관광객, 한글을 배워야 버스를 이용할 수 있나요?" 「Story of Seoul」.
15. 일본 교토시정보관. "교토관광총합조사 2016."
16. 일본 교토시 교통국 홈페이지. "교토시스, 지하철 노선도."

홈페이지에서 다양한 정보를 제공하고 있다는 것을 알 수 있다. 서울특별시도 외국인에게 이러한 정보 전달이 제대로 이루어지면 외국인에게도 만족스러운 대중교통 서비스를 제공할 수 있을 것이다. 따라서 우리는 제기한 버스 이용에 관한 정보 제공의 부족의 문제를 해결하기 위한 한 예시로 다음과 같은 웹사이트를 제작해 보았다.

1. 버스 이용에 관한 정보 제공의 부족을 극복하기 위한 버스 전용 웹사이트

'한국의 교통수단(https://yonseigld.wixsite.com/seoulbusyonsei)'이라는 이름으로 제작한 이 웹사이트에서는 대한민국 버스에 관해서, 요금, 네이버 지도의 안내, 604번 버스의 노선, 그리고 더보기로 구성되어 있다. '한국 버스에 관해서'에서는 대한민국 버스를 종류별로 소개하였고 사이트에 방문한 사람의 이해를 촉진하기 위해서 버스 유형별 사진도 첨부하였다. '요금'에서는 대한민국의 버스에 필요한 요금을 버스 유형별, 그리고 나이별로 기재하였다. '네이버 지도의 안내'에서는 현재 대한민국에서 버스를 이용하는 데에 가장 많이 사용되는 네이버 지도를 한국어가 아닌 다른 언어로 변경해 실제로 사용하는 방법에 대해 제작한

〈그림 1〉 웹사이트의 홈

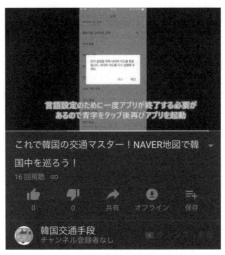

〈그림 2〉 유튜브에 올린 네이버 지도 사용법 영상

영상을 게재하였다. 영상은 유튜브 상에 업로드했기 때문에 언제든지 확인할 수 있게 되어 있고, 유튜브 영상 설명란에 웹사이트의 URL를 게재하고 있기 때문에 웹사이트와 유튜브의 상호 연관성이 있어서 이용자가 영상과 웹사이트를 둘 다 방문할 가능성이 높아진다.

그리고 우리는 외국어로 된 노선도가 필요하다고 생각했기 때문에 한 예시로 한국어와 영어, 일본어로 604번 버스의 노선도를 제작해 보았다. 604번 버스는 외국인이 주로 많이 방문하는 '홍대입구역', '명동입구'에 서는 버스이므로 표본으로 뽑았다. '604번 버스의 노선'에서는 604번 버스의 노선을 그림으로 간략하게 만든 지도와 604번 버스에 정류장 이름이 일본어로 번역된 노선도를 게재하였다. 서울특별시는 상대적으로 큰 도시이며, 버스의 노선도를 볼 때 정류장 수가 많은 관계로 버스 정류장에 있는 버스 노선도는 최적화된 상태로 정류장 이름밖에 표시가 안 되어 있다. 현지인 입장에서는 서울특별시의 지리를 정확하게 파악하고 있기 때문에 이해하기 쉽지만 낯선 땅에서 온 외국인에게는 버스의 노선도를 보는 것 자체에도 불편함을 주며 이용을 방해하는 요소가 될 수도 있다. 따

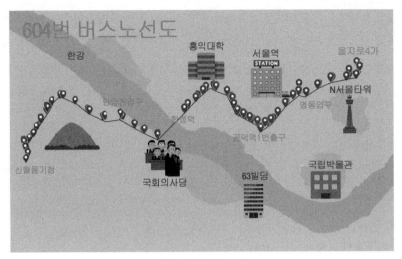

〈그림 3〉 604번 버스노선도

라서 노선도를 더 보기 좋은 디자인으로 만들면 이용하는데 더 편리하게 될 수 있다고 생각했기 때문에 주요 정류장의 표시와 서울특별시를 상징하는 몇 가지 요소를 그림으로 넣어서 간략화한 버스 노선도를 제작했고 외국인이 볼 때 훨씬 이해하기가 쉬운 것이라고 생각한다. '더보기'에서는 버스 이용에 관한 방법이나 대한민국 버스에서의 금지사항 같은 정보를 제공하고 있다.

우리는 일본어가 능숙하기 때문에 이번에 일본어와 영어, 한국어로 사이트를 제작해 보았으나 앞으로 중국어나 베트남어, 기타 다양한 언어로 한국 버스에 관한 정보를 제공할 수 있으면 좋겠다고 생각한다.

2. 버스 차내의 정보 전달의 개선 방안

대한민국의 버스는 차내의 정보 제공이 부족하다. 그래서 전자 게시판을 더 효율적으로 사용해 필요한 정보를 제공하는 개선이 필요하다고 생각한다. 전자 게시판에 안내되는 내용은 대부분 한국어로만 이루어지고 있기 때문에 이 게시판을 이용하여 다른 언어로도 게재하면 좋다고 생각한다. 그런데 버스는 지하철과 달리 정류장과 정류장 사이의 거리가 짧아서 전자 게시판을 효율적으로 사용하기가 어려울 수도 있다는 문제점과 모든 버스에 전자 게시판이 설치되어 있지 않는다는 문제점이 있다. 그래서 차내 안내방송이 영어로는 이번 정류장뿐만 아니라 다음 정류장도 안내해야 하고 지하철과 같이 중국어와 일본어 등 다른 외국어로도 방송하면 더욱 좋다고 생각한다. 특히 마을버스나 광역급행버스, 공항버스의 안내방송이 부족한 경향에 있기 때문에 더 외국인이 이해할 수 있게 최소 영어의 안내방송은 모든 버스가 방송할 필요가 있다고 생각한다.

3. 정류장 문제의 개선 방안

서울특별시에서는 같은 이름을 갖는 정류장을 흔히 볼 수 있는데 그것을 구별하는 것은 매우 어렵다. 정류장마다 번호가 새겨있지만, 사실상 번호로 정류장을 확인하는 사람은 매우 드물 것이다. '서울역환승센터'는 서울에서도 규모가 큰 버스 정류장이다. 거기서는 '서울역환승센터 6'처럼 정류장에서도 타는 곳마다 이름에 번호가 부가되어 있다. 또한 네이버 지도에서는 번호와 같이 '서울역환승센터 6(갈월동 방면)'과 같이 방면이 함께 나온다. 이렇게 하면 버스가 어느 방향으로 향하는지도 구별할 수 있고 동시에 같은 정류장의 이름을 갖는 정류장의 구별도 가능하게 된다. 이러한 구별된 정류장 표시를 하면 사람들이 이용하는 데 더 접근성이 높아질 것이다.

4. 언어적 장벽을 극복하기 위한 아이디어

지속적이고 정확한 외국어 번역이 이루어지기 위해서는 단순히 현재 있는 한국어 표기를 번역하는 것이 아니라 빈출 단어와 문장을 번역하고 그것을 기준으로 데이터베이스를 제작할 필요가 있다고 생각한다. 예를 들어서 '음식물 반입

〈그림 4〉 서울역환승센터 6

금지'와 같은 흔히 볼 수 있는 것은 다양한 언어로 번역하고 데이터베이스화하면 앞으로 번역을 할 때 도움이 될 것이고 지속적인 번역이 이루어질 것이다.

　무엇보다 정보 전달성을 중요시하며 정확한 외국어 번역으로 이용객들에게 정보를 제공해야하기 때문에 번역에서 어떤 엄격한 기준을 마련해야 한다. 예를 들어 일본어의 경우 한국어의 고유어를 어떻게 일본어로 표기를 하는가의 문제가 있다. 이런 것들의 기준이 표준화된 것을 만들면 앞으로도 오류 발생률이 상당히 떨어질 것이다. 또한 그 기준을 바탕으로 외국인 유학생을 대상으로 봉사활동을 모집해 지속적이고 다양한 외국어 번역을 제공하면 된다. 특히 연세대학교에는 다양한 나라에서 온 외국인 유학생이 재학하고, 글로벌인재대학이라는 대부분이 한국어를 구사하는 외국인으로 구성된 대학도 존재한다. 연세대학교 글로벌

인재대학 학생들과 협조하여, 많은 학생들이 참여할 수 있는 봉사활동 시스템을 마련하여 각 언어별로 한국어를 번역한 데이터베이스를 제작하면 지속적인 개선이 이루어질 것이다.

참고문헌

권용민. 2017. 『2004년 서울특별시 대중교통개편이 가구의 교통비 지출에 미치는 영향 』. 서울대학교 석사학위논문. 1쪽.

김경진. 2017년 5월 23일. "[ONE SHOT]대중교통 이용률 1위는 '홍콩'…대한민국은?" 『중앙일보』. https://news.joins.com/article/21598477 (검색일: 2019.05.13.).

김민준. 2015년 5월 9일. "외국인 관광객, 한글을 배워야 버스를 이용할 수 있나요?" 『Story of Seoul』. http://m.storyofseoul.com/news/articleView.html?idxno=2293 (검색일: 2019.04.07.).

김소연. 2017년 3월 13일. "외국인 관광객이 가장 좋아하는 교통수단은?"『위코노미』. http://m.hani.co.kr/arti/economy/economy_general/786215.html#cb (검색일: 2019.04.06).

네이버 지도.

서울교통포털 모바일 앱.

서울특별시 홈페이지. "서울대중교통." http://bus.go.kr/.

윤슬빈. 2019년 5월 8일. "더 오래, 더 많이. 한국을 다시 찾는 외국인 관광객들." http://news1.kr/articles/?3615869 (검색일: 2019.04.20).

앤디 티베이(Andy Tebay). 2017년 1월. 『외국인에게 낯선 시내버스』. 월간교통 pp.74-75. http://www.dbpia.co.kr/journal/articleDetail?nodeId=NODE07099365 (검색일: 2019.05.13.).

장동욱. 2016.『스마트카드 자료를 활용한 시내버스 기능지표 연구: 서울특별시 시내버스를 대상으로 』. 서울대학교 석사학위논문. p.1.

최창근. 2019.『국내거주 외국인들의 대중교통 서비스에 대한 만족도 요인에 관한 연구』. 한국

교통대학교 석사학위논문. p.13.

일본 교토시정보관. "교토관광총합조사 2016." https://www.city.kyoto.lg.jp/sankan/page/0000222031.html.

일본 교토시 교통국 홈페이지. "교토시스, 지하철 노선도." https://www.city.kyoto.lg.jp/kotsu/index.html.

Imagine your Korea. 2019년 1월 11일. "2018年の韓国の人気観光スポットTOP10(2018년의 한국 인기 관광스폿TOP10)." https://japanese.visitkorea.or.kr/jpn/TMC/TE_JA_7_5.jsp?cid=2529640 (검색일: 2019. 04.18.).

연세대학교 외국인 유학생들을 위한 교내·외 생활 가이드라인 소책자

연세대학교 글로벌인재학부 국제통상전공

이다슬, 하상, 유제현

I. 활동 주제 소개

1. 활동 주제 선정 배경

최근, 해외에서 한국 대학을 찾는 발길이 매년 늘어나는 추세를 보이고 있다. 지난 1월 교육부 '2018 교육 기본통계'에 따르면 지난해 대학과 대학원 등 고등교육 기관에서 공부하는 외국인 유학생 수는 14만 2205명이다. 12만 3858명이었던 전년 대비 14.8% 증가한 수치이다. 이는 8만 4891명이었던 2014년 이후 4년 만에 두 배 가까이 증가한 것이다.[17]

외국인 유학생 15만 명 시대를 맞아 대학교 캠퍼스에 글로벌 바람이 불고 있다. 늘어나는 유학생 수에 따라 대학교육 환경도 변화되고 있다. 이 트렌드에 맞

---

17. 송기동. 2018. 「외국인 유학생 한국생활 정착지원 누수 사례집」. 교육부 국립국제 교육원.

〈그림 1〉 연도별 국내 외국인 유학생 수

출처: 교육부, "2018년 국내 고등교육기관 외국인 유학생 통계"교육부 교육 국제회담당(검색일: 2018.12.5)

쳐 연세대학교도 더욱 글로벌화되면서 다양한 나라에서 오는 유학생 수 또한 많아지고 있다. 하지만, 외국인 유학생에 대한 직간접적인 조사에 따르면, 많은 유학생들의 수에 비해 주변 유학생 친구들이 한국생활에 적응을 잘할 수 있도록 도와주는 참고서류나 지침서가 부족하거나 없다. 그러므로 조 '유위맨드'(이하 유위맨드)가 한국생활을 힘들어하는 학우들을 위해 어떠한 도움을 줄 수 있을지 생각해본 끝에 연세대학교 유학생을 위한 교내·외 생활 가이드라인 소책자를 만들어보기로 하였다.

2. 활동 목적

'유위맨드'가 제작한 연세대학교 외국인 유학생을 위한 교내·외 생활 가이드라인 소책자를 연세대학교 언더우드 국제대학, 글로벌인재대학, 한국어 어학당 등 한국어와 한국이 다소 생소한 외국인 학생과 재외국민 학생들의 비율이 높은 학부 대학에 배부해 그들이 한국생활에 더욱 쉽게 적응하도록 하는 것이 주목적이다. 만약 소책자 만족도 평가를 통해 유위맨드가 만든 교내·외 생활 가이드라인 소책자가 실제로 유학생들에게 많은 도움이 된다는 결과가 나오면, 연세대학교 홈페이지를 관리하는 학사지원처에 온라인 버전으로 게시하는 것을 건의하여 모든 학생들이 편하게 받아볼 수 있도록 온라인 소책자 등록을 요청할 것을 목표로 하고 있다. 또한, 연세대학교에 입학하는 외국인 학생들과 재외국민 학생들에게 학교 차원에서 무료로 가이드라인 소책자를 배부하는 시스템 도입을 연세대학교에 제안하려고 한다.

II. 이론적 배경

1. 대한민국 외국인 유학생 현황과 문제점

연세대학교 언더우드 국제대학과 같은 영어로 학위취득이 가능한 학과가 설립되면서 영어권 혹은 유럽권 학생들이 많이 입학하였고, 외국인과 재외국민이 한국어 기반으로 학위취득을 할 수 있는 글로벌 인재 대학이 설립되면서 아시아권 학생들의 입학 또한 증가하고 있다. 즉, 연세대학교에는 외국인 학생의 다양화가 눈에 띄게 많아지고 있다는 것이다. 연세대학교 교내에서만이 아니라 다른 대학교들의 강의실이나 대학가를 거닐다 보면 외국인 학생의 비율이 상당히 높다는 것을 직접 피부로 실감할 수 있다. 대학교에서 진행되는 수업시간에도 외국인 학생이 포함되지 않은 수업을 찾기가 힘들 정도로 이제는 다문화적 배경을 가진 사람들과의 삶은 일상이나 마찬가지이다.[18]

외국인 유학생 수가 꾸준히 늘어나고 있는 것에는 다양한 원인이 있다. 첫 번째 이유는 학령 아동의 감소로 인해 부족한 입학 정원을 채우기 위해서이다. 대학들은 부족한 입학 정원을 외국인 유학생으로 대체한다. 두 번째 이유는 대한민국 정책상 외국인 학생을 많이 유치한 학교가 대학평가에서 좋은 점수를 받기 때문이다. 일부 대학들은 대학평가에서 좋은 평가를 받기 위해 외국인 유학생 유치에

---

18. 김나래. 2013. 「외국인 유학생의 한국사회 적응 과정에 나타난 학습의 의미와 역할」. 숙명여자대학교 석사학위논문.

적극적으로 나서고 있다. 세 번째 이유는 국제화로 인한 개방의 폭이 커지게 되었고 외국인 유학생을 유치하고자 하는 정부와 대학교의 부단한 노력 때문이다. 이러한 이유로 외국인 유학생의 수가 증가하게 되었고, 외국인 유학생 유치 노력은 필연적으로 대학가에 확산되었다. 이처럼 특정 국가에서 유학 온 학생들로 편중되어있던 외국인 유학생 사회는, 이제 국가들의 수가 많아지면서, 한국 대학 사회 안에 그들에 의한 지구촌 문화가 형성되고 있다고 해도 과언이 아니다. 교환학생, 유학생의 증가는 우리 사회에서 하나의 대학문화를 형성하고 있다고 볼 수 있다. 2007년에는 1000명 이상의 유학생을 보낸 나라는 6개국(중국, 일본, 베트남, 몽골, 미국, 대만)에 불과했지만 2017년에는 두 배의 12개국으로 증가했다. 2018년 외국인 유학생 출신국은 중국이 6만8537명(48.2%)으로 가장 많고 다음은 베트남 2만061명(19.0%), 몽골 6768명(4.8%), 일본 3977명(2.8%), 미국 2746명(1.9%), 대만 2182명(1.5%) 등의 순이다.[19]

〈표 1〉 주요 국가별 현황

국가	중국	베트남	일본	몽골	미국	대만	기타	계
유학생 수	68,537	27,061	3,977	6,768	2,746	2,182	30,934	142,205
비율(%)	48.2%	19.0%	2.8%	4.8%	1.9%	1.5%	21.8%	100.0%

출처: 교육부, "2018년 국내 고등교육기관 외국인 유학생 통계." 교육부 교육국제협력담당
(검색일: 2018.12.5)

이처럼 외국인 유학생 수가 많아지고 있지만, 익숙하지 않은 문화나 음식, 언어를 포함한 소통의 문제 등, 외국인 유학생이 한국 문화에 적응을 못할 경우에는 심각한 스트레스를 느끼게 된다. 특히 유학 생활에서는 문화적인 적응이 요구되는 경향이 있어 적응이 얼마나 중요한지 알 수 있다.

외국인 유학생들의 한국생활 만족도에 대해 조사한 결과에 따르면 '만족한다'

---

19. 교육부. "2018년 국내 고등교육기관 외국인 유학생 통계."

〈표 2〉 한국생활의 즐거움과 만족도

Variables	Items	Gender		Total	x^2-value
		Male	Female		
Satisfaction of life in Korea	Not satisfy	13(10.2)	4(3.3)	17(6.8)	7.017*
	So so	80(63.0)	93(76.2)	173(69.5)	
	satisfy	34(26.8)	25(20.5)	59(23.7)	
	Total	127(51.0)	122(49.0)	249(100.0)	

출처: 허은실·박혜진. 2013. "일부 중국 유학생에서 문화적응 스트레스와 한국전통음식에 대한 인지도, 선호도 및 섭취 빈도와의 관련성"

가 6.8%, '보통이다'가 69.5%, '만족하지 않는다'가 23.7%이다.[20] 불만족스러워하는 비율이 높지는 않지만, 그래도 보통이라는 답이 압도적으로 많다는 것은 아직 한국생활에 충분히 만족하지는 못하고 있다는 뜻으로 이해할 수 있다. 그러므로 이 결과는 외국인 유학생들의 한국생활에 적응의 필요성을 부각시켜주는 수치라고 생각한다.

유학생들은 외로움과 문화적응에 대해 스트레스를 받는다. 이러한 스트레스는 유학생활 적응에도 부정적 영향을 미치며, 특히 문화적응 스트레스는 외로움보다 더 많은 부정적인 영향을 준다. 한국에 공부하러 온 외국인 유학생들은 한국생활 적응에 어려움을 보이며 이는 그들의 학업, 사회성, 문화 정체성 차원에서 영향을 미친다. '적응'이란 개인과 환경의 지속적 역동적인 상호작용을 통해 적합한 개인의 발달과 환경의 변화가 함께 이루어지는 것을 말한다.[21] 외국인 유학생들을 위한 교육환경이 아직 잘 보장되어있지 않고 이들에 대한 고려가 아직 부족한 상황이다. 그래서 외국인 유학생이 적응할 수 있도록 한국 사람의 외국인에 대한 인식을 바꾸고, 외국인이 쉽게 적응할 수 있는 환경을 만들어야 한다. 적응

---

20. 허은실·박혜진. 2013. "일부 중국 유학생에서 문화적응 스트레스와 한국전통음식에 대한 인지도, 선호도 및 섭취 빈도와의 관련성." 「한국식품영양학회지」. 26집 2호. 216-225쪽.
21. 백성희. 2013. 「외국인 유학생의 한국 대학 생활 적응에 영향을 미치는 요인 연구 = Factors Influencing International Students' Adjustment to Korean University Campus Life」. 숭실대학교 석사학위논문.

환경을 두 가지로 나눠본다면 사회적 환경과 물리적 환경이 있다. 사회적 환경은 타인, 가족, 조직, 국가, 문화를 포함하며, 개인과 관련이 많다. 반면에 물리적 환경은 기후, 지리, 인위적인 구조, 제도를 포함해 대학교나 정부와 관련이 있다.

위에서 제시한 바와 같이, 사회적 환경은 개인과 관련되어 있다. 대학 및 대학원 등에서 한국인 학생들이 외국인 유학생들에게 간접적으로 차별 또는 무관심하다면, 이는 외국인 유학생에게 스트레스로 다가오게 된다. 이를 방지하기 위해서는 타 국가 학생들에 대한 인식을 변화시켜야 한다. 또한, 물리적 환경은 대학교 또는 교육부 측면에서 충분히 바꿀 수 있는 것이다. 학교 측에서 외국인 유학생들을 배려해, 그들이 한국생활에 잘 적응할 수 있도록 한국생활에 대한 정보나 가이드라인을 제공해준다면 외국인 유학생들은 한국생활에 빠르게 정착할 수 있고 학업에 집중할 수 있게 될 것이다.

2. 대한민국 외국인 유학생의 문제점 개선 방안/방향

정부와 대학의 외국인 유학생 유치 사업을 통해 외국인들이 한국 대학 입학에 대해 많은 관심을 보여 한국으로 오지만, 정부와 대학은 외국인 유학생 유치에만 몰두하고 관리는 못 하고 있다는 비판이 많아지고 있다. 그들이 한국에서의 유학 생활을 실패하게 되면 타 국가로부터 대한민국과 한국 대학에 부정적인 영향을 줄 수 있다. 그래서 이러한 점을 해결하기 위해서라도 대학 차원의 실질적인 프로그램을 개발해야 한다고 생각한다.

학교 측에서 제공되는 유학 생활 가이드라인 소책자에는 유학생 보험이나 학교 성적 및 장학금 제도 안내 등을 비롯한 학사안내는 있지만, 유학 생활에서 겪을 수 있는 문제를 대처하는 방법과 같은 문화적 적응의 안내는 없다. 궁금한 사항은 국제처로 문의하라고 하지만, 매번 국제처를 방문하는 것은 실질적으로 어렵다. 외국인 유학생들이 한국생활에 잘 적응하기 위해서는 위와 같은 문화적 적응을 돕는 정보의 충분한 제공이 필요하다.

외국인 유학생이 한국에 와서 적응에 방해하는 주요 문제점들을 얘기하자면 3가지로 나눌 수 있다. 첫 번째 문제로는 인종차별 풍토가 있다. 대학 캠퍼스에서 인종차별 경험은 학생에게 심리적이나 사회문화적으로 스트레스를 받게 되고, 소속 대학에 다니는 만족감을 떨어뜨리기도 한다. 이를 해결하기 위해서는 한국인 학생들 개개인의 노력이 요구된다. 세계화, 다문화 시대에 맞게 모두 함께 어울리는 방법을 배워 인종차별이 없는 글로벌한 사회가 되도록 노력해야 한다.

두 번째 문제점은 자기효능감 저하이다. 자기효능감은 자아존중감과 관련해서 높을수록 적응이 쉽다. 학교 측에서 유행어, 신조어, 한국생활, 대인관계에서의 팁 등을 제공해준다면 외국인 유학생들은 한국인 학생들과 더욱 쉽게 친해지고 한국생활에 적응하게 되어 자신감과 자존감을 높이는 데 도움이 될 것이다.

세 번째 문제는 문화 충격이다. 외국인 유학생들이 느끼는 문화 충격은 5개에 단계로 설명할 수 있다. 허니문 단계(honeymoon stage), 의구심 단계(doubt and reservation stage), 절망 단계(disillusionment and despair stage), 철회 단계 (withdrawal stage), 적응 단계(adjustment and acceptance stage)이다. 문화 충격으로 이 5개의 단계를 넘어오는데 의구심, 절망과 철회 단계에서 빠져나오지 못한 외국인 유학생들은 적응을 힘들어하고, 한국에서의 유학 만족감도 떨어지게 된다. 나라마다 문화가 달라 외국인 유학생들이 문화 충격을 받는 것은 어떻게 보면 당연하다. 하지만, 그들에게 한국의 문화를 미리 소개해준다면, 그들이 받을 문화 충격에 대해 조금은 대비를 하고 실수를 적게 할 수 있도록 도와줄 것이라고 예상한다.

Ⅲ. 활동 내용

1. 소책자 제작[22]

1) 연세대학교 교외

(1) 신조어

문자문화가 일상생활에 큰 영향을 주는 한국 대학 생활에서 신조어는 매우 중요하다. 특히 외국인 유학생이 한국 친구와 대화할 때 신조어를 사용하면 소통이 더 자연스럽고 재미있다. 신조어는 상호작용의 도구가 되기에, 교외 생활 가이드라인 소책자에 몇 가지 신조어를 포함했다.

(2) 한국에서 지켜야 할 에티켓

한국 사람의 외국인 인식이 안 좋거나 먼저 다가가지 않는 이유 중 하나는 문화 차이이다. 나라마다 문화와 예절이 다르기에 어느 곳에서는 어떠한 행동이 당연시 여겨질 수 있지만, 다른 곳에서는 실례가 될 수도 있다. 그러므로 외국인 유학생들이 더 빨리 한국 문화에 적응할 수 있도록 여러 한국 문화와 예절을 알려주기 위해 에티켓 내용을 교외 생활 가이드라인 소책자에 포함했다.

(3) 아르바이트 구하는 방법 및 주의사항

한국에서 아르바이트를 구할 때 여러 방법으로 찾을 수 있지만, 모든 방법이 외국인 학생들에게 알려지지는 않았다. 특히 외국인 유학생들은 언어 장벽 때문에 아르바이트를 찾기 어려워한다. 그래서 교외 생활 가이드라인 소책자를 통해 한국어를 전혀 하지 못 하는 외국인 유학생들도 다양한 일자리를 찾을 수 있도록

---

22. 부록 1. 소책자 디자인 참고.

여러 사이트와 앱을 소개하고자 교외 생활 가이드라인 소책자 한국에서 아르바이트를 찾을 때 주의사항을 간단하게 포함했다.

(4) 자취방 구하는 방법 및 주의사항

외국인 유학생이 대학교 기숙사에 들어가지 못하거나, 기숙사 신청을 하지 않으면 따로 방 또는 숙소를 찾을 수밖에 없다. 그러나 한국에서 싸고 좋은 방을 구하기가 외국인에게는 큰 어려움이 될 수 있다. 대학교에서 알려주지 않는 방 구하기 방법과 방 구할 때 주의할 점들을 교외 생활 가이드라인 소책자에 간단히 소개했다.

(5) 외국인 등록 절차 및 방법

외국인이 한국에서 대학을 다니기 위해서는 외국인 등록 절차가 필수적이다. 연세대학교 국제처 홈페이지에는 외국인 등록 절차와 관련된 정보가 있지만, 입학 초기 단계에서는 기관의 홈페이지에 접속해서 필요한 정보만을 얻는 데에 있어 어려움이 있을 것으로 판단해, 이 항목을 포함시키기로 하였다. 그러므로 외국인 유학생들이 외국인 등록을 하는 데 필요한 '외국인 등록증 발급 원칙', '등록 신청 시 준비서류', '외국인 등록증 발급 및 수령'과 '외국인 등록사항 변경 시 신고' 등의 내용을 간단히 단계적으로 설명해, 더욱 편리하게 외국인 등록을 신청할 수 있도록 했다.

2) 연세대학교 교내

(1) 등록금 내는 방법 및 절차

본 항목 또한 연세대학교 국제처 홈페이지에 있지만, 입학 초기 단계에서는 기관의 홈페이지에 접속하여 필요한 정보만을 얻는 데에 있어 어려움이 있을 것으로 판단해, 본 내용을 포함시키기로 하였다. 본 콘텐츠 내용에는 외국인 유학생에게 연세대학교 포탈로 등록금 내는 방법의 단계적인 절차 설명이 있다.

(2) 외국인 유학생들을 위한 동아리 안내

외국인 유학생에게 한국생활 적응에 도움이 될 수 있는 동아리 몇 가지를 소개했다. 동아리에 들어가면 자연스럽게 한국 친구들을 사귈 수 있게 되기 때문에 본 항목을 포함했다.

(3) 유학생 고민 게시판

교육과정을 위해 연세대학교로 온 외국인 유학생 친구들을 대상으로 인터뷰를 해서 각자 본인의 한국 경험을 물어보고, 그 이야기를 교내 생활 가이드라인 소책자에 넣었다. 이를 통해 같은 상황에 놓여있는 외국인 유학생 친구들이나 후배들이, 그들이 쓴 이야기를 보고 여러 문제를 잘 극복하기를 바라는 마음으로 본 내용을 소책자에 포함했다.

(4) 비상연락망

외국인 유학생들이 생활 속에 일어나는 불편함이나 위험한 상황들에 처해 있을 때 전화할 수 있는 장소 또는 센터를 잘 모르기 때문에 몇 가지 비상연락망 전화번호를 포함했다.

2. 소책자 배부 활동

연세대학교 대우관 별관, 새천년관, 한국어학당에서 외국인 유학생을 대상으로 교내·외 생활 가이드라인 소책자 30권을 배부하는 활동을 했다. 배부장소를 위의 세 곳으로 정한 이유는 언더우드 국제대학 학생들이 많은 곳, 글로벌인재대학 학생들이 많은 곳, 외국인들이 많은 곳이기 때문이다.

첫 활동이라 준비 과정이나 연세대학교 학생들에게 다가가는 데에 있어 미숙한 점이 많았다. 그러나 먼저 다가와 주었던 학생도 계셨고, 바쁜 와중에도 시간을 내주시는 감사한 학생들 덕분에 첫 활동을 잘 마칠 수 있었다.

IV. 활동 기대효과

1. 소책자에 대한 외국인 유학생 만족도와 효과 평가

소책자를 받은 학생들의 연락처를 받아 문자로 구글 폼을 이용한 설문조사를 보냈다. 감사히도 연락한 30명 모두 응답을 해주어 결론을 내릴 수 있게 되었다. 설문 결과에 따르면 전반적으로 소책자 내용에 만족한다는 응답이 더욱 많았지만, 소책자에 추가로 포함하고 싶은 내용도 몇 개 있었다. 자세히 살펴보자면, 콘텐츠를 추가하고 다양한 언어로 소책자를 제작해주길 바라는 의견이 공통적으로 있었다. 또한, 인터뷰 질문을 더욱 구체적으로 원하는 학생들도 있었다. 소책자 내용이 외국인들이 이해하기에는 다소 어려웠다는 의견이 있어, 더 쉬운 말

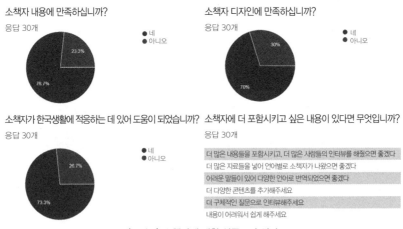

〈그림 2〉소책자에 대한 설문조사 결과

출처: 구글 폼을 이용한 학생들의 설문조사 결과에 따라 직접 작성

혹은 번역을 해 추가하면 좋을 것 같다.

2. 대학 또는 학부 차원에서 소책자 의무적 배부 제안

'유위맨드'는 만족도 조사를 통해 '유위맨드'가 만든 소책자가 학생들에게 많은 도움이 되었다는 것을 알 수 있었다. 이를 통해, 외국인 유학생들을 위한 교내·외 생활 가이드라인 소책자의 필요성과 중요성에 대해 다시 한번 깨달을 수 있었고, 이를 연세대학교에 제안하고 싶다. 유위맨드가 연세대학교에 제안하는 것은 두 가지가 있다. 첫째, 연세대학교 학생지원처를 통해 학교 홈페이지에 온라인 소책자를 실어달라고 요청하는 것이다. 이는 급하게 도움이 필요한 외국인 유학생들이 언제 어디서든 소책자를 온라인으로 내려받아 자료들을 확인할 수 있도록 하기 위한 것이다. 두 번째 제안은, 외국인 학생들이 많은 단과대에서 의무적으로 소책자를 배부하는 것이다. 국제대학, 글로벌인재대학에는 매년 다양한 국적의 많은 외국인 학생들이 입학한다. 하지만, 유학을 위해 처음 온 한국은 그들에게 낯선 곳일 수밖에 없다. 갈피를 못 잡는 외국인 학생들에게 외국인 유학생들을 위한 교내·외 생3활 가이드라인 소책자를 배부해준다면 학교생활은 물론, 한국생활에도 빨리 적응하게 될 것이다.

V. 활동 성찰

1. 활동을 통해 얻은 점

현재 한국에서 유학하는 외국인 유학생들의 문제점들을 함께 짚어보고, 한국 사회의 발전과 외국인 유학생들의 더 나은 유학 생활을 위해 어떤 행동을 해야 할 것인지 논의하는 시간을 가질 수 있는 유익한 활동이었다.

또한, 본 수업을 통해 세계화 시대 및 공동체의 개념과 역할을 이해하고, 현재 사회를 발전시키는 데 기여하는 자원봉사와 사회적 자본에 대해 이론적으로 실천적으로 접근을 해볼 수 있었다. 계속 늘어나는 외국인 인구가 한국에서 편하게 적응하기 위해 한국 정부와 한국사회의 큰 변화와 다문화적 관점이 필요하다는 것을 다시 한번 배웠고, 외국인 유학생들의 정착이 그들만의 문제가 아닌 우리 모두가 관심을 가져야 할 문제라는 것을 느꼈다.

2. 한계점

소책자를 만드는 활동을 하면서 '유위맨드' 조원들의 생각에 따라 필요한 콘텐츠만으로 소책자 제작을 했다. 직접 외국인 유학생에게 가서 물어보기보다는 논문과 개인 혹은 지인들의 경험을 바탕으로 소책자 내용을 만들었다. '외국인 유학생을 위한 교내·외 생활 가이드라인 소책자'로 주제를 택했지만, 소책자를 만들어보고 학생들의 피드백을 얻은 후에 소책자에 들어간 내용이 부족하고, 또 어느 부분들은 필요 없다는 것을 느꼈다.

또한, 소책자를 만드는 데 있어 한국어를 못하는 외국인 학생들에 대한 고려를 미처 하지 못 했다. 소책자를 한국어로만이 아닌 다양한 언어로 번역본을 만든다면, 한국어를 못하는 학생들도 쉽게 내용을 알아들을 수 있을 것이라는 생각을 하게 됐다. 또한, 학교에 많은 외국인 유학생들이 더 많이 소책자를 받아보게 하려고 했지만, 활동비의 한계가 있어 배부할 수 있는 소책자 수가 적었다. 그 결과로 설문 조사지를 나눠준 인원수가 30명 밖에 없어서 더 많은 피드백을 받지 못 한 부분이 아쉽다. 만약, 이러한 경험을 할 기회가 한 번 더 온다면, 이와 같은 한계점들을 보완하여 더욱 만족도와 효과가 높은 소책자를 만들어보고 싶다.

참고문헌

교육부. "2018년 국내 고등교육기관 외국인 유학생 통계." 교육부 교육국제회.

김나래. 2013. 『외국인 유학생의 한국사회 적응 과정에 나타난 학습의 의미와 역할』. 숙명여
자대학교 석사 학위 논문.

백성희. 2013. 『외국인 유학생의 한국 대학 생활 적응에 영향을 미치는 요인 연구 = Factors
Influencing International Students' Adjustment to Korean University Campus
Life』. 숭실대학교 석사 학위 논문.

최은숙. 2017. "외국인 유학생의 한국문화적응 현황 및 학습자 요구 분석." 『국제 한국 언어문
화 학회』. 14집 1호.

홍효정·현승환·정순여·정창원. 2013. "외국인 유학생의 대학 생활 적응을 위한 학습전
략 프로그램 개발 및 적용 사례 연구 = A Case Study on the Development and
Application of Learning Strategies for Adaptation to College Life of International
Students Education Program." 『교양교육연구』. 7집 6호. pp.561-587.

허은실·박혜진. 2013. "일부 중국 유학생에서 문화적응 스트레스와 한국전통음식에 대한 인
지도, 선호도 및 섭취 빈도와의 관련성" 『한국식품영양학회지』. 26집 2호. pp. 216-
225.

송기동. 2018. "외국인 유학생 한국생활 정착지원 누수 사례집." 『교육부 국립국제 교육원』.

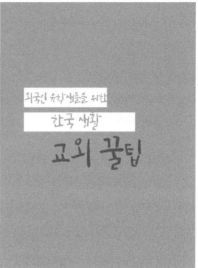

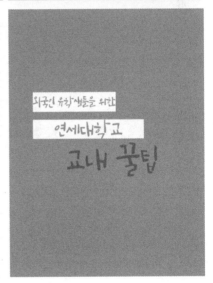

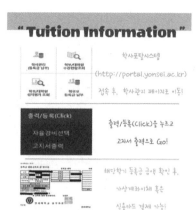

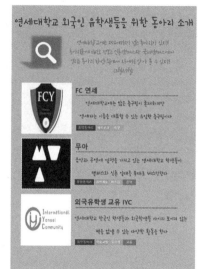

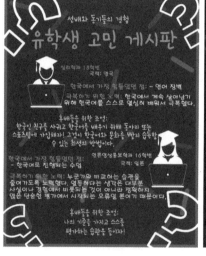

402

제9장

경희대학교
세계와 시민: 현장조사활동(CBL) 프로젝트

수업 개요

수업 명	경희대학교 후마니타스 칼리지 〈세계와 시민: 현장조사활동(CBL) 프로젝트〉		
교수자명	채진원	수강 인원	25명
수업 유형	교양필수	연계 지역/기관	서울 수도권 내외 시민사회단체 외

수업 목적

본 과목은 세계시민으로서의 의식과 역량을 함양하여, 정치, 경제, 사회, 문화 등 글로벌한 차원에서 구성되고 있는 시민적 삶의 존재조건을 이해하고, 평화롭고 지속가능한 세상을 위한 실천방안을 모색한다. 인류문명의 성과와 한계가 집적되고, 정체성, 민주주의, 경제구조, 생태환경, 과학기술 등 글로벌 의제를 따라 새로운 형태의 문제와 과제가 대두되고 있는 이 시대에, 세계시민으로서의 책임감 있는 삶을 자세를 토론하고, 공동 프로젝트(Global Citizen Project, GCP)를 통해 그 사유를 구체적 실천으로 확장한다.
또한 이 수업은 학생들로 하여금 '능동적인 세계시민'이 될 수 있도록 대학과 지역사회를 잇는 지역연계수업(CBL: Community Based Learning) 방식을 도입하여 현장조사활동을 스스로 체험하면서 이론학습과 연결하는 한편, 학생들이 시민의 한 사람으로서 지역에서 문제가 되고 있는 이슈를 찾고 비전을 수립하는 등 실천적 해법을 추구한다.

주요 교재

경희대 세계와 시민 교재편찬위원회. 2019. 『세계시민』.
경희대 후마니타스 칼리지. 2012. 『현장활동과 비전만들기』. 『제2의 탄생』.
김의영 외. 2015. 『동네안의 시민정치』. 푸른길.
김의영 외. 2016. 『동네안의 시민경제』. 푸른길.

프랜시스 웨슬리 외. 2009. 『누가 세상을 바꾸는가: 1%가능성을 향한 멈추지 않는 사회혁신가들의 도전』. 에이지21.

채진원. 2016. 『무엇이 우리정치를 위협하는가』. 인물과 사상사.

채진원. 2019. 『공화주의와 경쟁하는 적들』(예정). 푸른길.

채진원. 2019. 『2018 경희대 후마니타스 칼리지 시민교육 백서』.

수업 일정

날짜	내용
3월 6일	수업 제1주차, 수업 소개 및 자기 소개
	GCP의 개념, 의의, 방법
3월 13일	수업 제2주차, 시민과 시민권의 역사 [1]
	GCP 개인 별, 모둠별 선택 구성
3월 20일	수업 제3주차, 시민과 시민권의 역사 [2]
	GCP 주제 토론 1
3월 27일	수업 제4주차, 시민과 시민권의 역사 [3]
	GCP 주제 토론 2
4월 3일	수업 제5주차, 세계시민의 존재기반과 위험: 정치영역 [1]
	GCP 계획서 작성 및 검토
4월 10일	수업 제6주차, 세계시민의 존재기반과 위험: 정치영역 [2]
	GCP 계획서 제출 및 발표
4월 17일	수업 제7주차, 세계시민의 존재기반과 위험: 정치영역 [3]
	GCP 계획서 제출 및 발표
4월 24일	수업 제8주차, 중간고사
	현장활동계획서 공개발표, 중간 논술시험
5월 8일	수업 제10주차, 세계시민의 존재기반과 위험: 경제영역 [1]
	GCP 수행 및 중간 토론
5월 15일	수업 제11주차, 세계시민의 존재기반과 위험: 경제영역 [2]
	GCP 수행 및 중간 토론
5월 22일	수업 제12주차, 세계시민의 존재기반과 위험: 경제영역 [3]
	GCP 수행 및 중간 토론
5월 29일	수업 제13주차, 글로벌 시대의 주요 의제와 세계시민적 가치 [1]
	GCP 수행 및 중간 토론

6월 5일	수업 제14주차, 글로벌 시대의 주요 의제와 세계시민적 가치 [2]
	GCP 보고서 작성 및 검토
6월 12일	수업 제15주차, 글로벌 시대의 주요 의제와 세계시민적 가치 [3]
	GCP 보고서 제출 및 발표
6월 19일	수업 제16주차, 기말고사
	현장활동 최종보고서 공개발표, 기말 논술시험

연구진 구성 및 역할

〈세계와 시민〉 수업은, 교실수업 밖에서 학생 스스로 자율적으로 진행하는 현장조사활동이 있다는 점에서 어떻게 이론학습과 익숙하지 않은 현장조사활동을 유기적으로 연동시켜 16주 수업을 체계적이면서도 효과적으로 운영할 것인가가 성패의 관건이다. 연구진 구성과 역할에 있어서 학생들은 교실 밖 현장조사활동 프로그램을 계획하거나 실천해 본 경험이 거의 없기 때문에 자발적으로 참여한다거나 긍정적인 동기를 처음부터 갖기가 어렵고, 저항감이 강할 수 있다는 것을 충분히 고려해야 한다.

그래서 교수자는 16주 수업 중 1단계인 4주간에 학생들 스스로가 동기부여와 자신감을 갖도록 격려하고, 선행 사례의 교훈과 시사점을 자발적으로 충분히 수용할 수 있도록 하는 게 관건이다. 이어서 2단계인 4주간에는 자신이 희망하고 선택한 주제와 관련한 현장조사활동의 공간과 도움을 스스로 찾을 수 있도록 사전답사를 체험하도록 지도해야 한다. 이것에 성공하거나 실패하는 경우를 대비해서 교수자의 '면담활동'이 미리 계획될 필요가 있다.

이러한 1단계와 2단계의 8주간의 절차가 성공할 수 있을 때, 중간시험에서 현장조사활동 계획서로서 실천프로젝트 프로그램안의 발표가 가능해진다. 그리고 중간시험 이후 3단계에서 자신이 계획한 대로 4주간의 활동을 실천하고 현장조사활동일지를 작성하면서 현장에서 배우면서, 비전수립의 단계로 나아갈 수 있다. 그리고 3단계 4주간의 현장조사활동과 실습이 끝나면, 이어서 마지막 4단계의 4주간을 비전수립 정리와 최종보고서 작성으로 총 16주간의 일정을 마감할 수 있다. 16주간의 계획과 실행을 통해 학생들은 현장에서 출발하는 공감능력의 배양을 통해서 시민적 덕성인 자율성과 책임성을 함양하게 된다.

방문조사

학생들은 교수자의 지도에 따라서 현장조사활동의 전체 흐름이 〈그림 1〉과 같이, 크게 현장활동을 실행하는 〈현장활동 1단계〉와 함께 현장활동에서 드러난 결과와 원인을 기초로 처방과 발전방향을 찾는 〈비전만들기 2단계〉로 구성된다는 것을 이해하고 실천에 옮겨야 한다. 〈현장활동 1단계〉는 ①주제정하기 및 사전답사와 면담 ②현장활동계획서 발표 및 현장활동 시작 ③현장활동 일지 작성 및 활동내용 점검으로 구성된다. 〈비전만들기 2단계〉는 ①비전 방법론 논의 및 비전 찾기 ②비전 발표 및 점검 ③최종 보고서 발표 및 평가로 구성된다.

〈그림 1〉 현장조사활동(CBL) 프로젝트 전체 흐름도

세계와 시민: 현장조사활동(CBL) 프로젝트

경희대학교 후마니타스 칼리지 교수 채진원

Ⅰ. 주제 예시

〈세계와 시민〉과목은 이 시대를 살아가는 청년들의 삶에 대한 고민을 공유하고 현 사회의 이슈, 공정과 정의, 민주시민과 사회 참여, 공동체 삶과 나눔 문화, 세계시민에 대한 이해와 다양한 활동사례를 살펴본 후에 직접 현장에 참여하고 체험하며 경험함으로써 '시민의 탁월한 삶'과 '행복한 삶' 그리고 '공동체와 국가적 시민'에 대한 동기부여의 기회를 갖도록 한다. 그리고 이론 강의와 현장 활동을 바탕으로 주변에서 일어나는 문제에 대한 구체적인 해결방안과 비전을 세워보는 종합적인 사회참여 활동을 실습하게 된다.

자신이 살고 있는 행정구역(마을, 동네 등) 내에서 일어나고 있는 글로벌 시민의 체험, 사회혁신 또는 시민참여정치 사례를 찾고 체험을 공유하고 확대하는 활동을 예시하면 다음과 같다. 첫째, 지역 공동체체험(시민단체, 주민자치, 마을공동체, 지역의 교육·복지·환경 관련 사업 등. 둘째, 사회적 경제체험(협동조합, 사회적기업, 마을기업, 자활사업, 지역경제, CSR 등. 셋째, 협치체험(민관협력 사업, 중간지원조직, 시민 네트워크 등. 넷째, 자원봉사활동. 다섯째, 재능기부활동.

〈표 1〉 현장조사활동 제목과 분야 예시

번호	제목	분야
1	외국인 노동자에 대한 인식 개선 실천프로젝트	인권소수자
2	4대강오염실태와 정부대책	환경생태
3	일회용 음료수 처리 방안	환경생태
4	로힝야족을 아십니까? 인종차별실태조사	인권소수자
5	독도는 우리땅이라는 것을 널리 알리자	참여정치
6	청년노동자를 위한 노동인권 개선	청년노동
7	성별 고정관념에서 비롯된 대중문화콘텐츠 속 여성 성 상품화	여성가족
8	청소년을 대상으로 한 스마트폰 중독 실태 조사 및 개선 방안 탐구	언론미디어
9	남북한의 통일에 대한 국민들의 인식 개선	참여정치
10	일본군 위안부와 베트남 전쟁 한국군 민간인 학살에 대한 조사와 인식개선	참여정치
11	대진 침대 사건을 통한 소비자 알권리와 안전할 권리 인식 재고	생태환경
12	평창동계올림픽의 빛과 그림자	지역자치
13	포항지진 실태와 개선방안	지역자치
14	환경오염의 원인과 일회용품 사용: 플라스틱 환경오염 심각성에 대한 인식 개선 및 일회용품 사용 줄이기 실천	환경생태
15	동북아에서의 북핵 문제, 평화와 공존으로 나아갈 수 있는가? – 대학생들이 참여 필요성 절감	참여정치
16	최근 국제적으로 심해지고 있는 자국민 중심주의와 그와 함께 심해지는 외국인 혐오 문제	인권소수자
17	블록체인의 정의와 그 구조, 블록체인 전자화폐의 사용에 있어서의 폐해–조세도피에 관하여	경제정의
18	난민수용에 관한 찬반 토론 및 나라별 난민 수용정책 조사	세계시민
19	도심 속 전통시장의 쇠퇴원인과 활성화 방안에 관한 연구	지역자치
20	시각장애인 공공시설의 문제점 고찰과 그에 대한 사회적 해결방안의 모색	안전보건
21	식탁 체험–우리가 소비하는 음식들이 원산지로부터 식탁까지 어떤 과정을 거쳐 도달하는지 현장체험과 직접체험	생태환경
22	유학생의 학교생활	지역자치
23	벽화마을 활성화 방안 모색	지역자치
24	아름다운가게에서 순환과 나눔의 가치 깨닫고 수용물품 안내 매뉴얼 만들어 알리기	환경생태
25	아름다운가게 강동고덕점에서 나눔을 실천하고 아름다운가게 영통점과 비교하기	환경생태

여섯째, 글로벌 이슈(공정무역, 환경, 에너지, 적정기술, 서울글로벌지원센터, 다문화가족지원센터, 국제기구, 국제협약, 한반도 갈등, 탈북자 등) 체험활동 등.

〈표 1〉처럼, 학생들의 치열한 문제의식과 체험적 서술이 드러난 사례제시와 공유를 통해 주제와 방법론이 충분히 전달될 필요가 있다.

Ⅱ. 〈세계와 시민: 현장조사활동(CBL) 프로젝트〉 진행 사례

〈표 2〉는 2019년 1학기 A반 25여 명 학생들이 실제로 진행한 현장조사활동 사례이다. 필자는 이러한 주제선정과 함께 현장체험적 결과물이 나올 수 있도록 경희대 후마니타스 칼리지가 지속적으로 시도하고 있는 "현장활동기반의 시민교육모델"에 따라 지도하였다.

〈표 2〉 진행된 현장조사활동 제목과 분야 사례

번호	제목	분야
1	동대문구 '희망 만들기 방과후 학교' 교육봉사 체험기록	지역자치
2	5·18구속부상자회를 통한 광주역사문화탐방과 쟁점기록	지역자치
3	음성 선한이웃사랑(시민봉사단체) 체험과 청소년봉사 활성화 방안	지역자치
4	동대문구 '햇살요양병원' 프로그램 보조 봉사	지역자치
5	'아이쿱 생협'의 good case와 bad case 사례 비교와 공정무역 활성화 방안 탐구	생태환경
6	공정무역원두 사용 성공카페 "트립티"와 실패카페 "다향"에 비추어 본 공정무역원두 사용 축소의 실태 및 해결방안에 대한 기록	경제정의
7	'야옹동물병원(유기동물 보호 동물병원)'을 통해 유기 동물 관리 시스템에 대한 탐구	동물인권
8	사회복지관에서 봉사하며 장애인을 도울 방안을 찾고 실천하기	지역자치
9	공정무역 원두 사용 중단카페 '다향'과 성공카페 '트립티'를 비교한 후 공정무역 원두 사용 카페 증진을 위한 방법 고안하기	경제정의
10	공정무역 커피 구조 분석 및 개선점 고안해보기: 성공카페 '서강대 트립티'와 실패카페 '경희대 다향' 비교하기	경제정의
11	서울환경운동연합의 미세먼지 저감을 위한 대응책 체험하기: 국민청원 홈페이지와 인터넷 여론을 통해 시민들의 반응 탐구해보기	생태환경

12	강북재활용품선별처리시설과 클린하우스의 차이점과 이큐브랩을 통한 적정기술 제안 및 해외사례를 통한 비닐문제해결방안 제시	지역생태
13	서울시청과 좋은 빛 상 수상자에 대한 인터뷰 및 공모전 참가를 통한 국내 빛 공해 방지 개선점 연구	환경생태
14	성소수자 축제 참가 및 국내외 대책 비교	소수자약자
15	베트남 다문화 가정 생활실태 조사	지역다문화
16	성동 좋은 이웃 지역아동센터에서 다문화 학생 두 명의 한국 생활적응과 어려움을 돕고 해결책 알아보기	지역다문화
17	'동문장애인 복지관' 봉사활동에 대한 기록	지역복지
18	대한법률구조공단 수원지부 봉사활동을 통해 서비스 이용에 있어 노인과 저임금 노동자가 겪는 어려움을 파악하고 그 해결책 제시하기	지역자치
19	'전국천사무료급식소' 배식봉사를 통해 독거노인 식사 도와드리기	지역복지
20	여의도 청소년 근로 권익센터 담당자와 2명의 아르바이트생 인터뷰를 통한 노동자와 고용주의 자세 개선 방법 탐구 보고서	노동인권
21	동대문/강서 주거 복지 센터에 방문하고, 무주택 독거노인 봉사활동하고 이에 기록하기	지역복지
22	김포시 장기지역 아동센터와 선수지역 아동센터에서 봉사하며 교육 운영 현황 알아보기	지역복지
23	'서울하늘초등학교' 봉사활동을 통한 돌봄서비스 지원 방안 탐구	지역복지
24	서울환경운동연합에 방문해 활동가분을 만나 정부와 연합의 미세먼지 대응책에 대한 조사 활동	지역환경
25	나눔의 집, 정의기억연대 탐방과 함께 일본군 '위안부' 피해를 다루는 다양한 접근에 대한 체험적 기록	정치참여

Ⅲ. 프로젝트 진행 후 학생들의 소감 예시

학생들은 자신이 스스로 진행한 현장조사활동 프로젝트를 어떻게 평가하고 있으며, 그 효과에 대해 어떻게 생각하는 것일까? 이에 대해 살펴보면 다음과 같다.

1. 사례 1

1) 요약문 표

조(모둠) 이름	권투김조
조(모둠) 명단	이름(김희○) 전공(무역학과) 학번(2019) 학년(1) 이름(권의○) 전공(무역학과) 학번(2019) 학년(1) 이름(김수○) 전공(국어국문학과) 학번(2019) 학년(1)
활동 분야 (체크하시오)	경제정의(○) 참여정치( ) 문화·예술·종교( ) 사회적 약소자( ) 여성·가족( ) 청년·세대( ) 교육·학술( ) 환경·생태( ) 안전·보건·의료( ) 세계시민( ) 인권( ) 지역·자치·공동체(○) 언론·미디어( ) 기타( )
활동 주제	공정무역원두 사용 성공카페 "트립티"와 실패카페 "다향"에 비추어 본 공정무역원두 사용 축소의 실태 및 해결방안에 대한 기록
활동 방법 (체크하시오)	참여관찰법(○) 내러티브연구법( ) 참여행위연구( ) 심층면접법( ) 초점집단연구(○) 블라인드 테스트( ) 질문지법( ) 길거리 스티커설문( ) 기타( )
활동 내용 (주요 내용을 500~600자 내외로 요약하시오)	공정무역 원두 사용 확대를 위해 방안을 모색하였고, 그 방안을 모색하기 위해서 공정무역 중단 카페 "다향"과 성공 카페 "트립티"를 인터뷰하였다. 인터뷰를 통해 얻은 자료들의 진위 판단을 한 후, 공정무역 커피 인증 수칙을 축소화하려 했으나 축소화하는 데 실패했고, 방향을 바꿔 공정무역 커피 이행 과정 중의 문제점을 해결하여 공정무역 원두 사용을 확대하기로 했다. 이후 그 문제점의 해결 방안을 찾기 위해 자료 탐색을 했고, 해결 방안을 도출하였다. 해결책을 도출하는 과정에서 현장 인터뷰의 내용을 많이 참고하였는데, 이 경험을 통해 현장 활동의 중요성을 다시금 깨닫게 되었다.

2) 소감과 평가

(1) 자신이 한 현장조사 활동의 의의와 한계는 무엇인가?

팀원들과 협력하여 연구를 마무리한 것, 무역학도로서 공정무역에 대해서 더 깊이 공부했다는 것, 공정무역 증진 활동가와 함께 공정무역의 비전에 대해 토론했던 것 등 현장조사활동 연구를 하면서 유익하고 좋은 경험을 많이 할 수 있었다. 대학교에 입학하여 혼자 아무것도 할 수 없을 것만 같았고, 처음 연구를 진행할 당시에도 과연 유종의 미를 거둘 수 있을 것인지에 대한 걱정이 가득했다. 하지만 좋은 팀원들을 만났고, 이들과 함께 현장조사 활동을 마무리 지었다. 두려움을 극복하고 일을 끝마친 것이다.

이 점이 나에게 더 많은 도전을 할 수 있는 용기를 주었다. 물론 이 연구가 성공적이라고는 할 수 없지만 이를 포기하지 않고 끝마무리를 지었다는 것이 나에게는 이 연구가 준 가장 큰 의의가 아닌가 싶다.

(2) 세계와 시민을 통해 성장한 점은 무엇인가?

한 학기 동안 공부한 세계와 시민 수업은 대학교에 입학하여 다양한 지역과 다양한 학과의 친구들의 생각들을 접하게 해주었다. 매시간 공통 주제에 관해 각기 다른 답변을 들을 때마다 생각의 폭이 확장되는 것을 느꼈고, 나와 다른 생각을 멀리하기보다 다른 생각을 이해하려고 하는 수용력을 함양시켜 주었다.

이 수업이 나에게 준 또 다른 것은 바로 자신감 향상이다. 편했던 고등학교와는 달리 대학교는 나에게 너무 거대하고 무섭게 다가왔고, 이에 기가 죽어 내 성격을 내보이지 못하고, 소심한 대학 생활을 했다.

이 모습이 내가 아님을 알지만, 대학의 첫 시작을 소심하게 시작했기에 이를 탈피하기가 어려웠다. 그러던 중 세계와 시민 수업을 듣고, 다른 수업과는 달리 편안함을 느꼈고, 원래의 내 성격으로 수업에 임했다. 그리고 교수님께서는 이를 잘 들어주셨다. 이에 자신감을 얻어 나는 다른 수업과 활동에서도 점차 나를 드러내기 시작했고, 한 학기가 지난 지금 완전히 까지는 아니어도 이제 나에게 대학교가 무서운 공간이 아니게 되었고, 편안하게 내가 하고 싶은 말을 하며 생활할 수 있게 되었다. '시작'의 공포증을 극복하게 해준 이 수업에 감사함을 느낀다.

2. 사례 2

1) 요약문 표

조(모둠) 이름	평화나비를 찾아 나섰조
조(모둠) 명단	이름(이수○) 전공(일본어학과) 학번(2019) 학년(1) 이름(김채○) 전공(글로벌커뮤니케이션학부) 학번(2019) 학년(1) 이름(정예○) 전공(글로벌커뮤니케이션학부) 학번(2019) 학년(1)
활동 분야 (체크하시오)	경제정의( ) 참여정치( ) 문화·예술·종교( ) 사회적 약소자(○) 여성·가족(○) 청년·세대( ) 교육·학술( ) 환경·생태( ) 안전·보건·의료( ) 세계시민( ) 인권(○) 지역·자치·공동체( ) 언론·미디어( ) 기타( )
활동 주제	나눔의 집, 정의기억연대 탐방과 함께 일본군 '위안부' 피해를 다루는 다양한 접근에 대한 체험적 기록
활동 방법 (체크하시오)	참여관찰법( ) 내러티브연구법( ) 참여행위연구( ) 심층면접법(○) 초점집단연구( ) 블라인드 테스트( ) 질문지법( ) 길거리 스티커설문( ) 기타( )
활동 내용(주요 내용을 500~ 600자 내외로 요약하시오)	중간시험 이후의 4주간의 활동을 설명하고, 정의기억연대와 나눔의 집 관계자와의 인터뷰를 분석하며 두 단체의 입장 및 의견차이를 비교해보았다. 그리고 직접 현장활동을 한 것을 바탕으로 피해자를 위해, 이 문제해결을 위한 방법들을 모색하고 각각의 장단점을 찾아보았다. 장단점을 찾기 위해 채진원 교수님의 수업자료를 일부 이용하였다. 4주간의 활동으로는 일본군 '위안부' 관련 영화 감상, 정의기억연대 정기 세미나 참가, 나눔의 집 관계자 인터뷰, 일본군 '위안부' 피해자 관련 책 읽기가 있었다. 사전답사에서 했던 정의기억연대 관계자와의 인터뷰를 이용해 정의기억연대와 나눔의 집의 입장 및 의견 차이를 느끼고 설립계기, 활동내용, 정부의 문제점, 정부정책의 발전방향과 관련된 조언, 단체의 발전방향에 대해서 공통점과 차이점을 비교분석했다. 가장 큰 차이를 보인 것은 '정부정책의 발전방향과 관련된 조언'부분이다. 그리고 지금까지의 현장활동 경험을 바탕으로 일본군 '위안부' 문제 접근 방법으로 인터넷 조사 및 독서, 관련기관 방문, 관계자 인터뷰 할머니 찾아뵙기, 국제사회에 문제 알리기의 방법을 선정해 각각 어떤 장단점이 있는지 분석했다. 특히 탁상공론과 현장활동의 차이점을 생각하면서 본 보고서의 해당 항목을 작성하였다.

2) 소감과 평가

(1) 자신이 한 현장조사활동의 의의와 한계는 무엇인가?

일본군 '위안부' 문제에 관심을 많이 가지고 있었지만, 이때까지 인터넷으로 탁상공론만 해왔었다. 하지만 이번 세계와 시민 현장 활동 수업을 통해 이 문제를 알아보기 위해 발로 뛰고, 실제로 보고 들으면서 정보를 습득할 수 있어서 그 점이 가장 뿌듯한 것 같다.

하지만 애당초 계획했던 제1의 계획대로 하지 못한 것이 가장 아쉬운 부분이다. 대학교 1학년의 신분으로서, 문제와 관련된 지인도 없이 프로젝트를 진행하는 게 어려움이 많았던 것 같다. 그리고 현장 활동 장소가 서울이나 경기 광주 등 다소 먼 곳이었는데, 차가 없어서 교통비가 많이 들어서 교통편이 불편했던 것 같다.

(2) 자신은 현장조사활동에서 무엇을 배웠는가?

짜여진 활동이 아니라 우리가 처음부터 계획하고, 관계자들에게 연락하고, 직접 가서 배우는 활동이어서 처음 이런 활동을 해보는 거라 부족함도 많았지만, 그 속에서 많이 성장할 수 있었다. 계획할 때 서로 하고자 하는 활동에 대한 생각이 다를 때, 관계자들과의 컨택이 잘 안 될 때, 계획이 무산되었을 때 등 사실 보고서를 쓰기까지에 있어 많은 시행착오가 있었다. 그때 당시에는 막막하기만 했었는데, 지금 생각해보니 많은 대안들을 생각하고 있었던 게 다행인 거 같고 그 속에서 문제를 어떻게 빠르고 정확하게 대처해나갈지 몸소 배울 수 있었다. 그리고 이것이 곧 현장 활동의 또 다른 묘미라고 생각한다.

(3) 자신은 얼마나 본 수업과 활동을 통해 공감능력을 함양하고, 주인의식과 책임감을 지닌 시민으로 성장했는가?

수업에서 공감능력을 많이 키울 수 있었다. 사실 수업시간에 질의응답을 많이 하는 것이 쉽지가 않은데 이 수업에서는 자신의 생각을 마음껏 펼칠 수 있어서 좋았다. 물론 내 생각을 뚜렷하게 말하는 것도 중요하지만, 다른 사람들은 어떻게 생각하는지 듣는 것도 중요하다는 것을 몸소 배울 수 있었다. 특히 동감(同感)과 공감(共感)의 차이를 알고 난 후, 어느 부분에 동감 혹은 공감하는지 확실하게 구별할 수 있었다. 그 속에서 경청의 자세와 공감능력을 많이 기를 수 있었고, 자신의 의견을 뚜렷하게 표현할 수 있었고, 현장활동에서는 끝까지 이 활동을 끝마

쳐야 할 책임감도 기를 수 있었다.

3) 사진

아래 사진들은 5·18구속부상자회에서 주최하는 광주역사문화탐방에 참여한
학생들이 찍은 사진들이다. 〈5·18구속부상자회를 통한 광주역사문화탐방과 쟁
점기록〉이라는 연구주제로 해답을 찾기 위해 사건의 현장에 직접 참여하여 체험
을 통해 접근하는 태도는 현장조사활동의 매력이다.

〈사진 1〉 단체참배를 마친 직후 단체 사진

〈사진 2〉 유공자분 지인의 묘 앞에서
설명을 듣는 모습

〈사진 3〉 5·18기록관에서 설명을 듣는 모습

〈사진 4〉 윤상원 열사가 죽음을 맞이한 장소

동대문구 '희망 만들기 방과후 학교' 교육봉사 체험기록

경희대학교 국어국문학과 도지현

I. 현장 활동 계획서

1. 활동내용 요약

동대문구 '희망 만들기 방과후 학교' 교육봉사를 통해 방과후 학교 학생들의 학습력 증진을 도와주고, 희망 만들기 방과후 학교 홍보 후 활동보고

2. 문제의식

사전답사를 위해 희망 만들기 방과후학교에 방문해 원장 선생님을 비롯한 다른 선생님들과 함께 교실을 둘러보았다. 그런데 학생들의 숫자를 세어 보니 선생님들이 돌보아야 할 학생들의 숫자가 봉사자 선생님 한 명당 열 명에서 열두 명 사이로, 선생님 대비 학생 수가 많았다. 고등학교의 학급 담임선생님은 선생님 한 명당 25명에서 32명까지 맡기도 하니 열 명 정도면 적은 숫자가 아닐까 생각할 수도 있겠지만 이곳에서 일하고 계시는 선생님들이 주로 전문적인 교육을 받

지 못한 봉사자 선생님이라는 점, 이들의 연령층이 초등학교 1-2학년이 주가 되어 아직 10살도 되지 않은 어린 아이들이라는 점, 맞벌이가정의 아동이라 집에 아이를 혼자 두기가 마땅치 않아 방과후 학교에 아이를 보내는 경우도 있지만 몸이 불편하거나 생활하기 힘든 아이 또한 방과후 학교에 있다는 점으로 봤을 때 봉사자의 수가 모자라는 상황이었다. 그리고 사전답사 과정에서 방과후 학교에서 교사로 일하고 계신 김주희 선생님을 만나뵐 수 있었는데, 김주희 선생님께서는 "희망 만들기 방과후 학교에는 단기간만 잠깐 일하는 봉사자 선생님들이 많고, 아이들도 그러한 점을 인지하고 있다"고 말씀하셨다. 방과후 학교에 오래 다닌 아이들은 고등학생이나 대학생 봉사자 선생님들이 보이면 이 봉사자가 '봉사시간을 쌓고 생활기록부에 교육봉사와 관련된 내용을 넣기 위해', '학교의 과제를 하고 봉사시간을 쌓기 위해' 이곳에 와서 잠깐 봉사하고 간다는 사실을 알고 봉사자를 대한다는 것이었다. 그래서 여러모로 아이들이 봉사자에게 정을 붙이지 못해 교육지도나 놀이 활동에 적극적이지 못하다고 하였다. 이러한 사정을 듣고 처음에는 보조 선생님으로나마 짧게 봉사를 해 보아야겠다고 생각한 것이 단지 5주의 활동으로 그칠 것이 아니라 경희대학교에 재학하면서 동대문구에 사는 동안 이곳에서 더 길게 봉사활동을 해 보는 것이 좋겠다는 마음을 먹게 되었다. 따라서 5주 활동 프로그램만을 위한 단기적 봉사자가 아니라 장기적 봉사자의 시각으로 봉사를 진행하고 사회에 기여하고자 한다.

3. 현장 활동 계획

1) 사전 답사 활동 (날짜, 시간, 장소, 내용)
- 2019년 4월 16일, 오후 2시내용: 희망 만들기 방과후 학교에 전화를 걸어 방과후 학교에서 봉사를 할 수 있는지 여쭤보았다. 간단한 인적사항을 공개하니 원장 선생님과의 상의 후에 봉사활동 가능 여부를 알려 줄 수 있다고 하셨다.

- 2019년 4월 18일, 오후 4시내용: 희망 만들기 방과후 학교의 김주희 선생님 께서 전화를 주셔서 받아보니 한 달간 봉사활동을 해도 된다고 말씀해 주셨 다. 따라서 전화상으로 봉사 허락을 받았고, 5월 한 달간 매주 목요일 2시에 서 5시까지 봉사하겠다는 일정을 정할 수 있었다.
- 2019년 4월 24일, 오후 2시내용: 희망 만들기 방과후 학교에 전화를 걸어 혹 시 인터뷰가 가능한지 여쭤 보았다. 그러자 원장 선생님께서는 외근이 있어 인터뷰가 힘들지만, 김주희 선생님께서 대신 인터뷰를 맡아서 해 주시겠다 는 허락의 답변을 받을 수 있었다.
- 2019년 4월 25일, 오후 2시, 희망 만들기 방과후 학교내용: 희망 만들기 방과 후 학교에 직접 방문해 김주희 선생님과 인터뷰를 진행했다.
- 2019년 4월 29일, 오전 10시, 경희대학교 네오관 213호내용: 희망 만들기 방 과후 학교 사전 답사 활동 내용과 현장 활동 5주차 계획을 기반으로 채진원 교수님과 면담을 통해 피드백 받는 시간을 가진다.

2) 현장 활동 5주차 계획 (날짜, 시간, 장소, 내용)
- 1주차 (2019년 5월 2일, 오후 2시~5시, 희망 만들기 방과후 학교)내용: ① 친 구들과 자기소개 및 서로 알아가는 시간 갖기, ② 국어학습지 1:1 학습지도, ③ 간식준비 및 식사보조, ④ 보육시설 청소, ⑤ 앞으로 초등학생 친구들과 좀 더 깊은 유대감을 쌓고 친구들이 적극적으로 활동에 참여하게 만들기 위 해서는 어떤 노력을 해야 할지 고민해보기
- 2주차 (2019년 5월 9일, 오후 2시~5시, 희망 만들기 방과후 학교)내용: ① 국 어학습지 1:1 학습지도, ② 간식준비 및 식사보조, ③ 보육시설 청소, ④ 학 업에 열의를 보이지 않는 친구들을 어떻게 공부하게 하면 좋을지 고민해보 기
- 3주차 (2019년 5월 16일, 오후 2시~5시, 희망 만들기 방과후 학교내용: ① 국어학습지 1:1 학습지도, ② 간식준비 및 식사보조, ③ 보육시설 청소, ④

어떻게 하면 강압적이지 않고 부드럽게 아이들이 놀이 활동을 진행할 수 있을지 고민해보기

- 4주차 (2019년 5월 23일, 오후 2시~5시, 희망 만들기 방과후 학교)내용: ① 국어학습지 1:1 학습지도 ②간식준비 및 식사보조 ③ 보육시설 청소 ④희망 만들기 방과후 학교의 봉사자들을 늘릴 방안에는 어떤 것이 있는지, 홍보 방법 고민해보기
- 5주차 (2019년 5월 30일, 오후 2시~5시, 희망 만들기 방과후 학교)내용: ① 국어 학습지 1:1 학습지도 ②간식준비 및 식사보조 ③보육시설 청소 ④장기적 봉사자로서 5주간의 활동 반성 및 어떻게 개선할 수 있을지 구체적으로 체크하기 ⑤네이버 블로그나 인스타그램 등 SNS를 통해 동대문구 희망만들기 방과후 학교 홍보하고 봉사활동 독려 게시글 작성

3) 사후 보고서 작성

- 날짜: ~2019년 6월 6일까지 내용: 봉사 후 봉사활동 보고서 초안 작성하기
- 날짜: ~2019년 6월 16일까지 내용: 피드백 바탕으로 보고서를 수정하고 보고서 완성하기

4. 질의응답

1) 희망만들기방과후학교의 주 이용자는 누구인가요?

"경제적 형편이 어렵거나 집안 사정 때문에 방과 후에 집에 혼자 있는 초등학생 친구들이 보통 희망 만들기 방과후 학교를 이용하고 있어요. 또한 신체적으로, 정신적으로 불편하여 추가적인 도움을 필요로 하는 친구들도 시설을 이용하고 있어요. 나이대로 따지자면 초등학교 저학년 학생들이라고 할 수 있겠네요. 지금 방과후 학교에 6학년은 1명 있고 나머지는 다 초등학교 저학년 학생들이에요."
　　　　　　　　　　　　　　　　　－희망 만들기 방과후 학교 교사 김주희 선생님

2) 희망만들기방과후학교에서 대학생 봉사자는 어떤 일을 하나요?

"초등학생 친구들의 학습지도도 해 주고, 같이 놀이활동도 하고, 실내활동 시에는 안전사고에 유의하며 보호활동도 하고, 보육시설 청소도 하고, 같이 간식을 준비하거나 필요시에는 식사 보조도 해야 해요. 그리고 담임교사 선생님과 함께 있으면서 담임교사 선생님의 보조 역할도 합니다."

– 희망 만들기 방과후 학교 교사 김주희 선생님

3) 방과후 학교에서 (대학생 봉사자가) 주의해야 할 점은 무엇인가요?

"첫 번째, 두 번째, 세 번째는 안전이에요. 특히 대학생 봉사자는 안전을 주의해야 해요. (저:왜요?) 어린 친구들은 대학생 봉사자들이 오면 좋아서 기분이 들뜨거든요. 그래서 친구들이 평소보다 더 돌아다니거나 뛰어다닐 수 있어요. 그럴 때 가만히 계시는 봉사자분들이 계시는데 그때 가만히 계시면 안 되고 꼭 친구들이 실내에서는 뛰지 않도록 안전지도를 해야 해요. 그리고 또 한 가지는 어린이들의 얼굴이 나오는 사진을 찍으면 안 된다는 거예요. 아무래도 방과후 학교 봉사시설에 다니는 거니까 사진을 찍으면 일단 친구들 부모님께서 많이 싫어하세요. 그래서 안전과 사진, 두 가지만 유의하시면 좋을 것 같네요."

– 희망 만들기 방과후 학교 교사 김주희 선생님

4) 방과후 학교를 운영하면서 힘든 점은 무엇인가요?

"고등학생부터 아주머니까지 다양한 연령대의 교육봉사자들이 희망나누기 방과후학교에 참여하고 있기는 하지만, 아무래도 지속적으로 방과후 교실에 참여하는 봉사자들의 수가 많지 않다보니 걱정이 되지요. 봉사자들의 수가 늘어나거나, 장기적으로 아이들을 지도해줄 수 있는 봉사자 분들이 늘어나면 좋겠어요. 그래도 경희대학교 학생들과는 어떻게 인연이 잘 이어져서 매번 이렇게 봉사활동을 하러 찾아와 줘서 참 좋네요."

– 희망만들기 방과후 학교 교사 김주희 선생님

〈사진 1〉 희망 만들기 방과후 학교 김주희 선생님과 인터뷰를 한 뒤에 찍은 사진이다.

출처: 본인

II. 현장 활동 일지

1. 1주차 (장소 및 일시, 현장 활동 목표, 현장 활동 내용)

희망 만들기 방과후 학교, 2019년 5월 2일 목요일 오후 2시~5시

1) 현장 활동 목표
① 희망 만들기 방과후 학교 교육봉사를 통해 방과후 학교 학생들의 학습력 증진 돕기
② 앞으로 초등학생 친구들과 좀 더 깊은 유대감을 쌓고 친구들이 적극적으로 활동에 참여하게 만들기 위해서는 어떤 노력을 해야 할지 고민해보기

2) 현장 활동 내용
① 친구들과 자기소개 및 서로 알아가는 시간 갖기
② 국어학습지 1:1 학습지도

③ 간식준비 및 식사보조 ④보육시설 청소

3) 느낀 점

아이들과 자기소개를 하고 서로 알아가는 시간을 가졌는데 아이들이 내가 어른인지 아닌지에 대해서 편을 갈라서 말다툼을 하기 시작했다. 여학생들은 내가 화장을 하고 귀걸이와 목걸이도 했기 때문에 어른이라고 주장했고 남학생들은 내가 키가 작기 때문에 어른이 아니라고 주장했다. 그걸 보며 '이 아이들은 이런 문제를 진지하게 고민하기도 하는구나'라는 생각이 들어서 신기했다. 내가 하는 말을 곧이곧대로 믿는 아이들을 보며 내가 하는 말에 대한 책임감을 느낄 수 있었다. 또한 앞으로 초등학생 친구들과 깊은 유대감을 쌓기 위해서는 먼저 아이들의 흥미를 끄는 외적 요소도 중요하다는 것을 알게 되었다.

〈사진 2〉 초등 국어 학습지를 채점하는 중에 찍은 사진이다.

출처: 본인

4) 다음 활동 계획

① 국어학습지 1:1 학습지도 ② 간식준비 및 식사보조 ③ 보육시설 청소

2. 2주차(장소 및 일시, 현장 활동 목표, 현장 활동 내용)

희망 만들기 방과후 학교, 2019년 5월 9일 목요일 오후 2시~5시

1) 현장 활동 목표

① 희망 만들기 방과후 학교 교육봉사를 통해 방과후 학교 학생들의 학습력 증진 돕기

② 앞으로 초등학생 친구들과 좀 더 깊은 유대감을 쌓고 친구들이 적극적으로 활동에 참여하게 만들기 위해서는 어떤 노력을 해야 할지 고민해보기

2) 현장 활동 내용

① 국어학습지 1:1 학습지도 ② 간식준비 및 식사보조 ③ 보육시설 청소

3) 느낀 점

한 자리에 15분 이상 앉아 있지 못하는 친구가 방과후학교에 있었는데 그 친구의 1:1 학습지도를 맡게 되었다. 그 친구를 어떻게 공부하게 하면 좋을지 머리를 쓰다가 먼저 그 친구에게 칭찬을 해 보았다. 너무 과도한 칭찬은 오히려 역효과를 냈지만 '잘했네! 선생님도 이렇게 생각해' 등의 추임새를 넣어주면 아이가 좀 더 집중한다는 것을 알 수 있었다. 또한 국어 학습지에 애매하게 서술해 놓은 서술형 답안을 조금만 고쳐도 맞다고 동그라미를 쳐서 아이가 공부에 싫증내지 않도록 하는 것에 목표를 두자 약 30분가량을 공부할 수 있었다. 칭찬은 고래도 움직이게 한다는 말이 실제로 효과를 보자 그 뒤로도 칭찬에 인색하지 않게 마구 칭찬해 주자 아이가 툴툴대면서도 계속 문제를 풀어나가는 모습에 약간 뿌듯했다.

〈사진 3〉 종이를 오리는 놀이활동 모습이다.　　〈사진 4〉 일대일 국어 과외를 지도받는 모습이다.

출처: 본인　　　　　　　　　　　　　　　　　　출처: 본인

4) 다음 활동 계획

① 국어학습지 1:1 학습지도 ② 간식준비 및 식사보조 ③ 보육시설 청소

3. 3주차 (장소 및 일시, 현장 활동 목표, 현장 활동 내용)

희망 만들기 방과후 학교, 2019년 5월 16일 목요일 오후 2시~5시

1) 현장 활동 목표

① 희망 만들기 방과후 학교 교육봉사를 통해 방과후 학교 학생들의 학습력 증진 돕기

② 앞으로 초등학생 친구들과 좀 더 깊은 유대감을 쌓고 친구들이 적극적으로 활동에 참여하게 만들기 위해서는 어떤 노력을 해야 할지 고민해보기

2) 현장 활동 내용

① 국어학습지 1:1 학습지도 ② 간식준비 및 식사보조 ③ 보육시설 청소

3) 느낀 점

방과후 학교에는 저학년 학생이 대부분이지만 중학년(3학년) 학생들과 고학년(4~6학년) 학생들도 소수 존재한다. 그런데 이들은 방과후 학교에서 물건을 던지거나 헤드록을 거는 식으로 거친 놀이를 주로 하여 저학년 어린이들의 안전까지 위협한다. 그래서 이 아이들을 어떻게 좋은 말로 타일러야 하는지 고민했다. 그래서 선생님께 여쭈어봤는데 선생님께서는 좋은 말로 하면 아이들이 들은 척도 하지 않기 때문에 단호한 목소리로 아이들에게 무엇을 잘못했는지 인식시키고, 조금 강압적이더라도 아이들이 더이상 그 행위를 하지 못하도록 던지는 물건이나 장난감을 압수하거나 아이들을 자리에 앉히도록 해서 안전사고를 예방해야 한다고 하셨다. 아이들의 안전을 위협하면서까지 부드러운 선생님이어야 할 필요는 없다는 점이 인상 깊게 남았다.

〈사진 5〉 5월 16일 방과후 학교 간식이다. 보조 교사는 간식을 접시에 담아 아이들에게 나눠주고 양이 모자라면 간식을 더 제공한다. 아이들이 간식을 다 먹으면 책상을 정리한다.

출처: 본인

4) 다음 활동 계획

① 국어학습지 1:1 학습지도 ② 간식준비 및 식사보조 ③ 보육시설 청소

4. 4주차 (장소 및 일시, 현장 활동 목표, 현장 활동 내용)

희망 만들기 방과후 학교, 2019년 5월 23일 목요일 오후 2시~5시

1) 현장 활동 목표

① 희망 만들기 방과후 학교 교육봉사를 통해 방과후 학교 학생들의 학습력 증 진 돕기

② 앞으로 초등학생 친구들과 좀 더 깊은 유대감을 쌓고 친구들이 적극적으로 활동에 참여하게 만들기 위해서는 어떤 노력을 해야 할지 고민해보기

2) 현장 활동 내용

① 국어학습지 1:1 학습지도 ② 간식준비 및 식사보조 ③ 보육시설 청소

3) 느낀 점

선생님들께서 항상 내가 봉사를 마치고 집에 갈 때 '오늘도 와 주어서 정말 고 맙다, 큰 도움이 됐다'고 인사해 주셔서 늘 한 일도 없는데 과한 인사를 받는 것 같아 머쓱한 기분이었다. 그래서 희망 만들기 방과후학교의 봉사자들을 늘릴 방 안을 생각해보았는데 내가 생각한 가장 좋은 방법이 개인 SNS를 통한 봉사자 모 집이었다. 비록 나 한 사람의 입소문일지 몰라도 주변에 아직 '세계와 시민' 과목 을 수강하지 않은 다른 친구들이 나의 말을 듣고 동대문구 희망 만들기 방과후 학교에 봉사활동을 하러 간다면 분명 2학기에도 희망 만들기 방과후 학교는 봉 사자들의 도움을 받을 수 있을 것이라 생각했다. 나도 작년 2학기에 채진원 교수 님의 강의를 들은 룸메이트 언니를 우연히 만나 이 봉사활동을 추천받게 되었으

니 이렇게 입소문을 탄 추천도 꽤 영향력 있는 홍보라고 생각했다.

또한 국어 학습지를 매기면서 (국어 서술형 문제에 적힌) 아이들의 창의적인 답안을 볼 수 있었는데, 개중에 한 아이의 답변이 굉장히 인상적이었다. 특히 '유리처럼 매끈매끈한 (   )'에서 괄호 안에 들어갈 수 있는 말에 '필름'이라고 답한 것이 참 인상적이었는데 내가 고등학교에서 문예창작을 전공하고, 현재 대학교에서 국어국문학과에 재학 중인 만큼 이 친구의 문학적 자질이 상당히 뛰어나다고 생각하여 담당 선생님께 이 점에 대해서 강하게 말씀드렸더니 선생님께서 '그렇다면 이 아이의 부모님께 그대로 전해 드리겠다. 부모님께서도 기뻐하실 것이다'라고 말씀하셨다. 내 예상대로 이 답안을 본 (같은 전공의) 친구들도 아이의 문학적 재능을 인정했는데 그러고 나서 나와 친구들은 꼭 이 친구가 미래에 문학적 재능을 살릴 수 있었으면 좋겠다고 생각했다.

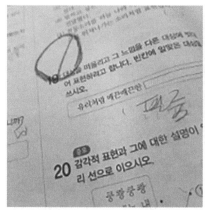

〈사진 6〉 아이들의 창의적인 답안을
확인할 수 있는 국어 문제집의 서술형 문제

출처: 본인

〈사진 7〉 봉사자 선생님에게 레고 비행기를
만들어주고 있는 아이의 모습이다

출처: 본인

4) 다음 활동 계획

① 국어학습지 1:1 학습지도 ② 간식준비 및 식사보조 ③ 보육시설 청소

5. 5주차 (장소 및 일시, 현장 활동 목표, 현장 활동 내용)

희망 만들기 방과후 학교, 2019년 5월 30일 목요일 오후 2시~5시

1) 현장 활동 목표
① 희망 만들기 방과후 학교 교육봉사를 통해 방과후 학교 학생들의 학습력 증진 돕기
② 앞으로 초등학생 친구들과 좀 더 깊은 유대감을 쌓고 친구들이 적극적으로 활동에 참여하게 만들기 위해서는 어떤 노력을 해야 할지 고민해보기

2) 현장 활동 내용
① 국어 학습지 1:1 학습지도 ② 간식준비 및 식사보조 ③ 보육시설 청소

3) 느낀 점
아이들은 생각보다 선생님인 나에게 주어진 간식을 잘 뺏어 먹는다는 사실을

〈사진 8〉 방과후 학교에서 친구와의 상호 작용을 배워 나가는 아이들의 모습이다.

출처: 본인

〈사진 9〉 공부 시간에 열심히 문제를 풀고 있는 아이들의 모습이다.

출처: 본인

알았다. 내가 간식을 천천히 먹고 있으면 그 아이들은 자기 음식을 빠르게 먹어 버리고는 내 간식을 호시탐탐 노리는 하이에나처럼 주변을 맴돌기 시작하다 담당 선생님이 자리를 비우면 냅다 달려와선 내 간식을 가져가도 되냐고 묻는다. 나는 선생님의 입장에서 굳이 꼬마 친구들에게 간식을 나눠주지 않는 쩨쩨한 선생님이 되기 싫어서 고개를 끄덕이고 마는데 나는 이 아이들이 아마 이러한 나의 심리를 꿰뚫고 있는 것이 아닐까 생각해보았다.

Ⅲ. 비전 수립

1. 원인 진단과 발전 방안

1) 원인

사전답사를 통해서 희망 만들기 방과후 학교에 선생님의 숫자가 턱없이 부족한 것을 알게 되었다. 봉사자 선생님 한 명당 열 명에서 열두 명의 아이들이 배정되는데, 이곳에서 일하고 계시는 선생님들이 주로 전문적인 아동 교육 방법을 배우지 못한 봉사자 선생님일 뿐이라는 점과 대부분의 아이들이 초등학교 저학년으로 연령층이 매우 낮다는 점, 그리고 장애를 가지고 있는 아이들도 방과후 학교에 있다는 점을 고려해 보았을 때 아이들에게 더 나은 케어를 제공하기 위해서는 봉사자 선생님의 충원이 필요하다고 생각되었다. 또한, 현재 있는 봉사자 선생님들마저 대다수가 장기간 봉사자가 아닌 단기간 봉사자로, 단기간의 봉사가 끝나면 새로운 인원이 충원될지는 미지수라는 점도 희망 만들기 방과후 학교가 더 나은 돌봄 환경을 제공하지 못하는 데 영향을 끼치고 있었다. 게다가 이러한 단기간 봉사자들이 많아지면서 아이들이 '어차피 얼마 후면 떠나버릴' 봉사자들에게 정을 붙이지 못해 봉사자 선생님도 아이들의 교육 지도와 놀이 활동에 적극적이지 못하게 되는 악순환이 반복되고 있었다.

2) 발전 방안

실제로 5주 동안 방과후 학교에서 선생님으로 봉사를 해 보니 어린이들을 돌보는 봉사가 마냥 쉬운 일만은 아니라는 것을 알게 되었다. 전문적으로 어린이들을 돌보는 교육을 받고, 실제로 방과후 학교에 고용되어 월급을 받고 일하는 선생님이 원장 선생님을 제외하고는 두 명뿐이었고 이 두 명을 제외하고는 모두 나와 같은 봉사자였다. 그리고 몸이 불편하거나 정신적으로 발달이 느린 아이들을 선생님과 봉사자로는 완벽하게 케어하기가 힘들었다. 그래서 가장 먼저 동대문구 희망 만들기 방과후 학교에 장기 봉사자가 늘어야 한다고 생각했다. 어떻게 하면 장기적으로 봉사자를 늘릴 수 있을지에 대해서 생각해 보았는데 교직이수과정을 밟고 계신 선배님께 조언을 들을 수 있었다. 만약 그 방과후학교가 교육봉사를 하는 단체의 네트워크망에 등록되어 있다면 그 교육봉사단체에서 지속적으로 교육봉사 인력을 방과후학교로 보낼 수 있을 것이라는 대답이었다. 그래서 대학 교육봉사단체나 시민 봉사단체의 네트워크에 희망 만들기 방과후학교를 등록해 보는 방안을 떠올리게 되었다.

2. 만약 한 학기를 더 활동한다면 추후 활동계획

한 학기를 더 한다면 나는 가장 먼저 다른 친구들과 함께 조를 짜서 희망 만들기 방과후 학교에 방문하고 싶다. 혼자서 선생님들을 도와 아이들을 케어해 주는 일도 물론 보람차고 멋졌지만, 여러 명이 한꺼번에 일하는 것은 그것과는 차원이 다르게 큰 도움이 될 것이라는 걸 어렴풋이 느꼈기 때문이다. 선생님 한 명이 봉사할 때는 그대로 선생님 한 명의 효율이지만, 선생님 두 명이 봉사할 때는 선생님 세 명의 효율이 난다는 것을 그동안의 봉사 경험으로 알게 되었다. 만약에 내가 두 명의 친구를 더 데려가서 봉사한다면 그것은 몇 명의 효율일까? 그래서 나는 친구들과 함께 방과후 학교에 가서, 아이들에게 더 좋은 일대일 학습지도 시간을 만들어주고 싶다.

IV. 전체적인 소감과 평가

1. 자신이 한 현장조사활동의 의의와 한계는 무엇인가?

'동대문구 희망 만들기 방과후 학교 교육봉사를 통해 방과후 학교 학생들의 학습력 증진을 도와주고, 희망 만들기 방과후 학교 홍보' 활동은 장애가 있거나 부모님이 자녀를 돌볼 여력이 없는 가정의 아이들이 방과후 학교에서 안전하고 알차게 방과후 시간을 보낼 수 있도록 하고, 방과후학교의 부족한 인력을 조금이나마 보충해 줄 수 있다는 의의가 있다. 하지만 그럼에도 불구하고 내가 봉사하는 목요일에는 봉사자가 나 한 명뿐이었기 때문에 항상 봉사인원이 두 명 정도 더 있었다면 친구들이 더 나은 환경에서 학습지도를 받고 방과후를 보낼 수 있었으리라는 생각이 들기도 했다.

2. 자신은 현장조사활동에서 무엇을 배웠는가?

아이들이 얼마나 섬세한 존재인지 깨닫게 되었다. 아직 사회화가 덜 된 초등학생들은 선생님이 가르쳐 주는 대로 지식을 쏙쏙 빨아들이는 것도 모자라 선생님의 모든 말과 행동에 영향을 받는다. 내가 이기적이게 굴면 아이들도 나의 이기적인 모습을 보고 배우고, 내가 배려심 많고 포용하는 모습을 보이면 아이들도 포용하는 방법을 배워 나간다는 점이 참 인상 깊었고 방과후 학교 내에서 내가 경거망동하지 못하게 하는 고삐가 되었다. 또한 매주, 매번, 매순간 또래 친구와의 관계가 조금만 틀어져도 안절부절못하거나, 깊이 상처받거나, 금방 토라져버리는 아이들을 보며 이 아이들이 앞으로도 이렇게 수없이 서로 부딪히고 깨져야 나중에는 모난 부분 없이 동글동글한, '사회적인 인간'으로 거듭난다는 것을 여실히 느꼈다. 아이들을 보면서 '나도 저런 과정을 거쳐서 사회화가 되었구나'라고 느끼는 부분들이 있는데 특히 또래 친구들과의 관계 형성 과정에서 서로의 마음이 통하기까지의 과정을 옆에서 지켜보면서 그런 감정을 많이 느꼈다. 이 아이들의 사회화 과정에 나도 잠깐이나마 참여하면서 뿌듯함을 느꼈고 이러한 봉사활동을 할 수 있게 되어서 기뻤다.

3. 자신은 얼마나 본 수업과 활동을 통해 공감능력을 함양하고, 주인의식과 책임감을 지닌 시민으로 성장했는가?

세계와 시민 수업의 일환으로 진행한 5주간의 현장 활동을 통해 많은 일을 겪은 뒤 그 경험담을 세계와 시민을 수강하는 친구들과 공유하면서 현장 활동의 힘든 점과 보람찬 점에 대해 함께 공감하며 웃을 수 있는 사람이 되었다. 평소 봉사를 질색했던 나인데 이번에 5주간 봉사활동을 진행하면서는 친구들과 진행 과정을 공유해서인지 활동이 어렵고 힘들다고 중도 포기하는 대신 책임감 있게 활동을 마무리할 수 있었다. 또한 세계와 시민 수업 내용을 통해 내가 '세계 시민'이라는 자격을 가지고 살아가려면 세계에 대한 주인의식을 가지고 살아야 한다는 것을 깨닫게 되었다. 처음 접하는 단어나 평소 생각해보지 못한 내용을 배울 때면 어려운 부분에 당황하기도 했지만, 수업이 다 끝난 뒤 돌이켜 생각해보면 이러한 부분을 배움으로써 '세계 시민'에 한 발자국 다가갈 수 있는 사람이 된 것이 아닐까 생각한다.

4. 세계와 시민을 수강하면서 자신에게 나타난 가장 큰 변화는 어떤 것이 있는가?

세계와 시민 수업을 듣기 전의 나와 수업을 들은 후의 나는 참 크게 바뀌었다. 먼저, 이 수업을 듣고 문제해결을 위한 원인을 어디서 찾아야 하는지를 알게 되었다. 원인을 근인, 중인, 원인으로 나누는 방법을 알게 된 것은 내가 세계와 시민 수업을 통해서 얻은 가장 큰 수확이다. 처음에 내 현장 활동 주제는 북한과 관련된 단체 활동이었다. 이때의 나는 '원인'인 '국가의 체제'를 바꾸려는 행위를 하고 있었다. 그러나 교수님의 도움으로 지역사회의 발전에 도움이 되는 봉사활동으로 현장 활동 주제를 바꾸었고 '근인'도 '원인'도 아닌 '중인'을 찾는 법을 알게 되었다. 또한 5주간의 현장 활동을 진행하면서 탁상공론으로 해결방안을 도출하는 것이 아니라 직접 상황을 경험한 뒤에 해결방안을 찾아내는 요령을 알게 되었다.

V. 현장 활동 요약 문표

조(모둠) 이름	도지현
조(모둠) 명단	이름(도지현) 전공(국어국문학과) 학번(2019101380) 학년(1)
활동 분야 (체크하시오)	경제정의( ) 참여정치( ) 문화·예술·종교( ) 사회적 약소자(○) 여성·가족( ) 청년·세대( ) 교육·학술(○) 환경·생태( ) 안전·보건·의료( ) 세계시민( ) 인권( ) 지역·자치·공동체(○) 언론·미디어( ) 기타( )
활동 주제	동대문구 '희망 만들기 방과후 학교' 교육봉사를 통해 방과후학교 학생들의 학습력 증진을 도와주고, 희망 만들기 방과후 학교 홍보 후 활동보고
활동 방법 (체크하시오)	참여관찰법(○) 내러티브연구법( ) 참여행위연구( ) 심층면접법( ) 초점집단연구( ) 블라인드 테스트( ) 질문지법( ) 길거리 스티커설문( ) 기타( )
활동 내용 (주요 내용을 500~600자 내외로 요약하시오)	작년에 시민교육을 수강했던 선배님을 만나 동대문구에 교육봉사 인력이 부족한 방과후학교가 있다는 소식을 들었다. 그 이야기를 듣고 실제로 동대문구 희망 만들기 방과후 학교를 방문하고 실태를 확인했다. 실제로 봉사자가 부족하다는 말에 아이들이 좀 더 쾌적한 환경에서 방과후 시간을 보냈으면 좋겠다는 생각이 들었고 이에 교육봉사를 시작하게 되었다. 나는 매주 목요일마다 방과후 학교를 방문해 아이들이 안전하게 놀이 활동을 할 수 있도록 옆에서 돕고, 담당 선생님을 도와 간식을 나눠주고 먹는 것을 도와주기도 했다. 또한 에어컨 필터 청소나 창문 청소부터 시작해서 바닥과 책상을 깨끗하게 닦아 아이들이 청결한 환경에서 공부할 수 있도록 도왔으며, 아이들의 학습지를 봐주며 틀린 답을 고치도록 하거나 어려운 부분이 있으면 힌트를 줘서 가르쳐 주기도 하는 등 국어 교육 봉사를 돕기도 했다. 봉사를 진행하면서 짧은 기간이지만 어쩌면 방과후 학교 아이들의 사회화 과정이라고도 할 수 있는 순간에 참여했다는 기분이 들어서 나 또한 뿌듯함을 느꼈고 이러한 봉사활동을 할 수 있게 되어서 기뻤다.

5·18구속부상자회를 통한 광주역사문화탐방과 쟁점기록

경희대학교 식품생명공학과 황채원

I. 현장 활동 계획서

1. 주제

5·18구속부상자회에서 주최하는 광주역사문화탐방을 통해 왜곡되어가는 5·18 광주민주화운동의 진실을 바로잡는 과정과 결과의 기록

2. 문제의식

2019년 2월 8일 열린 5·18진상규명대국민공청회에서 자유한국당 의원 3명의 발언이 논란이 되어 당시에 뉴스에서 자주 보도되고 이슈화되었다.

그때 뉴스를 보며 그들의 발언에서 정확히 어떤 점이 잘못되었고 그 이유가 무엇인지를 나 스스로 판단할 수 없다는 사실에 충격을 받았다. 비슷한 시기에 교수님의 소개로 '광주역사문화순례(광주역사문화탐방)'을 알게 되었고, 참여를 통해 부족한 역사 인식을 보충하여 오겠다는 생각으로 참여를 바로 약속했다.

'5·18모독' 비판에 흄도 가세하며 **파문확산**…코너몰린 한국당(종합2보)
연합뉴스 PiCK | 2019.02.11. | 네이버뉴스 | ⌐

모독' 파문이 **확산**하는 가운데 청와대도 11일 비판에 가세하며 한국당 추천 몫 5·18 진상규
명조사위원 2명의… 김병준 비상대책위원장은 모독 발언이 나온 '5·18 진상규명 대국민 공
청회'에 대해 진상파악을 하라고 김용태…

ㄴ [레이더P] '5·18 망언' **파문**…한국당 | 매일경제 | 2019.02.11. | 네이버뉴스
ㄴ '5·18 망언' **파문** 확산 김진태 등 의… | 부산일보 | 2019.02.11. | 네이버뉴스
ㄴ 5·18모독 **파문** 증폭…의원징계 고리 | 연합뉴스 PiCK | 2019.02.11. | 네이버뉴스
ㄴ 민주·野3당 '5·18 폄훼 논란 한국당 3… | 세계일보 PiCK | 2019.02.11. | 네이버뉴스

〈그림 1〉 공청회에서 일어난 망언 관련 보도

출처: 네이버, 2019년 2월 11일, '공청회 파문 확산' 검색 결과

사전답사로서 5·18구속부상자회의 서울지부장 김종분 선생님을 뵙기 위해 국
회의사당 앞의 농성장에 다녀왔다. 5·18민주화운동과 관련하여 선생님께서 직
접 겪으신 생생한 경험담을 듣게 되었다. 또한 선생님을 통해 현재 5·18 유공자
들이 모욕감을 느낄 수밖에 없는 상황에 부닥쳐있고, 이에 대해 부당함의 개선을
요구하며 시위하면 그 자체로 비난받는 진퇴양난의 위치에 있음을 알게 되었다.
우리에게 현재의 자유를 누릴 수 있게 해준 5·18민주화운동이지만, '역사 왜곡'
이라는 위협을 받는 만큼 더 정확히 알아야 할 필요성을 느꼈다.

따라서 이번 보고서를 작성하면서 역사를 왜곡하려 하는 집단은 어떤 주장을
하고 있는지, 그리고 그들의 발언들이 진실로 잘못된 것인지, 잘못되었다면 사실
은 무엇인지를 내 시선에서 조사한 내용을 토대로 명확히 밝혀내고 싶었고 이러
한 의미에서 광주역사문화탐방을 통해 현장에 안에서 근거를 찾아내는 데 큰 도
움을 받을 수 있으리라 기대하는 마음으로 참여하고자 한다.

이번 프로젝트를 통해 작성한 보고서가 내가 가지고 있던 왜곡된 진실을 바로
잡는 데에서 그치지 않고, 이 글을 읽는 모든 사람에게도 같거나 비슷한 영향을
미칠 수 있도록 하는 것을 궁극적인 목표로 삼고자 한다.

3. 사전답사 인터뷰

다음은 2019년 4월 12일에 진행한 5·18구속부상자회 서울지부장 김종분 선생님과의 사전답사 인터뷰 내용이다.

1) 어떤 이유로 이러한 농성을 진행하고 계시나요?

유공자가 되고 인정받기까지 오랜 시간이 걸렸는데, 그 기간 동안의 유족들의 노력은 이루 말할 수 없습니다. 유족들이 시위만 했다 하면 그분들을 버스에 태워서 광주 시내 외곽에 두고 가는 등 가혹하게 대했습니다. 이들의 노력으로 김영삼 대통령 때 유공자를 인정하게 되었습니다. 1995년부터 신청이 가능해졌고 저는 1998년에 신청했습니다. 처음에는 유공자들이 반대를 했습니다. 그 이유는 발포 명령자가 누구인지 진상 규명이 명확히 되지 않았고, 이러한 상황에 보상금을 받는 것은 있을 수 없는 일이라 여겼기 때문입니다. 정부에는 조용히 마무리하고자 보상금을 지급하고자 한 것입니다. 보상금은 상당히 적게 나왔는데, 호프만식 보상이라 하여 자신의 일당 구속된 일수를 계산하여 학력에 따라 차등 지급하였습니다. 따라서 현재 TV에서 5·18유공자들이 많은 보상을 받았다는 것은 거짓말입니다. 그 후에 제공되는 연금도 국가유공자와는 달리 저희에겐 없고 의료보험 혜택을 유일하게 받고 있기 때문에 많은 혜택을 받는다는 이야기는 순전히 거짓말입니다. 따라서 2월 11일부터 그런 거짓말을 반복하는 정치인들을 처벌할 수 있는 5·18역사왜곡처벌법을 제정해달라는 농성을 진행하고 있습니다.

2) 5·18의 현 상황에 대해 잘 알지 못하는 학생들은 정치인들의 왜곡된 발언을 듣고 그대로 받아들일 수도 있다는 점에 대해서 어떻게 생각하시나요?

속상하죠. 역사를 배우지 않은 세대도 있는데 그들은 4·19, 5·18이 실제 일어났던 일인지도 모르고 있습니다. 제 아들의 친구가 5·18이 진짜 있었던 일이냐고 물었다는 이야기를 들은 적도 있습니다. 학교에서의 역사 교육으로 해결되면 좋은데, 선생님들께 자료를 제공하고 연수하는 데도 한계가 있는 것 같습니다. 이러한 상황에서 왜곡된 발언을 듣는 사람 중 유족들이 가장 속상해하십니다.

3) 선생님께서 5·18구속부상자회에 들어가시게 된 계기가 궁금합니다.

저도 5·18 유공자입니다. 1980년에 동덕여대 4학년이었는데 그때 박정희 대통령이 죽은 뒤, 학생회부활추진위원회가 각 대학에서 만들어졌고 저는 우리 학교 '총학생회부활추진위원회 학칙개정위원장'을 맡았습니다. 그래서 3월 개강 뒤 총학생회를 부활시켜 학생회장을 뽑고, 사립 대학 안의 비리를 관련하여 활동하다가 4월 19일을 기준으로 전국의 모든 대학이 계엄 철폐를 부르짖기 시작했습니다. 각 대학이 한 장소에 모여서 집회하고 헤어지는 것을 계속 반복했는데, 계엄 철폐와 전두환 퇴진을 외치며 군인들이 더이상 정치에 개입하지 말 것을 요구했습니다. 5월 15일에 최대 인원이 서울역 앞에 모였는데, 그때 학생회장단들이 모여 회의를 시작했습니다. 두 가지의 안이 나왔는데 계속 한 달간의 시위를 지속하여 군사독재가 물러가게 항쟁할 것인가, 우리의 주장이 잘 전달되었을 것이니 돌아가서 추세를 지켜볼 것인가를 의논한 결과 후자를 택하였고, 이를 서울역 회군이라고 부르게 되었습니다. 그날 밤에 학교로 흩어진 뒤 5월 17일에 총학생회 회장단이 회의하던 도중 전두환 비상계엄사령관이 계엄을 전국으로 확대했습니다. 그럼으로써 사전 검거령을 통해 학생회장단을 잡아들였습니다. 그때 저도 잡히지 않기 위해 도망 다녔고 그사이에 광주항쟁이 일어났습니다. 서울에서 그 소식을 듣고 자살한 학생들도 상당히 많았습니다. 저는 경찰서에 들어가서 조사를 한 달간 받았는데, 군사정권에서도 학생회장단이 많이 잡혀있었음에 부담을 느끼고 일부 학생들을 풀어주었습니다. 그러나 제가 2학기에 광주항쟁을 알리는 전단지를 배포했고 바로 구속되어서 감옥에서 1년 살다 나왔고, 그래서 5·18민주유공자가 되어 이 단체에서 활동하고 있습니다.

4) 그 당시에 언론이 통제되어 있었음에도 불구하고 광주의 소식을 어떻게 알게 되셨나요?

택시운전사에 나오는 힌츠페터라는 독일인 기자가 촬영한 것이 일본에서 독일, 독일에서 우리나라로 들어오게 됨으로써 알게 되었습니다. 암암리에 그 영상이 돌아다니고, 광주에서 도망쳐 나온 사람들의 증언과 테이프를 통해 광주에서의 항쟁이 알려졌습니다.

5) 이번 광주역사문화탐방은 어떤 방식으로 진행될 예정인가요?

아침 일찍 서울 시청역에서 집결하고 이동하여, 첫날 오월 항쟁이 일어났던 장소들을 방문할 예정입니다. 항쟁이 진행된 순서대로 방문하지 못하고 거리순으로 둘러볼 것입니다. 첫 번째 상무대 법정은 시위대가 잡혀가서 구타당하던 곳이고 그 시설 그대로 체험하고 올 수 있습니다. 오후에 방문할 5·18 민주화운동 기록관, YWCA, YMCA, 전일빌딩, (구) 도청, 상무관은 항쟁이 일어났던 중심지에 있던 시설들입니다. 이후에 숙소에 들른 뒤 전야제에 자율적으로 참가하고 밤 12시까지 들어올 수 있도록 계획했습니다. 전야제에서는 도로를 통제하고 그 도로에 5·18 관련 여러 단체가 나와서 홍보물과 체험 행사를 제공하기 때문에 자유롭게 즐기고 오시면 됩니다. 둘째 날에는 국가적인 행사인 제39주년 5·18 민주화운동 기념식에 참석합니다. 따라서 신분증을 반드시 지참해주셔야 합니다. 그 앞의 전시회에서 설명을 들은 뒤 점심을 먹고 나와서 양림동 근대문화길에 방문할 것입니다. 그곳에서 광주에 근대 문명이 들어오는 과정을 본 뒤 저녁을 먹고 서울로 돌아올 것입니다.

6) 광주역사문화탐방의 참여자들에게 기대하는 영향이 있으세요?

5·18 역사를 제대로 알게 되었으면 좋겠습니다. 이게 왜 일어났고, 어떤 상황에서 일어났고, 광주의 수많은 사람이 민주주의를 위해 희생되었음을 깨달았으면 합니다. 우리나라 민주주의와 현재 누릴 수 있는 이 자유가 투쟁을 한 사람들

의 발자취의 결과물임을 깨닫는 기회가 되었으면 합니다.

4. 활동 계획서

1) 1주차 (4월 12일 금요일)

− 장소: 국회의사당역 4번 출구 근처 농성 진행 중인 천막 안

− 김종분 선생님께 드릴 질문을 준비하고 5·18민주화운동에 대한 배경 지식을 사전에 공부할 것.

− 질문에 대해 명확한 숙지를 하고 질문이 순서대로 매끄럽게 전개되도록 할 것.

2) 2주차(4월 15일~21일)

− 도서관에서 『너와 나의 5·18』 책 신청

3) 3주차(4월 22일~28일)

− 5·18 기념 재단 사업 중 '왜곡과 진실'에 대해서 정독하고 정리하기

4) 4주차(4월 29일~ 5월 5일)

− '너와 나의 5·18' 독서 후 왜곡 발언과 관련한 팩트 정리하기

5) 5주차(5월 6일~12일)

− 5·18 망언을 남긴 사람들의 주장과 발언을 기사를 통해 정리하기

6) 6주차 (5월 17일~18일)

− 광주역사문화탐방 다녀오기

− 장소: 5·18민주묘지, (구)전남도청, (구)YWCA, YMCA, 상무대 헌병대 영

창, 오월어머니집, 양림동 역사문화마을 등

〈표 1〉 광주역사문화탐방 일정표

일정	시간	세부추진내용	비고
2019.05.17. (금)	8:00~12:00	서울 출발. 광주탐방일정 및 개인 소개.	시청역 집결 차량 이동
	12:00~13:00	광주 도착 후 점심식사	식당
	13:00~14:00	상무대 헌병대 법정·영창체험	5·18자유공원
	14:30~17:30	5·18민주화운동 기록관	금남로 일대 5·18항쟁사 설명
		(구)YWCA, YMCA, 전일빌딩 (구)도청, 상무관	
	18:00~19:00	저녁식사	식당
	19:30	숙소이동	
	19:30~22:00	5·18 전야제 참석	금남로
2019.05.18. (토)	7:00~8:00	아침식사 후 짐 정리	숙소에서 아침식사
	8:30~12:00	제39주년 5·18민주화운동 기념식 참석	국립5·18민주묘지
	12:00~13:00	점심식사	국립묘지에서 주먹밥 점심
	14:00~16:30	양림동 근대문화길 순례	양림역사문화마을
	17:00~18:00	저녁식사	식당
	18:00~22:00	광주 출발, 서울 도착	대한문 앞 해산

7) 7주차 (5월 20일~26일)

- 3주차에 정리한 왜곡된 내용들과 4주차에 정리한 팩트들을 광주역사문화탐
  방에서 확인할 수 있었는지 대조하기
- 사전에 공부한 내용 외에 현장에서 파악한 5·18광주민주화운동에 대한 오
  해들과 진실을 정리하기

5. 현장 활동 완료 후 답할 질문

1. (책과 자료들을 읽으며) 내가 가지고 있던 왜곡된 지식은 무엇이었는가?
2. 왜곡된 발언들을 하는 이유는 무엇일까? 그들은 자신의 발언이 사실인지를 확인하고 얘기하는 것일까? 그 이유는 무엇인가?
3. 내 물음에 대한 답을 어떠한 방법으로 얻을 것인가?
4. 광주에서 느낀 점들을 생생하게 전달할 수 있는 방법과 수단은 무엇일까?
5. 광주역사문화탐방에서 배운 점들이 5·18광주민주화운동의 왜곡되어가는 진실에 시사하는 바는 무엇일까?
6. 왜곡된 진실을 바로잡기에 가장 효과적인 방법은 무엇일까?

II. 현장 활동 일지

1. 1주차~5주차

5월 17일–18일의 광주역사문화탐방 전까지 활동 계획에 따라 배경 지식을 쌓고 보고서 작성에 필요한 자료를 수집하는 활동을 하였다.

2. 6주차 첫째 날 – 2019년 5월 17일

1) 현장활동 목표

(1) 5·18민주화운동에 대하여 사전에 공부한 내용을 현장에 적용하여 활동하고 배우기
(2) 5·18 망언과 비교하여 그들 주장의 오류를 현장에서 찾기

2) 장소

국립 5·18민주묘지, 5·18민주화운동 기록관, (구)YWCA, YMCA, 전일빌딩, (구)전남도청, 녹두서점, 금남로 5·18 전야제

3) 일시: 2019년 5월 17일

4) 현장 활동 내용

(1) 국립 5·18민주묘지 단체 참배

5·18구속부상자회를 단체 이름으로 하여 단체로 헌화 및 분양하고, 안쪽의 묘지를 돌아보며 동반해주신 유공자분의 실제 지인들의 묘비에 헌화하고 어떤 사연을 가지고 계시는지 경험담을 들었다.

〈그림 2〉 단체참배를 마친 직후 단체 사진

〈그림 3〉 유공자 분 지인의 묘 앞에서 설명을 듣는 모습

(2) 5·18민주화운동 기록관, 전일빌딩, (구)전남도청, 녹두서점 방문

5·18에서 정보 전달이나 작전에 대한 치열한 회의가 이루어졌던 녹두서점 주인의 동생인 김상집 씨께서 5·18민주화운동 기록관에 기록되어 있는 내용과 윤상원 열사와 함께 겪었던 자신의 경험을 현장감 있게 설명해주셨다. 또한 헬기 사격이 이루어진 것으로 추정되는 전일 빌딩도 실제 모습을 볼 수 있었다. 그리

〈그림 4〉 5·18기록관에서 설명을 듣는 모습 　〈그림 5〉윤상원 열사가 죽음을 맞이한 장소

〈그림 6〉 녹두서점 옛터에서의 단체 사진 　〈그림 7〉 퍼포먼스를 하는 모습

고 교통이 통제된 금남로 도로를 5·18 당시처럼 걸어보는 퍼포먼스도 체험했다.

(3) 5·18 전야제

5·18민주화운동을 주제로 다양한 체험 부스와 공연이 밤늦게까지 이루어지는

〈그림 8〉 임을 위한 행진곡을 부르는 모습 　〈그림 9〉 우산을 쓰고 공연을 관람하는 사람들

행사인데, 그날 비가 와서 간단한 공연만 하고 마무리되었다. 비가 상당히 내림에도 불구하고 광주 시민들이 길을 가다 멈춰 공연을 관람하고 호응했다.

5) 활동 후 느낀 점

초등학생 때 국립5·18민주묘지에 방문한 경험이 있다. 묘지에 있어도 경건한 느낌만 받을 뿐 어느 묘비에 헌화하고 어디에 서 있어야 할지에 대한 어려움을 느꼈는데, 이번에는 동행해주신 유공자분의 지인 분들이 돌아가시기 전에 어떤 일을 겪으셨는지를 듣고, 5·18의 주역이자 안타깝게 희생된 그들이 바로 이 장소에 묻혀있다는 것이 세상 실감이 났다. 경험담을 전해 들으며 수많은 묘비가 지니는 의미와 그 의미들이 지닌 무게감이 인제야 와 닿았던 것 같다.

또한 기념관에서 들은 이야기도 마찬가지이지만 무고하게 희생되거나 어떠한 이유로 죽었는지도 모르는 유공자들이 많았다. 그 때문에 유가족들 또한 심리적으로 고통받고 있는데, 이들에게 '세금을 축내는 집단'이라는 막말을 퍼부은 의원들에게 진심으로 큰 분노가 솟구쳤다.

5·18 전야제 행사 장소에 도착했을 때 비가 내렸는데, 운영 중이었던 부스들은 문을 닫았지만 공연은 간소화하여 진행했다. 빗방울이 거세질수록 우산·우비를 쓴 사람들이 광장으로 더욱 모여드는 믿기 힘든 일이 벌어졌다. 시민들이 다 같이 구호를 외치고 노래를 부르는 열정적인 분위기가 '광주가 바로 이런 곳이다'라고 말하고 있는 듯했다. 광주의 시민들이 5·18에 대해 가지고 있는 공감대, 자부심, 역사 왜곡에 대한 분노가 한번에 와닿는 경험이었고, 자료조사와 탁상공론보다 현장에서 오감으로 느끼는 것이 중요하다는 교수님의 말씀을 몸소 체험할 수 있었다.

3. 6주차 둘째 날 – 2019년 5월 18일

1) 현장 활동 목표

(1) 5·18민주화운동에 대하여 사전에 공부한 내용을 현장에 적용하여 활동하고 배우기
(2) 5·18 망언과 비교하여 그들 주장의 오류를 현장에서 찾기

2) 장소

국립 5·18민주묘지, 상무대 헌병대 법정·영창체험, 5·18기념공원 내 추모승화공간, 오월어머니집, 양림동 근대문화길 순례

3) 일시: 2019년 5월 18일

4) 현장 활동 내용

(1) 제39주년 5·18민주화운동 기념식 참석

전날 미리 방문하여 참배했던 국립5·18민주묘지에 다시 방문하여 기념식이라

〈그림 10〉 기념사를 하고 있는 문재인 대통령

〈그림 11〉 행사장에 도착한 황교안 대표

는 국가적인 행사에 참여했다. 대통령께서 하시는 연설을 직접 들을 수 있는 특별한 경험을 했다.

(2) 상무대 헌병대 법정·영창 체험

실제 5·18 때 구속된 사람들이 잡혀갔던 장소에서 상황을 재현해봄으로써 그들이 얼마나 가혹한 상황 속에 있었는지를 이해하는 기회를 가졌다.

〈그림 12〉 유공자들이 구속된 직후의 모습 재현　〈그림 13〉 교관 역할을 맡은 분이 설명하는 모습

(3) 5·18기념공원 내 추모승화공간

다음 장소로 이동하면서 잠깐 들른 장소인데, 5·18 유공자들의 이름이 공간 안의 벽에 모두 새겨져 있다.

〈그림 14〉 추모승화공간 밖에 세워진 동상

5) 활동 후 느낀 점

다음 날에는 어제 방문했던 국립5·18민주묘지에서 하는 제39주년 5·18민주화운동 기념식에 다녀왔다. 출발하기 전에는 국무총리가 오실 확률이 높다고 들었고, 나 또한 대통령은 40주년 행사에 맞춰서 참석하실 줄 알았다. 그런데 대통령께서 참석하여 기념사를 직접 연설하셨고, 그 내용으로 미루어 보아 왜곡 발언에 대한 분노가 참석에 가장 크게 이바지한 것이라고 생각했다.

행사장에서의 또 다른 큰 이슈는 황교안 대표의 참석이었는데, 황교안 대표 주위에 많은 취재진이 몰려 있어서 그 인파 속에 존재하는지도 보이지 않을 정도로 밀도가 높았고, 그 속에 휩쓸려서 넘어질 뻔도 하고 나중에는 누군가가 황교안에게 의자를 집어 던지는 돌발 상황들이 벌어졌다. 유시민 이사가 그의 방문에 대해 무관심을 대책으로 제안했었지만, 현장에서는 행동과 감정의 통제가 어려워질 수밖에 없음을 실감했다.

상무대 헌병대 법정·영창체험에서 무고한 광주시민들이 받은 가혹한 대우에 다시 한번 분노했고, 이후에 방문한 5·18기념공원에서는 망언의원들이 요구하는 5·18유공자 명단이 적혀있는 지하추모공간에 들어갔다. 그전까지는 유공자 명단을 공개하라는 주장에 광주에 가서 찾아보면 있다는 답변을 이해하기 힘들었는데, 실제 그 장소에 가보니 장소 자체가 명단이자 증거임을 알게 되었다.

Ⅲ. 비전수립

1. 질문과 응답

1) (책과 자료들을 읽으며) 내가 가지고 있던 왜곡된 지식은 무엇이었는가?

나 같은 경우에는 왜곡된 지식을 가지고 있진 않았지만, 5·18민주화운동에 대해 무지한 상태에 속했다고 할 수 있고, 이 지식을 제대로 채워나가고자 자료를 찾고 광주역사문화탐방에 참여하는 노력을 기울였다. 아마 노력 없이 그 상태에서 머물렀다면 극우세력의 5·18왜곡에 말려들었을 것인데, 그들이 현재까지 왜곡하려 하는 진실은 다음과 같이 한 문장으로 정리할 수 있다.

"5·18민주화운동을 우리나라 민주주의의 발전에 기여한 항쟁이라는 점을 인정하려 하지 않는다."

2019년 2월 8일 5·18진상규명대국민공청회에서 내뱉은 발언이 이를 잘 나타내준다.

<표 2> 공청회에서 의원 3명의 발언

이종명	– 정치적으로 이용하는 세력들에 의해서 그냥 폭동이 민주화 운동으로 된 겁니다. 그렇게 될 때까지 10년, 20년밖에 안 걸렸는데…5·18 폭동이 일어난 지 40년이 된 겁니다. – 국회를 토론의 장으로 해서 5·18 때 북한군이 개입됐다는 것을 하나하나 밝혀나가는, 그런 역할을 하는 데 더 최선을 다하겠습니다.
김순례	– 종북 좌파들이 지금 판을 치면서 5·18 유공자라는 이상한 괴물집단을 만들어내면서 우리 세금을 축내고 있습니다.
지만원	– 5·18은 북한 특수군 600명이 일으킨 게릴라 전쟁이다. 시위대를 조직한 사람도 없고, 지휘한 사람도 한국에는 없다. 광주의 영웅들은 이른바, 북한군에 부역한 부나비들이다. 이런 세 가지 결론이 여기까지 나온 거예요.

출처: YTN, 2019년 2월 12일, "'5·18망언' 한국당 3인방…해석의 차이인가?"

내가 그랬듯이 받아들이는 사람이 이러한 발언들의 사실 여부를 따지지 못한다면 결국엔 거짓에 선동되어 왜곡된 역사 지식을 갖게 될 위험성이 크다.

2) 왜곡된 발언을 하는 이유는 무엇일까? 그들은 자신의 발언이 사실인지를 확인하고 얘기하는 것일까? 그에 대한 이유는 무엇인가?

이 부분에 대해서는 '너와 나의 5·18'의 내용을 참고하여 답하고자 한다. 이 책에서는 1980년의 왜곡·날조와 현재의 왜곡이 맞닿아 있다고 이야기한다. 과거에 북한의 남침설, 북한 특수군 침투설을 흘려 여론을 조작한 것도 독재체제 강

448

<표 3> 극우 세력에 의한 5·18왜곡의 주요 시기

2002년 8월	16대 대통령 선거를 4개월여 앞둔 시기	정치적 판도가 유동성이 커지는 정권 교체기
2009년	용산 참사, 촛불시위 시기 및 남북 관계와 관련하여 민감한 정치적 시기	보수 집권 세력이 위기에 처하거나 북한 핵실험, 서해교전, 전시작전권 통제 논란이 있을 때
2011년	5·18항쟁 기록물의 유네스코 등재 추진	5·18의 국제적인 인정이 공식화하는 때
2011년 12월~2016년	종편 개국 이후~현재	언론 환경의 변화 시기

출처: 김정인 외 4명, 「너와 나의 5·18」, 오월의 봄, 2019, 226쪽.

화를 위한 것이며, 현재의 왜곡도 목적성을 띠고 있다고 확신할 수 있다.[1] 이는 5·18왜곡의 주요시기를 정리해보면 확인할 수 있다.

위 표를 통해 정치적으로 이득을 얻기 위해서 사실이 이미 밝혀져 있음에도 5·18 왜곡 발언을 하고 있음을 짐작할 수 있다.

3) 광주역사문화탐방에서 배운 점들이 5·18광주민주화운동의 왜곡되어가는 진실에 시사하는 바는 무엇일까?

내가 김종분 선생님께 직접 들은 말씀은 아니지만 기사에서 읽은 내용을 인용해오려고 한다.

[김종분 5·18구속부상자회 서울지부장]

"5·18 민주화운동 유공자들이 국가 세금을 빼앗아가는 괴물이라고 말한 한국당 의원에게 법을 제대로 보기나 했는지 묻고 싶다"며 "자기가 괴물인지 내가 괴물인지 따져 묻고 싶다"면서 한국당 김순례 의원의 발언을 비판했다.

"우리가 세금을 빼앗아가는 괴물집단이라는 말에는 대꾸할 가치가 없다고 느꼈다"며 "피멍 든 채 살아남은 죄스러움과 부끄러움, 국가권력 폭력의 피해자라

---

1. 김정인 외 4명. 2019. 「너와 나의 5·18」. 오월의 봄. 227쪽.

는 한으로 살아왔는데 이런 말을 들어 기가 막혀 벌벌 떨었다"[2]

주변에 5·18유공자인 지인이 없다면 그들이 얼마나 고통받고 있으며, 이 고통이 지속할 수밖에 없게 만드는 현재의 사회 인식과 비난과 폄하 발언들이 지금까지도 존재한다는 것을 크게 인식하지 못했을 것이다. 나 또한 그러했고 이번 광주역사문화탐방을 통해 언론에서 보도되는 망언, 그들에게 쏟아지는 비난들이 유공자분들의 처지에서 봤을 땐 얼마나 비수같이 꽂히는지 조금이나마 알아갈 수 있었다. 감히 공감한다는 말을 못하겠지만 말이다.

그리고 너무 마음이 아프다. 그들이 무엇을 잘못했다고 끊임없는 시위를 해야 하는가? 자신의 이득을 얻기 위해 유공자의 처지에서는 단 한 번도 생각해보지 않고 망언을 쏟아내는 사람들로 인하여 지나가는 사람들에게 한 소리씩 들어가며 농성을 지속해야 하며, 39년이 지난 지금까지도 마음 편할 날이 없는 유공자분들께 너무도 안타까운 마음이 들었다. 탐방 과정에서 그때의 기억을 떠올리면 목소리가 떨리고 눈물을 훔치기도 하시는 모습들을 보면서 위와 같은 생각이 들었고 분노할 수밖에 없었다. 이것이 광주역사문화탐방이 나에게, 또 모든 학생에게 시사하는 바인 것 같다. 유공자분들의 마음을 조금이라도 이해하고 현재 상황의 부당함을 깨우치며 그에 분노할 수 있는 생각을 갖추는 것이 이번 탐방에서 내가 얻어온 값진 결과이다.

4) 왜곡된 진실을 바로잡기에 가장 효과적인 방법은 무엇일까?

너와 나의 5·18에서는 '역사 왜곡 세력의 주장은 우리가 역사와 현실을 바라보는 관점에 영향을 미치기 때문에, 역사 왜곡·폄훼의 배경과 패턴을 따져 보고 추이를 살펴보는 것이 필요하다. 언뜻 보면 왜곡 세력이 같은 의도를 가지고 똑같은 말을 되풀이하는 것 같지만, 상황에 따라 왜곡의 강조점과 패턴, 방식은 달랐

---

2.   연합뉴스. 2019년 2월 4일. "5·18유공자 "괴물집단' 망언 기가 막혀…한국당 해산해야"."

다. 이를 고찰함으로써 그들의 의도와 계획을 읽을 수 있다.'라고 말한다. 올바른 역사 인식을 갖기 위해서는 타인과 더불어 개인의 노력이 큰 부분을 차지한다고 생각한다. 그럼에도 불구하고 여기서 타인이 해야 하는 작으면서도 큰 역할은 역사 왜곡의 패턴을 따져 그들의 의도를 예측하고 의도를 단절시킬 수 있는 대안으로 대응해나가는 것이다. 왜곡 세력의 발언이 개인에게 영향을 미치는 것이기 때문에 영향을 주기 전에 근본적인 차단이 필요하다고 생각한다. 5·18진상규명위원회의 출범으로 왜곡된 진실을 바로잡는 것도 필요하지만, 왜곡되어가는 정보의 확산을 막는 것도 중요하다.

2. 원인과 발전방안

1) 원인

5·18 진상 규명 대국민 공청회에서 3명의 의원의 망언이 이슈화되었을 때 그들의 발언이 어떤 점이 잘못되었는지를 스스로 판단할 수 없었던 나의 모습에 실망하여 부족한 5·18역사인식을 보충할 필요성을 느꼈다. 그리고 나와 같이 지식이 부족한 사람들이 잘못되고 왜곡된 정보를 그대로 받아들일 확률이 높다는 문제를 어떻게 해결하면 좋을지 광주역사문화탐방과 추가적인 자료 조사의 도움을 받기로 하였다.

2) 발전방안

우선 광주역사문화탐방을 일회성의 단편적인 탐방으로 전락시키고 싶지 않았다. 따라서 내가 이 탐방을 통해서 얻어올 한 가지를 명확히 하고 갔는데, 앞서 '원인'에도 언급하였듯이 나와 같은 사람들이 왜곡된 정보를 받아들이지 않을 수 있는, 그리고 가지고 있는 왜곡된 정보도 바로잡을 방법을 찾겠다는 생각을 가지고 다녀왔다. 물론 광주역사문화탐방으로는 부족할 수 있으므로 5·18민주화운동과 관련된 사업을 다양하게 진행하고 있는 5·18기념재단에서 기획한 '너와 나의 5·18'이라는 책을 배경지식과 참고문헌으로써 활용하고자 계획했다. 부족한 정보나 이해가 되지 않는 점들은 뉴스 기사를 통해 해결하고 스크랩했다.

3. 추후 보완활동

한 학기를 더한다면, 역사 왜곡 세력과의 인터뷰를 담고 싶다. 극단적일 수도 있지만, 유공자분들과 역사 왜곡 세력의 대립 구조라고 가정한다면 나의 보고서는 유공자분들의 입장을 조금 더 중점적으로 다룬 것 같다. 역사 왜곡은 잘못된 일이지만 그러한 발언을 하는 그들의 진정한 속내는 무엇인지 인터뷰를 통해 알아봄으로써 보고서를 보완하고 싶다. 또한 5·18에 대한 유명한 책들을 더 다양하게 읽어보고 싶다. 왜곡된 정보를 필터링하는 데에서 그치지 않고 5·18의 정신까지 나 스스로 정의 내려 볼 수 있도록 자세히 공부하면 좋을 것 같다.

IV. 최종적인 소감과 평가

1. 자신이 한 현장 활동의 의의와 한계는 무엇인가?

내가 한 현장 활동은 나에게서 발견한 문제점이 동기가 되어 시작한 활동의 결과가 모두에게 적용될 수 있도록 나타났다는 것에서 의의를 지니고 있다. 그러나 한계점 또한 다양해서 아쉽다. 우선 계획에 차질이 생겼다는 점이다. 모든 일을 천천히 그리고 꼼꼼하고 완벽하게 해내는 편이라 시간이 오래 걸릴 것은 예상하고 있었으나, 계획이 미뤄지다 보니 책을 발췌해서 읽고, 교수님께서 말씀해주신 '죽음을 넘어 시대의 어둠을 넘어'를 거의 읽지 못했다. 그 점이 내가 잘 해내지 못한 가장 아쉬운 점이다. 또한 왜곡된 정보를 바로잡을 방안에 대해서 구체적으로 제시하지 못한 것 같아서 아쉬움이 남는다.

2. 자신은 현장 활동에서 무엇을 배웠는가?

내가 현장 활동에서 배운 것은 고민할 시간에 무조건 현장으로 뛰쳐나가라는 것이다. 나는 생각이 많은 편이라 현장을 나아가기도 전에 이론적인 부분에서 멈추어서 시도조차 하지 못하는 성향을 가지고 있었다. 그러나 현장 활동을 진행하면서 이론을 깨우치기 위해 투자했던 시간에 비해 상대적으로 적은 시간에 뇌에 큰 자극을 받고 온다는 느낌을 받았다. 그리고 현장의 갑작스러운 돌발 상황은 이론으로는 절대 배울 수 없던 추가적인 정보를 얻을 기회를 만들어주고 나에게도 융통성을 기를 기회가 된다는 것을 깨달았다. 탁상공론과 같은 삶을 살던 나에게 문제를 바라볼 수 있는 시각을 넓히고 개선해준 것이 현장 활동이었다.

3. 자신은 얼마나 본 수업과 활동을 통해 공감능력을 함양하고, 주인의식과 책임감을 지닌 시민으로 성장했는가?

공감능력에 더하여 추가로 배운 것은 내 의견이 틀릴 수도 있다는 가능성을 인정하고 더는 다른 의견을 말하는 것에 대한 두려움이 들지 않는다는 것이다. 3이라는 숫자를 90도씩 회전시키면 m이라고 보는 사람, E라고 보는 사람, W라고 보는 사람과 같이 다양한 의견이 나오게 된다. 각자의 살아온 환경과 가치관으로 세상을 바라보고 의견을 이야기하는 것이기 때문에 의견 차이는 너무도 당연하고, 나는 내 의견에 대한 근거를 명확히 준비하고 있되, 무조건 내 의견만이 바르다고 주장하지 말고 다른 사람의 의견도 유동적으로 수용할 준비를 하면 된다는 것을 깨달았다.

4. 세계와 시민을 수강하면서 자신에게 나타난 가장 큰 변화는 어떤 것이 있는가?

평소에 의견을 말할 때 행여나 비난받을까 봐, 내 의견에 모순점이 있을까 봐

중도적이라기보다는 애매하게 주장하는 편이었다. 비판으로부터 가장 손쉽게 빠져나갈 수 있다는 생각에서 그렇게 행동했던 것 같다. 그래서 어느 순간부터 내가 가지고 있는 생각을 입 밖으로 명확하게 꺼내기 어려워졌다. 그리고 세계와 시민 수업을 들으며 내 습관 때문에 의견을 말하는 것이 이렇게 어려운 일이었나 싶을 정도로 고통스러웠다. 말하고 나면 내 답변이 만족스럽지 못했다. 내가 뭘 주장하는지 파악이 안 되는 문장을 마구 내뱉고 있었다. 그러던 중 위의 질문에 적은 답변처럼 서로의 의견은 다를 수 있고, 내가 틀릴 수도 있음을 깔끔하게 인정해버리면 된다는 것을 깨닫고, 내가 내 생각에 근거와 확신이 있다면 그대로 뱉어버리려고 노력했다. 그러다 보니 남의 눈치를 보며 내 의견을 주장하지 못했던 성격이 조금씩 변화하고 있다는 느낌을 받았다. 나에 대한 주도권을 내가 쥐고 있다는 느낌을 받았고, 세계와 시민이 개인의 성격적인 측면에서도 성장을 끌어낼 수 있음에 놀라웠다. 내 의견을 말할 수 있게 되고 다성악적 말하기를 배우게 되면서 다양한 의견을 포용하면서 내 의견도 논리적으로 주장할 수 있게 되었고, 이 점들이 세계와 시민을 수강하면서 이뤄낸 가장 자랑스럽게 생각하는 변화이다.

참고문헌

김정인 외 4명. 2019. 『너와 나의 5·18』. 오월의 봄. p.227.

YTN, 2019년 2월 12일, "'5·18망언' 한국당 3인방…해석의 차이인가?" https://news.naver.com/main/read.nhn?mode=LSD&mid=sec&sid1=100&oid=052&aid=0001252545 (검색일: 2019.07.10)

연합뉴스, 2019년 2월 4일, "5·18유공자 '괴물집단' 망언 기가막혀…한국당 해산해야"(종합)" https://news.naver.com/main/read.nhn?mode=LSD&mid=sec&sid1=102&oid=001&aid=0010635707 (검색일: 2019.06.15)

<h1 style="text-align:center">〈부록〉</h1>

〈인터뷰 개요〉

 – 인터뷰 대상자: 김종분 현 5·18구속부상자회 서울지부장

 – 참석자: 김지예, 권석훈, 심하연, 허윤정, 황채원

 – 일시: 2019년 4월 12일 금요일 13:00~14:30

 – 장소: 국회의사당 앞 농성장

〈그림 15〉 농성장 안에서 인터뷰하는 모습
〈그림 16〉 농성장 앞에서의 모습

제3부

시민정치 데이터 연구

제10장

지역 창발력 탐구
시민, 지자체, 지역사회의 시너지와 기초 데이터 소개[1]

미우라 히로키(서울대학교 사회혁신 교육연구센터)

김의영(서울대학교 정치외교학부)

I. 시민정치의 데이터 분석: 배경과 개요

지역 차원 시민정치의 본질적인 실체가 무엇이며 이를 지속적으로 성장시키기 위한 실천적 과제란 무엇인가? 이는 시민정치에 관한 대부분의 연구나 실천에 관련되는 공통적인 의문일 것이다. 특정 시민들의 자발적인 정책 참여를 의미하는가? 지역 '전체'에 시민적 문화나 민주 의식이 확산하는 것을 의미하는가? 아니면 책임성 있는 '시민의 정부' 구축과 운영을 의미하는가? 풀뿌리 차원의 정

---

1.   본 연구는 다음 학술회의나 보고서에서 부분적으로 발표되었으며, 토론이나 코멘트를 바탕으로 수정·보완된 것이다. 지역발전위원회. "대한민국 국가비전 회의"(2018.1.25. 제주); 한국정치학회. 「서울 민주주의 활성화를 위한 시민네트워크 모델과 협치력 평가 연구」(2018.11.30. 서울연구원 연구용역); 한국정치학회 연례학술대회. "로컬 거버넌스의 협치력과 참여과제"(2018.12.18. 서울); 사회적가치연구원. "2019 사회적가치 연구 공모전"(2019.5.30).

*데이터 수집 협조: 서울대학교 사회혁신 교육연구센터 이준희, 장예은 연구원.

치학이나 정치적 현상들에 대한 관심이 증가하는 반면, 시민정치의 개념에 대한 의미 있는 수준의 합의나 모델적 제도는 아직 형성되지 못하고 있는 것이 현실이다. 또한 시민결사체나 마을공동체의 발전과 지역의 경제사회적 발전, 지자체의 민관협력 거버넌스 발전 사이에서 무엇이 원인이고 무엇이 결과인지에 관한 이해도 아직 불확실하다. 어떤 사람이 조건이나 수단이라고 보는 것을 다른 사람은 결과나 목표로 보기도 한다. 물론, 이러한 문제에 대한 답은 쉽게 찾을 수 없을 것이고 다각적인 연구와 토론, 실험과 우여곡절이 필요할 것이다.

그러한 노력의 일환으로서 이 장은 지역 차원 시민정치에 대한 연구기반을 확대하여 연구와 실천의 보다 역동적인 발전을 촉진하는 것에 목적을 둔다. 구체적으로는 포괄적 관점에서 시민정치의 개념이나 내부 구조에 대해서 접근하여 이와 관련된 현실적인 기초 데이터를 수집 및 제공하고자 한다. 데이터를 활용한 부분적인 분석도 시도하고, 향후의 다양한 분석과제도 제시하고자 한다.

'포괄적 관점'으로서 이 장에서는 시민정치가 주로 다음과 같은 아주 다양한 이론적 맥락에서 논의되는 것에 주목하여, 각 이론의 주요 구성 요소를 분석·조사의 대상으로 한다.

- 지역 차원의 참여 민주주의나 숙의 민주주의, 공공영역(public sphere)의 운영으로서의 시민정치
- 지역 차원의 대의 민주주의와 다층 거버넌스(multi-level governance) 운영으로서의 시민정치
- 지방자치, 주민자치, 로컬 거버넌스(local governance)로서의 시민정치
- 생활정치, 골목정치, 민-민과 민-관의 갈등과 협치·협업으로서의 시민정치
- 지역 공공정책의 광범위한 PDCA(Plan-Do-Check-Act) 사이클로서의 시민정치
- 사회적자본(social capital)의 축적과 활용, 창조계급(creative class)의 활동으

로서의 시민정치

- 창조적 지역발전으로서 창조도시(creative city)나 인간도시(human city) 구축으로서의 시민정치
- 지역 지속가능발전(sustainable development)이나 회복력(resilience)의 원천으로서의 시민정치
- 주민의 행복 구현이나 사회적가치(social value) 창출 노력으로서의 시민정치
- 사회적경제(social economy)나 지역사회혁신(regional social innovation)으로서의 시민정치
- 지역 사회문제 해결을 위한 소셜 랩(social lab)이나 실험적 활동으로서의 시민정치
- 지역의 사회 생태계(social ecosystem)나 복합 시스템(complex system)의 구조와 운영으로서의 시민정치
- 시민 의식이나 공동체 의식, 민주 의식 등의 유지·발전·회복·교육으로서의 시민정치
- 지역의 일반적인 경제, 사회, 정치, 행정 등에 관한 조건·수단·과정·목적 등으로서의 시민정치

이 밖에도 다양한 개념이나 이론들이 있다. 이와 같은 이론적 다양성에 유의하면서 현실적인 분석과 논의의 기반을 마련하기 위해서 여기서는 주요 지역 행위자들의 시너지, 즉 '지역 창발력'이라는 포괄적이고 독특한 관점에서 관련 데이터를 분석 및 정리하고자 한다.

시민정치의 '현실적인 기초 데이터'에 관해서는 기초 지자체를 단위로 하면서 원칙적으로 국내 시·군·구(229개)의 전수비교가 가능한 것을 다루고자 한다. 기초 지자체는 민주주의나 공공정책의 법제도적 측면에서 시민들에게 가까운 단위이며, 이용 가능한 풀뿌리 데이터가 수집되고 이는 최소 수준이다. 즉, 대의 민주주의와 참여 민주주의가 직접 그리고 공식적으로 만나고, 각종 경제·사회 정

책이나 사업이 공식적으로 이루어지며, 동시에 지역의 사회적 동태나 문화, 의식 현황 등을 통계자료를 통해서 파악 가능한 최하위 수준이다. 물론, 시민정치 자체는 마을 단위에서도 이루어지고, 중앙–지방의 관계도 중요할 것이며 이를 부정하는 것은 아니다. '연구의 지평 확대'라는 목적을 위한 우선적인 과제로서 다양한 이론을 적용해 다각적인 분석이 가능한 가용 데이터가 존재함에도 불구하고 적극적으로 활용되지 못하고 있는 기초 데이터를 분석적인 관점에서 부각시키고자 한다.

II. 지역 창발력 모형과 지표 체계

위의 관점과 데이터의 활용을 염두에 두면서 지역 차원 시민정치에 대한 포괄적이며 계량적 분석 모형으로서 아래와 같이 '지역 창발력(ver.1)'을 제안하고자 한다. 시민정치를 구성하는 다양한 주체의 존재와 성장 그리고 이들의 복합적인 상호작용의 과정과 결과를 동시에 시야에 두면서, 결국 복합적으로 이루어지는 '창발적(emergence) 현상'에 주목하는 것이 중요한 포인트이다. 또한 지역의 창발력을 나타내는 단일의 지표가 성립할 수 있는지 여부는 '검토 사항'으로서 인식하며, 관련된 다양한 '내부' 지표들의 동태를 파악·분석하는 것에 초점을 맞춘 모형이다. 모형의 세부 내용과 특징을 정리하면 다음과 같다.

> **분석 단위:** 모형을 적용하는 분석 단위이자 '지역'은 앞에서 언급한 바와 같이 국내 시·군·구(229개)이다. 특정 대규모 시에 구성되는 32개 일반 구(성남시 중원구 등)는 제외하고, 자치시(제주시, 서귀포시)는 포함시킨다.
>
> **주요 지역 행위자:** 지역 차원 시민정치의 주요 주체로서 6가지를 구분한다. 시민, 사업체, 의회, 행정부, 사회 인프라, 주민이다. 각각이 시민섹터(시민, 사업체), 지자체 섹터(의회, 행정부), 지역사회 섹터(사회 인프라, 주민)를

구성한다. '시민'은 후술하는 '주체 역량'을 가진 특정 개인의 동태를 '주민'은 해당 지역 주민의 전체 동태를 각각 의미한다. '사업체'는 영리와 비영리조직 모두를 염두에 두면서 후술하는 '주체 역량'을 가진 민간 사업체를 의미한다. '사회 인프라'는 주로 행정부가 설치하거나 시민·민간 사업체가 설치·운영하지만, 문화, 복지, 교육 등의 시설이나 상태가 시민·조직·주민들에게 주는 다양한 영향에 유의하면서 지역사회섹터를 구성하는 독립적인 주체로서 인식한다.

주체 역량: 각 주체는 '시민정치를 만드는 실천적이며 기능적 역량(capability)'의 측면에서 실질적으로 파악되며 지역 창발력을 구성한다. 역량의 형태는 각 주체의 성격이나 기능에 따라 달라진다. 질적 측면으로서 자발성, 헌신성, 창의성, 혁신성, 책임성, 투명성, 대표성, 다양성, 민주성, 공동체성 등과 관련되며, 규모, 수준, 비율과 같은 양적 형태로 나타난다. 이에 따라 위의 지역 주체는 각각 시민력, 조직력, 의회력, 행정력, 인프라력, 주민력으로 파악된다. 예를 들어 시민력의 경우, 자발적, 헌신적, 창의적으로 활동하는 개인들의 규모나 비율이라는 관점에서 지표화된다.

지역 현황과 변화: 각 주체 역량의 동향에 영향을 미칠 수도 있고, 안 미칠 수도 있지만, 지역의 동향에 관해서 일반적으로 주목되는 기본적인 '지역 현황'으로서 총 인구 규모나 총 사업체 규모, 평균적인 소득 수준이나 학력 수준이 있을 것이다. 또한 주체 역량이 발휘된 결과로서 증가가 기대되는 지역의 물질적 및 정식적 변화 요인이 있을 것이다. 인구 증가나 지속적 거주, 행복도 수준의 증가 등이다. 이를 '지역 변화 요인' 혹은 지역 창발력의 '중간 결과'로 인식한다.

주체·역량과 지역 현황·변화 요인 간의 순환적 상호작용: 지역 차원 시민정치란 1차적으로 주체 역량 간의 상호작용 과정과 결과(지역 창발력)를 의미하며, 2차적으로 이것이 지역에 미치는 영향과 지역으로부터 받는 영향을 포함한 포괄적 순환과정을 의미한다. 이 과정에서 인과관계의 구조, 심도, 속도 등은 모두 복합적이고 다양할 것이다. 지역 주체들의 다각적이고 순환적인 상호작용의 반복 속에서 지역 창발력이 함양되면서 지역의 변화 그리고 지역 차원 시민정치의 전체적 모습이 드러나는 것으로 '이론적으로' 설명할 수 있다.

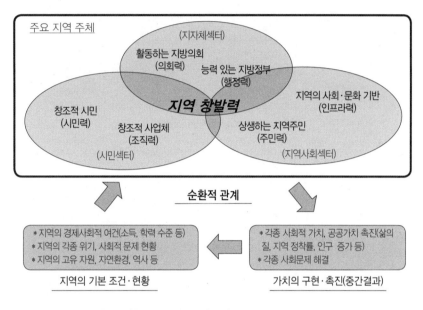

〈그림 1〉 지역 창발력 모형(ver.1): 구성 요소와 작동 과정

현실적인 분석 단계에서는 각 주체 역량에 대해서 다음과 같은 지표를 설정하고자 한다(〈표 1〉). 지표 설정과 데이터화에 관해서 유의한 점을 정리하면 다음과 같다.

지표 체계의 단순화: 기존 연구에서는 최소 10개. 최대 140개 수준의 지표를 지역 분석에 활용하고 있다(〈표 3〉). 이러한 기존 연구·모델을 참조하면서 특히 시민정치의 주체 역량과 관련된 것을 선별하고, 각 주제 당 4-7개 수준의 지표(세부 요인)로 단순화했다. 이 결과 지역 창발력(ver.1)으로서

<表 1> 세부 요소의 내용과 데이터 출처

	세부 요인	내용 및 데이터 출처
시민력	1. 자원봉사 활동율(실인원)	• 총 인구 대비 자원봉사활동 참여 연간 실인원. 2018. • 행정안전부. "자원봉사센터 현황."
	2. 자원봉사 활동율(연인원)	• 총 인구 대비 자원봉사활동 참여 연간 연인원. 2018. • 행정안전부. "자원봉사센터 현황."
	3. 자선활동 참여율	• 최근 1년간 자선활동 여부(설문조사). 2013, 2015, 2017 평균. • 보건복지부. "지역사회건강조사." 각 년.
	4. 창조산업 종사자 수 (전체 대비)	• 표준산업분류상 전문, 과학 및 기술 서비스업(70-73), 공공행정, 국방 및 사회보장행정(84), 교육서비스업(85), 창작, 예술 및 가관련 서비스업(90), 협회 및 단체(94) 해당 종사자 수. 전체 종사자 대비 및 여성 종사자 비율.
	5. 창조산업 종사자 수 (여성 비율)	• 통계청. "경제총조사." 2015.
	6. 창조산업 종사자 수 (증감율)	• 통계청. "경제총조사." 2010, 2015.
조직력	7. 제3섹터 조직	• 일반협동조합, 마을기업, 예비 및 인증사회적기업 총 수. 소재지 기준. 최신 자료(2018-2019). • 한국사회적기업진흥원 및 행정안전부 홈페이지.
	8. 지역창조 조직	• 사회적협동조합 및 등록비영리민간단체(시·도 등록, 소재지 기준) 총수. 2019년 상반기 기준. • 한국사회적기업진흥원 및 행정안전부 NPAS 홈페이지.
	9. 비영리조직 총수(인구 대비)	• 인구 1000명 당 회사이외의 법인 및 비법인단체 총수. 2017. • 통계청. "전국사업체조사." 2018.
	10. 창조산업 사업체 수 (전체 대비)	• 통계청. "경제총조사." 2015.
	11. 창조산업 사업체 수 (증감률)	• 통계청. "경제총조사." 2010, 2015.
의회력	12. 투표율	• 지방선거 투표율. 2018. 중앙선거관리위원회.
	13. 선거경쟁률	• 선거구 의원 정수 대비 총 후보자 수. 기초의원 선거. • 중앙선거관리위원회. 2018.
	14. 여성 의원 비율	• 전체 의원 정수 대비 여성의원 수. 제8대 지방의회. 선거 구 및 비례대표 포함. 중앙선거관리위원회. 2018.
	15. 조례 제·개정 총 건수	• 제7대(2014.7-2018.6) 및 제8대(2018.7-2019.6) 지방의회 조례 제·개정 총 건수(연혁 기준). 법제처. "국가법령정보센터."
	16. "기본조례" 제정 수	• 각종 기본조례 및 시행규칙 제정 총수(현행 기준). • 법제처. "국가법령정보센터."
행정력	17. 행정부 청렴도	• 청렴도 지수. 2013-2017 평균. 국민권익위원회.
	18. 재정자립도	• 일반회계 예산 기준(2018). 행정안전부. "지방재정365."
	19. 지자체 부채비율	• 통합유동부채비율. 2017. 결산. 1/기준치로 환산. 행정안전부.
	20. 정보공개율	• 행정부 정보공개율. 2015-2018 평균. 행정안전부. "정보공개."

인프라력	21. 문화기반시설 수(인구 대비)	• 인구 10만 명당 문화기반 시설 수. 2017.박물관, 미술관, 문예회관, 지방문화원, 문화의 집, 도서관 등을 포함. • 통계청. "KOSIS."
	22. 사회복지시설 수(인구 대비)	• 인구 10만 명당 사회복지반 시설 수. 2016. 노인주거복지시설, 의료복지시설, 여성복지시설, 아동복지시설, 장애인복지시설, 부랑인시설을 포함. 통계청. "KOSIS."
	23. 교육 · 도서관 수(인구 대비)	• 인구 10만 명당 평생교육기관, 공공도서관, 작은 도서관 총 수. • 문화체육관광부. "국가도서관통계시스템." 한국교육개발원. "교육통계서비스." 2017.
	24. 교통문화지수	• 국토교통부 발표 18개 복합 지표. 2014-2018 평균. • 통계청. "KOSIS."
	25. 지역안전지수	• 행정안전부 발표 7개 영역(교통사고, 화재, 범죄, 자연재해, 생활안전, 자살, 감염병)의 종합 안전도. 2015-2018 평균. 5-평균치로 환산. 통계청. "KOSIS."
주민력	26. 이웃에 대한 신뢰	• 설문조사. 2013-2017 평균. 보건복지부. "지역사회건강조사."
	27. 사회연결망 수준	• 설문조사. "이웃에 경조사가 있을 때 주민 사이에 서로 도움을 주고받는 전통이 있다" 응답 수준. 2013-2017 평균. • 보건복지부. "지역사회건강조사."
	28. 친목활동 참여 수준	• 설문조사. 2013-2017 평균. 보건복지부. "지역사회건강조사."
	29. 건강 지수(EQ-5D)	

⟨표 2⟩ 분석상의 참고 요인

	세부 요인	내용 및 데이터 출처
지역현황	30. 총 인구 규모	• 통계청. "인구총조사." 2018.
	31. 총 사업체 규모	• 통계청. "전국사업체조사." 2018.
	32. 주민 평균 가구 소득 수준	• 설문조사. 2015 및 2017 평균. 보건복지부. "지역사회건강조사."
	33. 주민 평균 학력 수준	• 설문조사. 2013, 2015, 2017 평균. 보건복지부. "지역사회건강조사."
지역변화/가치	34. 주민 평균 거주기간	• 설문조사. 2013, 2015, 2017 평균. 보건복지부. "지역사회건강조사."
	35. 인구 증감률	• 2000-2017 증감률. 통계청. "인구총조사." 2000 및 2018.
	36. 사업체 증감률	• 2007-2017 증감률. 통계청. "전국사업체조사." 2008 및 2018.
	37. 주관적 행복지수 증감률	• 설문조사. 2013-2017 차이. 보건복지부. "지역사회건강조사."

〈표 3〉 지표 분석의 모델화에 관한 선행 사례

개념, 모델	지표 체계 및 주관 기관, 제안자, 출처 등
• 세계거버넌스 지표(WGI)	• 6가지 영역, 30개 기초 데이터의 복합 활용(세계은행)
• 도시 거버넌스 지표	• 4가지 영역, 21개 지표 항목(유엔 HABITAT)
• 협업기량 평가 모델	• 5가지 영역, 10개 지표 항목 • 협력적 거버넌스를 위한 대학 네트워크(UNCG)
• 협치역량평가 지표체계	• 18개 설문 항목, 100점 만점 • 정병순. 2018. 「협치시정 실현을 위한 협치친화형 시정평가 제도의 정립」. 서울: 서울연구원.
• 지자체의 자치역량 개발 모델	• 4가지 영역, 20개 이상의 항목 평가 • 최길수. 2005. "지방분권시대에 있어서 자치역량개발에 관한 연구." 「한국거버넌스학회보」 12(1).
• 광역자치단체 자치역량 강화 Framework	• 5가지 15개 지자체 평가 항목 • 한국지방자치학회. 2015. 「광역자치단체 자치역량 강화방안 연구」. 서울: 전국시도지사협의회.
• 지자체 지속가능발전 지표	• 17대 목표, 30~138개 지표(서울, 경기, 충남 등)
• 그린창조행복지수 중 사회적 지속가능성 지수	• 4가지 영역, 12개 지표(글로벌에코포럼)
• 지자체 행복도 지표 모델	• 13개 분문, 58개 지표 • 여의도정책연구소. 2017. "지방자치단체 행정정책 행복지수 평가."
• 지방자치연감 주요 지표	• 4가지 영역, 40개 지표 • 한국지방행정연구원. 「지방자치연감: 지표로 보는 한국 지방 자치」.
• 시민사회지표	• 4가지 영역, 60개 이상의 지표 • 주성수. 2006. 「한국시민사회지표: CIVICUS 국제공동연구 한국보고서」.
• 서울시 중장기 사회적 자본 지표 모델	• 5가지 영역, 60개 주요 및 보조 지표 • 조권중 외. 2010. 「서울시 중장기 사회적 자본(Social Capital) 증대방안 연구」. 서울: 서울연구원.

총 29개 지표 체계를 구성했다. 또한 지역 현황과 변화에 관해서는 각각 4개의 대표적 세부 요인을 설정했다(〈표 2〉). 이는 '참고 요인'으로서 지역 창발력과의 관련성 검토의 대상이 된다.

지표 성격에 따른 데이터 가공: 수치의 단위나 수준, 성격 등은 지표마다 다르기 때문에 어느 정도 가공이 필요하다. 특히 '분석 단위'인 지자체의 인구 규모가 크게 다르기 때문에 어떤 지표는 인구 대비로 가공하는 필요가 있을 것이다(자원봉사 활동자 수, 문화기반 시설 수 등). 다만, 일부에는 '규모의 효과'가 기대되는 요인도 있기 때문에 가공 없이 절대 규모를 적용한 지표도 있다(제3섹터 조직 수, 지역시민조직 수 등).

데이터의 시점: 실적이나 누적 결과와 관련된 지표의 경우 입수 가능한 최신 데이터를 활용했다(주로 2017-2019). 설문조사 데이터나 조사결과 데이터의 경우에는 데이터의 신뢰성을 위해서 입수 가능한 데이터의 과거 5년 수준의 평균치를 활용하기로 했다(이웃신뢰 수준, 정부 청렴도, 교통문화지수 등).

표준점수(standard point) 전환: 분석은 각 세부 요인 차원과 주체 역량 차원에서 진행한다. 특히 후자에 관해서는 각 4-7개 세부 요인의 평균치를 각 주체 역량의 수준으로 인식한다. 이를 위해 모든 세부 요인을 표준점수로 환산하여 영역 간 비교분석을 한다. 표준편차(standard deviation)를 활용해 원 데이터를 환산하는 표준점수 방식에서는 모든 데이터가 기본적으로 30점에서 70점 사이로 재구성된다(일부 극단치가 있을 수 있음).

〈참고〉 지역 창발력 모형과 관련된 선행 모형 사례: 유엔 인간정주회의(UN HABITAT)의 '도시 거버넌스 지표'

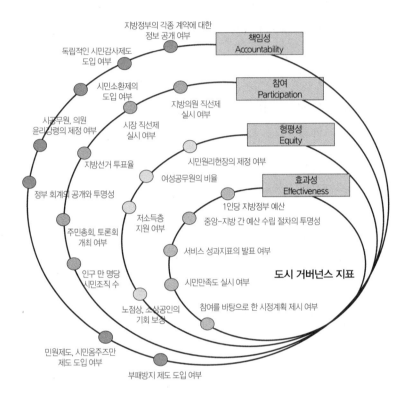

*도시를 단위로 4가지 영역, 21개 항목을 지표화했음.
*국내 지자체에 적용하기 위해서는 입수 가능한 지표로 재구성이 필요함.
출처: UN HABITAT. 2004. "Urban Governance Index: Conceptual Foundation and Field Test Report."

〈참고〉 지자체의 지표화에 관한 기존 연구들

한국지방행정연구원 『지방자치연감』의 지표 체계

	분야	대분류	지표
개황 통계(10)			인구, 면적, 사업체수, 인구밀도, 예산규모, GRDP, 주택보급률, 시설학원수, CO 배출량, Nox 배출량
핵심 지표 군	지방행정 (10)	일반행정(4)	인구 천명 당 공무원수, 과장급 이상 상위직 공무원 비율, 정보공개율, 청렴도
		안전(2)	인구 천 명당 구급구조대 이용률, 인구 천 명당 안전사고 발생율
		지역복지(4)	인구 천 명당 의료병상 수, 복지시설 수, 노인의료복지시설 이용률, 국공립보육시설 이용 아동비율
	지방재정 (10)	세입(3)	자체세입비, 지방세비, 1인당 지방세부담액
		세출(4)	의무지출비율, 경상수지비율, 사회복지비비율, 지방보조금비율
		채무(부채)(3)	세입결산대비 관리채무비율, 1인단 총부채, 공기업 부채비율
	지역발전 (10)	경제력(3)	소득세할주민세, 인구변화, 고용심화율
		경쟁력(3)	SOC 기반시설, 서비스업변화비율, 제조업변화비율
		만족(4)	인구절벽지수, 쇠퇴지수, 노인의존율 대비 출생지수, 노동력 민감지수

출처: 한국지방행정연구원. 2017. 『지방자치연감: 지표로 보는 한국 지방자치』.

여의도정책연구소의 '지자체 행복도' 지표

부문	세부 지표
생활 인프라(3)	1인당 전기공급설비, 도로포장율, 생활인프라 만족도(정성)
주거(4)	1인당 주거면적, 노후주택 비율, 주택보급율, 거주지 만족도(정성)
교육(5)	천 명당 사설학원 수, 교원 1인당 학생 수, 1인당 학교 수: 초중고, 1인당 학교 수: 전문대, 대학 교육만족도(정성)
문화여가(3)	천 명당 도서관, 천 명당 문화시설, 문화여가 만족도(정성)
경제(4)	1인당 사업체 수, 재정자립도, 인구 대비 경제활동인구, 소득만족도(정성)
사회(4)	고용율, 천 명당 자살율, 천 명당 이혼율, 고용만족도(정성)
의료(4)	천 명당 병상수, 천 명당 의료시설수, 천 명당 의료인 수, 의료만족도(정성)
복지(4)	1인당 복지시설 수, 국공립보육시설 이용율, 사회복지비 비중, 복지만족도(정성)
환경(4)	공원면적/전체면적, CO_2, NO_x 배출량, 환경만족도(정성), 생태만족도(정성)
안전(4)	화재 발생 수, 교통사고 수, 이혼율, 안전만족도(정성)
시민 의식(4)	시민참여율, 정보공개율, 가족유대관계만족도(정성), 시민의식 및 공동체만족도(정성)
삶의 만족(3)	현재만족도(정성), 과거만족도(정성), 미래만족도(정성)
지역행정(2)	지자체 주민 수/공무원 수, 지역행정만족도(정성)

출처: 여의도정책연구소. 2017. "2017 대한민국 지방자치단체 행정정책 행복지수 평가 방안 설명."

Ⅲ. 분석 결과: 지역 창발력의 내부 동태와 부분적 해석

1. 주체 역량 간의 상관관계

주체 역량 간의 상관관계를 인구 규모별 그룹 그리고 전체 수준으로 검증한 결과는 〈표 4〉와 같다. 시민력-조직력-인프라력 사이에는 인구 30만 명 이상 그룹과 30만 명 미만 그룹 그리고 전체 수준 모두에서 의미 있는 상관관계가 확인되었다. 한편, 전체 수준에서는 주민력-조직력 그리고 주민력-행정력 사이에 부(負)의 상관관계가 확인되었다.

이 결과, 6가지 주체 역량의 관계구조는 단순한 '상승적 시너지'가 아닌 '복합적 구조'이며, 인구 규모별 그룹에 따라 부분적으로 차이가 존재함을 알 수 있다. 또한 현실적으로는 강한 수준($0.7 \leqq r$)의 상관관계가 하나도 존재하지 않음으로서, '주체 역량'의 수준에서 논리적이고 획일적인 실천 모델이나 전략 과제를 제시하기는 어렵다. 다시 말해 지역 창발력의 '전체적 경향성'을 입증하기 어렵고, 유익한 실천 모델을 개별적으로 찾아보는 것이 적당할 것이다.

주체 역량 중 시민력-조직력의 느슨한 비례 관계 그리고 행정력-주민력의 느슨한 반비례 관계를 그래프로 표시하면 각각 〈그림 2〉와 〈그림 3〉과 같다. 확실한 내부적 경향성을 찾기 어렵지만, 인구 규모나 경제발전과 같은 배경이 각 주체 역량에 영향을 미치는 가능성을 볼 수 있을 것이다. 또한 시민력-조직력 관계에 관해서는 낮은 수준에서는 어느 정도 비례관계가 유지되지만, 높은 수준으로 성장한 지자체들에 관해서는 오히려 반비례관계의 성격이 강해지는 것도 흥미로운 특징이다. 이러한 결과도 역시 지역 창발력의 모델을 획일적으로 규정하기 어렵고, 개별적으로 다양한 모델을 탐구하는 유익성을 시사한다.

〈표 4〉 주요 주체 역량 간의 상관관계 분석(Pearson 상관계수)

인구 30만 명 이상 지자체(n=68) / 인구 30만 명 미만 지자체(n=161)

		조직력	의회력	행정력	인프라력	주민력	조직력	의회력	행정력	인프라력	주민력
시민력	상관계수(P)	.545**	.221	.263*	.289*	.349**	.479**	.173*	.070	.296**	.067
	유의확률	.000	.071	.030	.017	.004	.000	.028	.380	.000	.399
조직력	상관계수(P)		.145	.325**	.333**	.291*		.194*	-.044	.192*	-.036
	유의확률		.239	.007	.006	.016		.014	.582	.015	.648
의회력	상관계수(P)			.035	.199	-.136			-.114	.055	-.007
	유의확률			.777	.103	.270			.150	.488	.931
행정력	상관계수(P)				.181	.060				.004	-.184*
	유의확률				.139	.625				.960	.019
인프라력	상관계수(P)					-.201					-.018
	유의확률					.100					.824

전체 지자체(n=229)

		조직력	의회력	행정력	인프라력	주민력
시민력	상관계수(P)	.348**	.162*	.076	.291**	.213**
	유의확률	.000	.014	.249	.000	.001
조직력	상관계수(P)		.191**	.169*	.167*	-.136*
	유의확률		.004	.011	.012	.040
의회력	상관계수(P)			-.050	.073	-.093
	유의확률			.450	.273	.163
행정력	상관계수(P)				.025	-.193**
	유의확률				.706	.003
인프라력	상관계수(P)					-.026
	유의확률					.701

* 상관계수는 0.05 수준(양쪽)에서 유의함.
**상관계수는 0.01 수준(양쪽)에서 유의함.

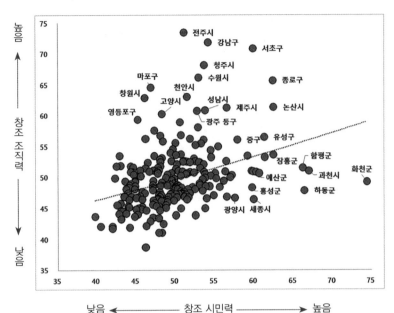

〈그림 2〉 시민력과 조직력의 비례(시너지) 관계
*단위는 표준점수임.

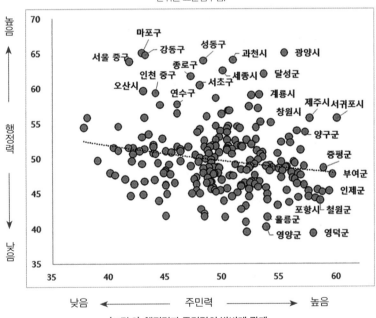

〈그림 3〉 행정력과 주민력의 반비례 관계
*단위는 표준점수임.

2. 세부 요인 간 상관관계

29개 세부 요인과 8개 참고 요인에 대해서 개별적 상관관계를 검증한 결과가 〈표 5〉이다. 이는 지역 창발력의 보다 자세한 내부 구조를 알려준다. 분석의 결과 약한 정(正)의 상관관계($0.4 \leq r < 0.7$)가 45개 패턴, 약한 부(負)의 상관관계($-0.7 < r \leq -0.4$)가 46개 패턴, 강한 정(正)의 상관관계($0.7 \leq r$)가 20개 패턴, 강한 부(負)의 상관관계($r \leq -0.7$)가 14개 패턴 발견되었다.

결과를 보면 일반적 기대와 달리 자원봉사 지표나 자선활동 참여율, 창조적 사업체 규모, 친목활동 참여율 등에 관해서는 기타의 거의 모든 시민정치적 요인과의 관련성을 찾을 수가 없다. 또한 선거 경쟁률, 행정부 정보공개율, 부채비율도 기타 요인과의 관련성이 상당히 낮은 수준이다. 사실 시민섹터 내부의 많은 세부 요인들이 지자체섹터나 지역사회섹터의 지표들과 강한 관련성을 갖지 못하고 있다. 즉, 제3섹터나 지역시민조직, 자원봉사활동자의 증가가 이웃 신뢰나 사회 연결망, 정부 청렴도나 투표율 그리고 주민 전체의 건강 수준이나 행복도 증가에 영향을 주지 못하는 것이다(통계적 가능성으로서). 나아가서 제3섹터와 지역시민조직의 발전이 단지 총인구만과 강한 상관성을 가지고 있다는 것도 시민정치의 발전에서 중요한 과제를 시사하고 있다(보다 효과적이고 유기적인 정책·운동의 필요성 등).

한편, 강한 상관성을 가진 요인들에 주목하면 흥미로운 경향도 찾을 수 있다(〈그림 4〉). 해당 그림의 가운데에 있는 요인군의 집합 구조로서, 평균 소득과 평균 학력이 낮은 지역일수록, 이웃 신뢰와 사회 연결만, 투표율, 거주기간 그리고 인구 대비 비영리조직 수가 동시에 높다. 다만, 이러한 지역일수록 주민의 정신적 건강 수준(보건소 조사의 EQ-5D)이 낮게 나타난다. 반대로 건강 수준은 평균 소득과 학력에 비례한다. 결국 이는 소득과 학력이라는 지역 기본 요건으로 인해 지자체 성격의 양극화가 시민정치의 이면에서 현실적으로 진행되고 있음을 시사한다. 이와 같은 시민정치의 내부 메커니즘에 관해서 더 자세한 연구가 필요할

〈표 5〉 세부 요인 간의 상관관계 구조 (Pearson 상관계수, n=229)

		시민력						조직력					의회력					행정력				인프라력					주민력				참고 요인							
		1	2	3	4	5	6	7	8	9	10	11	12	13	14	15	16	17	18	19	20	21	22	23	24	25	26	27	28	29	30	31	32	33	34	35	36	37
시민력	1		++																																			
	2	++																																				
	3																																					
	4					++					+		+																									
	5				++						+																											
	6											++																										
조직력	7								++	–			–				+		+				+				–	–			+	++		+	+			
	8							++					–				+		+								–	–			+	++		+	+			
	9							–					++		–				–			++	+		–	–	++	++			–	–	–	–			+	
	10				+	+																																
	11						++																															
의회력	12				+			–	–	++												++	++								–	–		+				
	13																																					
	14									–																	–	–					+	+	–			
	15																																					
	16							+	+				–						+								–	–				+		+	+			
행정력	17																						+				–	–							+			
	18							+	+	–			–				+										–	–			+		++	+	–	+	+	
	19																																					
	20																																					
인프라력	21									++													+				+	+			–		–	–	+			
	22									+												+					+	+										
	23																																					
	24							+									+						–				–	–			+		+	+	+			
	25									–																					+		+	+	–			
주민력	26							–	–	++			++		–		–	–	–			+	+		–			++			–	–	–		–	–	++	
	27							–	–	++			++		–		–	–	–			+	+		–		++				–	–	++		–	–	++	
	28																																					
	29							+	+	– –			–						+			–	–		+						–	–	+	++	++	–		
참고 요인	30							++	++	–			–				+		+			–	–		+		–	++		+				+	+			
	31																														+							
	32							+	+	– –			– –		+		+	++				+	+		– –		++	+						++				
	33							+	+	– –			– –		+	+	+	+				+	+		– –		++	+					++					
	34									++									–								++	++			–		– –	– –			–	–
	35																		+																–			++
	36																		+																–	++		
	37																																					

+ 정(正)의 상관관계(0.4 ≤ r 〈 0.7) ++ 강한 정(正)의 상관관계(0.7 ≤ r)
– 부(負)의 상관관계(−0.7 〈 r ≤ −0.4) –– 강한 부(負)의 상관관계(r ≤ −0.7)
유의확률 0.05 수준(양쪽) 및 0.01 수준(양쪽)에서 유의한 것에 한함.

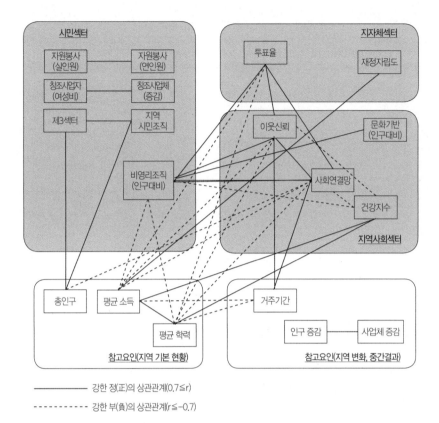

시민섹터

자원봉사
(실인원) ── 자원봉사
(연인원)

창조사업자
(여성비) ── 창조사업체
(증감)

제3섹터 ── 지역
시민조직

비영리조직
(인구대비)

투표율

재정자립도

지자체섹터

이웃신뢰

문화기반
(인구대비)

사회연결망

건강지수

지역사회섹터

총인구   평균 소득

거주기간

평균 학력

인구 증감 ── 사업체 증감

<u>참고요인(지역 기본 현황)</u>   <u>참고요인(지역 변화, 중간결과)</u>

──────── 강한 정(正)의 상관관계(0.7≦r)

- - - - - - - - 강한 부(負)의 상관관계(r≦−0.7)

〈그림 4〉 지역 창발력의 내·외부 상관관계 구조(강한 상관성 요인군)

것이다.

요약하면, 세부 요인 수준에서는 다양하고 복합적리고 강한 상관관계 구조를 통계적으로 발견할 수 있었으며, 이러한 결과 자체는 지역 창발력 모형의 논리성이나 활용가치를 밑받침한다. 다만, 구체적 분석결과는 이상적 모습(많은 요인들의 선순환)이나 일반적 예상과 달리 요인 간의 단절이나 모순, 상쇄효과 등을 다수 포함하고 있음으로, 현실의 시민정치에는 불확실성이 가득 차고 있으며, 합리적 대책이나 개선 과제 도출이 어렵다는 점을 시사한다.

<표 6> 각 세부 요인에 관한 상위 20% 해당 수준

시민력	1. 자원봉사 활동(실인원, 인구 대비)	12.8%	의회력	12. 투표율(지방선거)	72.3%	인프라력	21. 문화기반시설(10만 명당)	15.4개
	2. 자원봉사 활동(연인원, 인구 대비)	88.6%		13. 후보 경쟁율(기초 의원)	2.4배		22. 사회복지시설(10만 명당)	25.8개
	3. 자선활동 참여율	0.10p		14. 여성 의원 비율(기초 의원)	41%		23. 교육·도서관시설(10만 명당)	31.7개
	4. 창조산업 종사자(전체 종사자 대비)	21.9%						
	5. 창조산업 종사자(여성비율)	9.4%		15. 조례 제·개정 총 건수(5년)	804건		24. 교통문화지수	82.3p
	6. 창조산업 종사자 수(증감율)	24.4%		16. 기본조례·규칙 제정 수(현행)	12개		25. 지역안전지수	2.50p
조직력	7. 제3섹터 조직 수	129개	행정력	17. 행정부 청렴도	7.88p	주민력	26. 이웃 신뢰	0.83p
	8. 지역창조 조직 수	95개		18. 재정자립도	38.47%		27. 사회연결망	0.88p
	9. 비영리조직 수(인구 1000명당)	11.8개		19. 통합 부채비율	0.325p		28. 친목활동참여	0.63p
	10. 창조사업체 수(전체 사업체 대비)	11.1%		20. 정보공개율	71.1%		29. 건강 지수(EQ-5D)	0.951p
	11. 창조사업체 수(증감율)	46.1%						

3. 상위 지자체 20% 수준과 지역 창발력의 개별 모델들

내부 구조의 복합성을 고려하여, 개별 지자체 차원의 성격을 자세히 알아본다. 효과적인 분석을 위해 각 주체 역량과 세부 지표에 있어서 '잘하고 있는 수준'을 우선 설정하고자 한다. 각 주체 역량의 빈도분포를 보면, 5-10개 수준의 극단치(outliner)가 있으나 대부분은 균형적인 정규분포 곡선을 그리고 있다. 극단치를 예외적인 것으로 간주하면서 이어지는 차상위 그룹(20-30개 지자체)을 포함해서 상위 20%에 해당되는 46개 지자체를 각 지표에 있어서 잘하고 있는 '상위권'으로 설정하고자 한다. 46개는 많은 규모로 보일 수 있으나, 지역 창발력의 내부적 복합성으로 인해 29개 모든 지표에서 이 기준을 초월한 지자체는 사실 존재하지 않는다. 그러한 사정을 고려하면 20%(46개 지자체) 기준은 현실적 노력 목표이나 모범적 모델 도출의 기준으로서 의미가 있을 것이다.

우선, 이 기준에 해당되는 각 지표의 수준을 정리하면 〈표 6〉과 같다. 또한 이 기준은 각 주체 역량에서 표준점수 53.2점에 해당된다. 이를 활용하면 개별 지자체의 내부 동향으로서 표준점수화된 29개 모든 세부 지표의 실천 수준을 비교할 수 있으며, 해당 지자체의 성격을 도출할 수 있다. 이러한 분석의 결과 특히 특징이 나타난 지자체를 소개하면 〈그림 5〉와 〈그림 6〉과 같다.

각 주체 역량의 차이에 주목하면 특정 영역이 상대적으로 높은 지자체가 있다. 이 중 전체적 수준에 관해서도 비교적 높은 지자체를 모델로 제시한다. 시민력 주도 모델(과천시), 행정력 주도 모델(강동구), 주민력 주도 모델(부여군), 의회력 주도 모델(경기 광주시) 등이다. 이들 지자체에서는 해당 주체가 중심이 되는 특색이 있는 시민정치를 펼치면서 기타 주체와의 조화를 위한 노력이 현실적 과제로 나타날 것이 예상된다. 조직력이나 행정력은 후술하는 복합적 모델 형태로 나타나는 경향이 있다.

전체 점수를 단순 합산하면 가장 높은 지자체는 종로구와 서초구이다. 서초구는 각 주체 역량 영역에서 극단적으로 높은 지표가 있어서 복합적 창발 모델이라고 할 수 있다. 한편, 전북 완주군은 균형 창발 모델이라고 할 수 있다. 모든 면에서 상향 수준의 균형성을 유지하고 있다. '약점'에 주목하면 표준점수 45점을 밑도는 지표에 관해서 서초구 6개에 대해 완주는 3개에 지나지 않는다.

인구 3만 명 이하의 소규모 지자체는 총 19개 존재한다(2017년 총인구 기준). 이 중에서 전체적으로 높은 수준에 있는 것이 화천군이다. 강한 소규모 지자체 모델이라고 할 수 있으며, 창조산업 종사자와 문화·복지 인프라가 이웃신뢰, 사회연결망, 비영리조직의 '연합 요인'과 결합된 것이 특징이다. 한편, 인구 100만 명의 5개 지자체(수원시, 창원시, 고양시, 용인시, 성남시) 중에서 가장 수준이 높은 것은 수원시이다. 강한 대규모 지자체 모델로서 높은 수준의 조직력, 행정력, 인프라력이 인구 규모의 측면에서 불리한 주민력과 시민력을 보완하고 있다.

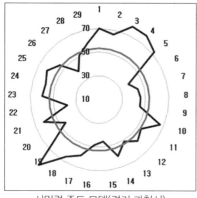

시민력 주도 모델(경기 과천시)

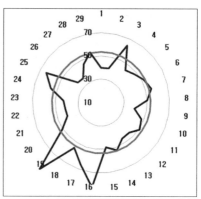

행정력 주도 모델(서울 강동구)

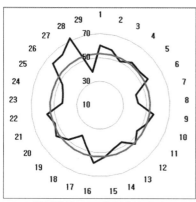

주민력 주도 모델(충남 부여군)

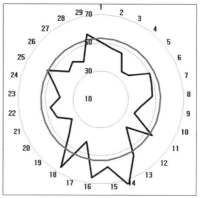

의회력 주도 모델(경기 광주시)

〈그림 5〉 섹터 간 차이에 주목한 지역 창발력 모델(기준치: 53.2점, 상위 20%선)

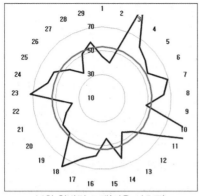

복합 창발력 모델(서울 서초구)

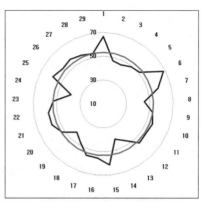

균형 창발 모델(전북 완주군)

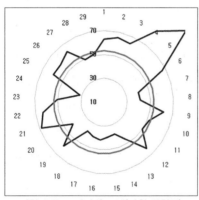

강한 소규모 지자체 모델(강원 화천군)

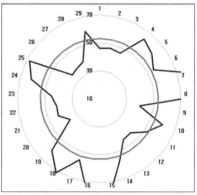

강한 대규모 지자체 모델(경기 수원시)

〈그림 6〉 다양한 지역 창발력 모델 (기준치: 53.2점, 상위 20% 선)

IV. 나가며: 한국 시민정치의 다양한 모델들과 퍼즐들

이상, 지역 창발력 모형의 제안과 이에 따라 수집된 데이터를 활용한 일부 분석 결과를 정리했다. 몇 가지 흥미로운 점을 지적했으나 아마도 '발견' 보다 '의문'을 많이 유발했을 것이다. 시민정치의 동태에 관해서는 아직 깊이 있게 알려지지 않거나 설명하기 어려운 현실들이 많이 있고, 그 일부가 이와 같은 포괄적 지표 조사를 통해 드러났다고 할 수 있다. 시민들의 자발적 참여나 조직화가 상대적으로 낮은 수준임에도 불구하고, 주민 간의 신뢰와 연결망이 강한 지역(부여군 등)에서는 어떠한 형태의 시민정치가 펼치고 있는가? 이때 민관 협치 사업이나 공공의 역할을 어떻게 규정되는가? 균형 모델(완주군 등)에서는 기타 다수의 지자체에 발견되는 시민조직이나 사업체의 발전과 주민 신뢰 문화 사이의 모순 관계를 어떻게 극복하고 있는가? 높은 시민력과 의회력을 동시에 가진 모델(과천시 등)에서는 대의적 정당 민주주의와 참여 민주주의가 어떻게 상호작용하고 있는가? 지자체 재정자립도가 11.3%에 지나지 않은 화천군에서 어떻게 전국 최고 수준의 시민력이 나타날 수 있었는가? 동일한 분권 개혁의 흐름에서 이와 같이 다양한 모델이 나타난 원인은 무엇인가? 시민정치의 주요 주체 역량은 주민의 행복도 변화에 대해서 정말로 상관성이 없는 것인가?

지표 데이터의 자세한 분석을 통해 보다 다양한 발견과 의문을 제시할 수 있을 것이다. 동시에 ver.1로 제시한 지역 창발력 모형에 대해서도 지표 체계의 개선 등을 통해 ver2.로 발전시키는 것이 필요할 것이다. ver.1에서는 상관성을 근거로한 '시너지의 추측'이 분석의 기반이었다면 ver.2에서는 '창발력' 메커니즘에 관한 보다 본격적인 해명도 필요하게 될 것이다. 이미 알게 된 시민정치의 다양성과 복합성을 고려한다면, 이러한 노력을 위해서는 이론적 검토나 첨단 기술을 활용한 분석 기법의 개선도 기대가 되지만, 무엇보다도 각 지역의주민이나 활동가들이 가지고 있는 다양하고 깊이 있는 현장 지식(local knowledge)을 활용해 실천적이고 역동적으로 발전시키는 것이 바람직할 것이다.

물론, 지표 분석의 한계에도 유의해야 한다. 지표는 표면적 숫자에 지나지 않는다. 이러한 접근 방법과 결과는 연구 대상의 전체적 동향을 파악하는 데 유익하지만, 현실의 실질적 동향과 전혀 무관한 시사점을 제시하게 되는 경우도 자주 발생한다. 연구와 실천이 긴밀하게 관련된 시민정치에서는 객관적 논리성이나 학술성과 함께 항상 현장의 현실에 귀를 기울려야 할 것이다. 이러한 의미로, 이 장에서 소개한 몇 가지 분석과 함의 그리고 책의 마지막 부분에 수록된 데이터 자료집은 한국 시민정치의 흐름을 개략적으로 파악하며 '퍼즐'을 제기해 연구의 지평 확대에 이바지하고자 하는 의도에 제한되는 것을 다시 한번 확인한다. 시민정치 연구는 퍼즐과 과제, 가능성으로 가득하다.

참고문헌

여의도정책연구소. 2017. "2017 대한민국 지방자치단체 행정정책 행복지수 평가 방안 설명." http://www.yeoido.org/bbs/?t=2e (검색일: 2019.10.18).

통계청. "통계지리정보서비스." http://sgis.kostat.go.kr/view/index (검색일: 2019.10.19).

한국지방행정연구원. 2017. 『지방자치연감: 지표로 보는 한국 지방자치』. 원주: 한국지방행정연구원.

UN HABITAT. 2004. "Urban Governance Index: Conceptual Foundation and Field Test Report." http://mirror.unhabitat.org/content.asp?typeid=19&catid=25&cid=2167. (검색일: 2019.10.19).

<자료 1> 지역 창발력 지도와 상위 지자체

(표준점수 기준, 색깔이 지날수록 높음)

1. 시민력 지도

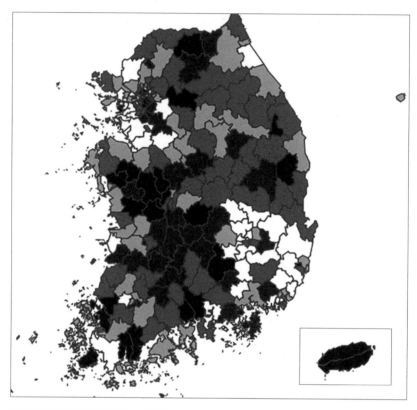

광역	지자체(인구 30만 이상)	시민력	광역	지자체(인구 30만 미만)	시민력
대전	유성구	61.3	강원	화천군	74.4
서울	서초구	59.9	경기	과천시	67.0
제주	제주시	56.6	경남	하동군	66.4
인천	연수구	55.1	전남	함평군	66.2
서울	서대문구	54.5	충남	논산시	62.5
서울	강남구	54.2	전남	장흥군	62.5
경기	성남시	53.8	서울	종로구	62.4
서울	성북구	53.8	대구	중구	61.4
충북	청주시	53.7	충남	예산군	60.7
서울	양천구	53.6	충남	공주시	60.3

* 지도 정보는 통계청. "통계지리정보서비스" 이용.

2. 조직력 지도

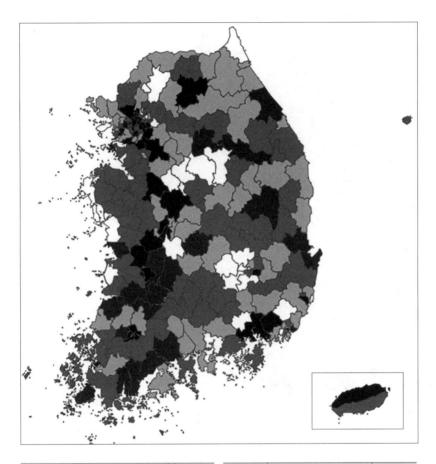

광역	지자체(인구 30만 이상)	조직력	광역	지자체(인구 30만 미만)	조직력
전북	전주시	73.5	서울	종로구	65.7
서울	강남구	71.9	충남	논산시	61.4
서울	서초구	70.9	광주	동구	60.8
충북	청주시	68.2	대전	중구	56.9
경기	수원시	66.2	전북	익산시	56.3
서울	마포구	64.6	서울	중구	56.1
충남	천안시	63.1	강원	춘천시	56.1
경남	창원시	62.9	광주	남구	55.3
제주	제주시	61.3	전남	진도군	55.0
경기	성남시	60.9	전북	고창군	54.6

3. 의회력 지도

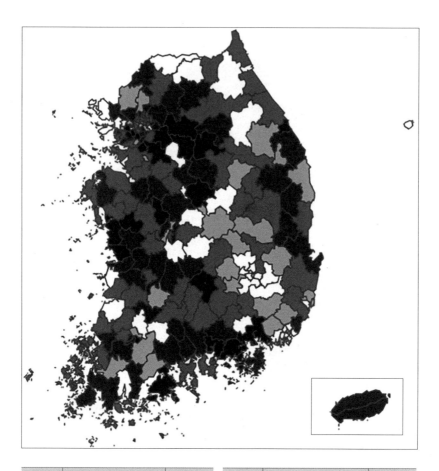

광역	지자체(인구 30만 이상)	의회력	광역	지자체(인구 30만 미만)	의회력
경기	수원시	61.3	충남	청양군	59.9
경기	광명시	59.2	세종	세종시	58.9
경기	안양시	58.3	경남	통영시	58.5
경기	광주시	58.1	경기	양평군	57.5
경기	부천시	56.7	경남	거창군	56.6
경기	용인시	56.2	충남	서천군	56.5
경남	창원시	55.9	충북	괴산군	56.5
강원	원주시	55.5	경남	고성군	55.8
서울	강동구	55.1	충남	보령시	55.7
경기	김포시	54.3	경기	여주시	55.5

4. 행정력 지도

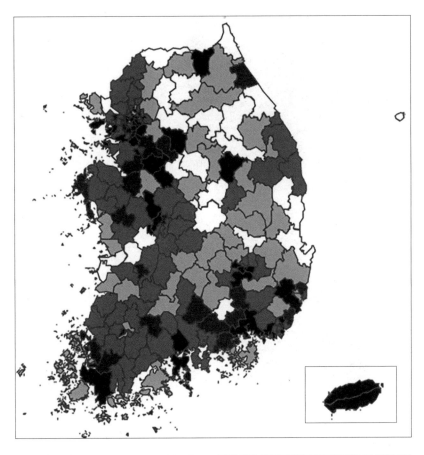

광역	지자체(인구 30만 이상)	행정력	광역	지자체(인구 30만 미만)	행정력
서울	마포구	65.1	전남	광양시	65.1
서울	강동구	64.8	경기	과천시	64.1
서울	성동구	64.0	서울	중구	63.9
서울	서초구	60.5	세종	세종시	62.6
대전	유성구	59.1	대구	달성군	62.1
서울	강남구	58.7	서울	종로구	61.8
인천	연수구	57.8	경기	오산시	59.7
경기	성남시	57.7	인천	중구	59.4
경기	수원시	55.9	충남	계룡시	59.2
인천	남동구	55.9	부산	강서구	57.5

5. 인프라력 지도

광역	지자체(인구 30만 이상)	인프라력	광역	지자체(인구 30만 미만)	인프라력
경기	부천시	53.7	서울	종로구	65.0
서울	강남구	53.5	경북	울릉군	63.2
서울	서초구	53.4	강원	영월군	62.0
서울	양천구	53.3	충북	영동군	59.7
서울	구로구	53.1	충남	금산군	59.5
경기	파주시	52.6	강원	고성군	59.3
경기	용인시	52.4	인천	강화군	59.1
강원	원주시	52.4	경남	함양군	58.4
서울	광진구	52.3	전북	무주군	58.4
경기	남양주시	52.1	전북	진안군	57.8

486

6. 주민력 지도

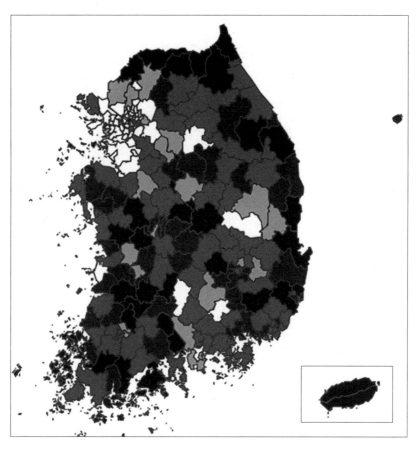

광역	지자체(인구 30만 이상)	주민력	광역	지자체(인구 30만 미만)	주민력
제주	제주시	57.6	제주	서귀포시	60.0
경북	포항시	55.8	충남	부여군	59.6
경남	창원시	54.2	강원	인제군	59.3
대구	수성구	53.3	충북	증평군	58.8
울산	남구	53.2	경북	성주군	58.7
대전	유성구	52.5	강원	철원군	58.5
부산	해운대구	50.8	전남	고흥군	58.3
대구	동구	50.4	강원	고성군	58.1
대구	달서구	49.8	경북	영덕군	57.9
서울	양천구	49.7	경북	상주시	57.5

⟨자료 2⟩ 지자체 기초 데이터

(데이터 상세 내용과 출처는 본문 표 1 및 2 참조)

1. 시민섹터

*강조는 상위 20% 이내임을 의미함.

시도	지자체	자원봉사 (실인원)	자원봉사 (연인원)	자선 활동	창조사업자 (전체대비)	창조사업자 (여성비)	창조사업자 (증감)	제3 섹터	지역시 민조직	비영리조직 (인구대비)	창조사업체 (전체대비)	창조사업 체(증감)
서울	종로구	26.4	108.8	0.11	23.5	9.8	4.2	216	324	13.9	9.8	21.5
	중구	23.8	109.4	0.08	17.7	7.4	52.9	145	154	13.9	6.7	25.0
	용산구	9.0	46.0	0.11	20.3	9.2	−1.9	123	107	4.7	8.7	40.0
	성동구	6.7	40.7	0.09	16.6	7.2	15.4	163	65	3.7	8.6	27.4
	광진구	5.7	34.8	0.10	19.3	9.2	−1.6	125	72	3.1	10.2	5.4
	동대문구	6.2	34.8	0.11	20.4	9.0	23.2	106	79	3.6	6.6	15.4
	중랑구	4.0	27.5	0.09	14.5	8.0	−0.4	79	37	2.9	6.6	−2.9
	성북구	3.8	24.6	0.08	28.8	14.3	24.4	133	76	3.1	10.1	10.6
	강북구	4.1	26.7	0.08	15.7	8.4	5.6	62	64	3.2	7.7	−6.2
	도봉구	6.8	39.0	0.06	20.2	11.2	−4.3	81	53	3.1	9.6	−0.5
	노원구	6.9	47.9	0.04	25.4	14.0	18.3	111	75	2.8	11.4	5.8
	은평구	6.3	35.1	0.09	20.6	11.5	7.4	200	115	3.0	10.3	9.6
	서대문구	8.0	38.7	0.09	25.4	12.4	26.7	162	100	4.0	11.1	24.3
	마포구	7.6	46.3	0.06	18.1	8.5	17.6	255	230	4.8	14.0	33.8
	양천구	8.4	60.4	0.10	21.2	11.6	6.1	92	56	2.9	14.0	10.3
	강서구	6.5	42.7	0.05	13.9	7.0	25.1	110	62	3.1	9.9	12.0
	구로구	4.9	28.8	0.08	15.3	6.5	14.3	147	72	3.4	8.6	28.6
	금천구	6.3	49.9	0.06	17.5	5.8	12.1	141	47	4.3	9.7	34.7
	영등포구	9.5	45.0	0.07	15.4	6.0	5.1	239	173	5.4	10.7	28.9
	동작구	3.8	26.4	0.08	25.1	11.4	−2.9	95	94	3.0	11.5	1.9
	관악구	4.7	26.4	0.08	22.3	11.9	13.6	145	95	2.9	10.3	7.6
	서초구	8.2	35.0	0.18	25.7	10.2	31.2	208	155	7.1	22.3	53.1
	강남구	9.1	46.9	0.12	22.4	9.3	23.1	327	125	6.1	20.3	61.8
	송파구	6.2	34.7	0.12	16.5	7.1	4.2	205	111	3.4	12.0	13.5
	강동구	5.8	34.1	0.11	15.1	7.6	20.6	114	63	3.1	9.2	8.3
부산	중구	16.2	96.2	0.07	9.4	3.3	−9.0	32	51	14.5	5.4	−3.0
	서구	8.6	50.4	0.07	15.0	7.3	3.2	36	38	6.8	7.8	−3.3
	동구	13.1	86.9	0.07	12.1	5.0	6.3	45	105	11.7	8.9	0.5
	영도구	6.9	43.2	0.07	18.4	8.0	1.5	14	16	4.8	7.0	−5.9
	부산진구	7.0	36.9	0.07	14.3	7.8	−2.3	98	158	4.3	8.6	6.2
	동래구	7.0	33.7	0.08	15.0	7.9	5.5	45	74	4.0	10.1	1.1
	남구	8.2	49.7	0.07	19.7	10.0	−9.0	56	47	3.3	9.6	−3.2
	북구	5.5	38.0	0.05	20.0	11.7	−0.7	40	46	2.8	9.8	−3.0
	해운대구	4.5	30.6	0.07	18.2	9.5	33.7	117	68	3.5	12.5	29.0
	사하구	5.5	41.8	0.08	12.8	6.3	4.3	43	38	3.4	8.0	−2.1
	금정구	9.1	39.7	0.05	19.1	9.3	13.5	66	65	4.5	10.3	−0.6
	강서구	8.8	48.5	0.09	6.2	2.4	37.6	43	14	4.2	3.6	82.2
	연제구	7.7	35.5	0.06	22.4	9.4	8.3	59	73	5.4	13.9	12.1
	수영구	9.2	35.2	0.07	15.2	7.9	9.6	46	45	4.2	10.5	3.3
	사상구	7.3	44.9	0.07	10.4	4.9	5.0	58	38	3.6	4.7	2.7
	기장군	7.8	42.7	0.06	11.0	5.9	43.9	55	15	3.8	8.4	44.1
대구	중구	27.8	204.4	0.11	13.2	6.2	1.7	130	104	11.1	7.8	16.1
	동구	5.3	43.5	0.07	16.3	8.0	10.6	127	64	5.0	10.8	5.0
	서구	10.0	75.6	0.06	11.0	5.7	−0.2	59	33	3.6	5.3	−6.6
	남구	19.1	76.0	0.05	18.9	9.3	3.2	85	69	5.9	11.1	5.6
	북구	6.0	38.8	0.05	16.6	8.3	3.3	116	48	3.0	6.8	−1.6
	수성구	7.9	49.3	0.08	22.3	11.4	13.2	119	81	3.4	16.8	5.7

(시민섹터 계속)

시도	지자체	자원봉사 (실인원)	자원봉사 (연인원)	자선 활동	창조사업자 (전체대비)	창조사업자 (여성비)	창조사업자 (증감)	제3 섹터	지역시민 조직	비영리조직 (인구대비)	창조사업체 전체대비	창조사업체 (증감)
대구	달서구	11.3	65.4	0.08	15.2	8.1	6.6	123	64	2.9	9.3	3.3
	달성군	9.0	48.3	0.06	10.6	4.7	29.7	48	20	3.5	6.8	5.3
인천	중구	7.9	71.6	0.07	13.4	5.7	22.4	43	60	6.7	5.6	8.0
	동구	10.2	110.1	0.09	10.7	5.4	1.8	30	19	5.0	4.8	−2.1
	미추홀구	4.4	62.6	0.04	18.7	8.6	6.9	23	136	3.8	9.2	4.0
	연수	7.3	57.2	0.11	23.5	10.6	35.6	58	79	3.0	11.8	22.2
	남동구	6.0	41.8	0.06	11.6	6.2	17.1	112	201	3.2	8.1	10.4
	부평구	4.5	41.6	0.08	13.2	7.5	1.5	92	117	3.1	8.9	−0.3
	계양	6.7	51.5	0.08	16.2	9.4	1.0	55	54	3.4	9.3	1.8
	서구	5.6	43.0	0.06	13.2	6.8	40.1	73	71	3.0	7.7	18.2
	강화군	6.5	44.4	0.12	19.8	8.5	9.1	39	34	9.8	9.2	−6.7
	옹진	11.5	73.5	0.09	16.1	5.5	3.2	24	2	11.8	5.8	−31.3
광주	동구	12.1	90.3	0.08	21.1	9.1	2.8	172	163	11.9	12.7	11.8
	서구	8.1	62.5	0.09	15.0	7.7	6.3	194	126	5.3	11.8	16.4
	남구	10.2	73.6	0.08	20.2	11.0	6.9	145	105	4.9	12.9	13.0
	북구	8.4	42.8	0.07	17.9	8.7	4.5	232	194	4.6	11.1	−4.5
	광산구	7.0	39.5	0.05	12.8	7.0	15.6	212	81	3.7	9.9	15.5
대전	동구	11.4	69.3	0.07	17.4	8.3	10.5	93	80	4.6	7.7	2.9
	중구	11.7	71.3	0.10	15.7	8.4	−6.7	151	221	6.2	10.4	8.3
	서구	9.0	53.7	0.06	22.6	10.8	13.7	203	190	4.3	12.9	8.7
	유성구	9.4	47.3	0.13	35.0	12.1	30.8	183	87	3.8	13.1	26.5
	대덕구	13.2	73.9	0.09	11.5	5.5	−4.4	78	59	5.3	7.2	−3.2
울산	중구	10.7	85.6	0.10	23.2	11.1	37.4	85	93	4.2	10.3	11.7
	남구	8.9	61.3	0.11	16.0	7.8	1.0	144	185	4.2	11.3	9.1
	동구	7.1	79.2	0.09	10.7	4.9	30.4	35	33	2.3	9.3	0.9
	북구	9.6	83.6	0.10	9.3	5.4	24.7	63	41	2.9	9.5	6.5
	울주군	8.5	55.7	0.08	9.1	4.6	13.3	100	43	4.5	8.0	4.5
세종	세종시	8.0	50.5	0.08	35.4	14.7	−	55	41	3.8	10.0	−
경기	수원시	8.6	60.7	0.07	25.6	10.5	30.9	278	404	3.3	11.8	11.4
	성남시	11.4	69.7	0.09	20.9	9.1	36.5	261	212	3.4	11.7	23.8
	의정부시	9.0	71.1	0.06	21.0	11.0	4.8	66	113	3.7	11.2	0.3
	안양시	9.9	71.1	0.07	20.3	8.8	−7.5	137	119	4.0	11.9	10.0
	부천시	11.1	73.5	0.06	13.4	7.5	−1.4	171	143	3.4	9.1	2.6
	광명시	11.8	74.5	0.06	15.9	9.6	19.1	76	42	3.2	10.5	13.2
	평택시	10.6	51.6	0.07	10.4	5.1	13.9	99	93	3.6	8.5	4.0
	동두천시	17.5	135.7	0.06	15.5	7.6	3.2	22	24	4.8	8.4	−7.1
	안산시	7.7	67.2	0.05	11.7	6.0	9.1	167	155	3.4	8.4	2.0
	고양시	7.6	50.1	0.08	16.6	9.3	6.2	241	243	3.3	11.7	12.1
	과천시	19.5	131.4	0.14	33.1	13.2	−31.2	42	31	5.8	13.3	16.8
	구리시	10.2	94.4	0.09	16.6	8.9	5.8	34	38	4.1	10.2	5.5
	남양주시	11.3	63.4	0.07	14.5	8.6	22.6	129	102	2.9	8.8	18.4
	오산시	9.3	61.1	0.07	17.9	10.4	38.5	65	43	2.9	8.9	18.0
	시흥시	9.4	70.1	0.07	8.8	4.7	8.6	137	82	3.3	6.1	4.7
	군포시	9.4	102.9	0.08	16.5	8.8	21.7	36	64	3.2	11.2	5.6
	의왕시	11.9	73.9	0.05	21.1	8.2	27.1	25	34	3.9	10.6	15.1
	하남시	7.1	48.8	0.08	12.5	6.2	21.7	43	55	2.8	7.1	3.4
	용인시	11.8	56.9	0.08	23.4	10.6	11.3	166	113	2.9	12.4	22.2
	파주시	11.8	65.5	0.06	9.5	5.4	12.3	120	79	3.3	8.0	17.6

(시민섹터 계속)

시도	지자체	자원봉사(실인원)	자원봉사(연인원)	자선활동	창조사업자(전체대비)	창조사업자(여성비)	창조사업자(증감)	제3섹터	지역시민조직	비영리조직(인구대비)	창조사업체(전체대비)	창조사업체(증감)
경기	이천시	14.6	93.2	0.07	12.0	5.8	9.5	45	43	5.1	9.8	2.1
	안성시	7.4	67.1	0.07	12.3	5.8	0.6	52	38	4.8	8.7	7.4
	김포시	8.7	49.9	0.08	9.9	5.8	30.6	76	49	3.0	7.2	31.1
	화성시	9.6	55.9	0.04	13.0	4.8	66.2	200	97	3.0	7.1	29.2
	광주시	10.7	59.0	0.07	9.7	4.9	13.5	68	42	3.1	6.6	21.4
	양주시	12.9	64.1	0.09	10.7	5.7	20.5	49	35	4.5	7.7	11.5
	포천시	12.8	100.9	0.08	9.9	4.8	3.6	79	37	5.1	5.2	-1.8
	여주시	13.2	84.5	0.07	17.8	7.4	8.3	65	34	6.4	9.1	-7.3
	연천군	10.4	103.1	0.09	19.7	8.0	-7.7	25	19	9.6	9.6	-1.7
	가평군	8.8	71.8	0.11	18.1	8.3	-1.0	44	19	9.5	8.5	2.3
	양평군	14.3	150.3	0.11	22.2	9.4	20.8	81	29	11.2	10.2	1.7
강원	춘천시	5.1	54.4	0.10	24.6	11.0	26.1	182	119	6.9	11.5	7.1
	원주시	5.7	53.4	0.09	16.7	7.8	25.7	161	87	6.1	10.2	9.5
	강릉시	4.5	44.6	0.08	19.5	8.8	20.8	146	60	6.7	9.8	8.1
	동해시	5.7	75.8	0.11	16.0	7.1	-3.2	43	26	6.5	8.3	-9.3
	태백시	9.4	159.2	0.10	21.7	8.4	23.0	47	11	12.0	9.9	10.1
	속초시	4.9	62.1	0.10	15.9	7.8	-3.6	47	25	7.3	7.6	-2.1
	삼척시	5.9	54.6	0.10	20.7	8.6	15.0	35	15	10.2	9.4	11.8
	홍천군	6.2	81.0	0.09	19.4	8.4	5.0	46	14	9.9	9.6	0.7
	횡성군	6.2	74.3	0.11	17.4	7.3	5.5	37	6	12.1	10.0	11.3
	영월군	5.7	36.8	0.10	20.6	8.0	-8.1	60	10	14.8	11.9	-5.0
	평창군	8.2	76.1	0.08	19.7	7.6	0.7	42	5	12.1	7.7	-3.1
	정선군	8.7	77.2	0.12	16.2	5.8	9.1	93	7	14.4	8.9	2.7
	철원군	6.2	77.2	0.07	21.7	9.6	16.9	24	6	8.5	10.0	4.6
	화천군	16.2	127.4	0.11	37.0	20.3	76.3	18	3	12.9	10.1	5.6
	양구군	5.1	79.6	0.09	28.0	11.9	9.8	10	3	11.1	9.1	2.4
	인제군	4.2	44.0	0.06	23.6	9.2	23.8	46	6	11.8	8.1	1.9
	고성군	5.7	53.3	0.09	23.3	9.4	10.2	18	3	10.9	7.6	-10.5
	양양군	3.4	27.7	0.07	17.7	7.4	0.3	20	6	15.3	7.7	1.5
충북	충주시	16.6	75.8	0.10	17.4	7.8	-66.7	63	47	6.7	9.8	-67.1
	제천시	7.0	71.9	0.12	16.1	7.7	-55.5	70	30	7.8	9.0	-47.2
	청주시	6.2	50.1	0.08	17.4	8.5	147.9	258	298	4.5	10.5	106.2
	보은군	6.4	65.7	0.09	20.3	8.6	-15.1	29	23	12.1	9.4	-35.8
	옥천군	8.1	77.2	0.08	16.6	7.2	-15.8	27	16	9.6	9.2	-13.4
	영동군	9.5	109.5	0.10	21.9	9.2	107.5	54	18	10.1	10.7	57.3
	진천군	8.7	100.3	0.11	7.8	3.7	22.6	18	18	5.6	7.0	5.7
	괴산군	10.8	72.0	0.07	22.7	9.0	25.5	34	11	11.5	10.6	-14.1
	음성군	9.4	76.6	0.09	10.4	4.4	36.4	27	25	5.9	6.1	-0.7
	단양군	9.7	123.5	0.10	18.9	8.1	8.8	20	10	15.5	10.2	-6.5
	증평군	8.1	84.8	0.13	13.3	6.7	-98.6	13	13	6.7	9.1	-98.3
충남	천안시	5.5	31.4	0.10	13.9	6.6	143.5	132	144	4.3	10.0	161.6
	공주시	19.9	93.9	0.10	20.9	9.2	69.2	54	35	8.9	10.7	19.5
	보령시	18.4	113.5	0.05	15.7	6.7	-55.1	16	25	8.5	9.0	-46.3
	아산시	7.8	44.4	0.10	10.0	4.9	81.8	112	53	4.1	8.7	56.2
	서산시	11.1	88.7	0.10	13.2	6.0	23.4	51	24	5.7	9.9	22.0
	논산시	15.4	81.6	0.07	16.2	6.9	287.9	59	33	8.7	8.8	202.6
	계룡시	10.8	68.1	0.12	23.5	13.6	-34.3	12	6	5.3	14.3	-32.9
	당진시	12.8	96.5	0.07	9.6	4.3	53.3	51	35	5.1	7.8	91.5

(시민섹터 계속)

시도	지자체	자원봉사 (실인원)	자원봉사 (연인원)	자선 활동	창조사업자 (전체대비)	창조사업자 (여성비)	창조사업자 (증감)	제3 섹터	지역시 민조직	비영리조직 (인구대비)	창조사업체 (전체대비)	창조사업체 (증감)
충남	금산군	19.6	116.2	0.09	15.6	6.6	−2.2	47	23	9.7	7.7	−24.8
	부여군	15.0	97.9	0.08	20.7	9.1	38.3	25	11	10.5	10.3	1.4
	서천군	11.6	76.7	0.07	17.0	7.0	59.7	48	21	11.6	9.6	50.2
	청양군	18.8	138.0	0.08	20.0	7.6	−58.9	18	5	19.2	12.9	−42.0
	홍성군	20.5	84.9	0.08	23.8	9.6	70.1	48	16	8.0	9.4	17.4
	예산군	21.4	170.2	0.10	18.1	7.1	41.1	38	26	9.0	8.8	52.8
	태안군	12.2	97.5	0.07	19.4	6.7	−39.4	35	14	8.3	6.8	−51.7
전북	전주시	13.1	68.8	0.06	19.7	9.4	18.0	411	445	5.7	12.6	16.1
	군산시	8.4	61.7	0.07	14.8	6.8	12.3	129	87	6.7	10.0	−2.6
	익산시	10.9	50.9	0.07	15.1	7.2	−5.8	184	153	6.9	10.7	4.8
	정읍시	20.5	72.4	0.07	19.3	8.4	−0.6	89	51	10.5	11.3	1.0
	남원시	13.2	124.7	0.07	21.0	9.0	−1.7	72	46	11.7	10.3	−7.7
	김제시	9.8	89.6	0.07	16.4	7.3	−11.2	45	21	12.2	11.0	0.3
	완주군	17.9	59.3	0.07	17.6	8.3	81.8	137	31	8.8	10.9	18.5
	진안군	13.1	61.5	0.05	26.8	10.7	2.2	30	36	16.7	12.2	−11.1
	무주군	18.8	77.1	0.06	22.5	8.9	5.0	28	19	12.9	8.7	−7.5
	장수군	11.5	51.5	0.05	27.4	11.9	0.6	18	21	14.0	12.0	−12.6
	임실군	8.6	87.4	0.05	26.3	11.2	19.8	25	18	18.5	11.5	−13.7
	순창군	7.4	56.6	0.10	22.3	9.0	0.2	25	14	17.9	12.0	−11.9
	고창군	12.2	63.5	0.06	20.3	8.8	4.7	26	26	15.3	12.7	20.3
	부안군	18.4	83.4	0.07	20.1	9.4	12.7	26	23	12.9	9.2	−4.5
전남	목포시	11.6	50.4	0.08	18.9	8.8	9.7	101	138	6.5	10.1	−1.7
	여수시	16.0	60.3	0.08	12.6	5.7	−1.4	110	78	6.9	10.1	−1.5
	순천시	8.7	65.2	0.09	17.3	8.9	9.0	166	72	6.5	10.8	10.6
	나주시	7.7	66.9	0.06	20.4	8.7	31.0	70	43	8.2	8.8	8.6
	광양시	16.1	114.4	0.18	11.2	5.8	5.3	52	43	5.7	9.3	−4.6
	담양군	12.0	106.1	0.08	14.7	6.5	5.7	47	9	10.6	7.3	−1.1
	곡성군	11.8	78.7	0.07	21.7	9.8	26.0	28	10	12.3	10.3	−2.8
	구례군	14.0	85.7	0.05	23.2	8.9	12.4	23	8	13.8	9.0	−16.8
	고흥군	12.5	39.0	0.06	18.2	7.3	5.6	24	16	12.5	9.3	−8.7
	보성군	11.3	57.2	0.08	22.5	8.9	17.6	29	13	15.1	11.3	13.7
	화순군	12.5	55.8	0.06	19.1	8.2	−4.9	54	24	10.3	10.5	−7.5
	장흥군	24.2	178.2	0.09	22.9	8.3	14.5	34	18	17.7	11.0	12.8
	강진군	19.0	68.9	0.08	24.0	10.6	6.4	31	16	15.6	11.2	12.1
	해남군	5.2	37.7	0.04	17.7	7.0	2.4	45	11	13.2	10.3	−4.8
	영암군	10.5	101.7	0.10	10.4	4.0	18.4	42	18	9.0	8.2	5.3
	무안군	11.6	60.3	0.08	35.0	12.8	38.2	36	26	9.0	11.4	24.1
	함평군	23.3	301.7	0.09	19.3	8.4	5.2	25	8	16.3	11.4	−5.9
	영광군	15.7	62.7	0.09	16.6	6.9	4.3	26	25	11.4	8.5	1.8
	장성군	9.9	47.5	0.06	16.3	7.7	−2.6	25	12	9.8	9.0	−7.1
	완도군	9.5	40.1	0.05	22.3	8.3	3.8	46	11	14.1	9.0	−9.9
	진도군	10.0	95.3	0.06	27.2	11.1	35.0	26	9	19.3	12.5	8.6
	신안군	3.4	61.1	0.06	21.4	8.0	−7.0	31	3	18.2	9.9	−20.3
경북	포항시	8.0	84.6	0.11	15.2	6.4	1.9	131	169	5.0	9.0	4.5
	경주시	7.0	51.8	0.10	11.7	5.4	−3.6	92	80	5.9	8.6	−2.6
	김천시	11.0	110.1	0.08	20.5	8.4	34.9	31	34	6.9	9.7	−6.0
	안동시	10.5	63.5	0.08	23.6	9.6	11.9	110	85	8.4	10.7	3.5
	구미시	12.3	65.3	0.07	9.8	5.0	9.3	86	101	4.1	8.9	13.4

(시민섹터 계속)

시도	지자체	자원봉사 (실인원)	자원봉사 (연인원)	자선 활동	창조사업자 (전체대비)	창조사업자 (여성비)	창조사업자 (증감)	제3 섹터	지역시 민조직	비영리조직 (인구대비)	창조사업체 (전체대비)	창조사업체 (증감)
경북	영주시	15.2	88.4	0.06	17.8	7.7	1.3	57	33	8.0	9.3	3.2
	영천시	12.3	55.0	0.05	11.4	5.2	-2.8	42	28	8.3	8.0	-7.9
	상주시	9.8	61.8	0.08	20.5	9.0	1.4	40	31	9.0	10.9	-6.4
	문경시	13.2	63.4	0.10	17.9	7.7	-3.5	39	29	8.9	9.1	-8.5
	경산시	16.5	104.0	0.05	19.0	8.4	23.5	80	60	4.1	8.9	13.6
	군위군	6.0	52.9	0.06	18.9	7.1	-10.1	10	11	15.5	11.3	-10.7
	의성군	8.5	87.2	0.07	20.7	8.0	2.5	26	16	14.0	10.4	-11.6
	청송군	11.0	80.2	0.06	30.9	7.2	-11.7	29	9	15.5	10.7	-7.9
	영양군	7.8	48.8	0.08	34.6	12.6	12.0	17	4	15.3	12.3	-15.7
	영덕군	15.5	81.3	0.03	20.8	7.7	8.0	18	9	11.8	8.0	-10.7
	청도군	11.8	41.9	0.05	16.3	6.9	-2.7	23	16	12.8	9.8	2.2
	고령군	10.8	48.8	0.04	9.8	3.9	-7.8	21	9	10.2	6.3	-11.9
	성주군	9.3	40.6	0.09	12.4	5.5	9.0	24	18	9.8	6.8	-1.0
	칠곡군	8.1	61.2	0.07	10.2	4.9	5.8	55	36	5.1	6.5	7.4
	예천군	7.1	77.4	0.08	21.9	8.1	-1.4	17	15	10.1	10.1	-13.2
	봉화군	9.4	51.2	0.07	21.7	9.0	2.3	22	9	12.1	9.7	-16.8
	울진군	9.4	68.1	0.09	17.2	6.6	-4.8	23	22	9.7	8.4	-5.0
	울릉군	7.1	27.3	0.08	23.4	7.2	-3.6	9	6	19.3	9.1	-18.4
경남	진주시	18.0	100.0	0.07	19.1	9.3	-57.1	89	104	5.1	10.3	-60.5
	통영시	10.0	43.3	0.06	15.0	6.8	-61.8	34	24	6.7	8.1	-52.0
	사천시	9.0	54.8	0.06	11.8	5.7	-58.4	33	30	6.5	8.5	-54.4
	김해시	10.0	72.0	0.06	11.3	6.4	184.3	113	65	3.3	8.4	158.6
	밀양시	11.9	136.2	0.05	17.3	7.6	-30.4	22	22	8.6	10.0	-29.9
	거제시	7.0	48.4	0.09	12.8	5.5	222.4	27	24	4.1	10.5	63.6
	양산시	11.3	56.2	0.07	10.8	5.8	-40.1	57	52	3.9	8.8	-30.9
	창원시	10.2	65.5	0.07	13.6	6.8	726.5	200	351	4.6	9.4	715.9
	의령군	8.6	47.0	0.06	28.4	13.0	12.0	9	7	13.2	11.7	-9.6
	함안군	10.5	58.6	0.08	8.3	4.1	2.7	20	19	7.6	6.8	7.8
	창녕군	9.6	59.7	0.06	14.4	6.1	7.3	21	16	9.2	9.0	0.4
	고성군	19.9	172.6	0.04	15.6	7.5	-4.9	15	24	10.9	10.4	0.0
	남해군	9.8	56.0	0.09	20.0	8.8	8.8	15	11	13.3	8.7	-6.4
	하동군	26.8	305.2	0.07	19.9	8.9	-1.0	22	14	11.8	9.7	-8.0
	산청군	15.1	58.9	0.07	19.7	8.1	9.9	33	14	14.0	10.6	5.1
	함양군	10.3	77.2	0.07	21.2	9.0	4.3	32	11	11.8	9.6	-3.0
	거창군	12.8	105.3	0.08	20.5	9.6	2.9	45	18	8.9	10.9	-5.9
	합천군	12.4	88.6	0.06	26.5	11.2	19.0	22	11	12.5	11.4	-5.8
제주	제주시	11.8	116.2	0.14	16.8	7.7	15.0	262	266	6.5	9.6	13.5
	서귀포시	12.7	117.6	0.12	17.1	8.4	16.9	75	101	8.9	7.7	0.7

2. 지자체섹터

시도	지자체	투표율	후보 경쟁률	여성의원 비율	조례제정 (7/8기)	기본조례/ 규칙 현황	정부 청렴도	재정 자립도	통합부채 비율(전환)	정보 공개율
서울	종로구	60.6	2.00	0.27	492	10	7.99	52.80	0.535	62.68
	중구	57.9	2.75	0.22	472	7	7.64	63.30	1.000	52.90
	용산구	58.1	1.91	0.46	506	8	8.02	46.20	0.131	68.45
	성동구	59.6	1.50	0.67	426	11	7.90	38.16	0.960	64.98
	광진구	57.6	1.83	0.57	363	11	7.76	32.97	0.150	49.48
	동대문구	59.6	2.06	0.44	509	10	7.87	27.78	0.090	55.83
	중랑구	56.2	2.07	0.47	472	10	8.20	23.35	0.200	52.78
	성북구	59.4	1.74	0.45	379	16	7.83	27.00	0.130	45.43
	강북구	55.8	2.00	0.29	609	14	7.99	25.87	0.230	69.68
	도봉구	59.0	1.92	0.50	497	12	7.47	25.62	0.210	57.90
	노원구	61.8	1.89	0.38	467	12	7.97	21.13	0.200	53.65
	은평구	57.8	2.12	0.37	486	13	7.57	23.93	0.160	64.80
	서대문구	59.8	2.08	0.33	508	11	7.84	32.34	0.100	54.53
	마포구	62.5	2.00	0.33	455	10	8.12	40.14	1.000	57.40
	양천구	62.6	2.19	0.33	591	11	7.97	31.03	0.070	68.25
	강서구	59.6	1.84	0.32	531	12	7.73	26.51	0.260	62.88
	구로구	58.5	1.64	0.38	455	12	8.09	27.79	0.130	46.55
	금천구	56.1	2.22	0.30	473	17	7.91	28.60	0.224	78.80
	영등포구	58.9	1.80	0.41	563	14	7.76	42.83	0.130	65.95
	동작구	62.5	1.80	0.53	514	12	7.76	31.85	0.190	35.38
	관악구	59.2	2.05	0.41	471	11	7.89	26.52	0.180	55.08
	서초구	63.6	1.92	0.47	553	11	8.01	63.34	0.250	63.30
	강남구	58.2	1.80	0.38	556	10	8.09	67.92	0.340	44.38
	송파구	62.7	1.87	0.31	533	8	7.88	47.67	0.130	43.33
	강동구	60.8	2.00	0.33	631	18	8.06	33.63	1.000	63.80
부산	중구	55.5	1.83	0.43	508	9	7.98	31.10	0.279	71.08
	서구	56.9	2.14	0.38	425	9	8.00	18.20	0.150	67.78
	동구	58.3	2.50	0.57	565	5	7.99	18.90	0.105	67.23
	영도구	57.1	1.86	0.13	507	5	7.88	14.60	0.142	66.68
	부산진구	57.2	2.12	0.21	422	6	7.66	27.38	0.160	65.25
	동래구	60.1	2.18	0.31	475	5	8.02	22.80	0.392	72.08
	남구	59.8	1.92	0.43	483	6	7.98	34.40	0.277	70.75
	북구	59.4	1.92	0.36	488	6	7.92	16.60	0.215	57.68
	해운대구	58.2	2.13	0.33	463	6	7.67	31.37	0.090	68.73
	사하구	57.6	2.31	0.40	518	5	8.13	22.26	0.190	66.03
	금정구	60.9	1.64	0.46	459	9	7.93	24.70	0.194	74.55
	강서구	58.4	2.17	0.29	367	6	7.86	50.40	0.199	69.05
	연제구	61.1	2.00	0.45	447	7	7.90	25.10	0.222	63.48
	수영구	57.6	1.75	0.22	379	9	7.90	24.70	0.307	69.08
	사상구	59.2	2.11	0.36	457	7	7.49	24.20	0.191	72.63
	기장군	60.7	2.29	0.50	580	10	7.40	38.20	0.270	69.48
대구	중구	58.0	2.50	0.43	382	4	7.79	31.30	0.238	72.85
	동구	58.6	2.86	0.33	484	5	7.85	19.87	0.090	73.13
	서구	52.9	1.89	0.27	462	4	7.89	18.00	0.137	68.30
	남구	53.8	2.14	0.50	418	7	8.07	16.80	0.130	70.63
	북구	57.6	2.22	0.30	503	4	7.70	22.29	0.100	73.60
	수성구	59.9	2.06	0.30	456	8	7.91	28.99	0.190	75.03

(지자체섹터 계속)

시도	지자체	투표율	후보경쟁률	여성의원비율	조례제정(7/8기)	기본조례/규칙 현황	정부청렴도	재정자립도	통합부채비율(전환)	정보공개율
대구	달서구	56.4	1.95	0.29	556	7	8.12	25.67	0.100	69.30
	달성군	58.9	2.56	0.10	669	6	7.84	41.20	0.794	65.35
인천	중구	53.5	1.83	0.43	552	4	7.78	53.20	0.382	68.43
	동구	59.1	1.83	0.43	437	8	7.67	33.50	0.448	57.65
	미추홀구	52.1	2.00	0.40	963	11	7.59	21.86	0.160	50.30
	연수구	58.8	2.10	0.50	573	8	7.91	45.54	0.390	62.28
	남동구	56.4	1.93	0.53	763	5	7.85	33.35	0.430	64.08
	부평구	53.8	1.75	0.56	796	5	8.10	22.66	0.150	42.68
	계양구	53.8	1.89	0.27	618	6	8.12	23.12	0.020	65.03
	서구	54.6	2.00	0.24	619	9	7.87	40.39	0.220	47.35
	강화군	65.9	2.50	0.14	458	2	7.64	17.30	0.204	54.60
	옹진군	78.3	2.17	0.29	509	4	7.51	16.90	0.230	56.30
광주	동구	63.1	2.50	0.40	617	11	7.88	14.30	0.118	63.50
	서구	60.0	2.18	0.31	814	12	7.77	25.04	0.120	72.50
	남구	59.1	1.56	0.50	857	12	7.58	13.70	0.109	62.90
	북구	58.1	1.78	0.30	637	10	7.82	16.92	0.120	55.30
	광산구	57.5	2.20	0.29	671	10	7.66	21.87	0.180	60.33
대전	동구	55.7	2.11	0.64	655	8	8.06	13.50	0.046	62.43
	중구	57.3	2.10	0.42	620	8	7.87	15.80	0.150	57.10
	서구	57.4	1.56	0.30	723	11	7.94	22.41	0.270	56.00
	유성구	60.9	2.10	0.50	724	10	7.91	33.41	0.280	83.18
	대덕구	56.3	2.00	0.38	732	8	8.23	21.70	0.166	59.03
울산	중구	66.2	1.89	0.27	721	7	7.77	22.10	0.208	44.85
	남구	64.6	2.00	0.21	589	5	7.84	37.49	0.180	36.20
	동구	65.3	2.33	0.29	433	6	8.11	24.90	0.179	44.90
	북구	64.9	2.00	0.38	559	6	7.90	32.10	0.177	61.18
	울주군	64.9	2.89	0.20	565	5	7.75	44.80	0.493	47.65
세종	세종시	61.8	3.13	-	1088	13	-	69.20	0.205	71.10
경기	수원시	59.2	1.94	0.38	1202	18	7.79	55.73	0.450	47.98
	성남시	60.2	1.84	0.26	854	10	7.52	63.53	0.420	61.03
	의정부시	53.9	1.55	0.54	1062	10	7.69	30.73	0.410	47.75
	안양시	62.6	1.94	0.55	858	14	7.61	49.19	0.160	58.45
	부천시	55.3	1.92	0.46	949	15	7.95	40.37	0.080	52.88
	광명시	61.1	1.90	0.42	1250	13	7.76	44.72	0.370	50.10
	평택시	52.6	2.07	0.31	1011	7	7.86	49.05	0.040	54.08
	동두천시	54.9	2.17	0.43	866	9	7.74	29.30	0.267	61.40
	안산시	53.8	1.89	0.33	841	11	7.64	57.78	0.250	56.60
	고양시	58.4	1.93	0.45	942	9	7.49	48.88	0.170	57.40
	과천시	70.9	2.17	0.43	573	8	7.89	48.30	0.962	57.65
	구리시	60.6	2.17	0.43	589	7	7.84	38.90	0.140	49.05
	남양주시	54.3	2.19	0.28	887	12	7.52	34.17	0.080	57.53
	오산시	50.2	2.00	0.29	606	12	8.03	46.20	0.488	60.38
	시흥시	53.0	2.00	0.36	804	13	7.36	50.54	0.010	58.05
	군포시	63.6	1.75	0.22	749	9	7.82	45.30	0.302	40.85
	의왕시	64.8	1.67	0.57	629	9	7.57	51.50	0.198	54.78
	하남시	59.1	1.88	0.56	757	9	7.52	53.60	0.070	50.68
	용인시	61.6	1.85	0.52	979	11	7.36	62.07	0.040	66.98
	파주시	56.0	1.92	0.36	670	9	7.67	43.61	0.190	56.58

시도	지자체	투표율	후보 경쟁률	여성의 원비율	조례제정 (7/8기)	기본조례/ 규칙 현황	정부 청렴도	재정 자립도	통합부채 비율(전환)	정보 공개율
경기	이천시	55.4	1.63	0.33	644	10	7.48	**52.90**	0.295	52.75
	안성시	53.4	1.86	0.25	746	**14**	**8.03**	34.00	0.211	68.98
	김포시	56.4	2.10	0.33	**844**	**14**	7.04	46.08	0.080	53.28
	화성시	57.7	1.78	0.38	746	11	7.46	**64.21**	0.130	50.33
	광주시	54.0	2.33	**0.60**	802	13	7.40	48.45	0.090	46.85
	양주시	55.6	1.86	0.25	726	10	7.29	35.30	**0.345**	54.55
	포천시	54.1	**2.50**	0.29	627	10	7.28	27.30	**0.325**	59.30
	여주시	59.1	2.17	**0.57**	646	12	7.74	34.60	**0.446**	59.40
	연천군	64.9	2.17	**0.57**	660	8	7.64	21.00	**0.457**	46.80
	가평군	62.2	**2.50**	0.14	**936**	8	7.34	25.70	0.159	55.10
	양평군	61.7	**2.67**	0.29	**824**	13	7.14	24.30	0.153	57.98
강원	춘천시	62.8	2.17	0.38	734	9	7.45	30.10	0.057	41.70
	원주시	58.0	2.00	0.27	**880**	17	7.49	25.57	0.130	58.65
	강릉시	59.1	2.31	0.17	798	10	7.44	22.40	0.063	44.80
	동해시	61.4	**2.57**	0.25	**1028**	8	7.76	21.20	0.157	65.88
	태백시	67.4	2.17	0.14	689	6	7.36	29.60	0.156	59.63
	속초시	59.1	1.67	0.29	732	6	7.72	22.60	0.056	55.50
	삼척시	69.2	**3.00**	0.13	**815**	6	7.83	18.40	0.252	59.63
	홍천군	66.2	**2.71**	0.13	556	7	7.47	17.80	0.227	56.73
	횡성군	68.4	2.00	**0.43**	514	11	7.00	16.40	0.316	56.63
	영월군	67.1	1.83	0.29	724	8	7.46	20.00	0.046	52.25
	평창군	70.6	1.83	0.14	615	7	7.47	14.80	0.151	39.63
	정선군	69.0	2.33	0.14	669	6	7.52	29.60	0.208	54.50
	철원군	66.1	1.67	0.14	532	7	7.33	12.10	**0.382**	53.65
	화천군	**75.2**	2.00	0.14	462	6	7.37	11.30	**0.455**	54.98
	양구군	**73.9**	**2.50**	0.14	523	6	7.55	14.20	**0.952**	54.95
	인제군	**74.5**	2.17	0.14	412	5	7.80	13.90	0.248	46.63
	고성군	**74.3**	**2.67**	0.14	565	6	7.54	14.80	0.292	49.43
	양양군	**75.6**	**2.50**	0.14	555	7	7.80	13.80	**0.407**	63.80
충북	충주시	58.9	2.18	0.37	**925**	10	7.43	19.70	0.077	56.88
	제천시	61.3	2.18	0.31	735	9	7.40	21.00	0.158	63.45
	청주시	55.7	2.09	0.23	**891**	12	7.30	**39.43**	0.050	66.75
	보은군	76.5	1.86	0.13	589	7	**8.01**	10.00	0.277	64.80
	옥천군	67.8	**2.57**	0.13	673	6	**7.97**	17.70	0.188	63.28
	영동군	71.6	2.00	0.13	561	5	**7.90**	15.60	0.326	61.83
	진천군	58.4	**2.50**	0.14	756	8	**8.02**	29.60	0.030	**72.30**
	괴산군	**72.5**	2.29	0.38	704	11	7.45	14.00	0.218	60.43
	음성군	57.5	2.71	0.13	**818**	11	7.56	32.60	0.164	42.63
	단양군	70.1	2.33	0.14	629	6	7.60	19.60	**0.602**	68.83
	증평군	66.2	1.67	0.14	581	9	**7.99**	17.50	0.116	57.10
충남	천안시	53.1	1.95	0.36	**1118**	10	7.11	**46.33**	0.110	63.85
	공주시	60.5	**2.40**	0.17	738	8	7.35	16.10	**0.405**	70.63
	보령시	64.5	**2.60**	0.33	**1002**	6	7.34	21.40	0.094	67.48
	아산시	53.7	1.71	0.38	**1095**	12	7.14	**48.62**	0.200	74.13
	서산시	58.9	2.18	0.23	**885**	11	7.49	36.60	0.049	63.28
	논산시	60.6	2.10	0.25	**891**	8	7.32	12.90	0.093	70.25
	계룡시	67.9	**2.50**	0.29	513	8	7.49	25.80	**1.000**	68.35
	당진시	56.8	2.18	0.31	783	8	7.42	33.50	0.199	62.80

(지자체섹터 계속)

시도	지자체	투표율	후보경쟁률	여성의원비율	조례제정(7/8기)	기본조례/규칙 현황	정부청렴도	재정자립도	통합부채비율(전환)	정보공개율
충남	금산군	66.2	1.83	0.14	726	8	7.57	18.80	0.165	81.25
	부여군	67.9	2.00	0.27	717	11	7.53	13.50	0.223	68.63
	서천군	70.2	2.83	0.14	840	10	7.39	12.40	0.137	71.93
	청양군	73.3	2.83	0.43	736	9	7.49	18.10	0.344	78.00
	홍성군	60.1	2.00	0.18	1011	7	7.54	20.30	0.104	72.48
	예산군	62.4	2.33	0.18	697	9	7.47	14.30	0.229	76.38
	태안군	67.5	2.67	0.14	532	8	7.48	20.40	0.362	74.70
전북	전주시	61.6	2.00	0.32	685	11	7.83	30.71	0.090	67.03
	군산시	57.4	2.20	0.22	710	14	7.35	25.20	0.156	50.88
	익산시	61.6	2.27	0.28	1019	9	7.33	18.80	0.061	59.85
	정읍시	68.5	2.20	0.18	958	5	7.55	12.60	0.170	65.30
	남원시	74.4	2.21	0.25	593	8	7.73	11.70	0.149	54.58
	김제시	69.2	2.42	0.29	482	10	7.69	14.30	0.148	68.25
	완주군	68.5	2.00	0.18	867	10	7.78	24.00	0.091	65.28
	진안군	78.0	1.83	0.29	996	7	7.58	14.00	0.159	69.23
	무주군	80.8	2.17	0.29	569	7	7.57	20.20	0.273	54.90
	장수군	82.9	2.17	0.14	540	7	7.52	14.40	0.254	65.00
	임실군	76.6	2.00	0.13	616	8	7.46	13.00	0.321	71.03
	순창군	81.3	2.14	0.38	616	6	7.81	14.80	0.172	64.90
	고창군	74.1	1.67	0.10	689	8	7.69	14.30	0.096	72.25
	부안군	70.9	2.22	0.20	675	6	7.22	15.80	0.144	73.98
전남	목포시	–	2.32	0.18	731	10	7.42	24.00	0.094	65.35
	여수시	64.9	2.30	0.23	568	11	7.70	36.60	0.029	82.73
	순천시	64.4	1.90	0.25	1027	9	7.64	27.60	0.144	61.35
	나주시	67.1	2.15	0.13	924	13	7.53	23.70	0.066	73.25
	광양시	69.1	1.82	0.23	767	12	7.81	38.50	1.000	70.80
	담양군	71.5	1.50	0.22	557	6	7.63	17.70	0.054	72.60
	곡성군	77.9	1.67	0.29	486	6	7.53	16.70	0.392	74.08
	구례군	81.3	2.17	0.29	504	7	7.34	8.60	0.102	85.93
	고흥군	80.7	2.50	0.25	684	7	6.99	12.70	0.140	85.30
	보성군	76.4	2.14	0.13	676	6	7.32	13.70	0.159	82.78
	화순군	72.1	2.11	0.10	672	6	7.40	21.10	0.122	76.90
	장흥군	75.2	1.83	0.29	878	7	7.12	12.10	0.139	91.10
	강진군	74.9	2.00	0.38	289	5	7.67	12.20	0.152	78.28
	해남군	71.3	2.67	0.36	616	6	7.67	15.00	0.427	80.78
	영암군	66.9	2.14	0.13	715	8	7.47	14.00	0.275	90.05
	무안군	70.9	2.71	0.13	509	6	7.39	18.20	0.592	70.53
	함평군	72.7	1.67	0.43	793	7	7.87	10.20	0.160	74.50
	영광군	70.3	2.29	0.13	740	8	7.53	19.60	0.022	82.70
	장성군	75.0	2.14	0.13	636	8	7.64	18.30	0.145	77.88
	완도군	–	1.88	0.11	622	10	7.16	12.70	0.128	86.98
	진도군	78.4	2.67	0.29	444	6	7.52	14.10	0.090	70.55
	신안군	80.2	2.50	0.11	615	6	7.46	10.00	0.153	72.58
경북	포항시	61.8	2.39	0.28	785	9	7.25	34.88	0.060	54.60
	경주시	63.4	2.67	0.10	739	7	7.15	29.90	0.178	67.73
	김천시	70.1	2.27	0.18	606	8	7.39	31.30	0.244	58.30
	안동시	68.7	2.25	0.22	816	6	7.65	14.30	0.329	46.83
	구미시	54.4	1.85	0.30	682	10	7.19	47.63	0.110	59.00

496

(지자체섹터 계속)

시도	지자체	투표율	후보경쟁률	여성의원비율	조례제정(7/8기)	기본조례/규칙 현황	정부청렴도	재정자립도	통합부채비율(전환)	정보공개율
경북	영주시	70.2	2.08	0.29	556	8	7.31	17.40	0.239	67.45
	영천시	68.9	2.30	0.17	488	7	7.27	17.90	0.248	64.13
	상주시	71.5	1.73	0.29	472	10	7.15	13.80	0.230	69.53
	문경시	73.9	1.78	0.10	667	7	7.52	22.00	0.132	51.25
	경산시	54.2	2.15	0.33	626	6	7.85	33.80	0.216	50.38
	군위군	81.9	1.83	0.43	406	5	7.44	13.30	0.262	56.73
	의성군	75.3	1.91	0.15	613	7	7.46	14.70	0.418	56.90
	청송군	77.9	2.50	0.29	514	5	7.31	11.30	0.221	67.33
	영양군	82.6	2.00	0.29	736	5	7.42	11.70	0.080	50.43
	영덕군	76.6	2.50	0.29	397	4	6.86	11.40	0.053	69.55
	청도군	72.3	2.17	0.14	350	4	7.23	16.30	0.289	69.70
	고령군	68.7	2.83	0.14	428	5	7.76	21.50	0.198	60.68
	성주군	72.4	2.57	0.13	470	4	7.32	15.80	0.208	65.13
	칠곡군	57.4	2.56	0.20	426	4	7.51	29.40	0.060	62.30
	예천군	78.8	2.25	0.22	511	5	7.84	12.70	0.216	70.60
	봉화군	79.4	2.71	0.25	603	6	7.62	10.30	0.279	71.43
	울진군	76.7	2.29	0.13	683	4	7.33	18.60	0.379	68.23
	울릉군	85.1	1.50	0.14	502	6	7.21	16.90	0.114	58.78
경남	진주시	67.7	2.17	0.43	640	8	7.55	34.84	0.060	77.03
	통영시	67.0	2.82	0.38	756	10	7.35	22.20	0.110	64.08
	사천시	68.6	2.10	0.42	1035	6	7.77	23.40	0.143	56.48
	김해시	60.2	1.90	0.22	861	9	7.30	42.65	0.060	64.88
	밀양시	67.4	2.09	0.15	630	8	7.39	19.80	0.515	58.23
	거제시	61.3	2.57	0.25	938	7	7.60	34.50	0.025	58.88
	양산시	60.2	1.93	0.24	807	8	7.43	43.56	0.080	51.75
	창원시	65.1	2.08	0.20	1176	11	7.81	42.37	0.100	72.90
	의령군	80.0	2.11	0.20	731	6	7.18	17.40	0.155	58.05
	함안군	70.8	2.22	0.20	588	4	7.82	25.40	0.341	63.00
	창녕군	69.6	2.33	0.27	718	5	7.82	19.90	0.417	63.43
	고성군	73.4	2.78	0.27	672	8	7.44	17.30	0.223	85.33
	남해군	77.6	2.22	0.10	727	7	7.57	16.20	0.513	50.95
	하동군	79.3	2.00	0.36	590	7	7.63	17.40	0.330	69.75
	산청군	76.1	2.33	0.20	660	5	7.70	15.30	0.313	76.63
	함양군	78.1	2.78	0.10	532	5	7.13	18.70	0.241	80.90
	거창군	73.8	2.56	0.36	612	10	7.19	17.90	0.415	63.45
	합천군	78.5	2.00	0.27	792	4	7.64	13.60	0.194	56.65
제주	제주시	65.0	2.24	0.19	−	16	7.84	42.52	0.070	75.55
	서귀포시	67.4	2.60	0.19	−	16	7.84	42.50	0.071	75.55

3. 지역사회센터   문화지수 82.3 교통문화 2.50 연결망 0.88 친목 0.63

시도	지자체	문화기 반시설 (비율)	사회복 지시설 (비율)	교육 시설 (비율)	교통 문화 지수	지역 안전 지수	이웃 신뢰 수준	사회 연결망	친목 활동 참여	건강지수 EQ-5D
서울	종로구	**41.35**	10.48	**89.65**	82.1	1.07	0.64	0.38	0.52	0.947
	중구	**19.09**	7.98	**73.50**	74.0	0.86	0.56	0.32	0.47	0.937
	용산구	6.98	5.65	23.67	78.5	1.43	0.70	0.45	0.62	0.950
	성동구	4.59	3.01	22.16	79.6	**2.57**	0.65	0.29	0.58	0.950
	광진구	2.52	7.28	21.43	**85.2**	2.96	0.55	0.30	0.52	0.950
	동대문구	2.85	9.01	17.35	80.0	2.18	0.57	0.38	0.60	0.950
	중랑구	0.98	10.95	15.12	**83.9**	2.36	0.54	0.30	0.52	0.940
	성북구	4.28	9.99	18.41	82.2	2.32	0.52	0.26	0.53	0.940
	강북구	3.70	12.23	22.31	80.3	1.86	0.52	0.26	0.51	0.930
	도봉구	3.49	16.37	16.24	**84.5**	2.43	0.59	0.27	0.48	0.940
	노원구	2.71	7.75	12.88	**83.5**	**2.64**	0.56	0.29	0.48	**0.960**
	은평구	2.47	8.95	18.23	**83.2**	2.46	0.60	0.28	0.51	0.950
	서대문구	4.16	10.18	21.78	79.8	2.43	0.57	0.26	0.49	0.940
	마포구	3.73	4.74	**31.72**	80.1	2.36	0.55	0.25	0.48	0.950
	양천구	1.91	8.79	17.69	**85.5**	3.39	0.66	0.29	0.59	0.950
	강서구	2.33	7.05	19.08	**86.7**	2.39	0.49	0.20	0.47	0.950
	구로구	3.65	7.90	**38.46**	84.0	2.39	0.63	0.31	0.50	0.950
	금천구	2.55	11.90	**38.81**	81.1	1.75	0.53	0.41	0.54	0.947
	영등포구	2.98	8.90	**50.56**	81.1	1.64	0.52	0.26	0.50	0.950
	동작구	1.77	5.49	29.48	79.7	**3.07**	0.59	0.26	0.48	0.940
	관악구	2.19	8.88	22.30	79.7	2.39	0.49	0.27	0.49	0.950
	서초구	3.85	2.68	**50.90**	82.0	2.43	0.66	0.23	0.56	0.950
	강남구	5.03	2.64	**47.85**	**84.2**	2.21	0.61	0.24	0.60	**0.960**
	송파구	3.01	5.62	19.24	**83.7**	3.18	0.66	0.28	0.59	0.950
	강동구	2.29	9.01	15.10	80.9	2.89	0.53	0.23	0.53	0.940
부산	중구	13.57	2.21	**41.10**	76.6	0.46	0.63	0.49	0.62	0.934
	서구	4.54	14.16	25.25	80.4	1.11	0.69	0.53	0.62	0.935
	동구	4.50	4.45	**33.68**	80.2	0.57	0.63	0.46	0.57	0.941
	영도구	5.67	5.54	18.62	**82.3**	1.00	0.62	0.43	0.57	0.927
	부산진구	2.42	2.66	24.83	**82.6**	1.43	0.55	0.35	0.62	0.950
	동래구	2.96	5.13	18.73	**84.0**	2.36	0.65	0.33	**0.63**	0.945
	남구	3.65	3.59	15.22	**84.9**	2.14	0.64	0.43	0.59	0.950
	북구	2.97	4.84	11.11	80.3	2.25	0.60	0.28	**0.63**	**0.960**
	해운대구	2.43	4.05	21.78	**84.7**	1.93	0.67	0.35	0.59	0.950
	사하구	1.80	3.59	15.44	79.5	1.93	0.57	0.35	0.61	0.940
	금정구	3.27	10.22	14.58	77.6	1.96	0.63	0.32	**0.70**	0.948
	강서구	2.56	9.18	12.00	74.1	1.32	0.63	0.56	**0.63**	0.944
	연제구	1.93	7.24	15.92	**83.5**	2.00	0.66	0.36	**0.64**	**0.953**
	수영구	1.67	5.02	9.82	**84.3**	1.61	0.57	0.32	**0.65**	**0.959**
	사상구	1.75	4.73	5.18	78.7	1.57	0.56	0.38	**0.64**	0.941
	기장군	4.33	15.14	**34.49**	80.8	3.18	0.67	0.48	0.52	0.949
대구	중구	13.93	21.33	**59.74**	75.9	1.00	0.59	0.39	**0.64**	0.939
	동구	2.86	18.78	17.63	**83.6**	1.43	0.67	0.35	0.61	0.950
	서구	2.60	23.06	9.93	**84.5**	1.25	0.70	0.40	0.61	**0.958**
	남구	2.62	**32.60**	15.71	**84.8**	1.18	0.58	0.25	**0.68**	**0.952**
	북구	2.95	13.62	17.74	81.5	2.00	0.56	0.31	0.60	0.950
	수성구	2.96	8.28	17.86	**85.2**	**2.50**	0.69	0.31	**0.63**	**0.960**

(지역사회섹터 계속)

시도	지자체	문화기반시설(비율)	사회복지시설(비율)	교육시설(비율)	교통문화지수	지역안전지수	이웃신뢰수준	사회연결망	친목활동참여	건강지수 EQ-5D
대구	달서구	2.08	8.62	15.78	**85.4**	2.36	0.57	0.29	**0.65**	0.950
	달성군	2.47	16.49	13.38	77.5	**3.61**	0.66	0.48	**0.63**	0.955
인천	중구	14.41	16.49	18.24	77.1	0.79	0.60	0.40	0.46	0.945
	동구	5.76	18.31	24.94	80.4	1.46	0.61	0.44	0.51	0.932
	미추홀구	3.58	16.30	14.46	**82.3**	1.82	0.51	0.26	0.50	0.940
	연수구	3.28	12.17	15.70	**83.3**	2.93	0.54	0.18	0.58	0.950
	남동구	1.86	15.07	15.73	**83.4**	2.32	0.44	0.21	0.46	0.940
	부평구	2.22	15.46	12.63	**82.8**	2.32	0.51	0.26	0.47	0.940
	계양구	2.16	16.35	14.15	**85.0**	2.75	0.49	0.28	0.45	0.950
	서구	2.33	16.06	16.28	81.9	2.71	0.53	0.20	0.51	0.960
	강화군	**16.00**	**67.64**	21.97	77.6	2.00	0.79	0.83	0.51	0.909
	옹진군	9.27	32.79	5.18	69.7	2.64	**0.84**	**0.94**	0.56	0.941
광주	동구	**16.76**	25.05	**61.44**	79.9	0.54	0.62	0.42	0.59	0.937
	서구	3.26	7.43	**35.94**	81.2	2.04	0.60	0.27	0.61	0.950
	남구	4.58	12.74	**38.31**	81.8	2.18	0.66	0.34	0.59	0.948
	북구	3.87	9.30	**44.63**	83.5	1.64	0.60	0.27	0.55	0.940
	광산구	1.98	8.93	31.93	78.4	2.43	0.51	0.27	**0.63**	0.960
대전	동구	5.21	13.19	18.77	80.2	1.04	0.71	0.49	0.62	**0.951**
	중구	2.41	12.67	31.62	**83.4**	1.36	0.63	0.36	**0.69**	0.947
	서구	2.26	10.18	15.80	**86.6**	2.36	0.54	0.27	0.53	**0.960**
	유성구	4.31	5.83	25.91	84.2	2.61	0.64	0.38	0.58	**0.970**
	대덕구	5.89	13.49	26.53	83.0	1.46	0.62	0.33	**0.67**	0.951
울산	중구	2.51	5.36	17.14	80.3	2.57	0.58	0.31	**0.65**	0.951
	남구	2.98	5.58	19.21	75.9	2.39	0.63	0.37	**0.64**	0.960
	동구	1.77	2.87	16.83	80.4	2.43	0.51	0.35	**0.64**	0.975
	북구	4.98	7.68	20.90	80.2	2.82	0.65	0.46	**0.68**	0.961
	울주군	5.44	15.96	23.41	78.6	3.14	0.75	0.57	**0.65**	0.951
세종	세종시	5.00	8.64	14.46	**82.9**	2.11	0.66	0.49	0.55	0.949
경기	수원시	3.08	8.79	17.83	**83.4**	3.11	0.53	0.26	0.48	0.950
	성남시	2.27	8.72	19.80	83.1	2.75	0.53	0.26	0.53	0.950
	의정부시	1.36	23.04	18.05	83.3	2.32	0.50	0.25	0.42	0.940
	안양시	2.72	8.70	19.59	80.2	3.00	0.61	0.25	0.45	**0.960**
	부천시	3.06	17.62	17.74	86.2	2.82	0.50	0.27	0.49	0.950
	광명시	3.00	5.89	20.41	82.7	3.00	0.55	0.24	0.50	0.950
	평택시	2.70	10.19	12.55	80.8	1.89	0.56	0.37	0.44	0.940
	동두천시	6.81	**38.67**	10.27	79.3	1.75	0.55	0.42	0.48	0.938
	안산시	3.98	21.45	17.31	**83.9**	2.36	0.48	0.28	0.40	0.940
	고양시	3.36	18.18	17.61	79.4	3.18	0.54	0.21	0.48	0.950
	과천시	**20.86**	4.70	**35.46**	82.0	2.71	0.76	0.32	0.56	**0.951**
	구리시	3.00	10.84	14.23	79.3	2.54	0.58	0.38	0.55	**0.953**
	남양주시	4.06	20.24	17.37	82.2	2.75	0.55	0.34	0.43	0.950
	오산시	5.62	7.67	21.38	**82.8**	2.79	0.54	0.28	0.48	0.949
	시흥시	3.34	21.59	18.59	79.0	2.29	0.52	0.33	0.42	0.940
	군포시	2.84	16.15	18.87	83.1	3.36	0.60	0.26	0.48	0.950
	의왕시	5.14	13.40	23.71	80.4	3.43	0.56	0.29	0.43	0.949
	하남시	2.58	14.68	12.79	80.6	2.79	0.55	0.35	0.57	0.950
	용인시	4.18	12.71	19.27	82.0	3.18	0.66	0.35	0.51	**0.960**
	파주시	8.22	23.68	23.45	80.5	2.36	0.63	0.42	0.47	0.950

(지역사회섹터 계속)

시도	지자체	문화기반시설 (비율)	사회복지시설 (비율)	교육시설 (비율)	교통문화지수	지역안전지수	이웃신뢰수준	사회연결망	친목활동참여	건강지수 EQ-5D
경기	이천시	5.63	16.64	21.94	76.2	2.07	0.60	0.51	0.49	0.943
	안성시	6.02	36.09	17.60	78.2	1.61	0.67	0.60	0.50	0.942
	김포시	2.81	14.31	13.51	79.9	2.93	0.54	0.30	0.48	0.960
	화성시	3.47	14.82	20.60	79.4	2.50	0.61	0.38	0.43	0.960
	광주시	4.34	14.95	11.14	76.1	2.21	0.58	0.40	0.48	0.950
	양주시	6.13	31.14	30.57	79.3	1.96	0.59	0.43	0.52	0.938
	포천시	9.15	56.86	20.47	77.5	0.68	0.66	0.63	0.51	0.931
	여주시	20.54	36.75	24.22	77.3	1.46	0.71	0.66	0.56	0.912
	연천군	11.01	41.39	38.65	77.8	1.71	0.82	0.85	0.59	0.936
	가평군	15.88	41.63	35.27	77.7	1.39	0.73	0.75	0.60	0.935
	양평군	16.51	46.69	19.20	79.1	2.18	0.76	0.77	0.55	0.925
강원	춘천시	8.56	31.35	18.68	79.3	1.50	0.69	0.43	0.57	0.945
	원주시	5.57	22.49	23.73	85.2	1.82	0.59	0.37	0.47	0.950
	강릉시	15.42	40.68	22.69	80.7	1.00	0.70	0.47	0.63	0.938
	동해시	6.46	11.79	28.04	82.5	1.68	0.75	0.62	0.60	0.936
	태백시	17.43	8.50	38.00	77.9	1.57	0.71	0.63	0.58	0.935
	속초시	10.94	22.01	17.81	80.4	1.57	0.67	0.51	0.62	0.939
	삼척시	14.60	10.06	22.10	78.6	0.96	0.80	0.75	0.60	0.941
	홍천군	8.53	51.37	11.91	78.2	1.96	0.75	0.74	0.57	0.922
	횡성군	12.96	52.18	39.34	73.6	1.79	0.76	0.78	0.49	0.917
	영월군	69.88	27.45	24.37	71.9	2.14	0.76	0.78	0.49	0.917
	평창군	16.24	25.39	24.84	72.9	1.36	0.73	0.84	0.58	0.920
	정선군	26.20	25.83	41.66	71.0	1.89	0.82	0.90	0.61	0.925
	철원군	12.72	6.66	13.40	73.5	2.32	0.82	0.89	0.57	0.952
	화천군	26.90	34.27	24.37	71.0	2.57	0.81	0.89	0.55	0.938
	양구군	37.76	24.99	8.95	75.9	2.89	0.86	0.87	0.55	0.944
	인제군	33.76	12.22	39.31	76.5	2.07	0.79	0.87	0.62	0.951
	고성군	46.62	23.25	41.93	71.1	2.32	0.83	0.88	0.61	0.938
	양양군	18.38	25.72	31.30	74.2	1.18	0.74	0.81	0.53	0.922
충북	충주시	7.68	25.92	21.67	81.2	1.50	0.74	0.62	0.66	0.934
	제천시	10.26	27.84	29.94	84.5	1.29	0.72	0.60	0.63	0.939
	청주시	4.79	15.45	18.76	80.8	2.32	0.60	0.38	0.63	0.940
	보은군	14.68	17.53	24.80	78.6	1.68	0.87	0.89	0.64	0.915
	옥천군	11.59	38.27	20.04	80.0	2.32	0.80	0.80	0.59	0.930
	영동군	17.91	53.41	38.75	76.5	2.11	0.82	0.87	0.55	0.919
	진천군	12.22	31.45	21.47	77.3	2.43	0.71	0.65	0.53	0.938
	괴산군	15.36	33.36	36.29	78.6	1.39	0.77	0.68	0.52	0.907
	음성군	9.25	31.70	19.14	76.3	2.46	0.81	0.90	0.49	0.929
	단양군	26.48	42.62	17.60	79.6	1.61	0.71	0.70	0.55	0.929
	증평군	15.88	26.80	23.92	79.6	3.14	0.85	0.88	0.64	0.933
충남	천안시	4.28	14.89	16.00	81.4	2.25	0.66	0.61	0.49	0.940
	공주시	15.68	29.11	18.92	77.7	1.32	0.79	0.75	0.64	0.933
	보령시	10.66	17.33	33.69	79.5	0.75	0.72	0.71	0.56	0.914
	아산시	5.46	15.52	28.95	82.4	1.89	0.60	0.44	0.56	0.950
	서산시	4.08	16.39	23.34	78.6	1.39	0.73	0.66	0.63	0.935
	논산시	5.73	30.03	25.05	75.9	1.07	0.77	0.74	0.66	0.934
	계룡시	9.10	23.46	19.11	83.6	3.21	0.75	0.48	0.56	0.957
	당진시	7.17	16.20	22.55	77.2	1.43	0.73	0.67	0.51	0.933

(지역사회섹터 계속)

시도	지자체	문화기반 시설(비율)	사회복지 시설 (비율)	교육시 설(비 율)	교통 문화 지수	지역 안전 지수	이웃 신뢰 수준	사회 연결망	친목 활동 참여	건강지수 EQ-5D
충남	금산군	22.27	53.10	32.33	77.7	1.93	0.76	0.74	0.63	0.901
	부여군	11.58	25.65	14.92	75.7	1.79	0.87	0.90	0.71	0.916
	서천군	9.06	23.21	22.51	73.8	1.71	0.83	0.88	0.57	0.913
	청양군	15.23	21.37	38.34	70.9	1.54	0.85	0.92	0.59	0.889
	홍성군	7.88	18.01	10.67	76.7	2.39	0.81	0.76	0.66	0.914
	예산군	14.94	24.59	16.52	79.0	2.11	0.78	0.80	0.58	0.921
	태안군	12.51	26.60	19.62	75.9	1.54	0.77	0.84	0.58	0.903
전북	전주시	5.55	9.05	26.03	81.5	2.39	0.50	0.31	0.60	0.950
	군산시	4.36	15.13	21.93	78.8	1.79	0.70	0.54	0.63	0.933
	익산시	7.00	22.63	18.06	78.6	1.75	0.63	0.46	0.60	0.929
	정읍시	12.30	20.84	23.80	78.7	1.07	0.79	0.77	0.65	0.935
	남원시	9.61	21.38	35.32	75.5	1.29	0.81	0.76	0.61	0.920
	김제시	11.50	33.04	19.43	74.2	0.82	0.79	0.81	0.61	0.906
	완주군	16.67	27.23	27.40	73.8	2.54	0.77	0.74	0.59	0.941
	진안군	15.23	34.52	52.18	75.4	2.21	0.90	0.91	0.52	0.896
	무주군	32.25	24.05	34.49	78.8	2.21	0.88	0.91	0.55	0.904
	장수군	17.39	29.63	42.07	71.7	1.86	0.89	0.90	0.57	0.924
	임실군	16.58	19.87	56.80	79.0	2.00	0.91	0.93	0.59	0.910
	순창군	26.94	20.03	25.91	70.7	1.86	0.90	0.92	0.66	0.905
	고창군	11.58	18.15	20.02	71.2	2.04	0.86	0.86	0.56	0.888
	부안군	14.26	14.03	15.61	72.2	1.64	0.83	0.84	0.55	0.915
전남	목포시	7.25	14.30	16.24	78.9	1.86	0.61	0.35	0.58	0.942
	여수시	4.54	14.53	20.98	76.4	1.75	0.72	0.52	0.59	0.937
	순천시	6.09	12.57	29.61	82.1	1.89	0.69	0.49	0.59	0.951
	나주시	9.99	21.08	26.52	74.9	1.14	0.74	0.72	0.51	0.925
	광양시	5.13	14.14	25.00	76.3	2.29	0.68	0.62	0.64	0.952
	담양군	21.15	40.23	25.13	70.3	1.79	0.83	0.87	0.59	0.923
	곡성군	19.91	36.18	48.67	72.2	1.86	0.86	0.90	0.51	0.892
	구례군	21.80	25.54	24.57	71.3	1.86	0.88	0.90	0.62	0.918
	고흥군	14.98	23.65	14.76	73.4	1.50	0.95	0.96	0.52	0.940
	보성군	20.57	17.99	17.53	68.8	1.25	0.88	0.90	0.52	0.906
	화순군	10.82	24.50	31.37	78.8	2.36	0.74	0.68	0.52	0.922
	장흥군	12.46	14.75	16.54	76.4	1.36	0.88	0.88	0.61	0.916
	강진군	27.12	21.19	20.81	73.3	1.71	0.88	0.90	0.52	0.920
	해남군	13.59	23.96	19.37	73.7	1.54	0.86	0.89	0.45	0.920
	영암군	19.78	21.04	27.74	68.9	1.50	0.85	0.83	0.60	0.925
	무안군	13.27	20.70	29.48	73.3	2.75	0.81	0.70	0.62	0.930
	함평군	14.57	40.70	22.62	76.1	1.79	0.81	0.85	0.54	0.901
	영광군	10.95	23.37	26.17	74.5	1.89	0.85	0.86	0.54	0.914
	장성군	17.35	17.35	19.20	79.5	2.14	0.88	0.90	0.50	0.925
	완도군	9.60	18.99	26.90	78.0	2.07	0.87	0.88	0.63	0.906
	진도군	28.33	15.59	20.39	70.6	1.11	0.89	0.93	0.49	0.912
	신안군	14.26	21.10	11.24	42.9	2.18	0.94	0.97	0.64	0.897
경북	포항시	3.89	8.13	16.97	81.6	2.04	0.69	0.48	0.67	0.960
	경주시	7.37	9.64	12.96	72.9	1.29	0.75	0.64	0.62	0.924
	김천시	5.60	26.71	15.63	78.8	1.43	0.77	0.62	0.53	0.935
	안동시	9.62	12.44	17.50	77.7	1.32	0.73	0.53	0.47	0.942
	구미시	2.84	10.96	14.42	77.2	2.71	0.65	0.51	0.49	0.960

(지역사회섹터 계속)

시도	지자체	문화기반시설(비율)	사회복지시설(비율)	교육시설(비율)	교통문화지수	지역안전지수	이웃신뢰수준	사회연결망	친목활동참여	건강지수 EQ-5D
경북	영주시	9.23	21.97	15.68	75.6	1.75	0.81	0.70	0.56	0.929
	영천시	7.95	15.92	20.48	74.2	0.79	0.74	0.67	0.55	0.919
	상주시	9.91	21.61	13.24	73.5	1.18	0.82	0.78	0.59	0.948
	문경시	16.37	29.45	20.00	79.4	1.32	0.79	0.70	0.55	0.915
	경산시	5.78	19.38	13.80	80.2	1.86	0.64	0.39	0.52	0.952
	군위군	20.65	20.69	17.99	70.6	1.50	0.87	0.90	0.50	0.907
	의성군	11.22	35.18	17.97	74.2	1.75	0.87	0.90	0.38	0.889
	청송군	26.92	22.81	32.73	71.9	1.29	0.89	0.94	0.31	0.909
	영양군	28.61	33.87	30.16	78.3	1.75	0.88	0.87	0.55	0.916
	영덕군	7.79	10.24	5.53	73.1	1.43	0.96	0.92	0.59	0.920
	청도군	11.54	29.84	12.11	66.1	1.61	0.89	0.88	0.41	0.913
	고령군	14.81	23.35	21.15	68.0	2.14	0.78	0.79	0.54	0.941
	성주군	8.86	22.12	14.55	70.9	1.75	0.88	0.87	0.60	0.939
	칠곡군	5.79	25.16	32.85	74.9	3.21	0.69	0.57	0.53	0.943
	예천군	12.18	10.83	17.27	74.9	2.07	0.86	0.89	0.44	0.910
	봉화군	12.03	17.89	32.17	72.9	2.00	0.86	0.88	0.44	0.912
	울진군	13.73	7.73	20.62	69.5	2.18	0.89	0.88	0.57	0.913
	울릉군	40.10	20.00	22.98	42.8	3.21	0.89	0.93	0.47	0.932
경남	진주시	4.62	7.79	20.67	80.3	2.07	0.66	0.36	0.58	0.950
	통영시	10.31	8.69	21.06	77.1	1.39	0.68	0.47	0.55	0.943
	사천시	6.13	16.53	28.66	78.2	1.57	0.72	0.62	0.52	0.933
	김해시	4.32	4.91	15.10	81.0	2.32	0.54	0.33	0.60	0.960
	밀양시	10.19	20.30	17.33	76.7	1.21	0.80	0.71	0.61	0.936
	거제시	5.51	4.67	10.86	79.1	2.18	0.63	0.46	0.53	0.965
	양산시	3.54	9.15	22.55	79.4	2.68	0.58	0.35	0.56	0.960
	창원시	3.41	6.86	15.59	82.4	2.57	0.65	0.52	0.64	0.960
	의령군	17.95	35.57	41.84	74.7	1.39	0.84	0.88	0.43	0.889
	함안군	7.33	21.76	2.95	78.4	2.07	0.75	0.74	0.49	0.936
	창녕군	12.48	15.63	35.18	75.5	2.25	0.82	0.83	0.49	0.937
	고성군	16.65	25.59	7.63	75.5	1.79	0.81	0.78	0.52	0.926
	남해군	11.20	17.73	34.90	73.9	1.64	0.84	0.91	0.52	0.887
	하동군	14.34	14.11	4.60	75.1	1.68	0.82	0.89	0.46	0.893
	산청군	27.52	38.78	35.26	77.0	1.18	0.86	0.89	0.46	0.909
	함양군	9.96	27.34	79.07	75.8	1.71	0.82	0.83	0.40	0.902
	거창군	7.97	15.80	21.64	75.9	2.50	0.83	0.76	0.48	0.915
	합천군	12.77	22.90	52.94	75.1	1.39	0.89	0.90	0.43	0.900
제주	제주시	13.16	14.87	26.04	80.3	1.96	0.79	0.76	0.64	0.940
	서귀포시	35.32	16.38	41.33	77.1	1.96	0.84	0.89	0.64	0.942

4. 참고 요인(지역 요건 및 변화)

시도	지자체	총인구 (만 명)	총사업체 (만 개)	소득 수준	학력 수준	거주 기간	인구 증감	사업체 증감	행복도 증감
서울	종로구	15.73	0.67	5.23	5.62	3.74	−5.49	4.3	−0.71
	중구	12.79	0.20	4.87	5.54	3.54	−2.01	−0.8	−0.87
	용산구	22.39	1.73	5.48	5.77	3.68	−1.52	3.9	−0.08
	성동구	30.24	2.31	5.22	5.59	3.61	−8.59	14.2	−0.01
	광진구	36.39	0.79	5.21	5.77	3.47	−3.69	3.3	0.45
	동대문구	35.74	2.77	4.84	5.38	3.84	−5.22	7.9	0.40
	중랑구	39.69	1.40	4.62	5.22	3.74	−4.38	6.5	−0.86
	성북구	44.54	1.61	5.01	5.50	3.58	−4.61	4.4	0.56
	강북구	31.37	2.06	4.55	5.11	3.91	−6.07	−2.2	−0.63
	도봉구	33.26	2.68	4.69	5.37	3.66	−8.88	10.2	0.15
	노원구	54.35	3.84	5.11	5.71	3.54	−10.64	5.6	0.25
	은평구	46.62	1.39	5.02	5.54	3.66	5.97	11.5	0.62
	서대문구	32.13	2.86	4.79	5.64	3.64	−9.27	−1.6	0.25
	마포구	36.88	4.29	4.93	5.82	3.28	−3.64	29.2	0.12
	양천구	45.21	0.93	5.40	5.76	3.68	−6.79	5.9	0.29
	강서구	58.17	2.61	5.28	5.72	3.33	7.21	24.4	−0.06
	구로구	43.69	2.74	5.04	5.50	3.63	−0.75	29.0	0.55
	금천구	24.99	0.64	4.83	5.21	3.67	−4.16	43.9	0.94
	영등포구	39.36	4.08	5.66	5.77	3.57	−8.71	13.2	0.06
	동작구	40.02	2.57	5.38	5.88	3.33	−1.51	−2.0	−1.29
	관악구	51.12	4.62	4.90	5.61	3.64	−5.55	1.9	0.03
	서초구	41.46	2.17	6.37	6.59	3.25	7.96	27.4	0.10
	강남구	52.25	2.64	6.35	6.51	3.43	−1.35	35.7	0.16
	송파구	63.40	1.99	5.81	6.15	3.52	6.53	15.4	0.44
	강동구	42.40	1.67	5.17	5.78	3.76	−6.07	9.4	0.12
부산	중구	4.38	0.33	3.67	5.11	3.94	−10.43	0.5	−0.57
	서구	10.69	0.94	3.86	4.84	4.23	−17.75	−4.8	0.89
	동구	8.61	0.00	3.98	4.72	4.20	−15.76	−3.1	−0.62
	영도구	12.35	0.29	4.45	4.84	4.56	−22.24	−4.2	1.31
	부산진구	36.65	1.29	4.55	5.21	3.93	−7.75	−0.4	−0.07
	동래구	26.17	1.91	4.67	5.45	3.81	−5.03	−2.8	−0.53
	남구	27.59	7.19	4.57	5.36	4.01	−6.87	−2.6	−0.07
	북구	29.69	3.08	4.65	5.33	3.80	−6.83	5.2	−0.38
	해운대구	39.94	1.94	4.73	5.49	3.66	−2.38	34.1	0.18
	사하구	33.03	1.36	4.60	5.27	4.01	−8.72	3.9	0.39
	금정구	24.69	5.34	4.86	5.35	3.90	−4.77	1.4	0.24
	강서구	11.67	1.80	4.95	5.18	3.25	84.88	141.0	0.42
	연제구	20.11	2.66	4.47	5.33	3.65	−2.78	9.2	0.26
	수영구	17.31	0.79	4.36	5.51	3.58	1.25	5.0	−1.23
	사상구	23.16	3.98	4.63	5.07	3.93	−13.70	2.4	−0.10
	기장군	15.66	0.62	4.42	5.20	2.92	74.60	85.3	0.25
대구	중구	7.53	5.28	4.39	5.26	3.63	0.14	9.5	0.21
	동구	34.04	1.81	4.44	5.14	3.67	4.04	17.3	0.08
	서구	19.14	0.87	4.00	4.63	4.18	−20.74	−3.6	−0.26
	남구	15.28	0.39	4.30	5.17	3.86	−15.10	0.6	0.31
	북구	44.53	1.53	4.65	5.40	3.74	−4.45	17.6	0.23
	수성구	42.55	1.64	5.12	5.94	3.85	−1.74	13.6	−0.47

(참고 요인 계속)

시도	지자체	총인구 (만 명)	총사업체 (만 개)	소득 수준	학력 수준	거주 기간	인구 증감	사업체 증감	행복도 증감
대구	달서구	58.30	3.63	4.83	5.47	3.76	−1.88	24.80	0.76
	달성군	23.92	1.42	4.54	5.11	3.23	44.18	60.30	0.36
인천	중구	11.52	1.29	4.52	5.28	3.10	27.30	37.80	0.75
	동구	6.82	2.29	3.88	4.80	3.92	−6.32	3.00	2.39
	미추홀구	42.19	2.86	4.69	5.10	3.65	2.29	8.80	0.16
	연수구	33.76	0.55	5.48	5.80	3.17	24.09	61.20	−0.87
	남동구	53.41	2.00	4.88	5.30	3.23	23.20	37.60	−0.27
	부평구	53.82	3.18	4.80	5.33	3.54	−4.12	8.60	0.24
	계양구	31.81	1.85	4.70	5.26	3.38	−5.57	11.30	0.24
	서구	50.98	7.25	5.11	5.46	3.23	26.11	36.30	0.40
	강화군	6.37	0.23	3.41	4.27	4.11	3.91	13.30	0.54
	옹진군	1.93	0.34	3.98	4.27	3.93	23.80	36.80	0.56
광주	동구	10.09	2.14	4.83	5.31	3.81	−17.91	4.30	−0.05
	서구	30.61	3.52	4.83	5.58	3.58	0.35	30.50	−0.14
	남구	21.93	4.96	4.78	5.48	3.71	4.70	20.20	−0.02
	북구	45.03	3.36	5.08	5.58	3.87	−5.45	6.20	−0.05
	광산구	41.96	1.07	4.85	5.44	3.41	26.73	55.10	0.28
대전	동구	23.98	0.36	4.57	5.12	3.77	−4.97	9.70	−0.17
	중구	24.35	6.66	4.50	5.31	3.77	−6.27	16.40	0.07
	서구	48.74	3.00	4.82	5.73	3.66	−2.88	26.60	0.38
	유성구	36.66	1.73	5.93	6.17	2.96	34.05	78.80	1.22
	대덕구	18.85	0.65	4.46	5.15	3.64	−12.73	14.10	−0.60
울산	중구	23.33	1.24	5.00	5.12	3.77	1.32	10.90	0.02
	남구	33.31	0.19	5.49	5.52	3.89	−1.44	16.20	0.03
	동구	17.23	2.24	5.27	5.24	4.25	−6.36	6.20	−5.86
	북구	19.61	1.80	5.58	5.38	3.13	26.14	53.70	−0.15
	울주군	22.22	0.86	4.52	4.95	3.60	19.91	61.70	0.44
세종	세종시	27.66	1.37	4.99	5.21	3.02	−	−	0.46
경기	수원시	121.70	4.05	5.34	5.65	3.63	13.33	26.80	0.05
	성남시	94.43	2.47	5.24	5.57	3.61	1.71	30.10	0.62
	의정부시	42.65	1.80	4.42	5.20	3.56	4.64	20.30	0.16
	안양시	57.67	3.66	5.49	5.71	3.62	−5.84	10.50	0.12
	부천시	84.55	3.24	5.21	5.54	3.67	−0.55	13.90	0.17
	광명시	32.83	3.33	5.02	5.48	3.52	7.34	30.50	0.20
	평택시	48.61	1.52	4.85	5.18	3.83	19.98	17.10	0.03
	동두천시	9.74	1.26	3.99	4.83	3.64	9.91	13.70	0.65
	안산시	73.37	2.40	5.09	5.32	3.70	−0.38	27.60	−0.02
	고양시	100.51	2.08	5.43	5.85	3.15	12.03	49.40	−0.07
	과천시	5.36	1.19	6.05	6.29	3.27	−6.57	15.90	0.20
	구리시	18.97	0.37	5.10	5.51	3.40	1.78	27.30	0.62
	남양주시	64.49	2.46	5.36	5.41	2.95	30.58	74.50	0.50
	오산시	21.99	1.38	5.28	5.48	2.73	41.62	49.70	−0.09
	시흥시	44.64	2.03	4.96	5.37	3.04	10.92	32.30	0.09
	군포시	28.09	1.63	5.33	5.70	3.35	3.10	20.90	−0.23
	의왕시	15.19	0.38	5.41	5.65	3.01	14.48	43.00	−0.20
	하남시	21.90	2.85	5.25	5.43	3.15	56.69	55.80	0.12
	용인시	99.63	2.73	5.65	5.91	2.85	23.00	53.90	0.23
	파주시	43.07	2.22	4.48	5.20	3.18	37.37	68.60	−0.03

(참고 요인 계속)

시도	지자체	총인구 (만 명)	총사업체 (만 개)	소득 수준	학력 수준	거주 기간	인구 증감	사업체 증감	행복도 증감
경기	이천시	21.88	1.62	4.62	4.99	3.98	10.25	34.70	−0.91
	안성시	19.88	1.70	4.77	5.02	3.77	14.05	43.90	0.26
	김포시	39.24	2.75	5.51	5.65	2.82	66.20	83.90	0.12
	화성시	70.86	1.89	5.41	5.52	2.76	64.94	110.80	1.13
	광주시	34.10	3.23	5.14	5.26	2.96	41.84	58.10	0.41
	양주시	21.26	2.88	4.71	5.05	3.09	16.15	28.80	0.40
	포천시	16.12	0.86	4.09	4.65	3.85	−0.62	29.20	0.58
	여주시	11.15	0.30	4.38	4.68	4.06	6.00	24.90	0.07
	연천군	4.40	0.47	3.78	4.37	4.14	0.34	9.50	−0.34
	가평군	5.95	2.15	4.03	4.62	3.81	12.67	27.50	0.30
	양평군	10.94	0.36	4.46	4.93	3.60	27.76	28.50	4.80
강원	춘천시	28.37	0.89	4.29	5.14	4.27	8.78	20.70	0.02
	원주시	34.13	3.95	4.58	5.25	3.90	13.60	30.50	0.08
	강릉시	21.59	1.44	4.26	5.05	4.40	−2.83	18.50	−0.70
	동해시	8.92	0.58	4.06	4.86	4.13	−3.68	2.90	−0.33
	태백시	4.47	0.25	4.12	4.55	4.43	−11.27	13.40	0.02
	속초시	7.86	0.61	4.21	4.90	4.28	−3.40	18.20	0.15
	삼척시	6.79	0.72	3.79	4.51	4.39	−2.68	26.80	−0.08
	홍천군	6.72	0.73	3.63	4.31	4.17	0.52	22.30	−0.23
	횡성군	4.32	4.23	3.81	4.33	4.04	6.92	25.20	−1.46
	영월군	3.69	0.40	3.58	4.21	4.16	−0.65	15.30	0.39
	평창군	4.03	0.87	4.03	4.45	4.16	−1.61	14.00	0.35
	정선군	3.60	0.38	3.63	3.99	4.47	−8.93	15.30	0.38
	철원군	4.48	0.54	4.10	4.52	4.35	0.54	14.70	−0.92
	화천군	2.46	0.72	3.71	4.32	4.00	13.30	24.70	0.79
	양구군	2.24	0.31	3.91	4.43	4.03	11.13	17.30	0.38
	인제군	3.05	3.00	3.90	4.37	4.24	1.87	16.30	0.13
	고성군	2.86	4.51	3.96	4.38	4.39	0.27	13.20	0.07
	양양군	2.56	0.19	3.54	4.45	4.24	−4.29	16.10	0.31
충북	충주시	21.23	5.82	4.46	4.81	4.25	3.02	21.60	0.38
	제천시	13.69	0.37	3.92	4.61	4.23	0.28	24.90	0.40
	청주시	84.23	2.80	4.83	5.28	3.94	7.46	22.80	−0.65
	보은군	3.23	0.33	3.18	3.81	4.41	−3.48	18.40	0.43
	옥천군	4.99	0.36	3.42	4.12	4.31	−5.06	13.90	−1.13
	영동군	4.90	0.37	3.29	4.13	4.36	0.46	17.10	0.19
	진천군	7.92	0.80	4.08	4.55	3.76	23.56	39.90	0.81
	괴산군	3.86	0.61	4.20	4.51	3.89	6.66	21.50	1.22
	음성군	10.45	0.29	3.80	3.92	4.14	13.80	47.40	0.67
	단양군	2.84	0.91	4.12	4.57	3.65	−7.04	13.90	0.23
	증평군	3.76	0.19	3.75	4.28	4.23	20.30	30.90	1.97
충남	천안시	65.63	2.65	4.81	4.96	3.98	18.67	40.10	1.11
	공주시	11.10	0.41	3.90	4.54	4.27	−14.93	11.20	−0.95
	보령시	10.09	0.87	3.71	4.21	4.36	−2.59	15.80	0.08
	아산시	33.85	3.23	4.95	5.22	3.42	37.24	70.40	0.49
	서산시	17.14	2.91	4.32	4.67	4.00	12.56	31.50	0.01
	논산시	12.38	0.33	4.07	4.34	4.20	−4.00	12.50	−0.05
	계룡시	4.19	1.04	5.14	5.77	2.75	15.94	48.70	0.20
	당진시	16.85	0.80	4.38	4.62	3.89	19.00	55.60	−1.21

(참고 요인 계속)

시도	지자체	총인구 (만 명)	총사업체 (만 개)	소득 수준	학력 수준	거주 기간	인구 증감	사업체 증감	행복도 증감
충남	금산군	5.57	2.27	3.29	4.18	4.09	−4.82	24.50	0.50
	부여군	6.70	0.19	3.46	3.81	4.58	−10.98	5.40	0.94
	서천군	5.33	0.38	3.28	3.86	4.54	−8.95	4.90	0.89
	청양군	3.13	0.25	3.57	3.76	4.39	−1.45	45.40	8.38
	홍성군	10.30	0.90	3.97	4.41	4.24	15.03	27.70	0.06
	예산군	7.87	0.69	3.88	4.35	4.41	−8.35	17.60	0.11
	태안군	6.12	0.22	3.53	4.01	4.22	2.88	24.00	−0.47
전북	전주시	65.70	1.84	3.94	5.57	3.97	4.49	31.30	−0.69
	군산시	27.36	6.42	4.26	5.07	4.34	6.33	24.90	0.68
	익산시	29.89	1.63	4.21	4.96	4.47	−3.69	16.30	−0.32
	정읍시	10.93	0.64	3.67	4.26	4.57	−7.85	14.00	−1.43
	남원시	7.93	0.31	3.63	4.00	4.52	−6.46	7.70	1.03
	김제시	8.24	0.49	3.25	4.06	4.42	−10.47	17.30	−1.77
	완주군	9.85	1.25	3.35	4.35	3.88	15.50	55.10	2.25
	진안군	2.30	0.39	2.94	3.57	4.39	−12.93	23.00	0.87
	무주군	2.32	0.46	3.19	3.75	4.40	−5.74	22.00	−0.30
	장수군	2.14	0.48	3.28	3.63	4.46	−13.41	3.60	0.97
	임실군	2.64	2.50	2.70	3.42	4.49	−5.39	10.90	0.12
	순창군	2.70	1.58	3.16	3.72	4.43	−6.87	9.90	−0.21
	고창군	5.49	0.81	3.24	3.57	4.57	0.00	30.60	−0.13
	부안군	5.12	0.23	3.41	3.81	4.55	−9.27	9.60	0.38
전남	목포시	23.39	3.69	4.36	5.06	4.34	−3.11	13.00	−0.11
	여수시	27.17	2.63	4.32	4.64	4.66	−2.27	16.40	0.59
	순천시	26.68	4.48	4.52	5.03	4.35	3.43	34.30	−0.20
	나주시	10.56	0.30	3.71	4.26	4.18	16.12	40.80	0.28
	광양시	14.40	0.45	4.61	4.98	4.09	12.04	36.70	0.45
	담양군	4.38	0.45	3.36	3.89	4.39	−5.30	31.80	1.95
	곡성군	2.88	0.99	3.21	3.59	4.63	−9.60	20.20	0.17
	구례군	2.44	0.45	3.18	3.82	4.56	−2.15	3.30	1.01
	고흥군	6.10	0.22	3.50	3.68	4.73	−15.35	14.00	0.66
	보성군	3.99	0.77	2.73	3.52	4.60	−14.38	11.50	2.05
	화순군	6.06	0.53	3.21	3.96	4.34	−9.52	28.70	0.59
	장흥군	3.63	0.22	3.01	3.72	4.51	−6.91	19.20	−1.34
	강진군	3.36	0.43	3.21	3.77	4.57	−10.69	16.40	1.04
	해남군	6.71	0.68	3.61	3.88	4.63	−10.12	6.90	−0.83
	영암군	5.77	2.36	3.22	4.07	4.20	−5.71	40.20	0.16
	무안군	8.14	0.47	3.66	4.31	4.00	27.81	54.20	−0.12
	함평군	3.09	0.13	3.43	3.54	4.56	−9.28	12.00	0.51
	영광군	4.97	0.51	3.09	3.69	4.54	−6.11	17.70	0.16
	장성군	4.17	1.38	3.49	3.92	4.31	−1.68	18.40	0.30
	완도군	4.83	0.56	3.27	3.73	4.58	−4.72	25.20	0.19
	진도군	2.94	1.13	3.16	3.69	4.63	−6.93	27.20	−0.47
	신안군	3.56	0.39	2.87	3.52	4.55	−7.36	9.40	0.19
경북	포항시	50.69	4.67	4.71	5.08	4.24	2.04	20.90	0.32
	경주시	26.23	6.01	4.07	4.67	4.34	−3.22	22.00	0.04
	김천시	14.08	0.39	4.14	4.62	4.43	3.25	17.80	0.15
	안동시	16.57	0.46	4.24	4.70	4.47	−0.88	12.30	0.11
	구미시	42.30	1.34	4.27	4.98	4.19	7.43	35.40	−0.08

(참고 요인 계속)

시도	지자체	총인구 (만 명)	총사업체 (만 개)	소득 수준	학력 수준	거주 기간	인구 증감	사업체 증감	행복도 증감
경북	영주시	10.84	0.28	3.97	4.46	4.58	−5.82	13.80	0.03
	영천시	9.77	0.23	3.59	4.17	4.39	−3.27	18.70	0.07
	상주시	9.82	1.06	3.73	4.29	4.53	−5.14	11.40	−0.35
	문경시	7.00	2.22	3.55	4.29	4.43	−1.67	11.70	0.33
	경산시	28.26	1.16	3.94	5.10	3.60	10.22	35.50	−0.53
	군위군	2.22	0.35	3.08	3.77	4.40	−5.44	15.20	0.62
	의성군	5.01	0.51	3.16	3.66	4.59	−13.36	5.10	−0.24
	청송군	2.44	0.55	3.44	3.87	4.45	−6.58	8.00	1.34
	영양군	1.66	4.46	3.36	3.94	4.40	−8.13	10.70	0.16
	영덕군	3.61	0.13	2.83	3.78	4.70	−10.15	6.50	0.54
	청도군	4.13	3.47	3.29	3.91	4.50	−3.56	26.60	−1.46
	고령군	3.31	1.17	3.63	4.14	4.14	−1.39	50.50	−2.28
	성주군	4.12	0.96	3.48	3.96	4.38	0.47	41.30	−0.29
	칠곡군	12.18	0.39	4.18	4.75	3.59	6.36	55.00	0.30
	예천군	4.63	0.46	3.37	3.79	4.59	1.47	6.00	0.66
	봉화군	3.11	0.46	2.87	3.67	4.45	−4.87	8.00	−0.24
	울진군	4.85	0.32	3.28	4.07	4.28	−3.74	14.90	−0.80
	울릉군	0.87	1.55	3.59	4.20	4.49	−0.19	18.50	0.15
경남	진주시	35.32	1.85	4.75	5.15	4.47	5.36	17.60	0.49
	통영시	13.30	0.21	4.23	4.61	4.39	2.62	22.70	0.56
	사천시	11.17	6.02	3.94	4.69	4.14	3.20	22.10	−1.15
	김해시	53.65	4.32	4.93	5.42	3.72	14.94	44.70	0.29
	밀양시	10.39	4.97	3.68	4.44	4.40	−1.84	17.50	−0.59
	거제시	25.78	3.47	4.93	5.19	3.87	21.30	32.50	−0.22
	양산시	33.26	1.62	4.82	5.27	3.32	38.95	59.80	0.09
	창원시	104.56	6.29	5.05	5.07	4.48	−3.00	18.90	−0.43
	의령군	2.63	8.57	2.77	3.71	4.34	−10.27	8.50	0.31
	함안군	6.79	0.91	4.05	4.52	4.03	7.61	55.70	−1.45
	창녕군	6.25	0.15	3.71	4.15	4.39	5.58	32.50	0.09
	고성군	5.24	0.20	3.03	3.99	4.35	−0.97	21.50	0.97
	남해군	4.30	2.43	3.12	3.93	4.58	−19.31	19.50	0.33
	하동군	4.34	0.31	3.06	3.83	4.42	−11.69	8.70	0.12
	산청군	3.40	0.39	2.94	3.69	4.27	3.93	37.40	−0.04
	함양군	3.79	1.97	3.35	3.87	4.43	−0.95	19.60	1.51
	거창군	6.01	0.48	3.77	4.25	4.40	−1.56	10.00	−0.39
	합천군	4.34	0.29	2.68	3.43	4.54	−15.81	−3.00	−0.24
제주	제주시	47.24	0.95	4.35	4.82	4.32	18.93	37.40	−0.01
	서귀포시	16.94	2.05	4.36	4.56	4.44	18.76	31.30	−0.90